D0612226

MARGUERITE-MARIE
THIOLLIER

Dictionnaire des religions

collection
marabout université

Première édition : Larousse, 1966 - 2e édition Larousse, 1971
La présente édition est revue, corrigée et augmentée.

Les collections **marabout** sont éditées par la S.A. Les Nouvelles Éditions Marabout, 65, rue de Limbourg, B-4800 Verviers (Belgique). — Le label **marabout**, les titres des collections et la présentation des volumes sont déposés conformément à la loi. — Distributeurs en **France** : HACHETTE s.a., Avenue Gutenberg. Z.A. de Coignières-Maurepas, 78310 Maurepas, B.P. 154 — pour le **Canada** et les **États-Unis** : A.D.P. Inc. 955, rue Amherst, Montréal 132, P.Q. Canada — en **Suisse** : Office du Livre, 101, route de Villars, 1701 Fribourg.

A

abbaye, monastère dirigé par un abbé ou une abbesse.

A la naissance du monachisme*, elle est composée d'un ensemble de cabanes, puis de constructions autour de cours et d'une chapelle, le plus souvent entourées d'une muraille fortifiée. Le plan évolue et comporte des annexes (cours, jardins et champs) permettant à l'abbaye de vivre entièrement sur elle-même. Les bâtiments importants et nombreux s'ordonnent autour d'un cloître fait pour l'ambulation, de plan carré ou rectangulaire, formé d'une cour gazonnée entourée de galeries couvertes : ce sont le réfectoire, la salle capitulaire, le chauffoir, les dortoirs ou cellules, et le logis de l'abbé, parfois la bibliothèque et les scriptuaria. Dans d'autres ailes sont disposés les cuisines, celliers, boulangeries, ateliers de toutes sortes, infirmeries, pharmacies, bains, maison des domestiques, porterie, maison des hôtes et généralement un vivier, car les moines consommaient beaucoup de poissons. Chez les chartreux, chaque moine a sa petite maison comprenant sa cellule, son oratoire et son jardinet.

En Occident, l'ordre des Bénédictins* a multiplié les abbayes, particulièrement au Moyen Age. Certaines, devenues très importantes, ont sous leurs ordres des prieurés. Elles ont subi des réformes successives : clunisienne, cistercienne, trappiste et de Saint-Maur. Les chanoines de Saint-Augustin ont aussi leurs filiales et leurs réformes, ainsi que de nombreux ordres religieux, mendiants ou non.

Lorsque les abbayes tombaient en «commende», leurs bénéfices étaient alors donnés à de simples clercs et même parfois à des laïcs, et ce, malgré les interdictions de l'Église. Les «abbés commendataires» ne résidaient pas dans l'abbaye. Les abbayes, qui ont joué un si grand rôle depuis le haut Moyen Age jusqu'à la Renaissance, ont peu à peu perdu de leur influence. En France, elles ont toutes été supprimées à la Révolution et leurs bâtiments ont été en partie ou totalement détruits, ou bien ont reçu une autre destination. Mais les abbayes existent toujours et restent dans les pays chrétiens des lieux de silence, de travail et de prière qui attirent les mystiques désireux de fuir le monde. Il y a même de nos jours un certain renouveau dans le protestantisme, qui a créé une abbaye d'hommes à Taizé, en Sâone-et-Loire, dans la grande ombre de Cluny*. (V. *monachisme.)*

abbé (de l'araméen *abba*, père, dérivé de l'hébreu *ab*), nom donné par saint Benoît au chef d'un monastère d'au moins douze moines portant les insignes de sa dignité et dont les pouvoirs sont souvent très étendus. Par extension, on nomme ainsi tout prêtre catholique.

ABÉLARD (Pierre), philosophe et théologien français (Le Pallet, près de Nantes, 1079 - prieuré de Saint-Marcel, près de Chalon-sur-Saône, 1142). Il s'illustra dans la querelle des universaux qui l'opposa à Guillaume de Champeaux et eut à lutter toute sa vie contre de nombreuses inimitiés. En premier lieu, le chanoine Fulbert son maître, oncle d'Héloïse, le sépara de son amante en le punissant cruellement. Cependant, il enseigna son système philosophique dit le «conceptualisme», qui admet la réalité métaphysique des concepts que les mots expliquent. Son principal ouvrage, le *Sic et non,* étudie et confronte les opinions des Pères* de l'Église. Son introduction à la théologie fut condamnée par le concile de Soissons en 1121, mais toutes ses autres œuvres ont eu un grand retentissement, ainsi que ses lettres à Héloïse. Il fonda à Nogent-sur-Seine le couvent du Paraclet*, fut condamné sévèrement par saint Bernard et séjourna dans plusieurs monastères.

abéliens, hérétiques d'Hippone, au temps de saint Augustin.

abhiseka, en Inde, à l'époque védique, cérémonie d'onction des souverains et de nos jours encore des statues divines.

abjuration, acte de renonciation solennelle à une religion avant la conversion à une autre. Dans le catholicisme, pour marquer la réconciliation d'un hérétique avec l'Église, une cérémonie spéciale d'abjuration existe, dans laquelle l'évêque ou son délégué donne l'absolution.

ablution, rite de purification, consistant en un lavage du corps ou d'une partie du corps. — Prescrite par tous les cultes orientaux, les Hébreux, les Grecs et les Romains, l'ablution totale ou partielle est imposée aux musulmans avant les prières. Généralement, c'est l'eau qui est employée ou, à défaut, le sable; chez les hindous, l'eau lustrale est faite surtout d'urine de vache. L'ablution prend un sens symbolique dans la liturgie catholique.

ABOUNA, prélat de l'église d'Ethiopie.

abrasax, sorte d'amulettes des gnostiques représentant des figures composites accompagnées d'inscriptions symboliques et magiques.

absolu, principe de toutes choses, inconditionné, transcendant, qui est la notion métaphysique équivalente de Dieu dans les philosophies de l'Inde.

absolution (lat. *absolutio*, libération, dégagement), pardon accordé au pénitent qui confesse sincèrement ses fautes.

Dans le catholicisme, le prêtre absout au nom de Dieu en vertu des pouvoirs qui lui ont été conférés par le sacerdoce, selon les paroles du Christ à ses apôtres : «Les péchés seront remis à ceux à qui vous les remettrez et ils seront retenus à ceux à qui vous les retiendrez.» Dans certains cas, l'absolution peut être donnée à des collectivités. Les différentes sectes protestantes admettent la supplication «Puisse le Seigneur t'absoudre...»

absoute, jadis absolution publique du jeudi saint. — Prières dites près d'un mort par un prêtre.

abstinence, sorte de pénitence chez les chrétiens, forme simplifiée de jeûne par la privation de certains aliments (en particulier de la viande) à différentes périodes de l'année liturgique. — Dans les religions plus anciennes, et particulièrement dans l'hindouisme et le judaïsme, il s'agit le plus souvent de matières dites «impures». (V. *kasher, tabou.*) L'abstinence peut être sexuelle.

Abu, montagne sacrée de l'Inde couverte de temples, surtout jaïn. C'est un centre important de pèlerinages.

AÇOKA, un des plus grands souverains de l'Inde ancienne (264-226 av. J.-C.). Zélé bouddhiste, il envoya des missionnaires de tous côtés et son propre fils à Ceylan. La tradition affirme qu'il retrouva les vestiges des huit stupas qui auraient été construits à la mort de Bouddha, en partagea les reliques, fit élever un nombre considérable de ces monuments et ériger de simples colonnes sur les lieux saints; il fit aussi graver des édits, inspirés de l'esprit bouddhique, proclamant la doctrine de l'ahimsa*, à laquelle l'Inde est en partie restée fidèle.

acolyte, officiant chargé des manipulations d'un culte.

Actes des Apôtres, livre du Nouveau Testament, écrit en grec dans les premiers temps du christianisme. D'une grande valeur historique, il est la suite des Évangiles et constitue un précieux document sur la dispersion des disciples du Christ et la formation des premières communautés chrétiennes.

AÇVIN, dans la mythologie indienne, frères jumeaux, médecins du ciel.

adamites, hérétiques du IIe s., recherchant l'état d'innocence d'Adam avant le péché. Ils supprimaient tout vêtement dans leurs assemblées et proscrivaient le mariage. D'autres sectes du même genre apparurent en Europe centrale au XIIIe et au XVe siècle.

ADI-BOUDDHA, nom donné au Bouddha primordial dont tout a émané. Il appartient à l'aspect théiste du bouddhisme du Grand Véhicule.

ADITI, mère des dieux dans les Veda*, souvent identifiée avec la vache sacrée.

ADONIS, chez les Phéniciens, dieu de la Végétation, jeune et d'une beauté merveilleuse, dont s'éprit Aphrodite. Il ne répondit pas à sa passion, et fut tué par un sanglier. Son sang répandu aurait fait surgir l'anémone. Adonis descendit au royaume des morts, mais fut autorisé à revenir sur la terre au printemps. A l'époque hellénistique, les «Adonies» étaient des fêtes où les chants funèbres et les fleurs jouaient un grand rôle.

adoptiens ou **adoptianistes,** hérétiques prétendant que le Christ, s'il était bien Dieu dans sa nature divine, ne l'était que par «adoption» dans sa nature humaine. — Connue depuis le IIIe s., cette doctrine reparut au VIIIe s. en Espagne avec Elipandus de Tolède et Félix d'Urgel; elle fut réfutée par Alcuin, le conseiller de Charlemagne, qui la fit condamner à Francfort en 794, puis à Aix-la-Chapelle en 799, mais elle resurgit à plusieurs reprises au XVIIIe s.

adoration, acte suprême d'amour de Dieu exprimé, selon l'étymologie latine (*ad,* vers, et *os, oris,* bouche), par le baiser à l'image, par la parole, par la prosternation ou par la prière. (V. *culte.*)

advaita, v. *Vedanta, Çankara.*

adventistes, membres d'une secte protestante fondée aux États-Unis vers 1831 par William Miller, et qui attend une seconde imminente venue du Christ. — Les plus importants sont les «adventistes du septième jour», qui axent leur vie sur les prescriptions strictes de la Bible, remplaçant le dimanche par le sabbat juif et s'imposant de sévères abstinences. Ils pratiquent le baptême par immersion. Leur siège mondial se trouve à Washington.

agenouillement, flexion des genoux, attitude de respect adoptée pour la prière dans la plupart des religions marquant une soumission à la divinité. C'est la position adoptée pour l'«adoration» dans les ordres monastiques et dans les églises devant le saint sacrement. C'est aussi la posture des fidèles juifs pour obtenir le pardon du Yom Kippour. (V. *judaïsme.*) — Chez les Orientaux, elle se complète par la station assise sur les talons et par de fréquentes prosternations dans l'islam, mais surtout dans le bouddhisme tibétain.

AGHA KHAN, chef spirituel de la secte des ismaéliens, descendant de Mahomet.

AGNI, dieu du Feu, dans le védisme. De très nombreux hymnes lui sont adressés ; il est le feu céleste, celui du soleil et de la foudre, mais aussi celui du foyer.

ahimsa, respect indien de la non-violence, refus d'attenter à la vie de toute créature vivante, même la plus insignifiante, appliqué particulièrement chez les jaïnistes. — Gandhi s'en est fait l'apôtre.

ahmaddiya, mouvement syncrétique islamique de caractère libéral ct «madhiste»* fondé en 1889 au Penjab.

AHRIMAN, dans la religion de Zoroastre, principe du Mal, opposé à *Ahura-Mazdâ,* principe du Bien. (V. *mazdéisme.*)

Ajanta, site de l'État d'Hyderabad, en Inde, où, pendant cinq siècles (du IIIe au VIIIe s.) ont été creusées une trantaine de cavernes formant un monastère bouddhique. Elles sont pour la plupart décorées de fresques qui sont considérées comme le chef d'œuvre de la peinture murale indienne.

AKBAR, le plus grand empereur moghol des Indes (Umarkot, 1542 — Agra, 1605). Très tolérant en matière religieuse, bien que musulman, il voulut connaître le christianisme et l'hindouisme, dont il fit traduire les ouvrages et tenta d'instaurer une sorte de syncrétisme de toutes les religions pratiquées dans ses États.

AKHENATON, nom donné à Aménophis IV (1372-1354 av. J.-C.), pharaon de la XVIIIe dynastie qui, s'opposant au culte d'Amon, créa une religion monothéiste. (V. *atonisme*.) Cette «hérésie» eut un seul lieu de culte : la capitale, Tell al-Amarna. Avec son successeur Tout Ankh Amon tout rentra dans l'ordre, et les temples qu'Akhenaton avait fait édifier furent détruits.

ALBERT le Grand (saint), surnommé le Docteur universel, philosophe et savant (Lauingen, Souabe, v. 1193 — Cologne, 1280). Dominicain, grand maître de la philosophie scolastique, il enseigna la théologie à Ratisbonne, Cologne et Paris, où il eut un succès prodigieux. Le premier, il sépara ce qui est du domaine de la raison de ce qui relève de la foi. Passionné par les sciences de la nature, il fit des recherches expérimentales en chimie, qui n'était alors que l'alchimie ; ces études lui donnèrent une réputation de savant et de sorcier. Cependant, c'est surtout par son apport de la philosophie d'Aristote à la scolastique qu'il eut une influence sur ses disciples. Le plus grand est saint Thomas* d'Aquin, qui sut ordonner cet effort de synthèse et fixer définitivement la théologie chrétienne.

albigeois, v. *cathares*.

'ALI, cousin, gendre et premier disciple zélé de Mohamet, dont il ne fut pas le successeur immédiat, car il avait beaucoup d'ennemis, parmi lesquels le plus acharné était 'A'icha, la veuve du Prophète. Cependant, il devint le quatrième khalife, mais fut assassiné dans la mosquée de Koufa. Cette mort marque la grande scission dans l'Islam entre sunnites* et Alides ou chiites*.

ALLAH (Al-ilah), nom donné à Dieu dans l'islam, le seul Etre suprême qui soit adorable. (V. *islam*.)

alvar, poètes hindous de langue tamoule du VIe au IXe s.

AMATERASU, déesse du Soleil, la plus importante du panthéon shintoïste (v. *shinto*), fille du couple primordial Izanagi-Izanami. Elle est considérée comme l'ancêtre direct des empereurs du Japon, et vénérée principalement dans le grand sanctuaire d'Ise*, où est conservé le miroir métallique qui est devenu son symbole. Elle est *Omi-Kami**, grande déesse du shintoïsme.

AMBROISE (saint), Père et docteur de l'Église latine (Trèves, v. 340 - Milan, 397). Fonctionnaire de l'Empire romain, il fut désigné évêque de Milan par l'enthousiasme populaire, alors qu'il n'était pas encore ordonné prêtre. D'un caractère doux, d'une grande spiritualité, il devint un des Pères les plus réputés de l'Église latine. Il baptisa saint

Augustin, écrivit de nombreux ouvrages d'exégèse et d'ascétisme, des traités dogmatiques, des discours et une importante correspondance, affirmant la doctrine chrétienne contre les hérésiarques et les païens de son temps. Premier réformateur du chant sacré, il créa le *rite ambrosien* dans la liturgie chrétienne, lequel est toujours en vigueur dans le diocèse de Milan.

âme (lat. *animus,* esprit, et *anima,* souffle de vie), principe spirituel, immortel, de l'homme, qui se distingue du corps. C'est le double chez les Égyptiens, le *Kâ* et le *Bâ*, la force vitale des religions primitives, le «pneuma» et la «psyché» des Grecs. C'est aussi l'ensemble des facultés de sentiments, d'intelligence et de volonté. Dans la pensée chrétienne, comme dans l'islam, le judaïsme et les religions de la Perse, l'âme est immatérielle et immortelle; responsable devant Dieu des actes de l'être humain pendant son passage sur la terre, elle subit un jugement qui décide de sa vie éternelle. Dans les religions de l'Inde qui admettent la réincarnation, la notion d'âme individuelle est fort différente : chargé de karma*, le principe spirituel de l'individu passe d'un corps à un autre tout en restant le même dans son essence. Dans le domaine des arts plastiques, si les Égyptiens et les Grecs représentaient l'âme par un oiseau à tête humaine, les chrétiens en ont fait un petit être nu de la taille d'un enfant, tel qu'on le voit dans le fameux thème médiéval du jugement dernier, sur les fresques romanes et les tympans médiévaux.

amen ou **amin**, mot hébreu signifiant «qu'il en soit ainsi» et indiquant l'affirmation, l'adhésion. Ce mot termine généralement une prière; il a passé dans le langage sacré grec, puis dans le latin sans être traduit. Il est la réponse dans le service divin de la synagogue*.

Parfois, au commencement d'un texte, il signifie «vraiment», mais, placé plutôt à la fin, il marque l'assentiment et la participation à la prière.

Amenti, lieu de ténèbres, sorte d'enfer dans l'Égypte ancienne.

AMITABHA, dans le bouddhisme du Grand Véhicule, un des cinq dhyanibuddha, le Bouddha de la lumière infinie; seigneur de la «Terre pure», il gouverne l'occident, région du soleil couchant où se trouve le paradis de l'Ouest (Sukhavati). Son culte se développa à partir du Ve s., particulièrement en Chine et au Japon — où, sous le nom d'**Amida,** il est devenu le centre d'une religion quiétiste populaire, de confiance et d'amour, l'**amidaïsme,** qu'on appelle la «voie facile» — et au

Tibet, sous l'aspect d'**Amitayus** (son doublet), la «vie éternelle», le reflet glorieux d'Amitabha, dont le tashi-lama était l'incarnation.

AMON, roi des dieux égyptiens, d'abord divinité locale de Thèbes, dieu de la Fécondité, de la Lumière et de l'Air. Il s'identifie sous la XIIe dynastie avec Rê, le dieu du Soleil. Le Nouvel Empire marque son apogée, lié à la suprématie thébaine après la victoire sur les Hyksos; la splendeur de ses temples, dont le principal est Karnak, la richesse et la puissance de son clergé attestent le triomphe d'Amon-Rê sur les autres dieux, malgré la courte éclipse de Tell al-Amarna. (V. *Akhenaton.*)

amrita, boisson d'immortalité de la mythologie hindoue, jouant le rôle de l'ambroisie chez les Grecs. Le Veda l'assimile au soma*.

Amritsar, ville sainte des sikhs* en Inde. Son temple d'or, construit au centre d'un lac artificiel, «Étang d'immortalité», contient leur livre saint, le *Granth**.

amulette, petit objet qu'on porte sur soi pour éloigner les mauvais esprits, en usage depuis les temps préhistoriques et chez tous les peuples. — Les philactères*, les versets du Coran en petits rouleaux, les fétiches, les porte-bonheur et même les médailles, de nos jours, peuvent jouer ce rôle pour certains esprits superstitieux.

anabaptistes, membres d'une secte réformiste refusant le baptême aux petits enfants. Ils prirent part au soulèvement des paysans qui luttaient contre les luthériens de 1521 à 1525.

anachorète (étymologiquement «qui se retire dans la solitude»), ermite vivant dans le désert ou la forêt.

ANAHITA *(l'immaculée),* déesse de l'Aurore et de la Fécondité. Une des formes de la grande déesse dans tous les cultes de l'Orient ancien. Son culte a été associé à celui de Mithra.

ANANDA (mot sanskrit signifiant «béatitude»), fidèle disciple de Bouddha, qui, connaissant parfaitement son enseignement, put, après sa mort, fixer ses discours lors du premier concile; il devint un arhat*.

ANAPURNA *(la pourvoyeuse),* déesse hindoue de la Nourriture. Elle est représentée tenant une louche de la main droite.

anathème, dans l'Antiquité, offrande faite aux dieux. Dans le christianisme, sentence prononcée pour l'exclusion d'un hérétique hors de l'Église. — Devenu synonyme de malédiction dans toute société religieuse, il rappelle parfois le «cherem» des Hébreux.

ancêtres (culte des), une des plus anciennes manifestations religieuses, qui se confond avec le culte des morts et le culte du foyer.

L'âme ou le double, ou l'esprit des défunts, continue de vivre une autre existence, tantôt jusqu'à un terme définitif, tantôt jusqu'à une prochaine réincarnation; il a besoin de nourriture, d'invocations, de soins de la part des vivants. Ceux-ci craignent ces êtres désincarnés.

Toutes les religions primitives actuelles font encore une large part au culte des ancêtres. Leurs crânes, souvent décorées, sont gardés soit dans les huttes, soit dans les «maisons des hommes», comme en Océanie. En Chine, ce culte, sans doute d'origine protohistorique, est devenu dans le confucianisme la base de ses institutions : culte familial, assurant l'ordre de la société, il devait remonter au moins à cinq générations.

Ange, entité céleste dans le mazdéisme, aspect féminin tutélaire (Fravarti).

ange (gr. *aggelos,* messager; lat. *angelus)*, dans les religions issues de la Bible, être tout spirituel, intermédiaire dans la Création entre Dieu et l'homme. Très souvent signalés dans l'Écriture sainte, les anges sont appelés «messagers», car ils portent aux hommes la parole de Dieu. Après la révolte luciférienne, il y eut les bons et les mauvais anges, les anges de lumière opposés à ceux des ténèbres. Les premiers, dans la Cour céleste, forment les «neuf chœurs des anges», divisés en trois séries : les séraphins, les chérubins et les trônes; les dominations, les vertus, les puissances; les principautés, les archanges et les anges (ce dernier terme a pris un sens plus général). Les plus connus sont Gabriel, Michel et Raphaël. Les Hébreux admettaient les chérubins, seuls êtres ailés de forme humaine qu'ils osaient représenter; ils étaient les gardiens de l'arche d'alliance dans le saint des saints du temple de Jérusalem.

La tradition chrétienne appelle *ange gardien* l'ange protecteur attaché à chaque être humain.

Les anges ont été l'objet de nombreuses querelles théologiques dans l'Ancien Testament et dans les Temps modernes; au Moyen Age, on a même disputé sur le sexe des anges.

Considérés comme de purs esprits, faisant parfois connaître aux hommes la volonté divine, ces messagers célestes devaient incarner la pureté, la beauté, la sérénité, ce qui posa de graves problèmes aux artistes qui voulaient les représenter. Ceux-ci ont cherché à leur donner des formes parfaites; ils en ont fait des êtres ailés, les uns revêtus d'une armure, les autres portant une longue robe blanche, ayant un aspect plus féminin; d'autres enfin, sous la forme d'angelots. — L'Orient chrétien en donne des représentations plus immatérielles et plus abstraites. Les anges sont tantôt *crucifères* (porteurs de croix), tantôt *cériféraires* (porteurs de cierge), tantôt *thuriféraires* (porteurs d'encensoir).

Les musulmans orthodoxes, qui admettent la croyance à certains anges, ne les représentent pas, tandis que les religions extrême-orientales, qui, pour la plupart, reconnaissent des êtres mi-spirituels, mi-humains, leur donnent généralement l'aspect de génies volants.

anglicanisme, religion d'État de l'Angleterre, établie après toutes sortes de luttes lors de la séparation d'avec Rome sous Henri VIII, puis sous Elisabeth Ire. Différentes divisions et tendances se sont peu à peu formées. Tels sont la Low Church, le méthodisme et la High Church. C'est dans la High Church que le mouvement d'Oxford a créé les anglo-catholiques, plus rapprochés de Rome. Les anglicans refusent l'autorité du pape. Dès le XVIe s., ils ont supprimé le latin en faisant connaître aux fidèles la Bible en anglais et en utilisant un rituel national exprimé dans le *Common Prayer Book*, qui a été plusieurs fois remanié. L'anglicanisme officiel est un compromis entre la Réforme calviniste et le dogme catholique.

animisme (du lat. *animus, anima,* esprit, âme), croyance en une âme des choses, en un monde des esprits, en une force vitale. (Dans ce sens, l'animisme est la base de toutes les religions primitives.)

L'ethnologue Tylor, dans *La Civilisation primitive*, fixa le premier, en 1871, la théorie de l'*animisme*. Partant de l'observation des phénomènes biologiques de la vie et de la mort, du sommeil et du rêve chez l'homme, le primitif lui-même a compris la notion d'un principe distinct, spirituel, double. De là l'origine du culte des morts, du culte des ancêtres et de la migration des âmes. Tylor fait de cet animisme un point de départ dans une évolution un peu trop schématique des religions. Ses principes, repris par Spencer, furent remis en question par Marrett (1909), qui établit la théorie de l'animisme en renforçant la notion de Mana* et en attribuant une personnalité à toutes sortes d'êtres, même inanimés, ainsi qu'à des phénomènes atmosphériques. Aujourd'hui, le terme général d'*animisme* est plutôt considéré comme une attitude mentale recouvrant le fétichisme* et la sorcellerie* chez les peuples de civilisation encore archaïque naguère appelés *païens*, répartis dans tous les continents, mais plus particulièrement en Afrique, et en Océanie. (V. *primitifs*.)

ankh, croix ansée, symbole de vie, triomphe de la vie sur la mort, dans l'Égypte ancienne.

ANNE (sainte), épouse de Joachim et mère de la Sainte Vierge. Dans l'art chrétien, elle est représentée tenant un livre à côté d'une petite fille (Marie) à qui elle enseigne la lecture.

Anne est aussi le nom du sage qui prophétisa la divinité de Jésus lors de sa circoncision au Temple.

Année sainte, année de jubilé catholique, marquée par de nombreuses cérémonies à Rome. Célébrée jadis tous les cent ans, elle a lieu aujourd'hui tous les vingt-cinq ans.

Annonciation (le 25 mars), fête commémorant le mystère de l'annonce faite à Marie par l'ange Gabriel de l'incarnation de Jésus-Christ. La prière de l'Angélus rappelle cette salutation angélique.

ANSARI (Khwadja Abdullah — al Harawi) (Hérat 1006 — Hérat 1089), grand exégète et mystique hanbalite*, surnommé *Pir-e Tariqat,* «Le Maître de la Voie». — Descendant d'une grande famille de Médine fixée à Hérat dès le Ier siècle de l'Hégire*, il étudia dès son plus jeune âge le hadith* et le droit à Hérat, puis à Nishapur où de nombreux maîtres traditionnistes, juristes, théologiens, soufis, tenaient école. Des années d'épreuves et de réflexion l'amenèrent à affirmer que le Coran lui-même indique la voie de l'amour de Dieu dans la foi et la fidélité au Prophète. — Des œuvres de la fin de sa vie, ont fait de lui l'un des guides du soufisme* : *Abrégé contenant les bienséances des soufis et de ceux qui cheminent dans la voie de Dieu,* et le *Livre des étapes des Itinérants vers Dieu.* — Son tombeau est l'un des grands lieux de pèlerinage de Hérat.

ANSELME (saint), docteur de l'Église (Aoste, 1033 - Canterbury, 1109), un des premiers scolastiques, célèbre par sa preuve ontologique de l'existence de Dieu. Il fut moine, puis abbé de la célèbre abbaye du Bec*, puis archevêque de Canterbury. La preuve ontologique est appuyée par sa philosophie platonicienne et exprimée dans le *Monologium.*

ANTÉCHRIST. D'après une tradition très ancienne exprimée dans l'Apocalypse de saint Jean, ce personnage mystérieux, esprit du mal, doit exposer le monde à l'impiété lorsque viendra la fin des temps. C'est alors que le Christ reviendra dans toute sa gloire et vaincra cette force de ténèbres.

Beaucoup de conjectures ont été faites au cours des âges pour l'identification de l'Antéchrist. Ainsi a-t-on proposé Néron, Luther ou Hitler. L'Antéchrist, affirme saint Jean, ne paraîtra qu'à la fin du monde.

anthroposophie, secte fondée par Rudolph Steiner (1861-1925), formant une scission de la théosophie* — jugée trop orientalisée. — L'anthroposophie est une interprétation ésotérique du christianisme. Son centre d'activités est le «Goetheaneum» de Dornach (Suisse), université libre de science spirituelle, dont la décoration s'inspire de la «métamorphose des formes» (Goethe) qui agit dans la nature.

Antioche, ville de Syrie, première métropole du christianisme dans le Proche-Orient, patriarcat important de l'Église grecque.

ANTOINE (saint) (Hte Égypte 251-356). Fondateur du monachisme* chrétien. Retiré dans les déserts de la Thébaïde, il fut obsédé par des «tentations». Il établit une règle pour les nombreux ermites qui l'avaient suivi.

antoinisme, religion fondée par le Père Antoine (1845-1912), ancien mineur belge, de tendance théosophique et spirite, dont le but est surtout la guérison des malades par la prière et l'imposition des mains. — L'Église antoiniste possède un clergé organisé. Elle s'est répandue dans toute l'Europe.

ANUBIS, dieu de l'ancienne Égypte, seigneur des embaumeurs, car il avait momifié Osiris*, et gardien des morts. Grand dieu funéraire à tête de chacal, il présidait aux rites de l'embaumement. Il surveillait aussi la pesée des âmes.

APIS, taureau sacré d'Égypte, symbole de la Fécondité. Il est souvent représenté avec un disque solaire entre les cornes. Ses prêtres rendaient des oracles en interprétant ses mouvements. Il est devenu une divinité funéraire et vivait à Memphis, où on l'adorait. Ses funérailles étaient célébrées dans le deuil et les solennités; son corps était momifié et conservé dans un énorme sarcophage de granit dans le serapeum* (celui de Memphis contenait vingt-quatre sarcophages). Il devait renaître dans un nouveau taureau aux marques particulières.

Apocalypse, livre qui a pour objet la révélation des destinées de l'humanité. Aux alentours de l'ère chrétienne, la littérature apocalyptique était abondante et traduisait chez les juifs des idées messianiques : livres de Daniel, d'Ézéchiel, d'Énoch, de Baruch, les Oracles sibyllins, etc. Ces ouvrages, messages d'espérance, annonçaient l'imminence de l'arrivée du Messie et exprimaient pour les croyants les visions extatiques d'un Dieu tout-puissant qui rétablirait la justice.

On retrouve ces conceptions dans les apocalypses chrétiennes de saint Pierre, de saint Paul et de saint Jean. Cette dernière, étant la seule insérée dans le canon biblique, forme le dernier livre du *Nouveau Testament.* L'*Apocalypse johannique* décrit la vision mystique de la parousie*, la victoire du Christ après le temps troublé des persécutions et la lutte contre les forces du mal par le triomphe final de l'Église, la «Jérusalem céleste». Ce texte du Ier siècle, imprégné de symbolisme (des nombres, des animaux, etc.), a été considéré d'abord comme une interprétation allégorique des événements historiques du début du christianisme : Domitien ou Néron pouvaient être l'Antéchrist s'opposant au règne de Dieu. La fin du monde semblait proche. L' *Apocalypse* reste mystérieuse. Certains y ont vu une inspiration gnostique, d'autres une œuvre prophétique qui aurait été écrite par un saint Jean exilé à Patmos, différent de l'apôtre du Christ; cependant, le fond théologique de cette vision mystique est de la même venue que celui de l'Évangile de saint Jean. Fortement relié à l'Ancien Testament, ce livre exprime la fidélité à la promesse de salut faite par Dieu à l'humanité.

La vision du jugement dernier établissant le règne du Christ, dans toute sa gloire, qui récompense les bons et punit les méchants, a été un grand thème d'inspiration des imagiers du Moyen Age dans leurs décors des tympans des cathédrales, des fresques et des tapisseries.

apocryphes, d'après l'étymologie grecque, ouvrages religieux dont le sens était caché. — Plus tard, le mot a désigné des œuvres de l'Ancien et du Nouveau Testament dont on ne pouvait identifier l'origine.

apostat, celui qui abandonne publiquement sa religion. — Au Moyen Age, chez les chrétiens, l'apostasie était punie de mort. L'islam aussi est très sévère pour les apostats.

apostolat, mission d'un apôtre et, par extension, prédication d'une doctrine.

apôtre (gr. *apostolos,* envoyé), nom donné aux douze disciples de Jésus-Christ, choisis pour répandre l'Évangile :

André, Barthélemy, Jacques le Majeur, Jacques le Mineur, Jean, Jude, Matthieu, Judas (remplacé par Matthias après l'Ascension), Simon, que Jésus nomma Pierre, Philippe, Simon le Zélote et Thomas.

Saint Pierre est appelé le «Prince des apôtres». Tous étaient des gens pauvres, simples artisans, pêcheurs ou publicains. L'Évangile nous fait participer à leur éducation spirituelle et explique comment, après la Pentecôte, ils se dispersèrent pour prêcher l'Évangile. Les *Actes des Apôtres** renseignent sur les premiers temps du christianisme. A ce premier groupe apostolique, ayant reçu les dons du Saint-Esprit, se joignirent saint Paul et saint Barnabé dont l'évangélisation fut efficace. Dans un sens plus général, on appelle *apôtre* celui qui fait de l'apostolat avec zèle pour répandre une religion ou une doctrine : on parle de l'«apôtre des gentils, des Gaules, des Slaves», etc. Les mormons* ont redonné ce nom d'apôtres au Grand Conseil des Douze, qui préside aux destinées religieuses de leur mouvement.

APSARA, dans la mythologie hindoue, nymphes du paradis d'Indra. Très belles, musiciennes, danseuses, elles sont souvent représentées dans l'art indien et figurent aussi dans la sculpture du temple d'Angkor Vat.

A'raf (al-), sorte de purgatoire musulman.

Aranyaka (mot sanskr.), *Traités de la Forêt,* destinés aux anachorètes. De caractère secret, ils donnent une interprétation allégorique et symbolique du sacrifice et annoncent les *Upanishad**.

arbre. Le culte des arbres remonte à la plus haute antiquité ; il est une forme des religions agraires primitives comprenant le culte de la Fécondité et celui de la Végétation. Pratiqué chez les peuples aryens, il est particulièrement connu chez les Germains et les anciens Slaves, habitant de sombres forêts ; chez les Celtes, les druides rendaient un culte aux chênes ; les Grecs et les Romains donnaient un nom de divinité à chaque sorte d'arbre et vénéraient des «bois sacrés». Pour les populations dites *animistes*, les arbres ont une âme et sont associés à certaines cérémonies. Dans l'Occident moderne, de nombreux vestiges subsistent de ces vieilles notions d'«arbre de vie», d'arbre pilier, colonne du monde, poteau du sacrifice ; tels étaient les arbres de mai et, sous la Révolution française, les arbres de la liberté et ceux de la fraternité. Dans le bouddhisme, on vénère le banian (le *Ficus religiosa*), en l'honneur du Bouddha, qui trouva l'illumination à l'ombre de son épais feuillage. Les chrétiens vénèrent l'arbre de la Croix, qui est arbre de vie.

arch-, préfixe (du grec *arkhein,* commander).

archange, au sommet de la hiérarchie des anges*.

archevêque, exerce une fonction épiscopale importante.

archimandrite, abbé d'un ou plusieurs couvents orthodoxes.

arhat, saint dans le bouddhisme du Petit Véhicule, celui qui atteint le nirvana*.

arianisme, hérésie d'Arius et des adeptes de sa doctrine. (Le point capital est la négation de la divinité du Verbe.) — *Arius*, prêtre d'Alexandrie, donna son nom à cette première grande hérésie chrétienne et mit en cause le dogme de la Trinité et la divinité de la personne du Christ. En 325, le concile œcuménique de Nicée condamna cette hérésie et établit le *Credo*, ou symbole de Nicée, affirmant que le Christ, Fils de Dieu, est consubstantiel au Père. L'arianisme, n'ayant pas complètement disparu, fut de nouveau solennellement condamné par le concile de Constantinople en 381, mais certaines sectes hors de l'Église catholique continuèrent souvent aux cours des âges à adopter ses doctrines.

Armée du salut, secte chrétienne fondée en 1865 par W. Booth. Ses membres ont une organisation toute militaire, portent un uniforme et ne craignent pas, sous leur bannière «Sang et feu» symbolisant le sacrifice du Christ, de prêcher et de chanter en plein air, accompagnés de leur orchestre de cuivres. Penchés particulièrement sur les épaves sociales, ils mènent un combat admirable de foi et de charité.

Arméniens, parmi les peuples d'Asie Mineure les premiers christianisés. L'Arménie fut le premier pays qui fit du christianisme une religion d'État, en 303. (Certains saints et même la Vierge Marie furent assimilés à des divinités du panthéon babylonien.)

L'Église arménienne sut résister à l'emprise perse, puis à celle de Byzance, et survécut à toutes les vicissitudes de l'histoire de son pays. Des persécutions violentes pour imposer les conversions au mazdéisme*, puis à l'islamisme*, ont ensanglanté les communautés arméniennes. Ayant refusé d'admettre les décrets du concile de Chalcédoine, cette Église suivit l'«orthodoxie grecque», mais prit un caractère monophysite plus accentué. Telle est encore l'*Église apostolique grégorienne* (du nom de Grégoire l'illuminateur, qui convertit l'Arménie au IIIe s.). Son chef est le «catholicos».

Divisés en diverses communautés dispersées dans le monde entier, les Arméniens comprennent aussi les uniates* et les arméno-latins, qui sont dirigés par un vicaire patriarcal résidant à Rome, ainsi que les évangélistes réformés.

arminiens ou **remontrants**, partisans des doctrines de Jacques *Arminius* (forme latine de Jakob *Harmensen*) (1560-1609), théologien protestant, hollandais, pasteur à Amsterdam et professeur à l'université de Leyde. Ils s'élevèrent contre le dogme calviniste de la prédestination et exposèrent leur théorie de la grâce dans un mémoire en cinq articles appelé *Remontrance* (d'où leur surnom) en 1610. Leurs adversaires, les *gomaristes* (de *Gomar*, authentique calviniste), présentèrent une *Contre-Remontrance*, et, pour mettre fin à ces discussions, le synode de Dordrecht condamna les premiers remontrants en 1618. La plupart des arminiens quittèrent les Pays-Bas. On en retrouve en Angleterre, où leurs théories tolérantes influencèrent les méthodistes.

ARNAUD (Antoine), dit **le Grand Arnaud** (Paris, 1612 — Bruxelles, 1694). Il fut membre de cette famille austère qui donna tant de ses membres au jansénisme. Frère de la Mère Angélique, supérieure de Port-Royal, et d'Arnauld d'Andilly, grand théologien, il eut avec Saint-Cyran une très grande influence sur l'évolution de la doctrine janséniste. Dans son traité, *De la fréquente communion*, il attaquait les jésuites et soutenait les cinq propositions de l'*Augustinus* de Jansénius, ce qui le fit condamner par la Sorbonne. Retiré à Port-Royal, puis exilé aux Pays-Bas, il ne cessa d'écrire et d'exprimer ses polémiques contre les jésuites et contre les protestants. (V. *jansénisme.*).

Arya Samaj. Dans l'Inde du XIXe s., groupement fondé par un brahmane ascète du Kathiawar, Dayananda *Sarasvati* (1824-1883), qui tenta de dégager la pure tradition védique paradoxalement théiste des sectes hindouistes. Profondément antimusulmane et antichrétienne, sa «Société des aryens» était surtout nationaliste, combinant avec un mouvement social, politique et éducatif une sorte de réforme religieuse.

ASANGA, moine bouddhiste du Ve s., qui, avec son frère *Vasubandhu*, fonda une école idéaliste et mystique du bouddhisme du Grand Véhicule.

Ascension, fête chrétienne commémorant la montée au ciel du Christ en présence de ses apôtres et de ses disciples, quarante jours après sa résurrection, le jour de Pâques. Cette fête tombe toujours un jeudi. Elle est en France une fête d'obligation.

ascétisme, d'après l'étymologie grecque, abnégation, renoncements, exercices destinés à donner force et maîtrise de soi aux ascètes.

Les stoïciens, puis les premiers chrétiens en firent une discipline physique et morale qui devint très sévère chez les solitaires du désert. Ces ermites, méprisant leur corps, lui infligeaient toutes sortes de privations et d'austérités. La vie cénobitique connue déjà des esséniens et des thérapeutes égyptiens, régularisa l'ascétisme.

Chez les musulmans, les soufis* et les derviches* le pratiquent. Dans les religions asiatiques, si l'ascétisme est souvent excessif chez les yogi* hindous, il ne l'est pas chez les bouddhistes. En effet, Bouddha, dans ses expériences mystiques avait montré l'inanité de tout excès en ce domaine.

Ases, cf. Scandinavie.

ashkénazim, nom donné aux juifs d'Europe centrale et orientale après l'expulsion des israëlites de France (1306) qui les sépara de ceux d'Espagne.

ashram ou **açrama** (mot sanskr. signifiant «peine», «effort»), lieu de méditation, ermitage où une petite communauté mène une vie simple de discipline personnelle dans le travail, l'étude et la méditation. Il est généralement placé sous la direction d'un guru* et accepte les voyageurs. Les plus célèbres ashrams étaient dans l'Inde ceux de Gandhi*, de Tagore* à Santiniketan, de Çri Aurobindo* à Pondichéry, etc. (Certains prêtres catholiques, à la suite des Pères Montchanin et Le Saux, ont formé en Inde, à Shantivanam, un ashram chrétien.) Mode de vie religieuse comprenant les quatre stades de la vie d'un brahmane pieux.

assassins (de l'arabe *hachchachin,* fumeurs de hachisch), membres d'une société secrète musulmane issue de la secte des ismaéliens. — Cette société fut fondée en Perse en 1090 par Hasan-i Sabah; son organisation et ses places fortes furent détruites par les Mongols en 1256, mais la secte subsista en Syrie où leur chef, redouté des Croisés, était connu sous le nom de «Vieux de la Montagne». Celui-ci était le cheik et avait sous ses ordres tout un état-major hiérarchisé (initié à la doctrine secrète du Coran) auquel obéissaient aveuglément les sicaires, fanatisés par le hachisch et chargés des exécutions.

Assomption (lat. *assumere,* enlever), montée miraculeuse au ciel de la Vierge Marie. La fête instituée par l'Église pour honorer cet événement est célébrée le 15 août. Thème représenté souvent dans l'art chrétien, l'Assomption n'est cependant devenue un dogme qu'en 1950.

Il existe un ordre des «Dames de l'Assomption» fondé en 1839, celui des «Orantes de l'Assomption» et celui des «Petites Sœurs de l'Assomption».

assomptionnistes, membres d'une congrégation fondée en 1843 par le R.P. d'Alzon pour l'éducation, les missions et la diffusion par la presse de la pensée catholique. En France, ils éditent de nombreux ouvrages, revues et journaux, dont les plus connus sont *La Croix* et *Le Pèlerin.*

astrolâtrie, culte rendu aux astres, lié à l'astrologie (art divinatoire affirmant l'influence des astres sur le destin des hommes). — En très grand honneur dans le Proche-Orient, où les nuits sont si pures, les prêtres observaient les étoiles et la marche des planètes du haut des ziggourats* et tiraient de leurs observations un enseignement secret. Ce culte existait chez les peuples précolombiens, particulièrement chez les Aztèques.

ASURA, dans la mythologie indo-iranienne, sorte de génies constamment en lutte contre les *deva.* Dans l'*Avesta,* les Asura ne sont pas mauvais, tandis que dans l'hindouisme ils sont plutôt considérés comme des démons.

athéisme, négation de Dieu. — Elle est rarement absolue, refusant toute unité de l'univers, tout principe directeur. Le plus souvent, il s'agit d'une sorte d'agnosticisme où l'esprit ne cherche pas à connaître l'Etre suprême. Les athées modernes, appelés *libres penseurs,* se contentent d'un certain scepticisme à l'égard de toute religion. Le bouddhisme* dans sa forme primitive et le jaïnisme*, malgré leur organisation religieuse, n'admettent pas la croyance en Dieu.

Athos (mont), «montagne sainte», que, d'après la légende, la Vierge aurait visitée. — Située sur la côte macédonienne grecque, elle abrite une vingtaine de monastères reconstruits du XIIIe au XVIe siècle, des ermitages, des fermes et des ateliers. La population, exclusivement masculine, ne comprend que des moines et leurs domestiques, tous orthodoxes du rite de saint Basile. Par la richesse de sa décoration, de ses fresques, de ses mosaïques, de ses icônes et de ses manuscrits, malgré les destructions des Turcs, l'Athos est considéré comme un véritable conservatoire de l'art byzantin.

Habité depuis longtemps par des ermites, le grand monastère de Laira organisa au Xe s. la vie très particulière des moines de l'Athos. Le mont est une république monastique gouvernée par un Conseil de dix membres.

ATIÇA, moine bouddhiste (979-1054), un des grands réformateurs du bouddhisme au Tibet, où il vint en 1039. Il s'établit à Lhassa, y fonda une secte tantrique, la «voie vertueuse», et donna au Tibet la forme lamaïque rénovée qu'il a gardée. (V. *lamaïsme.*)

atman, dans les systèmes philosophiques de l'Inde, le *soi* de l'être dépouillé de son enveloppe accidentelle, opposé au *moi* individuel. C'est la réalité dernière qui peut être accomplie dans l'unité suprême brahman*-atman.

atonisme. Dans l'Égypte ancienne, Aton signifiait l'aspect visible du disque solaire, vénéré comme maître de la lumière, dispensateur de tous les biens : le grand dieu Amon-Rê, assisté d'une foule d'idoles, était servi par le nombreux et puissant clergé d'Héliopolis. C'est dans cette apparence sensible que, vers 1450 av. J.-C., certains prêtres situent la manifestation de l'essence du divin, en créant le dieu Aton, auquel se voua le pharaon Aménophis IV; celui-ci, prenant désormais le nom d'Akhenaton*, établit le culte de ce dieu unique et lui consacra son règne (de 1375 à 1358 av. J.-C.). Ce fut une véritable révolution que le clergé d'Amon* admit difficilement. Pour la première fois en Égypte, le monothéisme s'affirme et s'exprime librement, dans le culte, les hymnes, les envolées lyriques des poèmes et la décoration des temples de la nouvelle capitale Ikhout-Aton (aujourd'hui Tell el-Amarna); le disque solaire est représenté envoyant ses rayons vivifiants sur l'univers. Il ne nous reste que quelques vestiges précieux des tablettes, des tombeaux, des fragments de ces magnifiques temples élevés par le pharaon mystique, perdu dans ses rêves et qui ne fut pas pour son pays un bon souverain. Il ne sut pas voir ses ennemis ni à l'intérieur, ni à l'extérieur, et sa religion trop pure, trop simple, refusant les idoles et les dieux locaux, était loin d'être populaire. C'est pourquoi elle ne lui survécut pas, et tout souvenir de cette «hérésie» fut systématiquement détruit. (V. *Akhenaton.*)

ATTIS, dieu de la Végétation chez les Phrygiens — jeune berger aimé de Cybèle; les légendes sont nombreuses sur sa vie et sa mort, mais la tradition l'a métamorphosé en pin. Ce culte oriental fut apporté à Rome où l'on célébra chaque année au printemps des fêtes en son honneur. Les prêtres d'Attis, les «galles» se flagellaient et se mutilaient dans des rites orgiaques qui accompagnaient ces fêtes.

Augsbourg. Luther* exposa ses doctrines à la diète d'Augsbourg en 1518, mais, à celle de 1530, la profession de foi luthérienne rédigée par Melanchthon* fut présentée à l'empereur Charles Quint et fut appelée *Confession d'Augsbourg*. Ce formulaire, composé de vingt-huit articles, fut discuté et réfuté par une assemblée de théologiens; Melanchthon répliqua par une *Apologie*. Ces événements furent le point de départ de l'exposition des doctrines protestantes. (V. *protestantisme, Réforme, Luther*.)

AUGUSTIN (saint), surnommé **le Docteur de la grâce,** un des plus célèbres Pères de l'Église (Thagaste 354 - Hippone 430). Aurelius Augustinus, fils d'un magistrat romain attaché au paganisme et d'une chrétienne (sainte Monique), fit de bonnes études à Carthage et mena une vie assez dissipée, qu'il raconte sans aucune complaisance dans ses *Confessions*; il eut plusieurs concubines, mais resta longtemps fidèle à celle qui lui avait donné un fils, «Adeodat», et qu'il ne pouvait épouser en raison des préjugés de classe de l'époque. Il enseigna les lettres à Carthage et se convertit au manichéisme*. Venu à Milan, il connut saint Ambroise, discuta longtemps avec lui de philosophie et de religion, et finalement se convertit sous son influence au christianisme, peu avant la mort de sa mère, qui n'avait cessé de prier pour cela. Rentré dans son pays, il forma des communautés chrétiennes, devint prêtre, puis évêque d'Hippone et créa le premier collège de chanoines. Engagé dans sa lutte contre les donatistes, il s'acharna pendant toute sa vie à réfuter les hérésies florissantes en ces premiers siècles du christianisme : ainsi celles des ariens, des pélagiens, des priscillanistes, des apollonistes, etc.

Déçu par le manichéisme, imprégné de la pensée de Platon, il entreprit une étude approfondie des Écritures saintes, en fit de nombreux commentaires et exprima sa doctrine par des écrits, des discours et une abondante correspondance.

Parmi ses ouvrages, les plus importants sont les commentaires de saint Jean, les traités sur la grâce et le libre arbitre, et surtout la *Cité de Dieu*. Théologien, philosophe, dialecticien remarquable, saint Augustin établit sa formule *Crede ut intelligas* après l'antithèse *Intellige ut credas* : la foi doit conduire la raison, mais elle doit être fortifiée par l'étude intelligente de la philosophie, de la théologie et particulièrement de l'Écriture sainte. Il explique la transcendance de Dieu, qui est supérieur à toutes déterminations, en qui se concilient les contradictoires. Il importe de connaître aussi la doctrine de saint Augustin sur la prédestination. Pour lui, la prédestination est éternelle et absolue; la race des fils d'Adam est damnée tout entière depuis le péché originel, «et nul n'est relevé de ce juste et mérité supplice que par la miséricorde divine et par une grâce où il n'a aucun droit». On sait d'ailleurs l'opposition que souleva cette doctrine en divers points du monde chrétien.

Le néo-platonisme formant le cadre de sa doctrine, saint Augustin, dernier des grands docteurs de l'Antiquité, a pu être surnommé «le Père de l'Occident», modelant ainsi la pensée latine, tandis que l'Orient s'enfermera dans la tradition patristique grecque.

Son influence a été considérable non seulement dans le monde latin finissant et le haut Moyen Age, mais encore dans la scolastique médiévale. C'est surtout au XVIIe s. que la philosophie rejoignit l'*augustinisme* dans l'argument du *Cogito* de Descartes; l'esprit de la Contre-Réforme, créant des ordres nouveaux, s'appuya alors sur saint Augustin. En ce même siècle l'exégèse augustinienne fut durement mise à l'épreuve par les molinistes (v. *Molina*) et par les jansénistes; ceux-ci, reprenant les querelles de la grâce* et de la prédestinatin, déformèrent bien souvent la pensée même du grand théologien.

De nos jours, celui que le XVIIe s. appelait «l'Aigle des docteurs» a encore un grand prestige non seulement chez les catholiques, mais aussi chez beaucoup de protestants.

augustins, religieux suivant la règle de saint Augustin. — Ils se divisent en chanoines réguliers, récollets, frères, etc. Chez les femmes, il y a aussi différents ordres de religieuses augustines.

aum, v. *om.*

AUROBINDO GHOSE, appelé aussi **Çrī Aurobindo,** philosophe et mystique hindou (Calcutta 1872 — Pondichéry 1950). Après des études indiennes et occidentales et une carrière politique ardente axée sur l'indépendance nationale, il se retira hors de l'Inde anglaise, à Pondichéry, se consacrant à son ashram (communauté organisée en une sorte de phalanstère et capable de vivre sur elle-même), dont il fut le guru jusqu'à sa mort. Il établit son enseignement dans ses nombreux ouvrages, adaptant la pensée indienne à la vie moderne, méditant et recherchant la sagesse par la pratique de la maîtrise de soi (yoga). Aurobindo s'oppose aussi bien au matérialisme qu'à l'ascétisme excessif. Sa recherche est celle de l'absolu par le dégagement du «mental». Il admet la proposition d'êtres suprahumains faisant rayonner le bonheur.

Par le rayonnement de Çri Aurobindo, l'ashram* de Pondichéry a joué et joue encore un grand rôle dans la pensée actuelle de l'Inde. Il est en rapport avec l'Institut français d'indianisme. (La «Mère» qui a succédé au «Maître» dans la direction de l'ashram et d'autres disciples sont Français).

autel, dans toutes les religions, table sacrée sur laquelle on dépose des offrandes à la divinité, le plus souvent par un sacrifice. Chez les juifs existaient l'autel des holocaustes et celui des parfums. Dans toute l'Antiquité méditerranéenne et orientale, comme chez les peuples précolombiens, il y eut des autels à libations et des autels à sacrifices sanglants, en pierre ou en marbre.

Les premiers chrétiens célébraient la messe sur une simple table de pierre, puis, dans les catacombes*, sur l'«arcosolum» de la tombe d'un martyr, d'où l'usage des reliques placées sous la pierre de consécration de tout autel catholique. L'autel avait souvent la forme d'un tombeau. Il fut surmonté d'un retable à la fin du Xe s. ; au-dessus se dressait bien souvent un baldaquin, supporté par des colonnes ou des bas-reliefs. Dans les premiers siècles du christianisme, l'autel était placé au centre du «presbyterium», et le prêtre officiait face aux assistants; quand on construisit des chapelles latérales, il y eut plusieurs autels, et celui du chœur devint le *maître-autel.* Les retables parfois très hauts des époques gothique et baroque ou néo-gothique obligeaient le prêtre à célébrer la messe en tournant le dos au public. De nos jours, la simplicité de l'art moderne, jointe au désir de l'Église d'une plus grande participation des fidèles à la liturgie eucharistique, a décidé la plupart des prêtres à placer dans les lieux de culte de simples tables d'autel surmontées d'un crucifix sans ornements. — Chez les protestants, une table très simple, symbole de la Cène, supporte la Bible.

AVALOKITEÇVARA, appelé aussi **Padmapani.** Son nom est symbole de lumière. Dans le bouddhisme du Grand Véhicule, il est le bodhisattva* le plus compatissant, constamment prêt à écouter la prière des humains qui désirent être sauvés. Il est l'émanation du dhyani-buddha Amitabha*. Du IIIe au XIIe s., son culte se répandit en Inde, puis en Asie centrale. Au Tibet, il est incarné dans les Taras et dans les dalaïlamas successifs. Au Cambodge, il prit le nom de *Lokeçvara.* En Chine, il eut dès le VIIIe s. une forme féminine plus connue sous le nom de *Kwan-Yin,* extrêmement populaire, devenue au Japon la *Kwanon*.

En Asie centrale, Avalokiteçvara est souvent représenté sur les fresques ou les tangkas, avec de multiples bras évoquant les mille bras que le bodhisattva tend à l'humanité; dans chacune de ses mains un œil est peint sur la paume, et l'une d'elles porte le vase à eau pour étancher la soif de ses fidèles. Il guide les âmes vers le paradis d'Amitabha. La Kwan-Yin est parfois représentée en protectrice des mères et en porteuse d'enfants. Avalokiteçvara est souvent doté de onze têtes. Il porte dans sa coiffure l'image du dhyanibuddha Amitabha, dont il est l'émanation.

avatar (sanskr. *avatara*, descente), nom donné aux incarnations du dieu Vishnu* dans les récits brahmaniques des *Purana*.

Avent (lat. *adventus*, venue), dans l'année liturgique chrétienne, période de quatre semaines précédant la fête de Noël, qui est un temps de pénitence et de préparation.

AVERROÈS, un des plus célèbres docteurs arabes (Cordoue 1126 - Marrakech 1198). Il étudia le droit, la jurisprudence et la théologie, puis la physique, la médecine et les mathématiques.

Ses commentaires d'Aristote eurent une grande influence sur la théologie chrétienne de son temps. Sa philosophie appelée *averroïsme*, est inspirée de celle de l'école d'Alexandrie. Elle pose le problème de l'origine des êtres (création ou évolution), celui de l'éternité de la matière, et sa «théorie de l'intellect», qui nie l'immortalité de l'âme individuelle, admet un intellect actif, cosmique, universel et éternel.

Avesta, v. *mazdéisme*.

AVICENNE, philosophe et médecin arabe (Afghana, près de Boukhara 980 - Hamadhan 1037). Personnalité remarquable, médecin, savant dans toutes les sciences de son temps et surtout philosophe, il eut un retentissement immense non seulement en Orient, mais aussi dans tout le Moyen Age occidental. De nombreux traducteurs des philosophes grecs et des commentateurs tels que Kindi (IXe s.), puis Farabi (Xe s.) contribuèrent à la formation d'Avicenne. Celui-ci s'efforça d'adapter les doctrines du néoplatonisme et surtout celles d'Aristote à la théologie coranique.

Son *Canon de la médecine*, son *Encyclopédie des sciences philosophiques* (Ach-Chifa), sa *Philosophie illuminative* (malheureusement perdue) mettent souvent en cause les données du Coran. Ses œuvres, abondamment commentées, ont été souvent jugées sévèrement par les orthodoxes de l'islam, qui ne souffraient pas qu'on glosât sur les révélations faites au Prophète.

AZRAËL, messager d'Allah, ange de la Mort.

Aztèques, v. *Mexique*.

azyme (*a*, priv., et gr. *zumé*, levain), pain sans levain que les Juifs mangent pour la pâque en mémoire de celui dont ils se nourrirent lors de la sortie d'Egypte. Dans la liturgie catholique, le pain azyme est utilisé pour la confection des hosties destinées à l'eucharistie*, ce sacrement ayant été institué par Jésus-Christ pendant les jours des azymes selon les lois juives. L'Eglise orthodoxe emploie le pain avec levain. Cette différence liturgique a été une des polémiques contre les «azymites», au moment du schisme de 1054.

B

BAAL, dans les langues sémitiques, le Seigneur, le Maître. Les Baals divinisés étaient très nombreux, personnifiant des villes, des sanctuaires, des éléments, des produits de la nature et avaient autant de noms particuliers. Dieux de la Fécondité en Asie Mineure, leurs mythes correspondaient à ceux des vieux cultes agraires de la Méditerranée orientale. En Phénicie, particulièrement, les tablettes de Ras-Shamra ont fait connaître le mythe de Baal-Hadad, grand dieu personnel. Chez les Sémites de l'Est, il est connu sous le nom de *Bêl*, le père des dieux, le puissant Seigneur et le créateur du monde, mais il est plus spécialement le dieu de la Végétation.

Dans la Bible, Baal désigne tous les faux dieux. C'est dans ce sens qu'on dit encore : *culte de Baal* (idolâtrie), *prêtre de Baal* (hypocrite ou fanatique), *fille de Baal* (courtisane). Baal fut assimilé par les Grecs à un Apollon solaire, et par les Romains à Saturne, par suite de sa réputation de cruauté.

babisme, mouvement religieux au sein de l'islam chiite, fondé en Perse, au XIXe s., par Mirza 'Ali Muhammad.

Ce dernier s'était donné le nom de *Bab* (porte), «Ouverture sur les vérités divines», et se proposait de réformer l'islamisme dans sa rigueur coranique. S'insurgeant contre le fanatisme, il essaya de faire comprendre l'esprit et non la lettre de la loi musulmane, prêcha la tolérance, la douceur envers tous les êtres et l'émancipation de la femme; il publia deux livres, l'*Exposition* et *Le Livre très saint*, issus d'une révélation et qui devaient remplacer le Coran. Il fut poursuivi comme hérétique et exécuté avec dix-huit de ses disciples en 1850. Sa doctrine lui survécut peu, mais se fondit dans une nouvelle religion, le bahaïsme*.

Babylone (religion babylonienne), v. *Mésopotamie*.

bahaïsme, religion issue du babisme*, fondée par un disciple du Bab Mirza Husayn 'Ali dit *Baha' Allah* («Gloire de

Dieu») (1817-1892).

Né en Perse, où il propagea sa doctrine, exilé en Turquie, celui-ci fut emprisonné pendant vingt-quatre ans à Saint-Jean-d'Acre. Il rédigea de nombreux ouvrages et des lettres ou «tablettes» envoyées à des gouvernants du monde entier. S'éloignant de plus en plus de l'islam, il créa, par un syncrétisme des anciennes croyances une religion universelle de paix et de fraternité. Son fils aîné, 'Abbas efendi 'Abd al-Baha (1844-1921), fut son successeur. Il écrivit le *Plan divin* pour répandre le bahaïsme, nommant son petit-fils protecteur de la cause bahaï. Le bahaïsme est répandu dans le monde entier : il forme de nombreuses communautés reconnues par les Nations Unies; le centre administratif est Haïfa.

baïram (mot turc signifiant «fête*»), nom donné à chacune des deux fêtes principales de l'islam. La première suit le ramadan et dure trois jours : c'est le «petit baïram». La seconde, fête des sacrifices, marque la fin de l'année musulmane : c'est le «grand baïram».

baiser de paix, salut fraternel des premiers chrétiens, parfois signe de réconciliation. Au cours de la messe, avant la communion, ceux-ci se transmettaient l'un à l'autre, au hasard de leur place, le *baiser de paix* que l'officiant avait donné au plus proche. Vers le XIIIe s., ce rituel change pour les laïques; désormais, le prêtre tend aux fidèles qui vont à l'offrande une plaque de métal ou d'ivoire représentant une image du Christ, véritable objet d'orfèvrerie appelé «baiser-de-paix» ou «paix».

Dans l'ancien rite du Malabar, en Inde, chaque fidèle étreint la main de son voisin en disant : «La paix de Dieu soit avec vous». Ce rite est repris depuis le concile Vatican II.

Balder, v. *Nordique.*

baptême, sacrement chétien institué par Jésus-Christ et faisant entrer le sujet qui le reçoit dans la communauté de l'Eglise. Le rite du baptême est célébré au nom de la Trinité; il efface le péché originel, donne la grâce sanctifiante et imprime à celui qui le reçoit un caractère ineffaçable; c'est pourquoi il ne peut être réitéré.

Dans les premiers temps du christianisme, il était donné par «immersion»; cette tradition est conservée en Orient chez les orthodoxes* et les uniates*, et aussi par certaines sectes protestantes.

Depuis le XIIe s., le catholicisme a adopté le baptême par «affusion» (eau versée sur la tête du baptisé). Les Eglises d'Angleterre et les principales sectes protestantes l'administrent par « aspersion ». Les parents chrétiens ont un devoir de faire au plus tôt baptiser leurs enfants, mais lorsque les adultes reçoivent le baptême, ils doivent être préparés par un assez long catéchuménat. Les cérémonies accompagnant le rite essentiel de purification par l'eau marquent le baptême solennel que seul un prêtre peut administrer, mais, en cas de danger de mort, tout chrétien peut baptiser en prononçant la formule trinitaire.

L'idée de purification, de régénération, d'élimination du péché existe aussi dans divers rites baptismaux d'autres religions (lamaïsme tibétain). Le taurobole de Mithra et de Cybèle, toutes les religions à mystères de l'Antiquité, les rites d'initiation des sociétés primitives et même des sociétés secrètes attestent ce vieux symbole de renaissance à une vie nouvelle.

baptistère, petit édifice construit autrefois auprès des cathédrales pour y conférer le baptême.

Dès que le christianisme put baptiser hors des catacombes, on construisit des édifices séparés des églises, où les catéchumènes n'avaient alors pas le droit d'entrer. Pour indiquer le passage des ténèbres à la lumière du soleil levant, les baptistères étaient orientés. On y pratiquait solennellement une fois par an, le samedi saint, le baptême par immersion. Celui-ci était donné par l'évêque. Les baptistères étaient de forme ronde ou polygonale, et comportaient dans leur centre une piscine. Ils étaient souvent divisés en deux parties ou même formaient deux baptistères distincts pour séparer les deux sexes. Ils ont toujours été dédiés à Jean-Baptiste. Souvent une « colombe baptismale » en métal ouvragé, renfermant les saintes huiles, était placée au-dessus du bassin.

Les plus beaux existent encore en Italie, mais la France en possède aussi quelques exemplaires très anciens et intéressants, comme ceux d'Aix-en-Provence, de Poitiers, de Périgueux.

baptistes, membres de diverses sectes protestantes qui affirment le rôle primordial du baptême. — Elles l'administrent aux enfants ou aux adultes, le plus souvent par immersion, se référant aux pratiques des premiers chrétiens.

baptistins, baptistines, ordres religieux missionnaires, d'hommes et de femmes.

BARAT (sainte **Madeleine Sophie**), fondatrice des Religieuses du Sacré-Cœur (Joigny 1779-Paris 1865).

BARCLAY (Robert), théologien écossais (Gordonstown 1648 - Ury, Kincardine, 1690). Principal théologien des quakers, il écrivit une *Apologie de la véritable théologie chrétienne.*

BARDESANE, hérésiarque du IIe s. Ce dernier des gnostiques eut une grande influence sur Mani*. Il écrivit de très nombreux hymnes, un livre *Sur le destin*, et eut quelques disciples.

bardo, dans le douddhisme tibétain, l'état de l'âme, plus ou moins long et douloureux, entre deux réincarnations (49 jours), qui peut être abrégé par les offrandes, les prières et les incantations. Celui-ci est exprimé dans le livre des morts, le *bardo Thödol.*

BARTH (Karl), le plus grand théologien protestant du XXe s. (Bâle 1886). Il fut professeur en Allemagne, puis revint en Suisse pour écrire et enseigner en toute liberté. Sa doctrine, fondée sur la réforme calviniste, admet cependant une nouvelle conception de la prédestination et le triomphe de la Grâce. Sa théologie dialectique est une révolution méthodologique, sa dogmatique est centrée sur la christologie.

Ses œuvres exégétiques, dogmatiques (dont la monumentale *Kirchliche Dogmatik*), politiques et littéraires, marquent un retour à la tradition évangélique des premiers théologiens, ainsi qu'une défense contre les déviations modernes. Elles ont une influence considérable dans le monde chrétien.

BASILE (saint), surnommé **le Grand,** un des plus éminents Pères de l'Eglise (Césarée 329 - *id.* 379). Issu d'une famille très chrétienne, il étudia la philosophie à Constantinople et à Athènes, revint dans sa ville natale, où il enseigna et travailla comme homme de loi. Rompant avec le monde, il devint prêtre, puis évêque de Césarée; mais, en ces temps d'hérésies, il eut à combattre l'arianisme. Il fonda une communauté de reclus : ce fut le début du monachisme, et saint Basile est célèbre par les règles monastiques qu'il édicta. Il fut l'ami des pauvres et distribua tous ses biens. Nous connaissons, les panégyriques que lui ont consacrés saint Ephrem, saint Grégoire de Nysse, son frère et saint Grégoire de Nazianze, son compatriote et ami. Ses nombreux ouvrages, très imprégnés de platonisme, ont eu une grande influence, particulièrement en Orient, où elle s'exerce encore de nos jours sur la liturgie et la vie monastique. Les *Grandes Règles* et *Petites Règles* sont encore observées.

BASILIDE, un des chefs les plus célèbres des écoles gnostiques d'Alexandrie (IIe s. de notre ère). Il tenta d'établir une métaphysique qui prétendait concilier le christianisme avec l'aristotélisme et le stoïsme. Son système construit une cosmologie compliquée de type moniste, déployant des paliers successifs allant du parfait à l'imparfait et dirigés par un «arkhôn» (ou roi). Dans une des dernières régions se trouve Jésus, Fils de Dieu, qui n'a revêtu qu'une apparence humaine, mais qui prépare les voies du salut. Celles-ci mènent à une illumination tout intellectuelle de compréhension du monde. Les sectateurs de Basilide, les basilidiens, disparaissent au IVe s.

basiliens, moines qui ont adopté la règle de leur fondateur, saint Basile. — Ils sont encore très nombreux dans les Eglises d'Orient. Leurs monastères les plus fameux sont ceux du Sinaï et du mont Athos*.

basilique (gr. *basileus*, roi). Les premières églises chrétiennes furent bâties sur le plan des basiliques romaines : édifices laïques de forme rectangulaire terminés par un hémicycle en demi-coupole où était placée une tribune destinée à recevoir les juges. La basilique était un lieu public, une sorte de forum couvert où l'on rendait la justice. Le christianisme mit l'autel à la place de la tribune, au-dessus d'une crypte (*martyrium*); en arrière l'abside reçut le siège de l'évêque (*cathedra*) et les bancs pour le clergé (*presbyterium*). Ce plan basilical a été gardé en Occident pour la grande majorité des églises et cathédrales : les bas-côtés ont formé trois ou cinq nefs. On distingue les basiliques majeures (à Rome seulement) et les basiliques mineures. Ce titre de «basilique» est donné en général à une église importante, le plus souvent siège d'un pèlerinage. Les basiliques orientales avaient cinq coupoles symbolisant les cinq patriarcats du monde chrétien.

BASTET, déesse égyptienne à tête de chat à l'époque tardive, honorée à Bubastis. Primitivement, elle avait une tête de lionne. D'après certains égyptologues, elle personnifierait le désir sexuel.

béatification, acte solennel du pape, qui accorde le titre de «bienheureux» (première étape de la canonisation) à un personnage mort en «odeur de sainteté» et dont la «cause» a été introduite à Rome, où une cour spéciale en fait le procès.

béatitudes, félicité dont jouissent les bienheureux, récompenses données par Dieu à ceux qui ont méprisé les biens de la terre. — On donne plus spécialement ce nom au Sermon sur la montagne prononcé par Jésus et dont les versets commencent en latin par ce mot *beati*... (*Bienheureux*).

Bec-Hellouin, célèbre abbaye du Bec en Normandie, fondée en 1034 par Hellouin et qui fut une des écoles les plus florissantes du Moyen Age. Elle eut une très grande influence sur l'Angleterre grâce à un moine, Lanfranc, qui devint archevêque de Cantorbéry.

bedeau, employé laïque chargé d'assurer l'ordre dans une église. — Vêtu, pour les cérémonies, d'un costume de garde suisse du XVIIIe s., on l'appelle familièrement «suisse».

BÈDE le Vénérable (saint), historien et théologien de l'Eglise catholique anglaise (Wearmouth, Durham, 673 - Jarrow, Durham, 735). Il est célèbre surtout par son *Histoire ecclésiastique de la nation anglaise* et ses commentaires de l'Ecriture sainte.

bégards, béguards ou **beggards,** groupes d'illuminés qui, aux XIIIe et XIVe s., cherchèrent à atteindre la perfection évangélique. — Il y eut en Allemagne, aux Pays-Bas et en France des petites communautés connues aussi sous le nom de *frérots, fraticelles*, etc. Les bégards ne suivant plus les préceptes de l'Eglise et accusés d'immoralité furent condamnés par le concile de Vienne en 1311; sévèrement persécutés, ils disparurent à la fin du XIVe s.

béguines, religieuses d'un ordre aux origines controversées (qui aurait été fondé par Lambert Begh ou Le Bègue au XIIe s.) n'exigeant pas de vœux perpétuels.

Cet ordre fut très important au Moyen Age, particulièrement dans les Flandres, où il a laissé les fameux *béguinages*, établissements de forme originale, comprenant de nombreuses petites maisons situées dans un jardin autour d'une chapelle. On a confondu parfois les béguinages avec la secte des béguins, ou bégards, dont, au XIVe s., quelques éléments hérétiques s'étaient introduits dans les communautés. Mais les béguines, devenues plutôt membres d'un tiers ordre, furent protégées par le pape Jean XXII en 1320 et purent ainsi continuer à travers les siècles à mener une vie pieuse et tranquille.

BEL, le père des dieux, créateur, dans les mythes babyloniens. *Belit* était son épouse.

Bénarès, ville sainte de l'hindouisme, un des centres les plus importants de pèlerinage, situé au bord du Gange, fleuve sacré où l'on accède par de grands escaliers nommés «ghats». Les rives de ces eaux purificatrices sont encombrées de pèlerins venus se baigner, de bûchers où les cadavres sont brûlés. Leurs cendres sont dispersées dans le fleuve, ce qui assure à leur âme une meilleure incarnation. Bénarès possède une université importante, dirigée par des brahmanes très versés dans les livres saints et dans toute la littérature sanskrite. Elle est appelée le «Lotus du monde». La ville est aussi un lieu vénéré du bouddhisme, puisque le Bouddha y prêcha son premier sermon dans le parc des Gazelles (Sarnath). Bénarès est un haut lieu de la musique classique indienne.

bénédicité, prière demandant les bénédictions de Dieu au commencement et à la fin des repas suivant une coutume des premiers chrétiens.

bénédictins, moines de l'ordre le plus ancien et le plus important d'Occident. Cet ordre contemplatif et actif fut fondé par saint Benoît* au VIe s. Le premier monastère fut celui du Mont-Cassin, dont le rayonnement fut immense. Depuis lors, les abbayes bénédictines se sont multipliées, civilisant les pays d'alentour, accomplissant non seulement des travaux de défrichement et de cultures, mais aussi des travaux intellectuels d'histoire, d'art et de science. Les manuscrits et les enluminures étaient exécutés dans les ateliers : les «scriptuaria», avant d'être l'œuvre de corporations spécialisées dans ce genre de travail. La règle de saint Benoît exigeant les trois vœux était sévère, mais après un certain relâchement, la réforme cistercienne, puis celle de Saint-Maur ramenèrent les bénédictins à la stricte observance.

Les *bénédictines* suivent la même règle, qui aurait été édictée par sainte Scholastique, sœur jumelle de saint Benoît. Deux réformes ont créé au XVIIe s. les sévères congrégations de Notre-Dame-du-Calvaire et de l'Adoration perpétuelle du saint sacrement. (V. *cisterciens, Cluny, feuillants, mauristes, olivetains, trappistes).*

bénédiction (lat. *bene*, bien et *dicere*, dire), faveur divine, demandée par des prières. — Dans la liturgie catholique, les bénédictions peuvent être destinées aux personnes ou aux choses par certaines formules et onctions. Elles sont données généralement par les prêtres et les évêques. Certaines dites «apostoliques» ou «papales» ne sont données par le pape que dans des circonstances solennelles. La bénédiction du saint sacrement est une courte cérémonie où le prêtre bénit les fidèles en tenant l'ostensoir.

bénéfice ecclésiastique, revenu attaché à une dignité ou à un titre. — Il est dit *régulier* s'il est attribué à un moine.

bénitier, récipient de différentes formes destiné, dans les églises catholiques, à recevoir l'eau bénite.

C'est une survivance des cultes païens conservant l'eau lustrale. Les bénitiers sont soit portatifs, pour les aspersions, soit fixes ; ils sont alors suspendus au mur, et, le plus souvent, ils sont placés à l'entrée de l'église pour permettre aux fidèles de faire le signe de croix sacramental. Confondus jadis avec la «piscine» servant aux ablutions baptismales, ils apparaissent en pierre vers le Xe s. Souvent supportés par une console, une colonne ou un faisceau de colonnettes ou des caryatides, ils peuvent constituer des œuvres d'art remarquables. A la suite des grandes découvertes dans les mers du Sud au XVIe et au XVIIe s., on utilisera les énormes coquilles d'un bivalve géant, le tridacne, appelé désormais «bénitier», dont les bords tranchants sont souvent ornés de cuivre. Il existe aussi de petits bénitiers, appliques en métal ouvragé, en céramique ou en bois peint.

BENOIT (saint), patriarche des moines d'Occident, fondateur de l'ordre et de la règle qui portent son nom (Nursie v. 480 - Mont Cassin v. 547). Grand mystique, il se retira très jeune dans les solitudes des grottes de Subiaco, où il connut la vie érémitique. Il fut nommé abbé d'un monastère de type oriental et fonda en 528 la plus ancienne abbaye bénédictine sur le *Mont Cassin*, où il établit sa règle inspirée de saint Basile*, mais beaucoup plus sévère, mêlant dans un juste équilibre la vie de travail (manuel et intellectuel) à la vie de prières. Encourageant les moines à l'étude et à la copie des manuscrits, il contribua à conserver dans ses monastères l'héritage de la science classique. Il mourut au Mont Cassin, d'où ses restes ainsi que ceux de sa sœur furent plus tard enlevés et transportés à Fleury-sur-Loire — de nos jours Saint-Benoît sur Loire — où ils sont toujours.

La règle de saint Benoît, patriarcale et pratique, empreinte de sagesse et de souplesse, s'adapte à tous les temps et à tous les pays.

BERNADETTE SOUBIROUS (sainte) (Lourdes 1844 - Nevers 1879). Fille de pauvres paysans de Lourdes, elle eut des visions de la Vierge Marie, qui se présentait à elle comme l'«Immaculée Conception». Le jaillissement d'une eau miraculeuse sur le lieu de l'apparition fit de Lourdes* un des plus importants centres de pèlerinage de la chrétienté. Entrée chez les dames de la Charité de Nevers, Bernadette y mourut. Elle fut canonisée en 1933.

BERNARD de Clairvaux (saint), fondateur et premier abbé

de Clairvaux, docteur de l'Église (château de Fontaine près de Dijon, 1090 - Clairvaux, 1153). Il fit ses études à Châtillon puis à Paris, et entra au monastère de Cîteaux, qui entreprenait une réforme de l'ordre Bénédictin. En 1115, il devint abbé de l'abbaye de Clairvaux (Aube), seconde fondation de l'*ordre Cistercien*, où il resta jusqu'à sa mort, écrivant de nombreux ouvrages, prêchant la croisade, combattant les hérétiques, discutant la théologie empreinte de rationalisme d'Abélard* et s'opposant à la rigueur mécanique de la scolastique. Il est considéré comme un des derniers «Pères de l'Église». Grand mystique, il admet trois degrés pour s'élever jusqu'à Dieu : la vie pratique, la vie contemplative et la vie extatique. Son éloquence et sa foi provoquèrent un grand enthousiasme religieux.

BERNARD de Menthon (saint) (Menthon-Saint-Bernard 923 - *id.* 1009). Savoyard, patron des alpinistes, il fonda les hospices du Grand- et du Petit-Saint-Bernard pour le secours des voyageurs franchissant ces cols.

BÉRULLE (Pierre de), cardinal français (château de Sénilly, Champagne, 1575 - Paris 1629). Fondateur de la congrégation de l'Oratoire pour l'enseignement et la prédication, il introduisit en France l'ordre des Carmélites*.

BÈS, chez les Égyptiens, génie grimaçant, nain tirant la langue, d'aspect jovial et bénéfique. Il protégeait contre les mauvaises influences.

BESANT (Annie) (Londres 1877 - Adyar, Madras, 1933). Fondatrice d'une université à Bénarès, elle se consacra à la théosophie*, écrivant de nombreux ouvrages et organisant le centre d'«Adyar» à Madras.

bétyle (gr. *baitulos;* hébreu *betel,* maison du Seigneur), pierre sacrée considérée comme la demeure d'un dieu. — En Orient particulièrement, les pierres ont de tout temps été l'objet d'un culte spécial. Dans l'Arabe préislamique, les bétyles, en général de couleur noire, trouvés parfois en plein désert et considérés comme venant du ciel, n'étaient autres que des météorites. C'est une pierre semblable, la «Pierre noire», qui était vénérée à La Mecque et que Mahomet resacralisera en faisant de La Mecque le centre du plus fameux des pèlerinages. La pierre de Jacob chez les Hébreux, les pierres du culte de Cybèle en Grèce et en Italie restaient des pierres symboliques de la divinité. La Pierre noire de Pessinonte était un bétyle qui représentait Cybèle.

BÈZE (Théodore de), écrivain et théologien protestant (Vézelay 1519 - Genève 1605). Le plus illustre des disciples de Calvin, il opta pour la Réforme, se réfugia à Genève, où il enseigna, et participa au colloque de Poissy. Il eut une vie très active de savant, d'historien, de diplomate, de théologien, de pasteur et de recteur. Ses œuvres de polémique et de doctrine complètent l'exposition du calvinisme. Poète, il écrivit des tragédies sacrées et des hymnes.

Bhagavad-Gita (ou *Chant du Bienheureux,* Krishna), poème mystique inséré dans le *Mahabharata** sous la forme d'un dialogue entre Arjuna et Krishna. Celui-ci, sous l'aspect d'un conducteur de char de guerre, enseigne la voie de l'amour divin (*bahkti**) et de l'action sans désir : le sage doit être indifférent au plaisir et à la peine, mais il doit accomplir son dharma* au sein de sa caste; c'est pourquoi, avant la grande bataille qui va se livrer, Krishna incite à l'action Arjuna, le jeune guerrier (caste des kshatrya), car il est de son devoir d'être vaillant au combat. Il lui tient un discours sur l'acte désintéressé et sur la valeur de l'intention qui est plus importante que le contenu de l'acte; il lui enseigne aussi les méthodes (bhakti-yoga) qui mènent à l'union avec Dieu : c'est le piétisme vishnuiste. Krishna se révèle enfin en une théophanie comme étant l'Etre suprême.

Ce livre, qui est une des plus hautes expressions de la religion d'amour, est l'œuvre la plus répandue de la littérature religieuse de l'Inde. Il est médité, commenté, aimé et traduit depuis des siècles, et a largement dépassé les frontières de l'Inde.

bhairava, un des aspects terribles du dieu hindou Çiva. — Dans le bouddhisme tantrique, les bhairava, bien que redoutables, sont des divinités bienfaisantes.

bhakti, dévotion personnelle, passionnée, adoration confiante, s'adressant particulièrement à Krishna-Vishnu, comme il est prescrit dans la *Bhagavad-Gita.* — Les sectateurs enthousiastes, appelés *bhakta,* consacrent toute leur dévotion au «Seigneur adorable», parfois avec une exaltation mystique excessive.

bhikshu (mot sanskrit, en pali *bhikku,* mendiant), moine bouddhiste, au crâne rasé, revêtu d'une simple toge de couleur jaune plus ou moins foncée, ne possédant qu'une écuelle en bois, un bâton, un éventail ou un parapluie. (V. *bouddhisme.*)

Bible (du gr. *biblia,* «rouleaux de papyrus», ce mot devint en latin un singulier féminin traduit par «la Bible»), ensemble des livres saints du judéo-christianisme, le «Livre» inspiré par Dieu. La Bible, appelée aussi «l'Écriture sainte» ou «les Écritures», a longtemps été considérée comme la parole même de Dieu, et l'on n'osait changer ni un mot, ni une ponctuation. Cependant, ces textes très anciens, s'échelonnant sur environ quinze cents ans, font l'objet de critiques méthodiques d'exégèse. Écrits en hébreu, puis en araméen et en grec, ils ont été les plus lus, les plus commentés, les plus traduits dans toutes les langues du monde.

La Bible se divise en deux grandes parties d'inégale longueur : l'*Ancien Testament,* ou «Alliance de Dieu», et le *Nouveau Testament,* ou «Nouvelle Alliance» avec le Christ.

Le premier, qui reste la Bible israélite, est composé de trente-neuf livres comprenant la Torah*, les livres prophétiques, historiques, sapientiaux et poétiques (Psaumes, Proverbes, etc.) — Certains livres sont considérés par les juifs et les protestants comme apocryphes, alors que le canon catholique reconnaît quarante-cinq livres de l'Ancien Testament (dont Tobie, Judith, etc.). Le choix fut fait d'abord par des assemblées de rabbins au Ier s., puis au VIIe s. par des théologiens appelés «massorètes». Une très importante traduction en grec de l'Ancien Testament fut entreprise entre le IIIe et le IIe s. av. J.-C., selon la Tradition, par soixante-dix docteurs de la Loi; d'où le nom de *version des Septante* qui lui fut donné. D'autres versions ont suivi, dont le recueil intitulé *Hexaples*, œuvre d'Origène. La traduction latine, complète appelée la *Vulgate*, œuvres de saint Jérôme, fait encore autorité chez les catholiques. Elle renferme soixante-treize livres et inclut le Nouveau Testament écrit en araméen et en grec. Celui-ci comprend : les Évangiles, les Épîtres, les Actes des Apôtres et l'Apocalypse. Il est aussi un livre inspiré qui, situé après la venue du Christ, est la «Nouvelle Alliance», considérée comme l'accomplissement de la Loi et non son abolition. Pour les chrétiens, le témoignage symbolique, prophétique et messianique de l'Ancien Testament annonce une convergence vers l'incarnation du Christ et complète son enseignement.

Livre de Dieu, livre de sagesse, livre de l'homme, la Bible est un message d'espérance universellement répandu.

Si quelques fragments et quelques rouleaux de papyrus antérieurs à l'ère chrétienne ont été découverts, les plus anciens manuscrits connus remontent aux IVe et Ve s. sous la forme de «codices» (feuillets reliés) (codex Sinaïticus, codex Vaticanus, etc.).

Les manuscrits sur parchemin, le plus souvent richement

enluminés, se multiplient pendant tout le Moyen Age jusqu'à l'invention de l'imprimerie, qui donnera à la Bible une immense possibilité de diffusion.

bienheureux, celui qui jouit de la béatitude éternelle. — Ce titre est donné, dans une première étape vers la canonisation, à celui dont la cause a été introduite à Rome. Cette étape est appelée *Béatification.*

C'est le nom qu'on donne à Krishna* dans la *Bhagavad*-Gita.*

blancs (chanoines), nom donné aux prémontrés habillés de blanc. — *Moines blancs* : en général, les cisterciens et les trappistes, mais il existe aussi des *frères blancs* et des *pénitents blancs. Pères blancs* : congrégation de Notre-Dame d'Afrique fondée par Mgr Lavigerie en 1868, groupant des prêtres séculiers et des *sœurs blanches* pour les missions africaines.

blasphème, parole ou discours injurieux à l'égard de la religion, outrage envers Dieu. — Jadis, ce crime inexpiable était puni de mort. Au XIVe s., le blasphémateur n'encourait qu'une peine corporelle avec pilori et carcan, augmentée en cas de récidive. Plus tard, on remplaça cette peine par une amende, puis par le bannissement. En France, le blasphémateur n'est plus puni par la loi depuis 1791.

BLAVATZKI (Mme), théosophe russe (Iekaterinoslav 1831 - Londres 1891). Elle fonda avec le colonel Olcott la Société de théosophie*. Son *Isis dévoilée,* sa *Doctrine secrète*, sa connaissance de l'Inde et du Tibet ont entraîné ses partisans vers un bouddhisme ésotérique et vers l'occultisme.

Bodh Gaya, localité de l'Inde (Bihar), grand centre de pèlerinage, un des lieux saints les plus fameux du bouddhisme ; c'est là qu'eut lieu l'illumination de Gautama, qui devint le Bouddha Çakyamuni. L'objet le plus vénéré du pèlerinage est le figuier (*Ficus religiosa),* qui serait un rejeton de l'arbre qui aurait abrité le Bouddha pendant sa longue méditation au cours de laquelle il trouva l'illumination (*bodhi).*

BODHIDHARMA ou simplement **Dharma** et **Daruma** en japonais (VIe s. apr. J.-C.). Sage indien, bouddhiste, qui fut envoyé comme missionnaire en Chine, fondateur de l'école de la méditation *tch'ang,* qui deviendra le *zen** au Japon.

De nombreux récits illustrent la vie de ce personnage devenu quasi légendaire; mais il est probable que ce sage résida dans le Ho-nan, à Lo-yang, pendant de longues années. La tradition veut qu'il ait médité devant un mur pendant neuf ans. L'essentiel de sa philosophie se définit ainsi : «Ne rien savoir, c'est tout savoir». On prétend que, s'étant un jour assoupi, il se coupa les paupières pour se punir. C'est pourquoi il est presque toujours représenté avec des yeux exorbités.

Daruma est considéré comme étant le vingt-huitième patriarche depuis la mort du Bouddha ; il est le grand maître du zen, et sa silhouette en posture de méditation a beaucoup inspiré les peintres, en particulier ceux de l'école néo-zéniste du XVIe au XIXe s.

bodhisattva mot indien signifiant «celui qui possède la qualité (sattva) de bodhi». Cette notion est une des grandes créations du bouddhisme mahayana, idéaliste et altruiste. C'est un être de bodhi (ou de sagesse), infiniment compatissant, qui, sur le chemin du nirvana*, consent à retarder sa délivrance par pure générosité, pour aider les humains à obtenir leur salut. Il peut ainsi avoir d'innombrables existences au cours desquelles il accumule les vertus. Il est un sauveur accessible aux hommes qu'il engage dans sa voie glorieuse ; sa lumière rayonne et distribue les bienfaits. Il peut prendre différentes formes (upaya) pour sauver les êtres. Les bodhisattva sont de plusieurs sortes. Les plus importants sont les émanations des cinq dhyanibuddha, qui constituent les «bodhisattva de Contemplation». Les plus connus sont Kshitigarba, Vajrapani et surtout Avalokiteçvara*, Maîtreya, le Bouddha futur, est le seul mortel. Dans le Petit Véhicule, le nom de *bodhisattva* est donné au Bouddha Gautama, lorsqu'il n'est encore que le prince Siddhartha ; il ne sera appelé «Bouddha» et «Çakyamuni» qu'après son illumination. Dans l'iconographie indienne, il est alors représenté vêtu d'un costume royal et paré de nombreux bijous.

bogomiles (mot slavon signifiant «aimé de Dieu»), hérétiques chrétiens bulgares dont les doctrines dualistes auraient été apportées d'Orient par un groupe d'Arméniens. La secte se développa dans les Balkans du Xe au XIIIe s., et persista malgré les réfutations et les persécutions. Le premier martyr fut Basile l'Hérésiarque, médecin byzantin qui fut brûlé en 1118. Issus spirituellement des pauliciens, les bogomiles refusaient les sacrements et interprétaient la Bible d'une manière allégorique, mettant en doute la plupart des dogmes. Cette hérésie eut une influence sur les cathares*, les vaudois*, et même certaines sectes protestantes.

BÖHME (Jacob), philosophe, mystique allemand, (Altseinberg, près de Görlitz, 1575 - Görlitz 1624). Il exerça presque toute sa vie le métier de cordonnier. De bonne heure, il eut des visions et écrivit son premier ouvrage sur l'inspiration divine. Son système philosophique est plutôt une théosophie* ; Böhme affirme que tout vient de Dieu et tout doit retourner à Dieu, que le Bien ne peut se réaliser que par son contraire, le Mal. Ses doctrines eurent un grand retentissement en Allemagne, en Hollande et en Angleterre.

BOKHARI (810 - 870), juriste et théologien musulman de Boukhara qui rédigea le *Sahib,* recueil de 7275 discours de Mahomet (*hadiths*), complément du Coran.

bollandistes, membres d'une société, pour la plupart jésuites, qui, depuis le XVIIe s., travaillent au recueil des vies des saints dénommé *Acta sanctorum.*

Ce recueil, ayant pour but une recherche sérieuse des sources, est une œuvre de longue haleine qu'ont poursuivie avec patience, application et un grand sens critique les jésuites qui succédèrent aux premiers bollandistes. L'expulsion des jésuites en 1773 interrompit ce travil, qui fut repris pour un temps par les prémontrés*. Celui-ci a été poursuivi méthodiquement en Belgique, et plusieurs volumes ont été publiés, ainsi qu'une revue, les *Analecta bollandiana.*

bon ou **bon po,** religion primitive du Tibet, sorte de chamanisme très imprégné de magie et des religions de la Perse. — Elle s'est opposée à plusieurs reprises au bouddhisme et subsiste toujours dans certaines pratiques du lamaïsme, mais en gardant sa spécificité dans son culte d'un Bouddha de l'Ouest.

BONAVENTURE (saint), surnommé **le Docteur séraphique,** grand théologien du Moyen Age (Bagnorea, Toscane, 1221 - Lyon 1274). *Jean de Fidanza* entra chez les franciscains, puis vint étudier à Paris. Nommé général de son ordre, puis évêque et cardinal, il mourut à Lyon, où, légat du pape, il participait au Concile. Ses œuvres sont surtout celles d'un mystique enseignant la piété et les moyens de parvenir à l'union avec Dieu (particulièrement par sa théorie des sept degrés de la contemplation).

bonze, moine bouddhiste.

BOOTH (William), fondateur de l'Armée du salut (Nottingham 1829 - Londres 1912). Pasteur méthodiste anglais, il se livra à la prédication itinérante, fit des adeptes, à qui il donna une organisation militaire. Sa femme, puis son fils, et enfin sa fille *Évangéline* lui succédèrent au généralat.

Borobudur (le). Un des plus prestigieux monuments du bouddhisme, à la fois temple et montagne, stupa* et mandala* (Java, Indonésie, VIIIe-IXe s.).

Son symbolisme est exprimé par des terrasses successives conduisant du monde des sens (*Kamadhatu* : soubassement enseveli) à celui des formes (*Rupadhatu :* expression de la vie dans les galeries sur des terrasses carrées), pour aboutir au monde sans forme (*arupadhatu*) traduit par un stupa évidé, symbole du nirvana, couronnant des terrasses circulaires.

BORROMÉE (saint Charles), archevêque de Milan (Arona 1538 - Milan 1584). Très charitable, mystique, fondateur de la congrégation des *Oblats de la Vierge*, il joua un grand rôle au concile de Trente, dont il rédigea les décrets.

BOSCO (saint Jean), appelé aussi **Dom Bosco,** prêtre italien (Becchi 1815 - Turin 1888). Il fonda l'ordre des *Salésiens*, qui ont pour mission de recueillir des enfants abandonnés et aussi d'éduquer de jeunes garçons pour une vie spécialement laborieuse dans l'industrie ou l'agriculture.

BOSSUET (Jacques Bégnigne), un des plus grands théologiens catholiques français (Dijon 1627 - Paris 1704). Il fit ses études à Dijon et vint à Paris, où il fut ordonné prêtre en 1652. Nommé évêque de Condom en 1669, il se fit remarquer par ses prédications. Ses oraisons funèbres sont restées célèbres. En 1670, Bossuet fut chargé de l'éducation du Dauphin et écrivit pour lui le *Traité de la connaissance de Dieu et de soi-même*, la *Politique tirée de l'Écriture sainte*, le *Discours sur l'histoire universelle*. En 1861, il devint évêque de Meaux, où il resta jusqu'à sa mort, méritant alors le surnom d'« Aigle de Meaux ». Bossuet s'est fait le champion de l'orthodoxie catholique, se montrant disciple de saint Augustin, de saint Thomas et de saint Paul, exposant clairement l'unicité de la doctrine catholique et l'opposant à la variété des églises protestantes. Son sens de l'histoire s'appuie sur son esprit traditionaliste, bien fait pour l'éducation d'un prince.

L'ensemble de son œuvre révèle un des aspects les plus intéressants de la spiritualité du Grand Siècle. Son zèle apostolique le poussa vers la polémique : contre les protestants il écrivit l'*Histoire des variations des Églises protestantes* ; contre les ultramontains, il défendit les libertés de l'Église gallicane ; il lutta en outre contre le quiétisme*, qui lui semblait un mysticisme trop facile.

BOUDDHA, fondateur du bouddhisme (vers 560 av. J.-C. - vers 480 av. J.-C.). Sa vie est transfigurée par la légende dont les différents épisodes ont été racontés dans le *Lalita Vistara* et interprétés par les sculpteurs et par les peintres. Cette existence commence en-deçà de la naissance du Bouddha, puisque celle-ci, se plaçant dans l'Inde, s'inscrivait dans le contexte de la pensée religieuse du brahmanisme*, qui croit en la réincarnation. La vie légendaire qui nous est si connue par les représentations qu'en a données l'art bouddhique est faite d'un grand nombre de récits imagés où, dans une série de vies antérieures, le Bouddha aurait déjà manifesté sa grandeur d'âme et son immense compassion : ce sont les *Jatakas*. Cependant, des sources sûres ont pu prouver l'existence des lieux historiques marquant les points essentiels de la vie de ce grand sage de l'Inde. Il appartenait à la grande famille des *Çakya* de la caste royale des kshatriya. Son père, qui se nommait Suddhona, était raja d'une petite principauté située aux confins de l'Himalaya.

D'après la tradition, sa mère, appelée Maya, aurait été avertie par un rêve qu'elle aurait un fils remarquable qui deviendrait un grand «illuminé». C'est sous la forme d'un éléphant blanc que le Bouddha entra dans le sein de sa mère. Sa naissance eut lieu dans le parc de Lumbini à Kapilavastu; Maya saisit une branche de figuier sacré, et l'enfant jaillit de son sein droit; les dieux le recueillirent dans un linge blanc et lui donnèrent un bain. On le nomma *Siddhartha*. Aussitôt à terre, il marcha, fit sept pas dans les quatre directions et sous chacun de ses pas s'épanouit un lotus*. Son corps était marqué de trente-deux signes qui devaient annoncer un maître universel. Sa mère mourut peu de temps après, et le jeune prince fut élevé par sa tante Mahaprajajati, sœur de sa mère et autre épouse de son père. Il vécut dans le luxe raffiné du palais, dans la joie et la douceur où toute souffrance était bannie, car son père craignait pour lui la manifestation des signes qui annonçaient un grand sage et non un roi. Très intelligent et doué d'une force surnaturelle, il était excellent tireur à l'arc. Il épousa sa cousine, la belle Yashodara, et eut un fils, Rahula.

Il vivait heureux et sans souci, mais, un jour, bravant la défense de son père, il sortit du palais et rencontra un vieillard (il connut ainsi la vieillesse et la pauvreté); le lendemain, il aperçut un malade (il sut alors que la douleur physique existait); la troisième fois, il vit un cadavre qu'on emportait pour le placer sur le bûcher (ce fut la troisième révélation, celle de la mort). Dans sa quatrième sortie, il croisa un ascète mendiant sa nourriture, qui lui montra la vanité de toute chose et la voie du renoncement. Il comprit alors la futilité de son existence.

A son retour, son père multiplia pour lui les plaisirs, augmentant son harem, y installant des musiciennes qui, chaque soir, lui donnaient un concert. Mais le futur Bouddha, voyant une nuit toutes ses femmes endormies, en éprouva un profond dégoût ; ayant sellé son cheval, dont le bruit des pas était étouffé par les dieux soutenant les sabots, il partit.

Parvenu dans une forêt profonde, le prince Siddhartha se dépouilla de ses bijoux et les confia à son écuyer, qu'il renvoya avec son cheval, puis il se mit à pratiquer l'ascétisme le plus rigoureux, sous le nom de **Gautama** (son nom de famille) et suivit l'enseignement d'ascètes brahmanes sans trouver la sagesse. Devenu d'une maigreur squelettique, il abandonna cette voie, se baigna dans une rivière sacrée et, revêtant un habit monastique, s'appela **Çakyamuni** (moine de la famille des Çakya), et il accepta l'offrande d'un bol de lait faite par une pieuse femme, Sujata. Puis il s'assit pour méditer sous un figuier (*Ficus religiosa*, dit « arbre de la bodhi ») et, recherchant le secret de la vie, de la mort et de la douleur universelle, il découvrit la vérité profonde de cette chaîne de causalités. Mais au moment où il allait toucher au but, il fut tenté par le démon Mara. Il sut repousser toutes les attaques faites tantôt par un assaut de monstres lui jetant des pierres, qui se changeaient en fleurs en le touchant, tantôt sous l'apparence de belles femmes (filles de Mara), qu'il ne daignait pas regarder. Il continua sa méditation, et, atteignant l'illumination, il devint le Bouddha, c'est-à-dire l'« illuminé ». Ce lieu est désormais un lieu saint (Bodh Gaya*). Il entreprit alors sa prédication et fit son premier sermon à Bénarès, au parc des Gazelles. C'est ce qu'on appelle « la mise en mouvement de la Roue de la loi ». Les conversions furent nombreuses, dont celles de sa femme et de son fils. Il organisa sa communauté bouddhique (sangha) et vécut ainsi jusqu'à l'âge de quatre-vingts ans.

Entouré de ses moines et de ses deux disciples préférés, Ananda* et Kaçyapa*, il se coucha sur le côté droit sous un figuier et entra dans le nirvana* suprême (parinirvana). Son entourage, attristé, assista à l'incinération de son corps sur un bûcher funéraire, et ses cendres, pieusement recueillies, furent déposées en neuf points différents, sur lesquels furent érigés de grands édifices reliquaires nommés « stupa »*.

Telle est la vie de *Gautama le Bouddha*, fondateur du bouddhisme tel qu'il s'est perpétué dans la tradition du Petit Véhicule (hinayana), tandis que dans le bouddhisme du Grand Véhicule (mahayana) il ne sera qu'un des nombreux bouddhas proposés à la vénération des fidèles.

bouddhisme, une des grandes religions du monde. — Cependant, dans sa forme originelle, le bouddhisme est plutôt une philosophie, qui cherche une solution à l'énigme de l'existence au sein de l'univers, un baume contre les angoisses de la vie et de la chaîne des renaissances, et surtout une sagesse passant par la renonciation : une éthique. Cette doctrine, prêchée par le Bouddha *Çakyamuni* dans l'Inde des VIe et Ve s. av. J.-C., apparut comme une hétérodoxie de la pensée indienne et n'a cessé d'être l'objet d'une lutte sournoise pendant les longs siècles où se développa le bouddhisme. Celui-ci se répandit dans toute l'Inde et hors de l'Inde par les voies maritime et terrestre, prenant des formes diverses, s'inspirant de cultes locaux, mais marquant de son empreinte ineffaçable de sagesse et de compassion les peuples chez qui il avait pénétré.

Le bouddhisme originel fut établi aussitôt après la mort du Bouddha. Ses disciples, ayant recueilli ses paroles sous la direction d'Ananda, les récitèrent et les enseignèrent, fixant ainsi les premiers canons bouddhiques. Mais voulant exprimer davantage la doctrine du Bouddha et les règles de la communauté, un premier concile se réunit à Rajagriha sous la présidence de Kaçyapa* ; plus tard, d'autres conciles confrontèrent les théories divergentes, qui, déjà se manifestaient, et rédigèrent en pali tout l'enseignement transmis jusque-là oralement. Le zèle de l'empereur Açoka* au IIIe s. av. J.-C. répandit le bouddhisme dans toute l'Inde. D'après les chroniques cinghalaises, il envoya son propre fils, Mahinda, prêcher à Ceylan, ainsi que des missionnaires hors de l'Inde.

Les deux grands aspects du bouddhisme dans le Nord et dans le Sud commencèrent à se différencier vers le Ier s. apr. J.-C., mais c'est surtout au IIIe s. que s'affirmèrent les deux grandes formes du bouddhisme, le **hinayana** ou **Petit Véhicule,** et le **mahayana** ou **Grand Véhicule.**

De plus en plus imprégné de cultes locaux, poussé par l'hindouisme triomphant, le bouddhisme déclina dans l'Inde dès le VIIe s. et disparut définitivement avec les invasions musulmanes. Il ne survécut que dans l'extrême Nord, imprégné d'hindouisme dans les régions du Népal, du Bhoutan, du Sikkim et à Ceylan dans sa forme hinayana, ainsi qu'en Birmanie, au Siam et au Cambodge, où il est resté pratiquement la seule religion.

Le bouddhisme primitif considère le Bouddha non comme un dieu, mais comme un grand sage qui sut donner au monde un moyen d'échapper à la suite des renaissances en atteignant au *nirvana** par la pratique de la méditation sur les quatre saintes vérités : la douleur, ses causes (passions, désirs), sa cessation et la voie pour y parvenir; ce bouddhisme passe donc pour l'héritage même du Bouddha, conservé dans les écritures pali **theravada** ou «enseignement des anciens». C'est la voie moyenne, celle de la sagesse. Le Boudha, enseignant à Bénarès, ne s'adressa tout d'abord qu'aux cinq ascètes dont il avait partagé les austérités avant son illumination, et qui furent ses premiers disciples. Puis il dicta ses règles monastiques, fondant le sangha (la «communauté»).

Le Bouddha refusa longtemps d'y admettre les femmes et il fallut les supplications de sa tante et de sa femme pour créer des monastères de nonnes; celles-ci ont les mêmes règles, le crâne rasé, et à peu près le même costume.

Le novice doit subir une préparation, puis un examen, revêtir la robe jaune et se faire raser soigneusement barbe et cheveux, observer les vœux de pauvreté et de chasteté. Les moines mendient leur nourriture; ils peuvent être errants, mais, le plus souvent, ils se réunissent dans un monastère, où les prières, les méditations sont réglées, de même que la récitation deux fois par mois, par le moine le plus âgé, des paroles de confession entraînant des pénitences proportionnelles aux différents péchés; car nombreuses sont les interdictions et mesures d'austérité qui préparent le moine à devenir un saint (*Arhat,* «digne»). Quant aux laïques, le Bouddha ne leur demandait que d'observer la loi morale et de nourrir les moines, seule manière d'obtenir des mérites.

Le bouddhisme primitif est plus une philosophie, une manière de vivre qu'une religion. S'inscrivant dans les généralités de la pensée indienne, il admet la notion fondamentale de la transmigration (*samsara*, «fleuve des existences» qu'il s'agit de traverser), d'où la recherche d'une voie de salut (*moksha*) qui interrompra cette série de renaissances causée par l'ignorance spirituelle de l'homme et le poids de ses actes (*karma*). Le bouddhisme ne parle pas de Dieu, et on a pu le dire athée, mais les dieux restent les ordonnateurs de l'univers, et il n'est pas besoin de leur rendre un culte. Le respect de toute vie animale entraîne l'obligation d'une nourriture végétarienne.

Le Bouddha constate que l'existence n'est que douleur et que le malheur vient du «vouloir vivre» dans l'irréalité du monde phénoménal qui entraîne l'impermanence de toute chose et particulièrement du *moi.* Le dogme des quatre vérités affirme l'universalité de la douleur et le problème de l'existence (la naissance, la vieillesse, la maladie et la mort apportent la souffrance, la cause de la douleur étant le désir constamment inassouvi par les passions, il s'agit de la supprimer par le moyen de l'«octuple sentier et de son ascèse» ou les «huit bons chemins» pour pratiquer les vertus nécessaires, ainsi que l'observation des cinq interdictions qui peuvent conduire à se défaire de l'illusion du *moi*).

Cette voie est la règle morale du bouddhisme pratique, qui permet, par une discipline sévère, d'atteindre à la sagesse (*bodhi*), sinon au nirvana : c'est la voie moyenne enseignée par le Bouddha lui-même. Cette doctrine, exprimée par le canon pali, dite des «trois corbeilles» *(tripitaka)*, a été établie à la suite de controverses et de conciles tenus dans les premiers siècles qui suivirent la mort du Bouddha. Elle comprend : le *vinaya*, ou corbeille de la discipline (monastique du sangha), le *dharma*, ou corbeille des sermons (sutra), l'*abhidarma*, ou doctrine élargie (sept ouvrages); ce sont des commentaires des sutra qui montrent déjà les tendances des différentes écoles qui aboutiront à la grande scission des deux véhicules bouddhiques. L'*hinayana*, qui restera fidèle au *theravada*, se divisera cependant en trois sectes, et le **mahayana** deviendra une religion aux aspects divers suivant les époques et les pays sur lesquels il s'étendra. Cette forme évoluée du bouddhisme s'oppose à la voie moyenne qui est une recherche personnelle du salut; son but est non plus seulement d'échapper égoïstement au cycle des réincarnations, mais d'aider les autres à obtenir cette délivrance; c'est le thème de la compassion qui est à la base de la conception du *bodhisattva**, c'est-à-dire de celui qui, bien qu'aspirant au nirvana, sur le point de goûter aux lois ineffables de l'illumination, renonce provisoirement à son salut par pure bonté pour venir au secours des âmes en détresse. Innombrables sont ces êtres d'une grande sagesse, d'une charité infinie, qui sont considérés comme des saints, des médiateurs ou même des dieux. Ils peuvent être l'émanation des cinq *dhyanibuddha*, ou bouddha de méditation, ou Jina, régissant les cinq points cardinaux, dont la conception trahit des influences iraniennes et interasiatiques.

De nombreux ouvrages mêlent une métaphysique abstruse à une mythologie bouddhique dont la systématisation se compliquera de plus en plus. De l'*Adi-bouddha*, ou Bouddha primordial (qui existe par lui-même et d'où émane le monde) procèdent les cinq dhyanibuddha, appelés désormais Jina (victorieux), qui sont : *Vairocana, Agsobhya, Ratnasambhava, Amitabha* et *Amoghasiddhi* (bien que plutôt entités abstraites, ils sont différenciés entre eux par des couleurs, des gestes et des attributs particuliers dans l'art bouddhique, qui les représente). Les bouddha humains, dont les principaux sont Çakyamuni et Maitreya*, ne sont que leur transposition magique dans notre monde illusoire. De la concentration des dhyani-buddha naissent de nombreux bodhisattva, dont le plus connu est *Avalokiteçvara*, qui reste le grand intercesseur, accueillant à tous, tandis que le Bouddha déifié revêt trois aspects différents suivant la théorie des «trois corps du Bouddha» : *Nirmana kaya*, ou corps d'incarnation, quand il vient sur la terre, ou lorsqu'il apparaît à ses dévots, *Sambhoga kaya*, ou corps de béatitude, quand il est dans les régions supraterrestres, *Dharma kaya*, quand il se confond avec l'absolu. Le bouddha historique Çakyamuni perd ainsi sa personnalité et se confond avec les innombrables bouddha et bodhisattva de tous les temps. Le mahayana devient de plus en plus une religion où la dévotion personnelle joue un grand rôle et où le culte des bodhisattva plus accessibles et compatissants est très populaire... Il prétend parachever l'enseignement du Bouddha, apporte une éthique nouvelle et répond au besoin de merveilleux. Le Grand Véhicule n'a pas une doctrine uniforme, il comporte des différences suivant les sectes, les époques et les pays, où la forme polythéiste admettant des dieux locaux revêt tantôt un aspect populaire, tantôt un aspect métaphysique. S'étendant sur toute l'Asie, il a engendré un grand nombre de cultes et d'écoles, mais partout on retrouve la doctrine essentielle du bouddhisme primitif, son éthique et les notions de transmigration et de nirvana. Les monastères se sont développés, donnant une grande part à la méditation et à la pratique d'un ascétisme désintéressé.

L'*hinayana* se résume dans la formule des «trois joyaux», qui sont «le Bouddha, sa loi et sa communauté», et que l'on exprime en une sorte de *Credo* : «Je mets ma confiance en Bouddha et en sa loi, je vais au sangha comme vers un refuge.» Avec quelques variantes on retrouve le bouddhisme du Petit Véhicule à Ceylan, en Birmanie, en Thaïlande, au Laos et au Cambodge, tandis que le Grand Véhicule, appelé aussi «bouddhisme du Nord», s'est développé de la Perse au Japon à travers toute l'Asie centrale. On a parfois donné le nom de «Troisième Véhicule» au tantrisme*. (V. *lamaïsme.)*

En Chine, le bouddhisme, qui s'est acclimaté peu à peu du Ier au IVe s., a été tantôt reconnu par les empereurs, tantôt considéré comme religion étrangère. Il s'est épanoui en différentes sectes, les unes d'origine indienne, les autres purement chinoises, les premières se complaisant dans la métaphysique qui se rapprochait du taoïsme philosophique, tandis que les secondes, apportant une voie plus facile comme l'*amidaïsme*, finiront dans un syncrétisme populaire. La grande floraison du bouddhisme chinois aura lieu du IVe au IXe s., où de nombreux commentateurs comparent la voie moyenne de Nagarjuna*, l'école de la vacuité, à celle du Tao. — Des savants étudient et traduisent les sutra; c'est le temps des grands «voyages aux sources», où des pèlerins chinois entreprennent d'immenses périples pour retrouver sur place l'enseignement du Bouddha, honorer ses reliques et rapporter des livres saints; les plus connus sont Fa-hien*, Hiuan-Tsang* surtout, qui traduisit lui-même les ouvrages qu'il avait rapportés. Le bouddhisme dut souvent s'effacer devant la tradition purement chinoise, ce qui aboutit au XIIe s. au *néo-confucianisme*, où une greffe bouddhique et un fond de pensée taoïste et ancestrale concilièrent pendant des siècles les trois religions chinoises jusqu'au début du XXe s., qui apporta un certain réveil du bouddhisme avec la République. Il y eut fusion des divers panthéons et surtout des divinités tutélaires, et ces trois voies étaient censées converger vers le chemin du salut.

De Chine, le bouddhisme pénétra en trois vagues au Japon, d'abord par la Corée au VIe s. Il s'étendit avec les écoles de Nara (VIIe s.), celle de Héian (Kyoto) aux VIIIe et IXe s. Tandis que les sectes *Tendai* et *Shingon* se développaient, le bouddhisme s'incorpora à la religion autochtone, le shinto*, en formant le *Ryobu-shinto*. Enfin, les écoles de Kamakura (du XIIe au XIVe s.) furent plus typiquement japonaises. L'amidaïsme devint le *Jodo*; de nombreuses sectes se formèrent, dont la plupart existent encore aujourd'hui. (V. *Nichiren, zen.*) Si, dans certains pays où l'influence lointaine indo-bouddhique avait pénétré, tout a été submergé par le déferlement des vagues islamiques (comme en Iran, en Afghanistan, en Indonésie), le bouddhisme reste encore sous des formes diverses une des religions les plus répandues dans le monde. Les études bouddhiques intéressent l'Occident. Il y a eu une prise de conscience du monde bouddhique : un concile (le sixième depuis la mort du Bouddha) a été réuni à Colombo en 1950 pour faire le point sur le bouddhisme contemporain et apporter une contribution spirituelle aux peuples que menace le matérialisme. Des congrès bisannuels ont lieu depuis lors dans des villes différentes.

BRAHMA, le dieu absolu, la divinité suprême de l'ancien brahmanisme*, l'aspect anthropomorphique du brahman, le premier de la triade (*Trimurti*), mais qui devient dans l'hindouisme* une abstraction et qui s'efface peu à peu devant

Shiva* et Vishnu*. D'après le *Code des lois de Manu**, il est le dieu créateur; son épouse est Sarasvati, déesse de la Sagesse, de la Science et de la Musique. Son culte est devenu rare; cependant, lorsqu'il est représenté, une oie est sa monture et il a quatre bras et quatre visages. Il tient les Veda*, que, d'après les *Upanishad**, il aurait révélés à l'humanité.

brahman, dans la pensée de l'Inde, nom donné à l'esprit, l'être universel, l'absolu et l'incréé, l'existant par soi. — «Il n'y a qu'un seul être, et rien n'est en dehors de lui.» On a traduit souvent le mot *brahman* par «âme universelle». Notion abstraite difficile à définir, objet de méditation des sages, brahman est non pas un dieu, mais une notion d'absolu, de totalité qui enveloppe toutes choses visibles et invisibles, de qui tout procède et à qui tout retourne. L'étymologie du mot *brahman* inclut les significations d'éternité, de pureté (la racine *brah* exprime l'idée de grandeur intense). Il est le soi de toute chose et de chacun, absolu impersonnel.

Brahmana, ensemble d'ouvrages en prose, marquant la seconde étape de la pensée hindoue : commentaires des Veda* établissant une doctrine du sacrifice (où transparaît une magie primitive de la parole et des rites qui présente le sacrifice comme une fin en soi, supérieure même aux dieux), des rites efficaces, des documents pour le culte, des mythes, des légendes cosmogoniques, etc. Ils inaugurent les spéculations sur le brahman* et l'atman*. Les plus anciens semblent remonter au VIIIe s. av. J.-C.

brahmane ou **brahme,** membre de la caste la plus élevée de la société hindoue, caste sacerdotale qui, d'après le *Manava-Dharma Çastra,* serait née de la tête de Brahma. — Les *brahmanes*, dans le corps social de l'Inde, représentent l'élément pensant, le pouvoir spirituel à côté du pouvoir exécutif donné aux kshatriya (ou raja, guerriers). L'état de brahmane s'acquiert non seulement par la naissance, mais aussi par l'initiation et la cérémonie du cordon sacré, ou seconde naissance.

brahmanisme, religion de l'Inde, issue du védisme*, mais qui s'est développée particulièrement avec les *Brahmana** et les *Upanishad**, affirmant la toute-puissance de la caste sacerdotale des brahmanes et fixant les croyances qui seront à la base des philosophies hindoues. Les préoccupations métaphysiques s'opposent au ritualisme védique, dans les notions de samsara, de réincarnation, de karman*, mais surtout d'atman* et de brahman*, et aussi du dieu Brahma. Les nombreuses spéculations, après les oppositions hérétiques du jaïnisme* et du bouddhisme, amèneront une évolution dans le brahmanisme qui, avec les différents systèmes (Darçana) et l'ajustement des cultes locaux, donnera l'*hindouisme* moderne dans une société définitivement fixée, avec son organisation originale en castes. (V. *hindouisme.)*

Brahmo Samaj, le premier des mouvements du néo-hinhouisme, cherchant à retrouver un théisme sous les pratiques magiques et idolâtriques de l'hindouisme populaire décadent des XVIIe et XVIIIe s. Il a été fondé par Ram* Mohan Roy, réformateur de l'hindouisme, qui déploya aussi une grande activité sociale et nationale. Ce mouvement, qui ne toucha qu'une élite, se développa pendant tout le XIXe s. sous des formes plus progressistes et éducatives, dont l'Aryo Samaj*, le Mahasaba du pandit Malaviya et la prise de conscience moderne des valeurs spirituelles de l'Inde seront l'aboutissement.

bréviaire (lat. *brevarium*, abrégé), livre contenant les offices et les prières que, dans l'Eglise catholique, tous les prêtres doivent lire quotidiennement suivant un usage établi par le pape Grégoire VII au XIIe s. — Le bréviaire a été révisé par le concile de Trente et remanié par ordre de Pie X.

BRUNO (saint), fondateur de l'ordre des Chartreux (Cologne 1035 - Serra San Bruno, près de Catanzaro, 1101). Il étudia à Cologne puis à Reims, où il commença à enseigner. Savant théologien, commentateur des Psaumes et de saint Paul, grand mystique, il choisit ensuite la vie monastique. Avec six compagnons, il créa près de Grenoble (à la Grande-Chartreuse) l'*ordre des Chartreux*. Appelé à Rome par son ancien élève, le pape Urbain II, il fonda une deuxième chartreuse, celle de Della Torre, en Calabre. La règle de son ordre, très austère, est celle de saint Benoît avec des disciplines particulières.

bushido (mot japonais signifiant «voie du guerrier»), code de l'honneur, de la chevalerie, du courage, formant l'éthique du samouraï. — Il fait partie de l'idéal patriotique japonais, associant le goût de l'ordre social légué par le confucianisme et la maîtrise de soi donnée par le bouddhisme zen.

C

çakti, dans l'hindouisme, énergie féminine du dieu dont elle est l'épouse et parèdre — et aussi son émanation. — C'est en elle que réside la force créatrice, le principe actif. C'est Lakshmi pour Vishnu, Parvati pour Çiva.

Les **çakta** sont des hindous qui adorent la forme d'une divinité féminine. Pour eux, toute manifestation de puissance divine émane de la Devi suprême. L'homme peut révéler en lui-même la çakti, la force qui lui donnera la liberté spirituelle. Cette doctrine du çaktisme est exposée dans les tantra*.

ÇAKYAMUNI, v. *Bouddha.*

çâlagrâma, pierre noire vénérée par les vishnouistes, souvent associée au culte de la plante Tulasi*.

calice (du lat. *calix*, coupe), dans la liturgie chrétienne, coupe en or, en argent ou en vermeil montée sur un pied qui peut être d'un autre métal. Le calice sert à la consécration du vin pendant la messe. Dans les premiers temps du christianisme, le vin eucharistique était distribué aux fidèles dans de grands calices à deux anses; cet usage cessa lorsque, aux environs du XIIe s., la communion sous les deux espèces fut réservée aux seuls prêtres.

Le calice doit être consacré par un évêque. La recherche du calice que le Christ aurait employé dans l'institution de l'eucharistie a donné lieu à des légendes dont la plus célèbre est celle du Saint-Graal.

Calvaire (traduction en latin *Calvaria* du mot hébreu *Golgotha*, «crâne», dont l'origine est incertaine), colline hors les murs de Jérusalem où le Christ fut crucifié. — Elévation sur laquelle on a planté une ou trois croix destinées à rappeler la passion du Christ.

CALVIN (Jean), de son vrai nom *Cauvin*, le plus grand théologien de la Réforme (Noyon, Picardie, 1509 - Genève 1564). Il fit ses études à Noyon, où son père lui obtint un bénéfice à la cathédrale, puis à Paris (au collège de Montaigu). A Orléans et à Bourges, il étudia le droit et commença à adopter les idées protestantes, puis il se réfugia à Nérac et dut finalement quitter la France. Il s'établit à Bâle, où il publia en 1536 l'*Institution de la religion chrétienne*, ouvrage auquel il devait travailler toute sa vie. L'édition définitive est de 1559. C'est la «somme théologique» du protestantisme français. Devenu pasteur à Genève, Calvin fut banni à cause de sa sévérité; il exerça alors son ministère à Strasbourg, où il épousa Idelette de Bure. Invité à revenir à Genève en 1541, il y vécut dans l'austérité et lutta contre les libertins. Il fut très sévère pour ceux qu'il nommait les hérétiques, ne craignant pas de faire mettre à mort Jacques Gruet et Michel Servet (1553). Reconnu alors comme le Réformateur incontesté, il fonda l'Académie de Genève et écrivit un nombre considérable de lettres et de sermons pour exprimer ses doctrines. Calvin a été sévèrement jugé par la postérité pour son caractère absolu, intransigeant. Luttant lui-même contre les souffrances physiques, il était devenu très dur et intolérant. Cependant, ne dissociant pas le religieux du profane et devançant les idées de son temps, il se préoccupa beaucoup de justice sociale.

calvinisme, doctrine chrétienne réformée, formulée par Calvin dans son *Institution de la religion chrétienne*. Elle s'oppose à celle de Luther particulièrement par la théorie de la prédestination de la grâce, assurant le salut éternel à quelques élus. Ceux-ci ne peuvent retomber dans le péché alors que, normalement, la chute originelle entraîne les hommes vers le mal. La constitution de l'Eglise calviniste est presbytérienne; elle s'accorde avec le luthéranisme pour affirmer la justification par la seule foi et supprimer les sacrements, sauf le baptême. L'eucharistie n'est qu'un symbole où la transsubstantiation est niée. Le culte n'est rendu qu'à Dieu, et seules les langues vernaculaires sont admises. L'ornement des temples et les cérémonies du culte sont réduits à la plus grande simplicité. La sévérité du calvinisme donnera naissance à la secte des *Puritains*. Cette forme de protestantisme se développera surtout en Suisse, en France et en Hollande et sera à l'origine de nombreuses sectes américaines.

camaldules (de *Camaldoli*), nom donné aux religieux vivant dans les ermitages et ne se réunissant que pour les offices au commencement du XIe s. Leur règle fut établie par saint

Romuald. Très sévère à l'origine, elle s'atténua ensuite pour se rapprocher de plus en plus de celle de saint Benoît. Il existe encore des ermites et des nonnes de cet ordre en Italie.

camisards, nom donné aux protestants révoltés des Cévennes qui mettaient une chemise blanche par dessus leurs vêtements pour se reconnaître dans leurs combats contre les armées de Louis XIV. Farouchement fidèles au protestantisme, ils étaient conduits par Jean Cavalier et menèrent une longue guérilla après la révocation de l'édit de Nantes. Ils furent finalement vaincus par Villars en 1704, et leur chef s'exila en Angleterre, mais ils ne se soumirent jamais totalement.

ÇANKARA, un des plus grands philosophes de l'Inde (Malabar, Inde du Sud, 788 - v. 820). Son nom signifie «le Bienfaisant». Ayant étudié les *Veda**, les *sutra* et les *Upanishad**, il entreprit une grande campagne contre le bouddhisme à son déclin dans l'Inde, discutant avec les sages et réfutant leurs doctrines. Comprenant que le succès du bouddhisme tenait à son organisation monacale, il fonda des sortes de monastères hindous appelés *math*, divisés en dix confréries dans la secte des «Smartas» (qui aurait été créée par Çankara). Appelé *Çankara-charya* («Maître spirituel»), il est le théoricien de l'*advaita*, système moniste ou plutôt *non dualiste*. Pour lui, l'unique réalité est le brahman* absolu, impersonnel; tout le reste est «maya», illusion, ou «avidia», ignorance. L'atman* peut s'identifier au brahman. Çankara établissait une fois pour toutes cette vérité des *Upanishad* : l'absolu du brahman («tu es cela, tu es brahman»). Ces doctrines ont eu une très grande influence dans la pensée de l'Inde, affirmant la suprématie des *Veda* par le vedanta; Çankara est à l'origine de l'élaboration de l'hindouisme moderne sous la forme çivaïte. Certains hindous le considèrent même comme une incarnation de Çiva. Cependant une de ses principales œuvres est un commentaire de la Bhagavad-Gita*. Il eut aussi de nombreuses discussions avec les jaïns, qui l'accusent d'avoir détruit une grande partie de leurs livres saints.

canon (du gr. *kanôn*, tige de roseau, barre de bois d'où règle, modèle.) Le christianisme a dû fixer dès les premiers siècles les règles concernant la foi et la discipline qui conduisent dans la voie droite. Ces règles comprennent les lois civiles et religieuses, mais, par un usage ancien, le canon ne s'applique plus qu'aux lois ecclésiastiques. C'est le *canon ecclésiastique*, ou *loi canonique*, qui forme les décrets relatifs aux vérités de la foi, aux mœurs, à la morale, à la liturgie et même à la politique en ce qui concerne le gouvernement de l'Eglise et ses constitutions. Le code de droit canon, ou droit canonique, est un recueil des canons qui régissent la discipline de l'Eglise, formé par les écrits ou traditions apostoliques, les prescriptions, les lettres canoniques des premiers évêques, les décrétales des papes et les définitions des premiers conciles et synodes. Les plus anciennes collections, venant de Syrie, de Carthage, puis de Gaule et d'Espagne, furent réunies en *Corpus* d'abord par Denys le Petit au Ve s., et le pape Adrien au VIIIe s. Enfin, le *Décret* de Gratien en 1150 donna un recueil méthodique qui marque une date dans l'histoire du droit canon. Il fut suivi de collections de décrétales (décrétales de Grégoire IX, Sexte, Clémentines, Extravagantes). Mais c'est le concile de Trente qui centralisa le pouvoir législatif entre les mains de la papauté et promulgua un grand nombre de prescriptions d'ordre disciplinaire. Un *Corpus* préparé sous Pie X devint un code de droit canon en 1917.

Il existe un canon bouddhiste, le *Tripitaka* (les «trois corbeilles» du bouddhisme primitif, qui se développera par l'emprunt de nouveaux éléments dans le canon du mahayana).

Le canon brahmanique est composé de deux éléments : la çruti et la smriti.

Le canon jaïn se réfère aux écrits de Mahavira et des grands tirthakara*.

canonisation, acte solennel par lequel une personne décédée est admise par l'Eglise catholique au nombre des saints et peut désormais recevoir un culte.

Cette déclaration est la conclusion d'un long procès au cours duquel il y a eu examen du dossier, enquêtes, discussions d'abord dans le diocèse, puis à Rome devant la «Congrégation des rites». La «cause» est alors introduite, et le sujet du procès est proclamé «vénérable». Des enquêtes sévères sont ensuite menées; des débats sont élevés au sujet des miracles nécessaires pour la béatification; le titre de «bienheureux» consacre cette procédure.

C'est alors que s'ouvre le véritable procès de la canonisation, où l'avocat de Dieu s'oppose à l'avocat du Diable; les objections réfutées, le débat est porté devant des consistoires présidés par le pape; les cardinaux donnent leur avis, et enfin le pape décide de la cérémonie solennelle de canonisation, qui est célébrée à Saint-Pierre de Rome avec pompe. Le bienheureux devient alors un saint, dont la fête est fixée dans le calendrier et dont les images et reliques peuvent être vénérées par les fidèles.

Cantorbéry ou **Canterbury,** siège de l'archevêque primat d'Angleterre, grand conseiller spirituel, un des premiers personnages du pays, qui a le privilège de couronner les rois d'Angleterre dans sa cathédrale. Celle-ci, datant du XIIe s., contient le tombeau de saint Thomas Becket, assassiné en 1170 en ce lieu.

caodaïsme, religion syncrétique du Viêt-nam, de tendance théosophique, composée d'une combinaison de bouddhisme, de christianisme, de confusianisme, de taoïsme et de shintoïsme, mais où domine le spiritisme. *Ngô van Chiên*, jeune médium annamite, eut une communication spirite qui lui enjoignit de fonder en 1920 une religion vouée au culte de l'Etre suprême «Cao Daï» et des grands initiés, parmi lesquels on trouve Confucius, Bouddha, Jésus et... Victor Hugo. Un temple majestueux de style assez composite a été construit à Tayminh sur les plans inspirés par le fondateur. Devenu le chef suprême, Ngô van Chiên prit le titre de «pape» des caodaïstes, que ses successeurs ont gardé. Les conversions ont été nombreuses en Cochinchine. Cette secte politico-religieuse fortement hiérarchisée utilise pour son culte une corbeille à bec transmettant les messages de l'au-delà. Cette religion a eu une très grande influence dans les événements récents du Viêt-nam.

capucins (de l'ital. *cappuccino*, capuce, capuchon pointu que portent ces moines détachés de l'ordre des Franciscains). Le fondateur des capucins, Matteo Baschi, en 1526, résolut de redonner à ses frères mineurs la règle austère de saint François d'Assise. Ce n'est qu'en 1619 que le pape Paul V assura l'indépendance des capucins. Ceux-ci s'installèrent en France au XVIe s. et eurent de très nombreux couvents. Leur compréhension des classes laborieuses, parmi lesquelles ils étaient le plus souvent recrutés, fit leur succès, de même que l'austérité et la pauvreté de leur vie. Actuellement, ils sont divisés en provinces, commissariats et couvents, et ont des missions dans les pays les plus déshérités. L'ordre religieux des «Capucines» fut fondé en 1538 en Italie. Celles-ci s'installèrent en 1608 à Paris, où elles fondèrent un couvent important.

cardinal (du lat. *cardo, cardinis*, gond, charnière, pivot), titre donné dans l'Eglise catholique aux membres les plus éminents du clergé qui forment le «Sacré Collège». Il existe des cardinaux-évêques, des cardinaux-prêtres, des cardinaux-supérieurs généraux des grands ordres monastiques et des cardinaux-diacres. Depuis le concile de Latran, en 1179, les cardinaux réunis en conclave* solennel et secret, sont chargés d'élire un nouveau pape et de gouverner l'Eglise pendant l'inter-règne. Ils sont les conseillers ordinaires du pape, et plusieurs d'entre eux résident dans le voisinage du Vatican. Ils ont droit au titre d'«Eminence», sont vêtus de rouge, portent un anneau orné d'un saphir et la «cappa magna» pour les grandes cérémonies. Leur coiffure ordinaire est la barrette rouge; la mitre de soie blanche est réservée pour les solennités et les réunions au Vatican. Le fameux chapeau de cardinal, grand et plat, orné de glands, est plutôt un symbole. Porté pendant la cérémonie de la nomination du prélat, il sera placé au-dessus de sa tombe; cet emblème couronne souvent son blason.

carême (du lat. *quadragesima*, quarantaine), dans le catholicisme, période de quarante jours allant du mercredi des Cendres au dimanche de Pâques pendant laquelle tout fidèle de vingt à soixante ans devait observer le jeûne et l'abstinence, et se préparer dans la prière à la grande fête de Pâques.

Ce temps de pénitence, institué par l'Église en commémoration du jeûne du Christ, date des premiers siècles. Jadis très sévère, il n'est actuellement pour les laïques qu'une période où l'Église enjoint d'observer une plus grande ferveur et d'assister aux prédications. Les *Carêmes* sont des recueils de sermons de grands prédicateurs.

carmélites, religieuses de l'ordre du Carmel, dont la règle fut donnée en 1451 par le général des carmes Jean Soreth. La réforme de sainte Thérèse d'Avila, approuvée par le pape en 1562, ramena l'ordre à sa sévérité primitive. Les religieuses sont «déchaussées» et vêtues de bure. Elles sont contemplatives et cloîtrées. Les carmélites réformées furent introduites en France par Mme Acarie, devenue «Marie de l'Incarnation».

carmes, religieux d'un ordre mendiant, du nom du mont Carmel, en Palestine, où, suivant la tradition, le prophète Elie aurait groupé quelques ermites vivant dans des grottes et, de là, se serait élevé dans le ciel sur un char de feu.

Les anachorètes ont toujours apprécié les grottes du mont Carmel : au XIIe s., ils étaient soumis à la règle de saint Basile, lorsque saint *Berthold* s'y réfugia. Celui-ci réunit d'autres ermites et fonda l'*ordre des Carmes*, dont la règle ne fut rédigée que par son successeur et confirmée en 1224; mais elle ne prit toute sa rigueur qu'avec son supérieur général saint *Simon Stock* en 1245. Elle fut jugée trop sévère et adoucie en 1431, ce qui provoqua une scission entre les *observantins* et les *mitigés*.

L'ordre, à la fois cénobitique et mendiant, peu en sûreté en

Orient, se développa en Occident, où il devint très populaire. Une grande réforme de l'ordre fut entreprise par saint *Jean de la Croix* sous l'influence de sainte Thérèse; les moines de la nouvelle observance sont appelés *carmes déchaux*, ou *déchaussés*, car ils ont les pieds nus dans des sandales. En France, saint Louis, ayant ramené du mont Carmel quelques moines, les installa à Paris, où, plus tard, d'autres couvents célèbres s'ajoutèrent; le plus connu est celui qui est occupé aujourd'hui par l'Institut catholique et où eurent lieu les massacres de septembre 1792.

CARPOCRATE, hérésiarque gnostique du IIe s. croyant en la réincarnation et cherchant l'union avec le divin par une certaine éthique et aussi par des rites magiques.

casuistique (du lat. *casus*, cas), étude des différents cas de conscience du point de vue moral ou théologique.

Certains cas spéciaux ou problèmes de conscience peuvent être traités avec plus ou moins de rigueur par des personnes plus ou moins scrupuleuses, tenant compte ou non des circonstances et de l'époque. La casuistique est une partie de l'éthique qu'on retrouve dans le Talmud, le Coran et autres livres de commentaires d'écriture sacrée. Mais c'est surtout la religion catholique qui a développé cette argumentation sur la gravité des fautes et leur pénitence correspondante. De nombreux livres pénitentiaux ont été écrits depuis le XIIIe s. avec la *Somme des cas de conscience* établie par le canoniste Raymond de Peñafort. Les jésuites se sont rendus célèbres dans cette science, dont Pascal, dans ses *Provinciales*, s'est fait l'adversaire. (V. *jansénisme.*)

Il y eut depuis lors de grands casuistes (comme saint Alphonse de Liguori, 1696-1787) chez les catholiques et même chez les protestants.

catacombes, vastes souterrains creusés dans le tuf tendre de Rome aux premiers temps du christianisme pour servir de sépultures. L'origine du nom remonte sans doute au cimetière de Saint-Sébastien, creusé sous la voie Appienne près d'une dépression (Kata Kombé, «près du trou»). L'usage d'enterrer les morts dans des tombeaux souterrains était venu d'Orient par les Étrusques. Les premiers chrétiens adoptèrent ces modes de sépulture et les multiplièrent jusqu'au Ve s. A cette époque, les Barbares les pillèrent, et les ouvertures furent pour la plupart bouchées. On les redécouvrit au XVIe s., mais ce n'est qu'au XIXe s. que des fouilles méthodiques en firent connaître un grand nombre (une cinquantaine à Rome). Les catacombes sont un témoignage remarquable de l'art paléochrétien. Les inscriptions donnent aussi des renseignements très précieux sur ces périodes troublées qu'ont été celles des persécutions, car innombrables sont les martyrs inhumés dans ces niches garnissant plusieurs étages des multiples couloirs et diverticules. Beaucoup d'ossements ont été exhumés pour être placés dans les églises et honorés par les fidèles.

Il existe aussi des catacombes dans le sud de l'Italie et en Orient.

Les catacombes de Paris ont reçu ce nom par analogie avec celles de Rome, lorsqu'en 1781 on a utilisé d'anciennes carrières souterraines pour transférer tous les ossements provenant de nombreux cimetières désaffectés.

catéchèse, instruction religieuse donnée aux catéchumènes. — Plus généralement, le mot a désigné aussi l'instruction plus complète que l'Église continuait à donner aux fidèles après leur baptême : elle consistait surtout en homélies.

catéchisme, manuel simplifié d'instruction religieuse pour les enfants, fait de questions et de réponses. — Souvent remanié chez les catholiques, il a été fixé au concile de Trente, alors que Luther et Calvin rédigeaient des catéchismes protestants. Il a été simplifié au concile Vatican II.

Auguste Comte a rédigé un *Catéchisme positiviste* pour sa religion de l'humanité.

catéchumène, chez les chrétiens, celui qui reçoit l'enseignement religieux afin de se préparer au baptême.

Par analogie, ce mot s'étend à tous ceux qui se préparent à une initiation. Dans les premiers temps du christianisme, le baptême n'était donné qu'aux adultes qui se convertissaient. Ceux-ci devaient attendre un certain temps pour éprouver leur foi et recevoir un enseignement religieux. Ils n'assistaient qu'à la première partie de la messe, dite « messe des catéchumènes », et devaient rester dans le narthex de l'Église. Le baptême leur était donné solennellement le jour de Pâques, sauf en cas de danger de mort.

Nombreux étaient les initiés qui différaient ce sacrement jusqu'au seuil de la mort afin de paraître devant Dieu dans la pureté baptismale. L'Église condamnait cette coutume ; elle a institué le baptême des petits enfants, ce qui a changé l'aspect du catéchuménat, devenu plus rare et moins sévère pour la conversion des adultes.

cathares (du gr. *katharos,* pur), fidèles d'une religion de type manichéen, qui ébranla, au Moyen Age, la chrétienté d'Occident. Le catharisme fut plus un mouvement qu'une hérésie, car il ne prenait que quelques éléments au christianisme et plongeait ses racines dans plusieurs systèmes occidentaux, comme le manichéisme*, la gnose* et les hérésies des marcionistes et des pauliciens. De ces derniers serait sorti le bogomilisme, qui, à son tour, répandu dans plusieurs points de l'Europe, serait à l'origine du catharisme, plus connu en France sous le nom d'« hérésie des albigeois », en Italie sous celui de « patarins ».

C'est à la fin du Xe s., en Champagne, au château de Montwimer et à Reims que, pour la première fois, on découvrit des réunions d'hérétiques, et c'est à Orléans que se déroula le premier procès. L'hérésie gagna l'Espagne, l'Italie, l'Allemagne, l'Angleterre, mais c'est dans le sud de la France (le Languedoc) qu'elle trouva son terrain d'élection. Comment cette doctrine froide, austère et savante put-elle plaire à un peuple méridional réputé gai et insouciant ? Le développement de l'hérésie dans le midi de la France ne s'explique que par le désir de liberté personnelle de ce pays où fleurissait l'amour courtois ; Toulouse plus qu'Albi en devint la capitale. D'ailleurs, ce dogme sévère n'était pas accessible à tous, mais la majorité de la population de langue d'oc était ouverte à toutes sortes de croyances hétérodoxes, parfois éloignées du catharisme lui-même, mais que les autorités chrétiennes ne purent tolérer. L'Église, inquiète, essaya la prédication. Saint Bernard lui-même fut mal accueilli. Déjà s'élevaient des bûchers à Orléans (1022) pour quelques hérétiques ; cependant, dans les provinces méridionales, les cathares avaient la sympathie de tout un peuple et la tolérance de ses seigneurs.

Mais en quoi consistait cette religion néomanichéenne ? En un dualisme affirmé, opposant deux puissances ennemies : d'une part, le monde de l'esprit, de la pureté, *sublimisé* par Jésus chargé d'une missin salvatrice (simple émanation d'un dieu bon, il ne pouvait être qu'un corps glorieux) ; d'autre part, le monde matériel, immonde, méprisable, création d'un dieu mauvais où la vie est un châtiment pour les âmes déchues. Le Nouveau Testament marquait un combat de l'esprit du Bien contre l'esprit du Mal. L'homme avait la possibilité de se dégager progressivement de la servitude de la matière et d'accéder à l'esprit pur par des purifications accomplies au cours de nombreuses réincarnations rédemptrices. La voie normale de salut était proposée aux simples « croyants », tandis que les « parfaits », qui ne s'appelaient pas eux-mêmes ainsi, mais plutôt les « purs », ou « cathares », vivaient dans une extrême austérité et pensaient atteindre la libération finale de l'âme. Les premiers, simples fidèles, pouvaient devenir des «parfaits» en recevant le seul sacrement de la religion cathare, le *consolamentum*, sorte de baptême par l'esprit, donné non par l'eau, mais par l'imposition des mains, octroyée par un parfait, pur de toute souillure ; mais ce sacrement unique, libératoire, ne pouvait être reçu qu'une fois. La moindre rechute dans le péché entraînait la damnation ; c'est pourquoi une de ses conséquences tragiques était le suicide par la faim, l'«endura»; tous les parfaits encourageaient le mourant à glisser vers l'éternité bienheureuse.

Les «croyants» formaient la masse des fidèles ; ils pouvaient se marier, observaient trois carêmes par an, jeûnaient trois jours par semaine. Tous ne suivaient pas strictement ces préceptes, mais leur admiration pour les parfaits les incitait à les imiter. Ils partageaient en une sorte d'eucharistie le pain bénit par les parfaits, étudiaient les Livres saints du Nouveau Testament, l'Ancien étant considéré comme l'œuvre de Satan. Telle était là toute la pratique de leur culte, d'une simplicité absolue. Dans des temples dont l'extrême dépouillement contrastait avec la pompe et les richesses des églises, des réunions furent tenues plus tard par des cathares mitigés, qui, par une formule appelée *convenentia*, promettaient de réclamer à leur lit de mort le *consolamentum*.

En 1209, à la suite de dissensions violentes avec le comte Raymond VI de Toulouse, le légat du pape, Pierre de Castelnau, fut assassiné. On accusa le comte, qui, sommé de faire amende honorable, se soumit et reçut publiquement les verges à Saint-Gilles-du-Gard. Son neveu, Roger de Trancavel, résista et attira sur lui l'orage. Vinrent alors, dans les riches terres ensoleillées, des barons du Nord, envoyés par le Saint-Siège, qui, à un esprit de croisade, ajoutaient aussi un certain désir de pillage. Ce fut l'effroyable «guerre des albigeois», qu'après des massacres inutiles le pape voulut faire arrêter, mais les luttes continuèrent jusqu'au siège de Montségur (1244), où la répression fut terrible. Partout l'hérésie fut traquée. Elle disparut définitivement au XIVe s., laissant des blessures profondes qui préparèrent la pénétration du protestantisme dans le Languedoc. Saint Dominique, qui, visitant le sud de la France avec un moine d'Osma, avait été frappé par les vertus chrétiennes pratiquées par les parfaits, comprit qu'il fallait, pour les convaincre, se présenter à eux sous les aspects de la pauvreté et de la pureté ; c'est pourquoi il fonda son ordre de «Frères prêcheurs», instruits en théologie, faisant des vœux et mendiant. Toutefois une autre institution, l'Inquisition, allait appuyer la croisade contre les albigeois et se rendre impopulaire.

Le catharisme disparut, mais, de nos jours, un mouvement et des revues néo-cathares essaient de retrouver cette religion, organisant des pèlerinages aux ruines de Montségur, des expositions et des conférences. Des sectes protestantes ont voulu s'y rattacher.

cathédrale (lat. *cathedra,* siège), église de grandes dimensions renfermant le trône épiscopal, jadis placé au fond de l'abside.

A l'époque romane, les églises abbatiales étaient souvent plus grandes que les églises paroissiales. Il en résulta une certaine émulation dans l'architecture religieuse lorsque les laïques, sous la direction de leurs évêques et dans l'enthousiasme de leur foi, voulurent bâtir de grandes cathédrales.

Le XIIe s. est la belle époque de ces constructions majestueuses qui trouvent leur épanouissement dans l'art gothique, mais le plus souvent ces œuvres gigantesques n'ont été terminées ou restaurées que deux siècles plus tard. La cathédrale, produit de l'effort de tous les fidèles, était au Moyen Age le centre de la vie religieuse et civile, ainsi qu'un lieu d'asile; mais c'est surtout par son symbolisme et son décor, par sa synthèse des arts qu'elle était vraiment le *speculum mundi*, le «miroir du monde»: elle résumait dans ses bas-reliefs toute l'histoire de l'univers suivant les récits de la Bible, toute la science de la nature alors connue; elle devenait, par ses sculptures, par ses peintures et par ses vitraux, un merveilleux livre d'images, aux nombreux thèmes d'enseignement.

La cathédrale, comme toute l'église d'alors était axée vers l'Orient, vers Jérusalem, la Ville sainte par excellence. Sa forme était la croix latine, dont les deux bras du transept coupaient la longue nef. Celui du Nord, moins orné, était consacré à l'Ancien Testament, tourné du côté des ténèbres et du froid, alors que celui du Sud, s'ouvrant largement au soleil, s'épanouissait dans la splendeur de son portail, dédié le plus souvent au Christ rédempteur, symbole de lumière.

Les services de la cathédrale sont assurés par un chapitre de chanoines, jadis très nombreux.

La cathédrale, témoin spirituel d'un pays et d'une époque, reste, d'après Honorius d'Autun, le symbole de la Jérusalem céleste.

CATHERINE d'Alexandrie (sainte), vierge et martyre. Suivant la tradition, elle aurait reçu de l'Enfant Jésus un anneau. Le «mariage mystique de sainte Catherine» a été souvent représenté par les peintres. Sainte Catherine est la patronne des philosophes, des étudiants et des jeunes filles. D'après la légende, son corps décapité fut porté par les anges jusqu'au Sinaï, ce qui donna son nom au célèbre monastère orthodoxe.

CATHERINE de Sienne (sainte), grande mystique italienne de l'ordre de la Pénitence de Saint-Dominique (Sienne 1347 - Rome 1380). Très affligée par le schisme qui divisait alors la papauté, elle n'hésita pas à aller voir le pape Grégoire XI à Avignon et le décida à revenir à Rome. Elle écrivit des poèmes mystiques, un traité *De la doctrine divine* et de nombreuses lettres qui comptent parmi les chefs-d'œuvre de la littérature italienne.

catholicisme (gr. *katholikos*, universel), religion du Christ restée fidèle au souverain pontife, successeur de saint Pierre, donc directement fondée par le Christ et ses apôtres, et qui a traversé au cours des âges toutes les luttes contre les hérésies pour garder l'unité de sa doctrine.

L'Église catholique est dite souvent «romaine» pour sa soumission exclusive au pape résidant à Rome; ce vocable est donné particulièrement par les anglicans pour l'opposer aux «anglo-catholiques» et aussi aux «catholiques libéraux».

Le dogme du catholicisme est tout entier résumé dans le *Credo**, qui exprime la croyance à la Sainte-Trinité* et la foi aux mystères du Christ (Incarnation et Résurrection). L'Église est une, sainte, catholique, apostolique et romaine. Sa doctrine est fondée sur les propres paroles du Christ et des apôtres, relatées dans le Nouveau Testament. L'institution des sacrements, l'organisation du clergé, la liturgie et les points du dogme et de la discipline ecclésiastique ont été fixés d'une manière plus ou moins définitive par les conciles et les décrets pontificaux. Ce qui caractérise l'Église catholique, c'est son *unité* dans la diversité; la langue courante universelle pour les offices était le latin jusqu'au concile de Vatican II qui admit les langues vernaculaires. Cependant, les Églises uniates* orientales gardent les langues de leurs communautés, ainsi que leurs rites propres et certaines pratiques comme le mariage des prêtres (qui n'est pas admis dans le catholicisme romain).

La hiérarchie de l'Église catholique comprend au sommet le représentant du Christ sur la terre, le pape, qui est aussi évêque de Rome et réside dans la cité du Vatican*, territoire indépendant. Le pape est assisté du «Sacré Collège», cardinaux chargés de l'administration de l'Église, ainsi que des diverses «congrégations». Puis viennent les patriarches des églises orientales, les archevêques et les évêques latins, ainsi que les évêques *in partibus* (qui ont seulement le titre de diocèses disparus), les prêtres séculiers et les vicaires, qui tous, après de longues études, reçoivent le sacrement de l'ordre.

catholicos, titre donné au chef des églises nestorienne et arménienne.

Celtes (religion des). Les peuples celtes, issus du groupe indo-européen, se sont constitués au IIe millénaire av. J.-C. et eurent une grande expansion en Europe occidentale. Ils étaient bien installés en Grade-Bretagne, aux Pays-Bas, en Rhénanie, en Gaule au VIe s. av. J.-C. à l'époque de la conquête romaine. Leur organisation clanique, leur caste sacerdotale, leur religion nous sont connues par l'archéologie, les descriptions d'auteurs latins et par les récits épiques des Gaëls (Irlande), des Gallois et, plus rares, des Gaulois.

Leur religion de fertilité et de fécondité honorait de nombreux dieux, bien souvent de caractère zoomorphique : déesses guerrières et dieux sanguinaires exigeant d'atroces sacrifices humains; ces exécutions propitiatoires avaient lieu principalement lors des grandes fêtes saisonnières (le *Samain*, 1er novembre, et le *Beltane*, 1er mai). Le dieu *Lug*, connu surtout en Irlande, a cependant donné son nom à la ville de Lyon (Lug-Dunum). Toutefois, le particularisme gaulois a multiplié les divinités locales et les aspects différents des dieux celtiques. Beaucoup d'animaux étaient considérés comme sacrés, de même que les sources, les rivières, les bois, les lacs, les corps célestes, les forces naturelles et les phénomènes atmosphériques. Le dieu Taureau, représenté souvent avec trois cornes, le dieu Ours, la déesse Sanglier et cette curieuse *Épona*, déesse des Chevaux et des Écuries, sont plus spécialement gaulois et ont gardé leur personnalité, même après que la conquête romaine eut assimilé la plupart des dieux celtiques à des dieux à peu près correspondants de la mythologie gréco-romaine en accentuant la tendance vers l'anthropomorphisme. C'est ainsi que *Teutatès*, appelé aussi *Albiorix* (roi du monde), le cruel dieu de la Guerre, devint Mars; *Smertrios*, messager de prospérité, devint Mercure *Sucellus* aux divers aspects : chthonien, il était Pluton, le dieu des Morts; de caractère hybride, il était aussi le dieu au maillet, ou *Sylvain*, le chef, protecteur nourricier, le «Dis Pater», ancêtre des Celtes, le dieu de la Fécondité en rapport avec les déesses mères, les «matres», représentées généralement en triades. Un dieu forgeron était Vulcain, *Taranis*, Jupiter... Les Romains reconnaissaient des dieux guérisseurs et des génies qu'ils nommaient Apollon ou Bacchus; mais le panthéon gaulois comprenait aussi des dieux particuliers, tels *Ésus*, le dieu forestier, *Cernunnos* aux bois de cerf, maître des fauves, des dieux solaires (comme l'indique le motif très indo-européen de la «rouelle», ou roue solaire, image rayonnante du soleil qui se transforme en spirale ou en swastika), *Borvo*, le dieu des Sources thermales, des Héros, des Magiciens, etc.

On a retrouvé les traces de lieux de culte, en demi-cercle ou en cercle, généralement sur des lieux élevés, et des vestiges de temples avec portiques à trophées, ce qui atteste l'usage de la chasse aux têtes. Très souvent, les Celtes réutilisaient les mégalithes* pour leur culte. Des vestiges nombreux de vases sacrificiels, de chaudrons, prouvent le rôle important que jouaient les sacrifices humains et animaux; le rituel comprenait les invocations, incantations prononcées par les druides* (v. *druidisme*) qui cristallisèrent le nationalisme gaulois contre l'envahisseur romain et qui, plus tard, s'opposèrent au christianisme. L'influence de Rome et celle des cultes orientaux, que les légions véhiculaient, aboutirent à un syncrétisme gallo-romain ou gréco-celtique adoptant les cultes à mystères, en particulier ceux d'Attis* et de Cybèle* (si proches des «matres»), avec sacrifice initiatoire du taurobole, particulièrement important à Lyon et à Autun.

La religion celtique disparut peu à peu avec le développement du christianisme, mais elle survécut longtemps dans le folklore et dans les légendes. Grégoire de Tours au VIe s., parle encore des survivances dans les campagnes de cultes païens; le souvenir de divinités est resté dans certains noms de lieux et aussi dans l'iconographie médiévale où, dans le Satan cornu, on a pu reconnaître l'ancien dieu Cernunnos.

A la différence des textes védiques, transcrits tardivement, les textes religieux celtes, transmis oralement dans la caste des druides, disparurent avec l'élimination de ceux-ci.

cénacle (lat. *cenaculum*, salle à manger), lieu où Jésus-Christ et ses disciples prirent leur dernier repas (la Cène) et où fut instituée l'eucharistie la veille de la passion.

C'est, d'après la tradition, dans cette même salle que le Christ se manifesta à ses apôtres après sa résurrection, et dans ce lieu aussi qu'après l'Ascension le Saint Esprit, lors de la Pentecôte, inspira les apôtres par les «dons» qui leur permirent d'accomplir leur mission. C'est l'origine de l'Église chrétienne; le cénacle devint le premier lieu du culte et fut plus tard transformé en basilique. Détruite par les musulmans au VIIe s., celle-ci fut reconstruite par les croisés en 1044.

Dans un sens général, le mot *cénacle*, qui revêt aussi un

sens profane de «groupement», désigne un petit cercle plus ou moins religieux de disciples réunis autour d'un maître.

Il existe un ordre de *Religieuses du Cénacle*, fondé spécialement pour les retraites et récollections.

cénobite, v. *monachisme.*

chahada, confession de foi islamique, premier pilier de l'islam*.

chaire (lat. *cathedra*, siège), tribune placée dans une église pour la prédication. Jadis la lecture des épîtres et des évangiles était faite du haut d'une estrade placée dans le chœur : l'*ambon*. Au XVIe s., les «chaires de vérité», surmontées d'un dais, ou abat-son, furent installées dans la nef. En pierre, en marbre ou en bois, les chaires sont souvent des chefs-d'œuvre de sculpture et de décoration. La chaire épiscopale est le siège réservé à l'évêque dans le chœur. On parle de l'*éloquence de la chaire* quand il s'agit de sermons faits dans une église.

chamanisme, ensemble de pratiques (plutôt que véritable religion), communes à différents peuples habitant les régions arctiques, américaines et asiatiques. Associé à un système religieux, le chamanisme est fondé sur la notion des esprits maîtres de la nature et sur la personnalité des êtres supérieurs, qui sont capables d'établir des communications entre les hommes et le monde des esprits : ce sont les chamanes (ou chaman, shaman ou sama, gam et angakok chez les Esquimaux). Ce nom dériverait du sanskrit *sramana,* du pali *samana,* «homme inspiré par les esprits», ou d'un mot d'origine sibérienne, «celui qui est bouleversé».

Les chamanes ont été décrits pour la première fois au XIIIe s. par des Norvégiens chez les Lapons et par Avvakum, qui en vit en Sibérie au XVIIe s.(v. *Russie*). Lorsqu'ils sont en transe, ils sont doués de capacités extatiques, de double vue, et peuvent se déplacer dans le monde mythique. En principe, leur rôle est bénéfique; ils peuvent neutraliser les esprits malfaisants et guérir les malades. Ils possèdent leurs génies tutélaires et, suivant les différentes mythologies des peuples ouralo-altaïques ou américains, leur origine est plus ou moins expliquée. Ils vivent dans le surnaturel, qui les sépare souvent du monde profane. Choisi parmi les «âmes fortes», par élection surnaturelle ou par vocation, le plus souvent réincarnant un ancêtre chamane, le visionnaire des mondes célestes et infernaux doit subir un certain noviciat (l'enseignement d'un maître) et supporter des épreuves, des jeûnes, des interdits qui constituent une initiation dont les rites diffèrent d'un peuple à l'autre. Une sorte de consécration l'introduit dans la société, où lui-même proclame souvent son nouvel état. Il reçoit alors le costume et le tambour, qui sont les appareils de son pouvoir.

Les séances chamanistiques ont lieu la nuit, généralement auprès d'un feu; le chamane agite ses hochets, chante, boit, danse, entre en communication avec les esprits, décrit et mime son voyage dans les pays mythiques qu'il traverse et joue le rôle de devin, d'exorciste et de guérisseur. Étant possédé par les esprits ambivalents bons ou mauvais, il est à la fois objet de terreur et d'admiration, ce qui lui donne généralement autorité et prestige.

chanoine (du gr. *kanôn*, règle), ecclésiastique pourvu d'un canonicat, dignité dont l'origine remonte au IVe s. Les chanoines formaient le clergé des cathédrales, et reçurent leur règle de saint Augustin. Il y eut aussi sous l'Ancien Régime des chanoines laïques. Il existait jadis des *chanoinesses séculières,* qui remplissaient de pieux offices, et des *chanoinesses régulières* (ordre religieux).

chant. De tout temps et en tous lieux, la voix humaine a exprimé la prière en différentes intonations : les hymnes, les psalmodies, les mantra, les appels des muezzins (*azam*) en sont la preuve. Mais la plus grande variété des chants liturgiques est incontestablement fournie par le christianisme, qui a su donner des intonations mélodiques allant de la monodie à la polyphonie et s'exprimant dans les offices divers des laudes, vêpres, complies, dans le salut et surtout dans la messe. Le plain-chant, caractérisé par la noblesse du rythme, avec alternance des temps forts et des finales douces, qui créent une atmosphère de sérénité et de paix, est un parfait instrument de prière. Le chant dit «grégorien» remplaça au Ve s. le chant ambrosien. Il est devenu le chant traditionnel de l'Église. Conservé dans les couvents, après un temps de décadence, il a été restauré dans sa pureté primitive par les bénédictins (d'abord à Solesmes).

Le chant choral est un grand moyen d'expression religieuse chez les protestants et chez les chrétiens d'Orient (qui n'admettent pas les instruments).

chapelet (de *chapel,* au sens de «couronne»), comme le rosaire*, série de petits grains enfilés régulièrement, permettant la récitation et la répétition de prières sans perdre le sens que celles-ci doivent suggérer. On le nommait jadis patenôtre (d'après la prière *Pater noster*).

Dans le christianisme, chapelet et rosaire ont la même origine, qui remonte au Moyen Age, où l'on avait coutume de placer sur la tête de la Vierge une couronne de roses («rose mystique» est un des noms de louange donné à Marie), ornée d'une croix. On remplaça sans doute un jour les roses par des grains enfilés et, en l'honneur de la Vierge et de ses rapports avec les mystères du Christ, on récita une invocation sur chaque grain. On pense que cet objet de piété est venu d'Orient avec les croisés, mais son institution miraculeuse est attribuée généralement à saint Dominique, qui, d'après une iconographie courante, l'aurait reçu des mains mêmes de la Vierge.

Le chapelet est composé de cinq séries de dix grains sur lesquels on récite l'*Ave maria,* séparées par un grain plus gros sur lequel on dit le *Pater*; il se termine par trois autres grains et une croix sur laquelle on dit le *Credo*; les doigts glissent d'un grain à l'autre au fur et à mesure de la répétition des prières.

Le chapelet a son équivalent dans les religions orientales. Chez les musulmans, il comporte quatre-vingt-dix-neuf grains (d'ambre généralement) représentant les quatre-vingt-dix-neuf noms d'Allah, d'après le Coran. Le croyant qui s'en sert répète une formule de louange. Chez les bouddhistes, particulièrement les lamaïstes, la signification des grains est symbolique. Le chapelet, ou guirlande de prières, est d'un usage très ancien en Inde. Celui des vishnuistes est différent de celui des çivaïtes, mais tous servent de support à la récitation des attributs divins.

chapelle (lat. *capa*, chape, cape), édifice religieux de petites dimensions, qui aurait eu pour origine le manteau de saint Martin, conservé dans un oratoire du palais des rois de France.

La chapelle était par définition l'église du palais (*chapelle palatine)*, où l'on gardait les reliques et les trésors liturgiques. On étendit ce nom aux édifices soit adjacents, soit situés dans l'enceinte même des châteaux, puis aux églises des monastères (*chapelles abbatiales*), à celles des hôpitaux, des collèges, des prisons, etc.

Il existe des chapelles isolées, dédiées à la Vierge ou à un saint local. Dans une église ou une cathédrale, il y a en général plusieurs chapelles dites *absidiales* ou *latérales*. Plus ou moins meublées et décorées, les chapelles possèdent toujours un autel et bien souvent des tombeaux, car, suivant une ancienne coutume, elles étaient offertes soit par des familles qui avaient le droit de s'y faire inhumer, soit par des corporations qui y célébraient la fête de leur saint patron.

Le prêtre attaché au service d'une chapelle privée se nomme le *chapelain.* La chapelle royale prenait aussi jadis le sens de «chapelle de musique religieuse» : elle comprenait l'ensemble des instrumentistes et des chanteurs, dirigés par un maître de chapelle. (V. *chant.*)

chapitre, assemblée des chanoines attachés au service d'une cathédrale ou d'une collégiale.

Jadis très nombreux en France, les chapitres, supprimés par la Révolution, sont actuellement réduits aux *chapitres cathédraux.*

On donne aussi ce nom à des réunions importantes dans les monastères* et dans les ordres de chevalerie, ainsi que chez les rose-croix* et les francs-maçons*.

charisme (gr. *kharisma,* chose librement donnée), dons extraordinaires que l'Esprit-Saint octroie à certaines personnes en groupe ou individuellement.

Dans l'Évangile, les Actes des Apôtres et les Épîtres de saint Paul, il est fait état de ces dons (miracles, dons des langues, dons de prophéties) accordés à ceux qui étaient appelés à convertir les peuples.

Le pape a le charisme de l'infaillibilité. On donne ce nom à des phénomènes mystiques relatés dans la vie des saints, comme la lévitation, l'ubiquité, les stigmates, etc.

Ce terme est usité aussi dans les sectes illuministes, pentecôtistes, etc., dite *charismatiques.*

Chartreux, ordre fondé par saint Bruno* dans le massif de la Grande-Chartreuse (Alpes françaises) en 1084. — D'une très grande austérité, la règle ressemble à celle de saint Benoît*, mais les moines vêtus de blanc, vivent séparément dans leur petite maison et ne se réunissent qu'à la chapelle ou dans leur promenade hebdomadaire.

cheik, maître spirituel chez les musulmans.

chiisme (arabe *chià,* parti d'Àli), nom donné à l'une des deux grandes divisions de la religion musulmane, l'autre étant celle des *sunnites**. Elle compte quelque cent millions de croyants.

Cette branche désigne les partisans qui se sont groupés autour d'Àli, gendre de Mahomet, estimant que ses prédécesseurs, les trois premiers khalifes, furent des usurpateurs. Dans les premiers temps de l'islam, ce furent surtout des querelles politiques qui en troublèrent l'unité. Après l'assassinat du troisième khalife Osman, Àli fut choisi comme successeur du Prophète. Les conflits s'aggravèrent et se compliquèrent de problèmes de clans et de races; tout le règne d'Àli fut troublé par la guerre civile. De nouveaux rebelles, au programme à la fois politique et doctrinaire, formèrent une secte de puritains de l'islam, les «kharijites», qui, vaincus par Àli, se vengèrent par des attentats dont l'un coûta la vie au khalife en 661. Cette secte existe encore de nos jours. Les deux fils d'Àli, Hassan et Hossein, furent persécutés; ce dernier fut tué à Kerbela, en Mésopotamie, où son tombeau est devenu pour les chiites un saint lieu de pèlerinage. C'est à cette date que remonte la grande scission de l'islam. Les chiites croient à l'hérédité prophétique de Mahomet et admettent la légitimité de ses descendants jusqu'au douzième surnommé «al Mahdi» qui disparut en 873 et qui, d'après la croyance de la secte imamite ou des duodécimains, doit revenir un jour, comme l'a annoncé Mahomet, sous forme de «Messie» préludant au jugement dernier. Cette théorie de l'imamat caché est admise par les ismaéliens*, mais ces derniers sont dits «septimains», car leur mahdi serait le septième imam disparu. Les chiites pensent que le monde ne peut rester sans imams, mais que ceux-ci demeurent cachés et sont détenteurs de connaissances ésotériques. Persécuté par les khalifes Omeyyades et Àbassides, le chiisme duodécimain (12e imam) devint au XVIe s. la religion officielle de la Perse, où l'on célèbre le martyre de Hossein avec larmes, processions de flagellants, et représentations dramatiques de la mort d'Hossein *(taazieh).* A la différence des sunnites, les chiites ont de nombreux lieux de pèlerinage, en Irak, en Iran et en Afghanistan.

La croyance en l'imam caché est la grande voie de salut. Le chiisme, opposé à l'orthodoxie du sunnisme, est en général plus large d'idées et plus ouvert au mysticisme (soufisme* et confrérie des derviches*).

En art, il admet la représentation de l'animal, de l'homme et même d'êtres fantastiques. Ce qui a produit les chefs-d'œuvre narratifs des miniatures et la grande variété de décor des tapis.

chœur (lat. *chorus*; gr. *choros),* réunion de personnes exécutant des chants et des danses.

Dans les fêtes antiques et chez les Hébreux, existaient des assemblées qui accompagnaient de chants lyriques plus ou moins rythmés les cérémonies du culte. Dès le début du christianisme se sont formés des chœurs qui complétaient les services religieux d'une partie musicale surtout chantée (v. *chant*) et qui se tenaient derrière l'autel. Dans les monastères, les religieux qui chantaient leurs offices étaient eux aussi placés dans l'abside, de sorte que cette partie des églises prit le nom de «chœur» et fut réservée au clergé et aux chantres. Dans les basiliques primitives, leurs sièges étaient placés tout autour de l'abside.

Lorsqu'il n'y avait pas de transepts (v. *église*), le chœur se développait dans la nef principale et était souvent séparé de la partie réservée aux fidèles par le chancel, ou cancel; cette clôture devint soit une balustrade élevée, soit une grille, soit un retable, soit à partir du XIIe s., un jubé, ce qui donna au chœur son caractère de saint des saints. Dans les cathédrales et les églises monastiques, des rangées de stalles, fixes, de bois plus ou moins sculpté, furent placées dans le chœur, d'où le même nom donné à l'ensemble des chanoines et autres dignitaires d'un chapitre dans une cathédrale et aux religieux profès et religieuses professes dans les couvents.

chrétien, nom donné à celui qui professe la religion de Jésus-Christ, dont les premiers disciples étaient appelés *nazaréens* ou *galiléens*. — Dans les Actes des Apôtres (XI, 26) il est dit que les habitants d'Antioche leur donnèrent ce nom pour la première fois vers l'an 45.

Le nom de «chrétiens de saint Jean» était celui que se donnait une secte qui aurait eu pour fondateur saint Jean-Baptiste. Ses membres sont devenus les mandéens*, ou sabéens.

chrismation, chez les chrétiens orientaux, onction d'huile sainte (le myron) suivie de consignation et d'imposition des mains.

chrisme, monogramme du Christ souvent représenté dans l'art paléochrétien. — Il est formé des lettres majuscules grecques P (r) et X (ch) entrelacées, parfois seulement P, dont la hampe allongée est traversée d'une barre horizontale. Il est très souvent accompagné, à droite et à gauche, des lettres grecques α et ω, indiquant que le Christ est le commencement et la fin de toute chose, suivant les paroles de l'Apocalypse. Parfois un cercle entoure ces figures : c'est alors un symbole cosmique exprimant l'omnipotence du Christ.

CHRIST (du gr. *kristos*, l'oint), nom donné à Jésus*. C'est l'oint du Seigneur, le fils de Dieu, le Messie annoncé par les prophètes, le Rédempteur de l'humanité; il est la seconde personne de la Trinité, dont l'étude en théologie est la *christologie*, sur laquelle il y a eu tant de discussions et d'hérésies.

La représentation du Christ a donné lieu à différentes interprétations et théories. Si les premiers chrétiens, dans une crainte révérentielle et aussi dans un souci de cacher leur foi, préféraient les symboles aux personnifications trop humaines, les Byzantins, dès le IVe s., n'hésitèrent pas à exprimer dans leurs mosaïques et leurs peintures le «Christ pantocrator», ou «Christ triomphant», celui de l'Apocalypse, le plus souvent entouré des anges et des prophètes. Ce n'est que plus tard et par différentes étapes que les artistes osèrent représenter le «Christ souffrant». Les premiers *crucifix* apparurent vers le Xe s., portant d'abord un Christ couronné à la physionomie rayonnante et vêtu d'une longue robe ; peu à peu le réalisme s'accentua avec la nudité du Christ, la couronne d'épines et l'aspect de la souffrance sur son visage. Le Christ a été le grand modèle de l'art religieux, donnant les belles figures des époques romane et gothique, les représentations parfois empreintes de paganisme de la Renaissance dans l'excès de suavité, dans la fadeur de l'académisme et dans l'art dit «de Saint-Sulpice». Par réaction, l'art sacré moderne, après avoir fait des christs cubistes, symbolistes, fauvistes, s'essaie à l'abstraction.

christianisme, religion du Christ, s'appuyant sur la Bible et plus particulièrement sur le Nouveau Testament.

Prêchée aussitôt après l'ascension de Jésus-Christ et la Pentecôte par les apôtres et les disciples, qui reçurent alors du Saint-Esprit des dons spéciaux — dons des langues, de guérisons (charismes*) —, cette religion se répandit dans tout le monde romain. (Les prédications dans le monde slave et à l'Est jusqu'à l'Inde sont moins certaines). Les conversions très nombreuses inquiétèrent le gouvernement de Rome qui, bien que très tolérant pour les cultes orientaux, ne pouvait admettre une religion qui se refusait à rendre un culte à l'empereur. Il y eut des persécutions pendant deux siècles, jusqu'au jour où Constantin* déclara le christianisme religion d'État. Sortant alors de l'obscurité des catacombes*, la religion put se déployer au grand jour; les premières églises s'établirent les unes dans d'anciennes basiliques romaines, dont le plan fut adopté, les autres dans les temples païens ou des édifices nouveaux, réemployant murs ou colonnes. Mais vint le temps des invasions barbares, qui dans tout l'Occident apporta avec la violence le brassage des peuples et le pillage des monuments. Ce fut une époque troublée où foisonnèrent les hérésies. Celles-ci, en particulier l'arianisme* et le nestorianisme*, furent réfutées par les théologiens et finalement condamnées par les premiers conciles. Les papes durent composer avec ces Barbares, qui s'installèrent dans les pays conquis, se mélangeant à la population déjà christianisée.

Après le concile de Chalcédoine (451) se produisit la scission entre l'Église d'Orient et celle d'Occident (v. *orthodoxe*), l'une fidèle à la langue grecque des premiers Pères de l'Église, se disant gardienne de l'orthodoxie, l'autre devenant l'Église latine, dont le seul pontife restera le pape de Rome. De nombreux rapprochements ont été tentés, dont le plus efficace a été le pacte de Florence en 1439, qui rallia plusieurs Églises orientales à Rome; on les appelle «uniates»* (unies à Rome). Ces Églises gardent leurs langues, leur liturgie et leur caractère national. L'Église d'Occident, qui porte le titre de *catholique* («universelle»), ne reconnaît que l'autorité du pape et celle des conciles généraux. Contre vents et marées, elle se maintint forte dans toute l'Europe médiévale, luttant sans cesse contre l'hérésie, mais, la Renaissance apportant un souffle nouveau d'individualisme, un souci d'exégèse et de réformes marqua le début des temps nouveaux. Après des guerres de religion qui ensanglantèrent l'Occident pendant près d'un siècle, la séparation s'accentua, laissant, d'une part, l'Église catholique toujours fidèle au souverain pontife et, d'autre part, les Églises protestantes qui n'allaient cesser de se diviser.

chthonien (du gr. *khthon*, terre), nom donné chez les Grecs à certaines divinités qui ont des rapports avec le monde souterrain, surtout Démeter et Perséphone dont on célébrait les retours à la vie dans le monde supérieur par des cultes à mystères* (Eleusis) où l'idée de renaissance rejoignait celle d'immortalité qu'on retrouve chez les ophites* avec le symbole universel du serpent*.

Les Naga de l'Inde sont des divinités chthoniennes.

ciboire (lat. *ciborium;* gr. *kiborion*, coupe), dans la liturgie catholique, vase d'orfèvrerie en forme de coupe destiné à recevoir et à conserver les hosties consacrées.

Au début du christianisme, le ciboire a désigné le voile qui recouvrait le vase précieux ou la pyxide*, et plus tard ce nom fut donné à la coupe elle-même, tandis que le *ciborium* des anciennes basiliques chrétiennes, petit édifice à quatre colonnes qui soutenaient une sorte de dais au-dessus de l'autel, était surmonté d'une croix. On fixait un voile aux quatre angles, le baldaquin, qui a été conservé dans certaines églises. Au centre de la voûte était placée une colombe ouvrante. Les «colombes eucharistiques», tenant lieu aussi de tabernacle, ont été remplacées par le ciboire — coupe sur pied avec un couvercle surmonté d'une croix —, dont les formes et le décor ont varié suivant les époques.

ciel. Voûte céleste, espaces infinis, monde d'en haut, le ciel a toujours impressionné les hommes. Ceux-ci en ont fait un monde supérieur opposé au monde inférieur, où règnent des divinités opposées. Dans les diverses mythologies, il y a souvent hiérogamie du ciel et de la terre ; généralement, le ciel est Père et la terre est Mère (*Genitrix Gaia*). Le ciel étoilé représente, ainsi que les astres, un ensemble de dieux.

Le ciel est pour les chrétiens le séjour de Dieu, des anges, des saints et des élus ; il symbolise la gloire du monde extraterrestre des purs esprits, mais il est une notion abstraite, symbole de la vision béatifique de Dieu. Le ciel est aussi la récompense de l'âme des justes, le bonheur parfait de la contemplation éternelle de Dieu (appelé aussi le *paradis*).

Dans un symbolisme presque universel, le ciel a plusieurs degrés, sept généralement. C'est ainsi que Dante décrit le paradis dans sa *Divine Comédie*.

Chez les anciens Scandinaves le ciel le plus élevé était celui des *Ases*, tandis que le *Val-Hall*, au-dessous, était le palais d'Odin. Dans l'Apocalypse*, la vision du jugement dernier montre les âmes des élus quittant le plan terrestre et montant vers le ciel pour goûter au bonheur éternel.

Dans l'ancienne religion des Chinois, qui était sans doute un culte primitif de la nature, le Ciel, personnifié par *Chang-Ti*, était l'objet d'un culte important célébré par l'empereur, le fils du « Ciel », qui offrait des sacrifices au temple du Ciel pour assurer la protection divine sur le pays.

cierge (lat. *cera*, cire). Ces longues chandelles de cire allumées dans les églises catholiques sont d'un usage très ancien. Leurs flammes sont un symbole d'amour, de vie et de prière. Elles accompagnent de nombreux rites du culte depuis les cérémonies du baptême et de la première communion jusqu'à celles des funérailles. Les *cierges* votifs sont placés par les fidèles devant une image de la Vierge ou des saints ; les plus importants, les *cierges liturgiques*, doivent être faits de pure cire d'abeille. Ils sont placés sur l'autel et brûlent pendant toute la messe. Le *cierge pascal* est de grande dimension et orné d'un décor symbolique ; il est bénit solennellement à l'office du samedi saint et doit rester près du maître-autel jusqu'à l'Ascension pour symboliser la résurrection du Christ. Dans leurs cérémonies, les israélites font un grand usage de ce symbole lumineux.

circoncision, rite consistant en l'ablation du prépuce, mutilation qui accompagne l'initiation chez les peuples primitifs, imprégnés de la culture totémique.

C'est encore le cas de nos jours chez certaines populations d'Afrique, d'Océanie et d'Amérique du Sud. La circoncision fait partie pour les jeunes garçons des «rites de passage» de l'âge de l'enfance dans la compagnie des femmes à la vie dans la société des hommes, détenteurs de la force et des grands secrets de leur sexe. Cette cérémonie, accompagnée de chants, de danses, de manifestations de toutes sortes, prend dans certaines tribus une très grande importance. C'est une fête de groupe, de tout un village. La circoncision, épreuve de virilité, est alors un *rite de fécondité* et marque l'entrée du jeune circoncis dans une vie nouvelle après différentes épreuves et des rites de mort et de résurrection. Elle se pratique par classes d'âge (v. *initiation*). Parfois aussi, c'est un *rite sacrificiel* (offrande d'une partie du corps). Chez certains peuples d'Afrique du Sud et de Madagascar, la circoncision est accompagnée d'une période de continence de la part des parents et d'autres tabous touchant toute la famille de l'enfant. Souvent plusieurs rites magiques entourent l'opération, qui est faite tantôt par le sorcier, tantôt par un personnage marquant de la tribu, tantôt par un prêtre-médecin, en principe avec un couteau de pierre. Quelques populations primitives pratiquent aussi le rite cruel de la subincision et de l'excision chez les filles.

D'après Hérodote, l'Egypte aurait appris aux sémites l'usage de la circoncision dans un souci de pureté. Cette pratique constituait pour les Hébreux un rite religieux très important, symbole de l'«alliance» de Dieu avec le peuple d'Abraham, signe de reconnaissance des tribus d'Israël. Prescrite dans le Talmud, elle est toujours en usage dans le judaïsme moderne, où l'enfant la subit dans son huitième jour, soit à la synagogue, soit chez lui, avec plus ou moins de solennité.

Pour certains philosophes comme Philon, la circoncision représente une renonciation symbolique aux péchés de la chair. Chez les premiers chrétiens, ceux qui étaient d'origine hébraïque continuaient à appliquer cette coutume, mais saint Paul en libéra les «gentils» convertis, et, peu à peu, elle disparut. Seule l'Eglise d'Ethiopie a conservé cet usage. Jésus a été circoncis huit jours après sa naissance, dit l'Evangile. Cette fête, commémorée le 1er janvier, est appelée par tous les chrétiens la «Circoncision», et cet épisode de la vie du Christ a été bien souvent représenté par les peintres.

Chez les musulmans, la circoncision n'est pas prescrite par le Coran, mais, conformément à un usage très ancien, elle est généralement pratiquée chez l'enfant à l'âge de six ou sept ans. Recommandée plutôt qu'imposée, elle était en usage chez de nombreux peuples d'Orient avant Mahomet.

cisterciens, religieux de l'abbaye de Cîteaux (Côte d'Or).
Cette célèbre abbaye fut fondée en 1098 par saint Robert, abbé de Molesmes, qui désirait redonner aux bénédictins* la sévérité de l'ordre de Saint-Benoît. Située en plein «désert», dans la forêt de Cîteaux, elle attira bientôt de nombreux moines et put même avoir des filiales. En 1113, saint Bernard, séduit par son austérité, y fit profession et fut bientôt nommé abbé d'une des «quatre filles de Cîteaux», l'abbaye de Clairvaux (les trois autres étant La Ferté, Pontigny et Morimond). La règle de cet ordre issu de celui des Bénédictins, renforçant l'idée de pauvreté et de simplicité, fut appelée «charte de charité». Cette réforme fut adoptée par de nombreux monastères d'hommes et de femmes, qui se développèrent pendant plusieurs siècles, mais, après une certaine décadence, vinrent les nouvelles réformes des feuillants*, des trappistes* et de Port-Royal*. L'ordre se divise actuellement en cisterciens de la stricte observance et cisterciens de la commune observance. Tous portent une robe blanche.

ÇIVA, «Grand Dieu» de l'Inde, le *Mahadeva* aux formes multiples, la source de toute activité. Il est à la fois créateur et destructeur, incarnation divine de la puissance reproductrice de la nature, l'essence créatrice. Son symbole est le *linga**, vestige d'un ancien culte de la fécondité et la personnification de la puissance sexuelle, exprimée aussi par le taureau *Nandi*. Il est également le dieu des ascètes; il est alors représenté en yogi austère méditant ou en ascète errant. Il est le Seigneur des esprits et des démons qui hantent les cimetières et les bûchers funéraires; il porte alors un collier de crânes. Le *Çiva Purana* mentionne mille huit noms de ce grand dieu. Ses aspects les plus connus sont : *Nataraja*, le roi de la danse, *Bhaïrava*, le redoutable, *Dakshinamurti*, le sage, *Ardhanari* «le dieu dont la moitié est féminine». Le plus souvent, il est représenté dansant le «tandava», une danse cosmique, forme du devenir, de la création, de l'évolution, de la continuation et de la destruction, de l'illusion et de l'illumination.

Il est généralement figuré avec quatre bras qui forment différents mudra* ou tiennent divers emblèmes (tambourin, foudre). Il a parfois trois visages exprimant les trois aspects du dieu (créateur, conservateur, destructeur); c'est la *Maheçamurti* (jadis appelée «Trimurti», image des trois grands dieux Brahma, Vishnu, Çiva).

Il est appelé aussi *Hara*, et sa figure est combinée avec celle de Vishnu Hari pour donner *Harihara*

CLAIRE d'Assise (sainte) (Assise 1193 - *id.* 1253). Les sermons de saint François d'Assise lui firent, à dix-huit ans, une si grande impression qu'elle décida d'entrer au couvent. Elle fonda l'ordre extrêmement sévère des *Clarisses,* appelé aussi «ordre des Pauvres Dames» ou «des Pauvres Clarisses». Se plaçant sous la direction spirituelle de saint François, elle créa, avec sa sœur Agnès, un monastère à Saint-Damien, dont elle fut abbesse pendant quarante ans. Quelques religieuses (les urbanistes) acceptèrent des adoucissements à la règle ; d'autres, au début du XVe s., adoptèrent la réforme de sainte Colette.

CLÉMENT d'Alexandrie, écrivain et docteur chrétien (Athènes v. 150 - v. 211/216). Il passa la plus grande partie de sa vie à Alexandrie, où il étudia la philosophie grecque, et fut disciple de Pantène. Il se fit chrétien, fut ordonné prêtre et enseigna à l'école chrétienne d'Alexandrie. Très imprégné de néo-platonisme, il se fit le défenseur de la gnose* chrétienne. Il fut le maître d'Origène.

Une partie de ses doctrines a paru suspecte aux autorités ecclésiastiques et le pape Benoît XIV, contestant le titre de saint qu'on lui attribuait jusqu'alors, raya son nom du catalogue des confesseurs.

Clément d'Alexandrie a laissé beaucoup d'ouvrages de philosophie, de morale, de théologie et d'apologétique.

clergé (lat. *clericatus*, terme désignant un corps de clercs), ecclésiastiques d'un pays ou d'une religion par opposition aux laïcs. Dans le christianisme, il y eut dès le début deux classes parmi les chrétiens : le clergé et le peuple. Les clercs prirent bien vite des prérogatives et organisèrent une hiérarchie et une préparation à la prêtrise. Ils formèrent le *clergé séculier*, tandis que les moines, lorsqu'ils furent admis au sacerdoce et reçurent une règle monastique, devinrent le *clergé régulier.* C'est le clergé qui, au Moyen Age, fonda les universités, et le nom de clerc devint synonyme de lettré. En France, le clergé fut, sous l'Ancien Régime, l'un des trois ordres. L'Assemblée constituante confisqua ses biens et vota la *Constitution civile du clergé*, divisant les clercs en assermentés et insermentés, ou réfractaires. Le concordat de 1801 rétablit la paix religieuse. Il fut en vigueur jusqu'à la séparation de l'Eglise et de l'Etat en 1905.

Dans le catholicisme, le chef suprême de la hiérarchie est le pape, puis viennent les cardinaux, les évêques, les chamoines, les curés, les vicaires et les diacres, pour le *clergé séculier*, tandis que les abbés, les moines profès et les frères lais ou convers constituent le *clergé régulier*.

L'Eglise anglicane est toujours un «ordre» dans l'Etat, puisque des pairs ecclésiastiques siègent à la Chambre des Lords.

Dans l'Eglise orthodoxe, les patriarches, les évêques, les prêtres et les diacres composent le clergé séculier, et les moines gouvernés par des *archimandrites*, ou higoumènes*, forment le clergé régulier. Les Eglises protestantes ont une hiérarchie plus simple, variant généralement avec les différentes communions. Les communautés juives comprennent un grand rabbin par pays, puis deux degrés de rabbins.

Dans le bouddhisme, il n'existe qu'un clergé régulier. Dans l'hindouisme, le clergé forme une classe sacerdotale, les brahmanes, mais il existe un bas clergé pour le service des temples des basses castes.

L'islam n'a pas de clergé.

cloître (lat. *claustrum*, clôture), ensemble de galeries couvertes formant un quadrilatère autour d'une cour dans une abbaye*. — Le terme est devenu synonyme de *couvent*.

Cluny, célèbre abbaye (Saône-et-Loire), disparue à la Révolution. Depuis plusieurs années, un retour à une plus grande austérité se manifestait dans divers monastères bénédictins lorsque le duc Guillaume d'Aquitaine fonda en Bourgogne l'abbaye de Cluny, dont le gouvernement fut confié à l'abbé Bernon en 910. Celui-ci se plaça aussitôt sous la dépendance du souverain pontife, ce qui eut un grand retentissement social et religieux. La réforme porta sur certains points de la règle de saint Benoît et développa particulièrement la liturgie et le chant sacré, visant à augmenter la foi dans le peuple chrétien. L'abbaye fut le soutien de la papauté dans la querelle des Investitures, et ce foyer de prières fut appelé «nouveau soleil» et «miroir» de l'ordre monastique.

Les filiales de Cluny se multiplièrent et furent des manifestations de la magnifique expansion artistique de l'art roman. De précieux témoignages nous restent comme la Charité-sur-Loire, Paray-le-Monial, mais rien ne remplacera la merveille que fut l'église abbatiale de Cluny, détruite en 1801, dont il ne reste que de rares vestiges. Cette magnificence de l'architecture religieuse et du décor ne pouvait manquer d'être jugée excessive par certains et suscita bien vite une réaction. La charge d'abbé de Cluny avait eu pour titulaires des moines remarquables comme les saints Odon, Aymard, Mayeul, Odilon et Hugues, dont les soixante années de «règne» eurent l'éclat d'une apothéose donnant une splendeur inégalée à l'église de Cluny. Mais après cette dynastie des grands abbés apparut le relâchement et, malgré les efforts de Pierre de Montboisier, plus connu sous le nom de Pierre le Vénérable, le mal ne put être enrayé. L'ordre clunisien, trop vaste (il comprit jusqu'à dix mille moines et couvrit toute l'Europe de l'Espagne à la Pologne), gouverné par un seul archi-abbé, n'était pas dans l'esprit de saint Benoît, qui voulait des petites communautés religieuses autonomes et de caractère familial (moines autour de leur père abbé) ; c'est alors que dans la grande famille bénédictine la stricte observance fut rétablie par saint Robert, puis par saint Bernard. L'esprit de Cîteaux (v. *cisterciens*), totalement opposé au luxe clunisien, eut une très grand influence dans la vie monastique et dans l'art chrétien du Moyen Age. La décadence vint au XIVe s. et fut accélérée par ce fléau que furent les abbés commendataires en dépit des essais de réforme de l'abbé Jean de Bourbon qui rétablit la stricte observance. Les réformes de saint Maur et de saint Vanne, au XVIIe s., ne sauvèrent pas l'ordre de Cluny, qui disparut en 1790.

collégiale, v. église.

COLOMBAN (saint), (prov. de Leinster, Irlande, v. 540 - Bobbio, Italie, 615). Il entra au couvent à quinze ans et fut un missionnaire ardent, quittant son pays avec douze disciples, dont Gallus (saint Gall), son plus fidèle compagnon. Il fonda le monastère d'Iona, dans une petite île d'Ecosse. Partant sur un frêle esquif, il débarqua en Bretagne, traversa la Gaule et créa dans les Vosges le monastère de Luxeuil, qui donna naissance aux monastères de Remiremont, de Jumièges, de Saint-Omer, de Fontenay, etc. Sa règle eut un grand succès. Prêchant le christianisme avec un zèle infatigable, bien que persécuté par la reine Brunehaut qui l'avait envoyé dans les prisons de Nantes, saint Colomban gagna les pays helvétiques, peuplés de Burgondes et d'Alamans pour la plupart encore restés païens. C'est là que la troupe se disloqua. Gallus s'enfonça dans les forêts, allant fonder le couvent de Saint-Gall (Suisse), et saint Colomban se dirigea vers l'Italie, où il établit chez les Lombards ariens le monastère de *Bobbio*, dont il fit un centre important de théologie et de prédication. Il y mourut et fut enterré sous l'autel de l'église abbatiale où il repose encore.

colombe. Par sa blancheur et sa douceur, la colombe a toujours inspiré les artistes dans leurs représentations religieuses. Dans l'Antiquité, cet oiseau figure auprès de Vénus. Il est un symbole de paix et d'espérance dans la Bible. Dans l'art chrétien, la colombe est le symbole du Saint-Esprit. En effet, il est dit dans l'Evangile que la troisième personne de la Trinité descendit sur Jésus, que Jean baptisait, sous la forme d'une colombe. En souvenir de cet événement, des colombes d'or furent suspendues dans les baptistères. Symbole du Saint-Esprit, on voit souvent la colombe rayonnante formant une «gloire». Dans l'art paléochrétien apparaissent souvent deux colombes affrontées se désaltérant dans une fontaine : c'est le symbole de la régénération par le baptême; si elles boivent dans un calice, elles désignent l'eucharistie : de là est peut-être venu l'usage des «colombes eucharistiques» suspendues au-dessus de l'autel, ou enfermées dans une tour d'argent formant tabernacle. Elles étaient en or, en argent ou en émail. Le baldaquin qui les abritait était souvent appelé «colombarium» ou «colombaire».

communion, d'après l'étymologie, participation des fidèles au sacrement de l'eucharistie. — Elle a lieu généralement chez les catholiques romains sous les seules espèces du pain, et chez les orientaux sous les deux espèces du pain et du vin. (V. *eucharistie*).

conception (Immaculée), v. *Marie*.

concile, dans l'histoire de l'Eglise, assemblée d'évêques et de théologiens qui déterminent la doctrine et la discipline chrétiennes.

On distingue : a) les *conciles généraux* ou *œcuméniques*; leurs décisions, lorsqu'elles sont confirmées par le pape sont irrévocables et concernent tous les fidèles; b) les *conciles particuliers*, nationaux ou même provinciaux, qui ne concernent que leurs ressortissants; leurs actes doivent cependant être soumis au pape. L'Eglise orthodoxe ne reconnaît que les sept premiers conciles œcuméniques : *Nicée* (325), contre l'arianisme*, *Constantinople* (381), contre les Macédoniens; *Ephèse* (431), contre les nestoriens*; *Chalcédoine* (451), contre le monophysisme; *Constantinople* (553, puis 680), contre le monothélisme*; *Nicée* (787), contre les iconoclastes.

Le concile de *Constantinople* de 869 fut le dernier concile œcuménique en Orient. Il y eut plusieurs conciles à *Latran* (1123, 1139, 1179 contre les albigeois; 1215 et 1517, ce dernier confirmant le concordat avec la France) et à *Lyon* (1245, 1274). Le concile de *Vienne* en 1311 supprima les Templiers. Le concile de *Constance* (1414) mit fin au schisme d'Occident et condamna Jan Hus* et Wyclif*. Le concile de *Trente* (1545-1563) condamna la Réforme* et organisa la Contre-

Réforme*. Le concile du *Vatican* (1870), contre le modernisme*, définit l'infaillibilité pontificale. *Vatican II* (1962-1965), étudiant le rôle de l'Eglise dans le monde moderne, procéda à son «aggiornamento». Le concile de *Bâle* (1431-1449), transféré à Ferrare, puis à Florence, ne fut pas entièrement œcuménique. Chez les protestants, les synodes* ont parfois été appelés conciles en Allemagne et en Angleterre.

Le bouddhisme a tenu des conciles : le premier eut lieu à *Rajagriha* peu après la mort du Bouddha, sous la présidence de Mahakacyapa; les disciples les plus proches du Sage établirent sa doctrine, Ananda* récitant les *sutra**, Upali les *vinaya*, ou règles disciplinaires. Le deuxième fut tenu à *Vaiçali* (v. 380 av. J.-C.), et le troisième à *Pataliputra*, sous Açoka.

conclave (lat. médiéval *conclave*, chambre fermée à clé, parce que les cardinaux ne peuvent sortir de ce lieu avant que l'élection soit faite), lieu où s'assemblent les cardinaux pour élire un pape. L'assemblée réunie pour cette fonction, qui porte le nom de conclave, a été réglementée par le pape Grégoire X au deuxième concile de Lyon en 1274. Elle se tient le dixième jour après la mort d'un pape et doit durer jusqu'au résultat positif. En attendant, les cardinaux sont solennellement «enfermés» au Vatican*, sous la surveillance du maréchal du conclave, en compagnie de quelques prélats et domestiques chargés de divers soins matériels. Chaque cardinal a une petite cellule et un bureau où il réside sans communication avec l'extérieur; les réunions se tiennent matin et soir à la chapelle Sixtine, où se fait le scrutin. L'élu doit obtenir les deux tiers des voix. Lorsque le résultat du vote est négatif, une fumée noire s'élève de la cheminée ; elle provient des bulletins de vote brûlés avec de la paille humide; lorsque l'élection est terminée, une fumée légère annonce que seuls les bulletins ont alimenté le feu. La proclamation solennelle est alors faite du haut de la galerie de Saint-Pierre par le cardinal doyen, qui, pendant la durée du conclave, était chargé d'expédier les affaires les plus urgentes.

concordat (lat. *concordatum*; de *concordare*, s'accorder), accord ou traité conclu entre le pape et un pouvoir temporel en ce qui concerne les affaires religieuses réglant les rapports de l'Eglise et de l'Etat. Parmi les plus importants, on peut citer le plus ancien, celui de *Worms*, en 1122, qui mit fin à la longue lutte du sacerdoce et de l'Empire. En France, après la période troublée de la Constitution civile du clergé, Bonaparte, Premier consul, conclut avec Pie VII en 1801 un concordat rétablissant le culte catholique ; ce concordat fut en vigueur jusqu'à la loi de la séparation de l'Eglise et de l'Etat, en 1905. En Italie, les accords du Latran en 1929, signés entre Pie XI et Mussolini, reconnaissent le catholicisme comme religion d'Etat, mais établissent la souveraineté temporelle du pape sur le seul Etat du Vatican.

confession, action d'avouer ses péchés à un prêtre pour obtenir l'absolution. Dans l'Eglise catholique, c'est, d'après l'interprétation des paroles du Christ à ses apôtres, le sacrement de pénitence appelé maintenant la *Réconciliation*.

L'aveu des péchés doit être complet et fait avec humilité et ferme propos de ne plus recommencer. La *confession* dite *auriculaire* est reçue généralement dans le secret au confessional (sorte de guérite, élément mobilier des églises). Le secret de la confession est une obligation très stricte imposée au confesseur. La pratique des cérémonies pénitentielles publiques se développe depuis le concile Vatican II. Les protestants, qui ont conservé la confession, ne la considèrent jamais comme un sacrement.

Le bouddhisme et le jaïnisme admettent la confession seulement dans les monastères avec un caractère expiatoire (*patimoka*).

Dans certaines sectes, on pratique la *confession publique*.

Dans un autre sens, le mot *confession* signifie « affirmation de la foi, d'une croyance » ou même « exposé de dogmes » ; ainsi la *confession d'Augsbourg, la confession du vicaire savoyard*. Un martyr confesse sa foi ; c'est pourquoi on appelait jadis *confession* le lieu qui renfermait les reliques d'un saint dans une église, en général sous l'autel. Les fidèles ne pouvaient pénétrer dans le caveau, mais une petite ouverture permettait de voir le tombeau, de le toucher ou d'y faire toucher des objets.

confirmation (lat. *confirmatio,* renforcement), un des sept sacrements de l'Église catholique renouvelant les grâces du baptême et communicant les dons du Saint-Esprit à celui qui les reçoit.

Dans les Actes des Apôtres on trouve mention de cette institution de caractère ineffaçable. Dans les premiers temps du christianisme, la confirmation ou *chrismation**, était donnée aussitôt après le baptême, et on procède encore ainsi chez les chrétiens d'Orient. Dans l'Église latine, elle est donnée à partir de l'âge de raison (c'est-à-dire environ sept ans) ; l'évêque lui-même l'administre (à moins qu'il ne délègue ses pouvoirs à un prêtre). Le sacrement consiste en une onction avec le saint chrême (mélange d'huile d'olive et de baume béni solennellement le jeudi saint) et une bénédiction.

Chez les protestants, la confirmation n'est pas considérée comme un sacrement, mais est administrée, après une longue préparation, aux adolescents de quatorze-quinze ans ou aux adultes.

confréries (chrétiennes), associations pieuses, formées en général dans un but de charité et d'assistance. Elles sont placées sous la protection de la Vierge ou des saints. Au Moyen Age, elles se confondaient parfois avec les corporations, assurant leur recrutement parmi les artisans d'un même métier, groupés autour de leur saint patron. Les confréries organisaient la fête patronale, secouraient les pauvres, s'entraidaient et faisaient dire des messes pour leurs défunts. Lors des processions, les bâtons de confréries en bois doré très orné, supportaient l'image du saint. En Normandie, les nombreuses et importantes confréries de charitons, et dans le Midi, les «caritadiers», avaient leurs insignes et leurs costumes particuliers. Les «caritach» de Béziers faisaient souvent dans leurs fêtes des cortèges où le profane se mélangeait au sacré. L'Église s'insurgeait contre les usages entachés de paganisme des confréries. Dans tous les pays, celles-ci formaient souvent des castes fermées, où parfois se développaient des hérésies, et quelques-unes furent à l'origine de sociétés secrètes. Mais la plupart avaient un but religieux de pénitence ou d'expiation comme les «frères de la Mort» en Hongrie au XIIe s., les *pénitents* et même les *flagellants*. Ces derniers, institués au XIIe s. par un dominicain italien (Raineri de Pérouse), se répandirent au XIVe s. dans plusieurs pays d'Europe au moment de la peste noire. Ils parcouraient les villages en portant une lourde croix, d'où leur nom de «cruciferi». Pris d'un vrai délire religieux, le torse nu, ils se flagellaient jusqu'au sang en chantant des psaumes de pénitence. Interdites par le pape Clément VI, ces processions disparurent presque partout, mais les confréries subsistèrent, et il en existe encore en Amérique latine.

A Paris, au XVe s., les «confrères de la Passion» formèrent la première troupe théâtrale, pour la représentation des «mystères», drames religieux représentés sur le parvis des cathédrales.

Les confréries ont joué parfois un rôle politique, surtout pendant les guerres de religion (ainsi, pour la Contre-Réforme, la Compagnie du Saint-Sacrement à Paris au XVIIe s.).

Il existe encore des confréries de toutes sortes, dans toutes les religions du monde. Dans l'islam, les confréries sont nombreuses et jouent un grand rôle spécialement en Afrique pour l'islamisation des Noirs, où elles se développent de plus en plus tout en gardant un caractère tribal (v. *derviches, marabout, soufisme)*. Les principales sont la *Quadriya,* née en Irak au XIe s. ; la *Mouride,* au Sénégal ; la *Ahmadiyya,* surtout au Pakistan, qui institue une sorte de syncrétisme entre Jésus et Mahomet. Ces confréries sont basées sur la fraternité islamique, certaines sont de caractère ésotérique.

Le culte du Vaudou* est pratiqué par différentes confréries.

confucianisme, ensemble de croyances et de rites spécifiquement chinois, basés sur les ouvrages classiques et ordonnés par Confucius. Aussi loin que l'on puisse remonter dans l'histoire religieuse de la Chine, on trouve le Ciel comme étant le grand dieu : *Tien,* le seigneur d'en haut, le tout-puissant ; au-dessous réside le monde des esprits, principes invisibles, génies atmosphériques, génies des astres, des nuages, des eaux, des montagnes, et le monde des esprits des ancêtres. Le culte de ces derniers remonte à une haute antiquité ; c'est une référence aux anciens, aux vieillards, aux coutumes, au respect dû aux parents, ce culte domestique ayant été mis en préceptes par Confucius. Il s'agit d'une véritable religion nationale, ordonnée par l'empereur et ses fonctionnaires, et à laquelle se rapportent les Chinois dans leur piété filiale pour leurs institutions, œuvres des ancêtres. C'est pourquoi, pendant des millénaires, la Chine a paru cristallisée dans son ancienne civilisation, n'absorbant qu'avec difficulté les influences étrangères. La philosophie de Confucius n'a fait que renforcer la *religion de l'Empire,* l'ordre imposé par l'État mettant en harmonie le Ciel avec la Terre, l'invisible avec le visible, le passé avec le présent, d'où l'importance du *culte des ancêtres.* Le seul grand prêtre est l'Empereur, le Fils du Ciel, responsable qui règle le calendrier par des cérémonies simples mais d'un formalisme exigeant, rituel et empreint de magie. Confucius établit la nécessité de l'ordre dans le monde par le retour à la vertu, impliquant la corrélation de l'ordre moral et de l'ordre cosmique.

Tout doit être harmonie dans la société, dont la base est la famille, où la piété filiale est la première des vertus. L'Empereur est l'ordonnateur de cette harmonie avec l'univers en se conformant aux prescriptions rituelles ; les rites sont donc indispensables ; il en résulterait une certaine rigidité mécanique si l'on ne retrouvait la notion bien chinoise de « wou wei » (non-agir) et celle de « jen » (bienveillance, vertu d'humanité et de justice).

Plutôt qu'une religion, le confucianisme est une sagesse : un art de gouverner pour le prince, une morale politique pour les lettrés, une fidélité à la tradition pour le peuple. Le confucianisme n'a ni préoccupations métaphysiques, ni dogme absolu, ni clergé. Cette doctrine, ayant avant tout le souci du concret, recherche l'harmonie du monde réel par l'équilibre des forces contraires (*yin* et *yang*), la discipline et l'ordre social par les vertus familiales, l'amour fraternel et l'éducation du peuple, qui maintient chacun à sa place par le moyen des examens, lesquels portent sur la connaissance des classiques. Ce pragmatisme s'affirme dans l'éthique de Confucius, préconisant les quatre vertus (humanité, justice, conduite rituelle et connaissance), mais il a été tempéré inconsciemment par le taoïsme mystique et plus tard par le bouddhisme du Grand Véhicule. Le confucianisme, complété par Mencius* et autres disciples, a été la doctrine officielle de la Chine* ; surtout sous les Han, il eut à lutter avec des sectes taoïstes et fut persécuté par l'empereur Ts'in Che-houang-ti (fin du IIIe s. av. J.-C.). Le culte* de Confucius, depuis la mort du sage, n'avait cessé de prendre de l'importance et, au VIe s., on lui érigea des temples. Plus tard sous les Song, des préoccupations métaphysiques et l'influence de Tchou Hi au XIIe s., donnèrent au *néo-confucianisme,* ou *tchouisme,* un aspect plus religieux. Ce néo-confucianisme fut pendant plus de deux millénaires la religion dominante des Chinois, mais restait une doctrine de lettrés, de caractère trop conservateur. Cette pensée originale s'appuyait sur les classiques de la Chine ancienne, les cinq *king* remaniés par Confucius : le *Che king* (odes, VIIIe s. av. J.-C.), le *Chou king* (documents, textes historiques), le *Yi king* (livre des mutations expliquant les 64 hexagrammes, diagrammes mystiques, manuel de divination servant de base à des spéculations métaphysiques, ce qui le rendit très populaire aussi bien chez les taoïstes que chez les confucianistes). Le *Li Ki* (mémoire sur les rites et cérémonies), le *Tch'ouen Ts'ieou* (les chroniques du printemps et de l'automne), plus particulièrement œuvre de Confucius. Tous ces livres furent complétés par les *Analectes* (récits, aphorismes, entretiens.) et autres ouvrages plus tardifs.

Le confucianisme est, aujourd'hui, radicalement condamné par les idéologues de la Chine contemporaine. Estimant paralysante la fidélité inébranlable aux traditions qu'il prônait, ils le rendent responsable de l'affaiblissement historique de l'Empire chinois jusqu'à sa chute en 1911 ; ils lui opposent les Légistes*, soutenus par Tsin Che-Houang-ti, qui défendaient le progrès social lié au développement des connaissances et la nécessité des réformes.

CONFUCIUS (forme latine de *K'ong tseu* ou *K'ong fou tse*), un des grands sages de la Chine, philosophe et organisateur du confucianisme (v. 551 av. J.-C. ?-v. 479 ?). Né dans le Chantong, il est considéré comme étant un descendant de la famille royale de Yin. Orphelin très jeune, il connut la pauvreté, mais reçut cependant une bonne éducation, se maria à dix-neuf ans et eut deux enfants. Il devint fonctionnaire (intendant des greniers), fonda une école, puis mena une vie errante, offrant ses services à différents féodaux ; il revint ensuite dans son pays, où il fut ministre, mais les nobles, jaloux de son autorité auprès du prince, exigèrent son renvoi, et il dut quitter sa province. Pendant douze ans, avec quelques disciples, il enseigna, écrivit, compila les classiques chinois *(king)* et mit au point ses doctrines. Rencontra-t-il Lao-tseu au cours de ses voyages ? (Cet épisode est longuement décrit par ses biographes et représenté dans des peintures ou des gravures pariétales.) Rappelé dans son pays, il refusa de hautes charges pour se consacrer à ses écoles et à son œuvre, qui deviendra le *confucianisme**. Il eut la mort d'un sage. Respecté, honoré et considéré comme l'organisateur sinon le fondateur d'une religion purement nationale, sa tombe est devenue un lieu de pèlerinage, et des temples lui ont été élevés. Il reçut le titre de « Maître de dix mille générations ».

Sa vie et son œuvre nous sont connues par son historien *Sseuma Ts'ien* et par le *Louen Yu* (les *Entretiens de Confucius,* appelés aussi *Analectes de Confucius*), qui sont des notes prises par ses élèves.

Confucius a révisé tous les anciens textes chinois pour en tirer des conseils de gouvernement, un code de la vie sociale et de l'étiquette, une morale pratique et une forme de civilisation chinoise assurée par la continuité des traditions et le culte des ancêtres.

congrégation (lat. *congregatio,* réunion, assemblée), groupement de personnes pieuses se réunissant pour prier ou pour accomplir des œuvres charitables, sorte de confrérie. Dans le catholicisme, association de personnes qui ne prononcent que des vœux simples ou temporaires. (V. *ordre.*) Les congrégations religieuses sont nées depuis trois siècles seulement, du besoin de formes différentes d'apostolat, d'enseignement et de charité ; elles se sont multipliées et de nouvelles sont créées de nos jours. La permission de l'évêque suffit au début, mais lorsque la congrégation devient importante, l'approbation du pape est nécessaire. Les congrégations ont joué un grand rôle particulièrement au XVIIe s. Au début du XIXe s., celle qui n'est connue que sous le nom de la « Congrégation » eut une fonction politique qui a finalement amené la chute du gouvernement de Charles X par son opposition au concordat de 1801 et son vote de lois dites «cléricales».

En 1901, la loi française sur les congrégations religieuses a créé un régime particulier d'autorisation préalable visant spécialement les congrégations enseignantes, dont beaucoup furent dissoutes.

Dans une autre acception, les «congrégations romaines» sont des assemblées de cardinaux qui, au Vatican, entourent le pape pour le maintien des lois de l'Église et le règlement des affaires religieuses. La principale est la Congrégation pour la Doctrine de la Foi (ex-Saint-Office) pour l'examen des causes de l'hérésie. On distingue encore la Congrégation pour les affaires concernant le consistoire (sorte de sénat présidé par le pape), la congrégation des Affaires ecclésiastiques pour étudier les rapports avec les pouvoirs civils, la congrégation des Rites, etc.

Chez les protestants, le terme de *congrégation* est très fréquemment employé et désigne une assemblée de croyants gérant elle-même ses propres affaires. Il est synonyme de *secte*; l'une d'elles, farouchement indépendante, fondée par Robert Browne à la fin du XVIe s., donne à ses fidèles le nom de *congrégationistes* (ou *brownistes*). Anticonformistes, ceux-ci choisissent leurs pasteurs et leurs diacres par cooptation.

consistoire (lat. *consistorium*; de *consistere,* s'arrêter), assemblée de personnages importants d'une Église réunis pour en discuter les intérêts, problèmes ou règlements.

Ces conseils, qui, chez les Romains et au Moyen Age avaient un sens laïque, n'ont plus aujourd'hui qu'une signification religieuse. Chez les catholiques, c'est une assemblée de cardinaux présidée par le pape pour affaires importantes : les consistoires sont *secrets* ou *publics.* Il existe aussi des consistoires épiscopaux. Pour les protestants, ce sont des conseils presbytériens de caractère local. Les consistoires israélites existent en France depuis 1808; ils sont départementaux, mais le consistoire central, dont le siège est à la grande synagogue de Paris, a réuni toutes les associations cultuelles israélites. Il comprend un grand rabbin, deux rabbins élus et des membres laïques.

CONSTANTIN LE GRAND (Naissus entre 270 et 288 — Nicomédie 337), empereur romain (306-337). Il était le fils de Constance Chlore et de sainte Hélène qui fit faire des fouilles au Golgotha pour retrouver la croix du Christ : c'est l'«Invention de la sainte Croix», représentée souvent par les peintres. Constantin régna à la mort de son père, mais eut à soutenir des guerres civiles. Dans sa lutte contre Maxence, il eut sur le pont Milvius la vision d'une croix lumineuse entourée des mots *In hoc signo vinces*; il prit ce symbole chrétien ainsi que le monogramme du Christ comme enseigne : le *labarum*. Il publia en 313 l'édit de Milan, qui établissait dans tout l'Empire romain la liberté religieuse, et se convertit au christianisme, mais il ne reçut le baptême qu'à l'article de la mort.

Constantin permit une vie nouvelle aux chrétiens, jusque-là persécutés, et eut l'idée de réunir le premier concile à Nicée en 325 qui fixa la doctrine de l'Église en face de l'hérésie arienne et établit le texte du *Credo*.

Devenu maître de l'empire d'Orient et de l'empire d'Occident, il fixa sa capitale à Byzance en 330, à laquelle il donna son nom, *Constantinople*. Après les invasions barbares, cette ville devint la capitale de l'empire d'Orient ou byzantin. Au point de vue religieux, son patriarche fut le chef de l'Église grecque, qui se proclama «orthodoxe», et son pouvoir fut presque égal à celui de Rome jusqu'en 1453. De nos jours, il garde encore une grande influence dans le monde orthodoxe.

Contre-Réforme, mouvement chrétien de rénovation et de lutte contre l'hérésie par lequel l'Église chercha à se réformer elle-même. Née au *concile de Trente* en 1545, la Contre-Réforme dura plus d'un siècle et devint la Réforme catholique en face de la Réforme* protestante. Elle fut marquée par une grande activité de prédication, par une surveillance intensifiée des ordres monastiques existants et désormais plus étroitement liés aux autorités ecclésiastiques, par la fondation d'ordres nouveaux plus adaptés à la société du temps ou plus soucieux de spiritualité (tels sont la Société de Jésus, l'Oratoire, la Visitation, etc.) et par un élan de charité dont un saint Vincent de Paul, une Louise de Marillac sont les meilleurs exemples.

conversion (lat. *conversio,* action de tourner, de changer de direction). Ce mot désigne un changement de religion, une crise décisive, parfois assez brusque, comme la «conversion de saint Paul sur le chemin de Damas». Elle exige le plus souvent une connaissance approfondie de la religion dans laquelle on veut entrer. Elle implique généralement une cérémonie d'accueil dans la nouvelle assemblée religieuse, comme le baptême chez les chrétiens, la récitation de la «chahada» chez les musulmans, et exige aussi dans certains cas une abjuration solennelle. En tout temps et en tous lieux il y a eu des conversions forcées, mais bien souvent, pour certains nouveaux adeptes, la conversion n'était qu'apparente et l'ancien culte était pratiqué secrètement. Tel fut le cas d'Indiens d'Amérique, de certains morisques et marranes (juifs d'Espagne), de coptes d'Égypte, de protestants des Cévennes. Lorsque le changement est volontaire, le converti est souvent traité d'apostat à l'égard de la religion à laquelle il appartenait jusqu'alors.

copte (gr. *aiguptos,* égyptien, dérivé du nom pharaonique du sanctuaire de Memphis), désigne le groupe ethnique de religion chrétienne et dont la langue liturgique est directement rattachée à la langue de l'Égypte pharaonique. On peut parler de *religion copte* si l'on admet le particularisme de ce christianisme oriental qui, remontant aux premiers siècles (la région d'Alexandrie aurait été évangélisée par saint Marc), se serait développé d'une façon prodigieuse, particulièrement après les persécutions.

L'Église d'Égypte a eu un grand renom à la suite de saint Athanase et saint Cyrille d'Alexandrie, grands vainqueurs des hérésies, et par l'élan de mysticisme des Pères du désert et la naissance du monachisme.

Le concile de Chalcédoine marque une coupure. Celui-ci condamnait le patriarche d'Alexandrie Dioscore, qui soutenait l'hérésie d'Eutychès. Les moines et les chrétiens d'Égypte, peu versés en théologie, suivirent leur patriarche (dont le souci était plutôt la non-acceptation de la supériorité du patriarche de Constantinople), qui isola cette chrétienté. Une prise de conscience nationale s'affirma, faite de ressentiment contre Byzance, puis contre les envahisseurs persans, qui grevaient le pays d'impôt, de sorte que les musulmans, au VIIe s., furent presque accueillis en libérateurs. Les conversions à l'islam furent nombreuses, mais ceux qui restaient fidèles à leur foi, bien que souvent persécutés au cours des âges et longtemps isolés, ont gardé une cohésion remarquable avec une liturgie et un art qu'ont su préserver les nombreux monastères.

Le chef de l'Église copte est le patriarche d'Alexandrie, qui réside au Caire ; il est choisi parmi les moines du couvent Saint-Antoine (dans le désert près de la mer Rouge) ; il est célibataire ; les autres membres du clergé (archiprêtres, prêtres, diacres) peuvent se marier, mais, veufs, ils ne peuvent se remarier. Les religieux et religieuses sont encore en grand nombre, font vœu de chasteté et vivent dans une grande austérité.

Les coptes sont monophysites et monothélites (v. *monothélisme*) ; ils admettent les sept sacrements, mais, influencés par les coutumes ambiantes, ils pratiquent la circoncision (vers sept ans), prient sept fois par jour, observent des interdictions alimentaires, des jeûnes sévères, et doivent faire des pèlerinages à Jérusalem.

Coran (arabe *qur'an,* lecture), livre saint, «Bible» de l'islam, exprimant toute la doctrine de cette religion, non seulement les croyances fondamentales, mais les prescriptions imposées à tout bon musulman, ainsi que le système d'organisation sociale et juridique. Il est divisé en cent quatorze chapitres, appelés «surates», comprenant plusieurs versets. Les premiers, les plus courts et les plus anciens, traitent de l'unité de Dieu et des devoirs envers lui, les autres de la théologie, de la jurisprudence, de la science et de la médecine.

Le Coran, immuable, critère d'orthodoxie, est considéré comme étant la parole même de Dieu, transmise à Mahomet par l'ange Gabriel au cours d'extases et transcrite par des scribes sur des feuilles de palmier, des omoplates de chameaux ou des morceaux de cuir. Cependant, c'est surtout oralement que cette révélation s'est conservée, mais aussi grâce à la recension de divers fragments par Zaïd, secrétaire du Prophète, et quelques érudits, dix-neuf ans après la mort de Mahomet. Ainsi la rédaction de ce livre sacré a été fixée d'une manière définitive. Il fait à tel point l'unité dans l'islam qu'on dit la «religion du Livre». Écrit dans un style noble et poétique, dans une prose rythmée faite pour être psalmodiée, le «Livre des croyants» est pour tout musulman le guide infaillible, le résumé de toute science et pour l'humanité le chef-d'œuvre de la littérature arabe.

cordeliers, nom donné jadis en France aux religieux de l'ordre des Frères mineurs, ou franciscains de la stricte observance, à cause de la corde nouée qu'ils portaient autour de la taille.

On les appelait aussi «observantins» pour les distinguer de ceux qui, à la suite de discussions qui éclatèrent dans l'ordre, ne subirent pas les réformes des capucins, des récollets, etc.

Leur couvent de Paris devint le centre intellectuel de l'ordre. L'autorité de leurs maîtres de théologie était telle que certains disaient que Paris avait détruit Assise.

Soutenant les doctrines de Duns Scott*, les cordeliers furent les rivaux des dominicains dans la querelle de l'aristotélisme et jouèrent un grand rôle dans l'université.

Credo (mot lat. signifiant «je crois»), premier mot exprimant la «profession de foi» chrétienne du *symbole des Apôtres*. D'après la tradition, il aurait été rédigé par les apôtres eux-mêmes et résumé par saint Irénée. Dans sa formule définitive, il contient toutes les vérités enseignées par le Nouveau Testament. Le *symbole de Nicée* fut établi en 325. Il définissait le dogme chrétien pour mettre fin aux controverses qu'avait suscitées l'arianisme* ; c'est pourquoi il développe davantage les mystères de la Trinité et de la nature du Christ. Le texte fut unanimement accepté, mais, à la suite de nouvelles hérésies en Espagne, le *filioque** fut ajouté pour définir la nature du Saint-Esprit. Cette doctrine communément reconnue jusqu'alors fut incluse dans le *Credo* chanté à la messe, d'abord en Espagne, puis dans l'empire de Charlemagne et, malgré de nombreuses contestations, définitivement adopté au concile d'Aix-la-Chapelle en 809 et enfin à Rome par le pape Benoît VIII. (Léon III avait blâmé l'adjonction.) Le *symbole de saint Athanase,* abrégé plus complet de la doctrine chrétienne, a été établi en latin au Ve s. Il est lu et récité dans le bréviaire.

Le mot *credo* s'étend à toute foi religieuse ou philosophique (par exemple, la chahada musulmane), et l'on dira «être fidèle à son credo».

croix, symbole du christianisme, rappelant le supplice et la mort du Christ. Depuis la plus haute antiquité, la croix a été un symbole religieux, symbole cosmique de l'union des forces contraires, rencontre des voies horizontales et verticales, donnant les quatre directions du monde. Pour certaines sectes ésotériques qui veulent plonger leurs racines dans le plus lointain passé, elle est le symbole de l'homme universel et de l'union des contraires.

Pour les Égyptiens, l'*ankh*, ou croix ansée, était le symbole de vie.

Mais si le christianisme a adopté ce symbole, c'est en souvenir de la mort du Dieu-homme qu'est le Christ et qui doit être pour le croyant l'arbre d'une vie nouvelle. La crucifixion, ou supplice de la croix, était chez les Grecs et les Romains un supplice infamant; c'est pourquoi les premiers chrétiens hésitèrent longtemps à représenter le Christ mourant sur la croix. On trouve cependant cet emblème comme signe de reconnaissance pendant les périodes de persécution et sous la forme soit du *tau* (symbole de félicité chez les païens), soit de la croix grecque, à branches égales, ou latine, dont la branche verticale est plus longue. Cette dernière forme sera adoptée pour le *crucifix*.

La croix, qui avait été un signe de honte, devint un signe de ralliement, puis l'objet d'une grande vénération. Constantin fit faire des fouilles à Jérusalem pour retrouver la vraie Croix qui, selon l'usage, avait dû être enterrée sur le lieu même du supplice. Ces opérations, dirigées par sainte Hélène, la mère de Constantin, ont été souvent évoquées par les peintres, et la commémoration de l'Invention de la sainte-Croix en 326, est célébrée par une fête de l'Église le 3 mai.

La croix tient une grande place dans les cérémonies catholiques, les processions, les cortèges funèbres, les bénédictions, etc. Elle est partout dans les églises, au-dessus des clochers, sur l'autel, dans les cimetières, sur les tombes et au carrefour des routes. Croix liturgique, croix pectorale, croix de dévotion, elle est par excellence l'objet de culte chrétien. Elle est même tracée symboliquement par les orthodoxes et les catholiques par un geste de la main qui va du front à la poitrine, puis d'une épaule à l'autre, en évoquant les trois personnes de la Sainte-Trinité. Tel est le *signe de la croix* que les protestants refusent comme étant une manifestation superstitieuse. Cependant, ceux-ci, pour la plupart, placent une simple croix dans leurs temples. Il existe aussi une croix dite *huguenote* surmontée d'une colombe. La croix ornée en son centre d'une rose ou d'un rubis est l'emblème des rosicruciens.

crypte (gr. *kruptos*, caché; lat. *cripta*), lieu secret où les premiers chrétiens se réunissaient pour célébrer leur culte, enterrer leurs morts et honorer leurs martyrs.

Ces chrétiens utilisaient souvent des souterrains ou d'anciennes carrières (v. *catacombes*), mais lorsqu'ils purent pratiquer leur religion au grand jour et bâtir des églises, les cryptes continuèrent à être utilisées pour l'ensevelissement des saints et des prêtres, et sous l'autel majeur formèrent une «confession»*.

C'est surtout à l'époque romane que les cryptes, devenant chapelles souterraines, servirent en même temps de fondations pour l'église supérieure; elles abritaient les corps de martyrs et d'évêques.

En Italie et en France particulièrement, il y a de remarquables cryptes romanes, dont les lourds piliers assurent une grande stabilité à l'édifice supérieur.

A l'époque gothique, une nouvelle conception architecturale et l'utilisation de plus en plus fréquente de châsses d'orfèvrerie pour conserver les reliques ont supprimé peu à peu l'usage des cryptes. Les cryptes anciennes dérivaient peut-être des cultes de la déesse de la Terre célébrés dans des grottes.

culte (lat. *colere*, honorer), hommage rendu à Dieu ou à des créatures divinisées et, par extension, ensemble des rites d'une religion, ou cette religion considérée dans ses rites. — C'est alors le culte extérieur opposé au culte intérieur, qui est celui de la prière et de la dévotion intime. On distingue aussi le culte privé du culte public.

Le service du culte est généralement assuré par un clergé

spécialement consacré dans ce but. Chaque religion a son culte particulier avec différents rites.

Chez les Hébreux, le culte sacrificiel était assuré par une caste sacerdotale, la tribu de Lévi; mais, avec le judaïsme, le culte, dirigé dans la synagogue par les rabbins*, n'est plus que prières, invocations, lectures de la Torah* ou des Psaumes et bénédictions. Le culte familial du sabbat a une grande importance et comprend plusieurs cérémonies domestiques suivant les périodes de l'année. (V. *judaïsme.*)

Dans l'islam, il n'y a pas de cérémonies cultuelles, mais des rites de prières, l'obligation des cinq «piliers» et la lecture du Coran. (V. *islam.*)

Pour les bouddhistes, la recherche de la sagesse n'est pas à proprement parler un culte; mais le pèlerinage, le rosaire, la méditation, l'offrande de fleurs et d'encens, l'«anjali» (salutation avec les mains allongées et jointes) et les psalmodies sont les éléments de base de l'aspect proprement religieux du bouddhisme. Chez les lamas du Tibet, la musique et même la danse jouent un grand rôle dans les fêtes religieuses.

Dans l'hindouisme, la caste des brahmanes assure le culte des grands temples; celui-ci consiste en onctions, processions, libations de beurre clarifié, vêture de l'idole, parfois sacrifices; mais il comporte surtout un culte domestique fait d'ablutions, de prières et d'offrandes quotidiennes (puja).

Dans le christianisme, le culte privé consiste en la pratique de la foi, catholique ou protestante, et des obligations qu'elle comporte, mais le culte public est bien différent selon les divers aspects du christianisme. Les Églises d'Orient, perpétuant les usages anciens, donnent une grande valeur aux cérémonies cultuelles, alors que le protestantisme a le plus souvent supprimé toutes les manifestations extérieures autres que la prédication.

L'Église catholique romaine propose aux fidèles la participation à de nombreux offices, dont certains sont obligatoires comme l'assistance à la messe, la pratique des sacrements et autres prescriptions. (V. *liturgie*).

Le culte extérieur se manifeste dans les églises, les chapelles, les lieux de pèlerinages; il peut être adressé à Dieu — c'est la forme la plus élevée d'adoration, elle est appelée par les théologiens *Latrie* (gr. *latreia* : adoration) — ou aux saints qui sont seulement vénérés ou honorés — c'est la *Dulie* (gr. *duleia* : servitude). La troisième forme est l'*Hyperdulie*, qui est un hommage particulier rendu à la Sainte Vierge.

Dieu, la Vierge, les saints peuvent être représentés par la peinture ou la sculpture, ce qui a donné lieu à une merveilleuse expression artistique. En effet, l'Église a permis le *culte* des images, après la décision du concile de Nicée en 787, qui mit fin à la querelle des iconoclastes.

Le *culte des reliques* est aussi une manifestation de la nature de l'homme, qui, si elle a donné lieu à des abus, n'en marque pas moins une vénération des saints.

curé (du lat. *cura*, soin, charge), selon l'administration ecclésiastique, prêtre qui dessert une *cure*, ou paroisse, celle-ci étant un territoire délimité par l'évêque pour la direction des fidèles catholiques.

Le pasteur catholique, chargé du soin des âmes, a sur ses paroissiens une juridiction ordinaire et personnelle; il exerce dans son église la prédication, y célèbre la messe, y administre les sacrements et perçoit les revenus attachés à son titre. Suivant les pays et leurs lois en matière religieuse, les curés reçoivent ou non un traitement. En France, le régime concordataire leur en accordait un, mais la loi de séparation des Églises et de l'État, en 1905, l'a supprimé. Le curé d'une paroisse importante est assisté d'un ou de plusieurs vicaires.

CYBÈLE, v. *mère.*

CYPRIEN (saint), évêque et martyr (Carthage, début IIIe s. - *id.* 258). Il se convertit au christianisme en 246 et fut bientôt porté par le peuple à l'épiscopat; il eut à subir les persécutions qui ensanglantèrent son diocèse; il fut exilé et finalement décapité en confessant sa foi. Artisan convaincu de l'Église, il a laissé de nombreux ouvrages, dont les principaux sont : *De unitate Ecclesiae* et *De exhortatione martyrii.*

CYRILLE d'Alexandrie (saint), patriarche et docteur de l'Église (Alexandrie v. 376 à 380 - id. 444). Il combattit les hérésies, particulièrement celle de Nestorius, qu'il fit condamner par le pape et aussi par le concile d'Éphèse, auquel il participa comme légat du pape. Il y fit aussi proclamer la maternité divine de la Vierge Marie et domina en son temps tout l'Orient chrétien avec un zèle fanatique qui, dit-on, fut à l'origine de l'expulsion des juifs d'Alexandrie et des luttes contre les derniers rhéteurs néo-platoniciens de la ville.

CYRILLE (saint), apôtre des Slaves (Thessalonique 827 ou 828 - Rome 869). Avec son frère **Méthode**, il fut envoyé par l'empereur de Constantinople en 860 chez les Khazars, que harcelaient les envahisseurs musulmans, puis il alla évangéliser les peuples de Dalmatie, de Hongrie et de Bulgarie. Il traduisit la Bible en slavon et inventa pour cela l'écriture dite «glagolitique», qui fut celle de la liturgie ancienne des Slaves.

D'après une tradition encore discutée actuellement, il transforma cet alphabet, inspiré par l'écriture cursive grecque, en écriture dite « cyrillique » en adaptant les majuscules grecques de l'onciale et en ajoutant des caractères spéciaux pour les nouveaux sons slavons. La première reste encore aujourd'hui l'écriture liturgique dans certaines régions de Yougoslavie (Croatie, Dalmatie et Monténégro), tandis que l'*écriture cyrillique* est restée celle de la plupart des pays orthodoxes et, à peine modifiée, est devenue celle du russe moderne.

D

dagoba, v. *stupa.*

dakini, divinité féminine inférieure. Démone dans l'Inde classique, devient dans le bouddhisme tibétain éveilleuse de forces spirituelles.

dais (lat. *discus*, plateau), couronnement plat ou voûté en forme de pavillon, placé au-dessus d'un trône ou d'un autel comme symbole de protection divine et de majesté. Dans l'architecture gothique, les dais qui surmontent la plupart des statues de la Vierge ou des saints sont en pierre ou en bois finement ouvragés, parfois formant des édicules avec petites fenêtres, pinacles et clochetons. Souvent le dais est soutenu par des colonnes; on le nomme alors «baldaquin». Dans les processions du saint sacrement, naguère, on utilisait des dais recouverts de riches étoffes, portés par quatre dignitaires, pour abriter le prêtre tenant l'ostensoir.

Dalaï-lama, souverain spirituel et temporel (jusqu'en 1959) du Tibet, et pape du lamaïsme.

Le Dalaï-lama résidait au Potala de Lhassa. Actuellement, il est en exil en Inde. Au XVIIe s., le cinquième grand lama de la secte des Gelugpa, ou «Bonnets jaunes» (v. *lamaïsme*), fut reconnu comme souverain temporel du Tibet par l'empereur de Chine. Il fut alors intronisé, et on lui donna le titre de Dalaï-lama (océan de sagesse); il fut considéré comme une réincarnation du bodhisattva Avalokiteçvara*.

Immédiatement après sa mort, le Dalaï-lama est censé se réincarner, se succédant à lui-même, et un conseil de moines se réunit pour connaître les indications qui ont pu être laissées par le défunt; il fait appel aux oracles et se met à la recherche de l'enfant qui possède les signes distinctifs qui permettront une première sélection, puis, après un rituel compliqué et des invocations, on procède à un tirage au sort, et l'enfant ainsi élu sera enlevé à ses parents (qui en sont très honorés), élevé par les moines et intronisé solennellement lorsqu'il sera en âge de comprendre son rôle. Le dernier Dalaï-lama, le quatorzième, a été intronisé en 1939, six ans après la mort du précédent.

danse. Les rythmes musicaux accompagnant certains mouvements plus ou moins harmonieux de l'homme sont l'expression de sa joie ou de sa tristesse, formant ce qu'on peut appeler la danse, et ils ont pris une signification religieuse dès la plus haute antiquité.

Nous imaginons les danses des sorciers préhistoriques d'après les évocations que nous permettent quelques peintures ou gravures rupestres et d'après ce que nous connaissons des peuples primitifs vivant encore aujourd'hui dans les brousses d'Afrique, d'Océanie et d'Amérique du Sud : danses accompagnant les rites d'initiations, les rites de chasses et les rites funéraires, danses des «hommes médecine» et des «chamanes»*, ainsi que certaines survivances dans les danses dites *folkloriques,* plusieurs formes de danses religieuses en Asie et quelques rares processions dansantes chrétiennes.

Si la danse a bien vite pris une forme profane pour les divertissements nobles ou populaires, elle a gardé son caractère sacré dans toute l'Antiquité — chez les Hébreux, la Bible l'atteste plusieurs fois. Chez les Égyptiens, les danses accompagnaient toutes les fêtes et les processions, et même se déroulaient au milieu des cérémonies du culte, devant la déesse Hathor*. Les danses gréco-romaines de caractère hiératique ont dégénéré en bacchanales (danses orgiastiques), tandis que d'autres de caractère spectaculaire ne concernaient plus que le théâtre. Mais c'est en Asie que les danses très lentement rythmées de la Chine et du Japon anciens ont gardé le plus leur caractère religieux, bien que, souvent, elles soient intégrées à un spectacle dramatique qui, lui aussi participe du sacré.

Dans l'Inde ancienne, les danses étaient exécutées dans les temples et à l'occasion de fêtes religieuses (v. *devadasi*). Tout ce qu'elles exprimaient par des gestes lents et des mimiques accentuées était expliqué par ce langage des mains qu'on appelle «mudra» et que les étrangers ne comprenaient pas. Toutes les indications chorégraphiques et significations religieuses ont été données dans le grand livre qu'est le *Bharata-Natya-Çastra* et inscrites en bas-reliefs innombrables dans le grand temple de la danse qu'est celui de Chidambaram, dédié au dieu `iva dans son aspect de Nataraja, «Roi de la danse». Ce dieu est représenté lui-même dans le *tandava* (danse masculine cosmique), danse exécutée encore aujourd'hui dans le même style. Les pays bouddhistes ont conservé ces danses anciennes pour certaines grandes cérémonies. Si les ballets siamois, cambodgiens et balinais, bien connus, ont pris un certain caractère spectaculaire, le «perahera» de Ceylan, les danses que les lamas tibétains exécutent lors de certaines cérémonies (le plus souvent masqués), ont gardé leur caractère essentiellement religieux. Elles rappellent en certains points les danses médiévales qui accompagnaient parfois les «mystères» joués sur les parvis des églises et dont le thème préféré était la danse macabre : allégorie féroce représentant la mort qui entraîne vers la tombe, dans une danse frénétique, des personnages de toutes conditions. Cette danse des morts a beaucoup inspiré les artistes depuis le XIVe s., où les guerres et les pestes rendaient la mort presque familière. Les représentations d'un squelette, coryphée d'un ballet fantastique, où l'on peut voir un évêque, une grande dame, côtoyant un mendiant, avaient pour but de rappeler aux chrétiens la fragilité des richesses et des honneurs. Ces allégories étaient peintes sur les murs des cimetières ou des églises. La plus fameuse «danse macabre» était à Paris celle du cimetière des Innocents, à Pise celle du Campo Santo. Celle de l'abbaye de la Chaise-Dieu est la mieux conservée, de même que celle de Bâle et celle de la petite église bretonne de Ker Maria.

Le folklore chrétien conserve aussi des traditions fort anciennes de danse sacrée : la fameuse «procession dansante» du mardi de la Pentecôte à Echternach, au Luxembourg, en est un vivant souvenir. En Abyssinie, dans certaines processions, les prêtres danseurs rythment leurs pas au son des tambours et des sistres, exécutant des mouvements avec leurs longues cannes, insigne de leur sacerdoce.

Dans l'Islam chiite, les derviches* tourneurs exécutent une danse de caractère extatique (et cosmique). En Amérique latine, particulièrement au Mexique, certaines cérémonies religieuses sont accompagnées de danses. En Afrique, certaines danses sont maintenant admises au cours des célébrations catholiques.

darbystes, membres d'une secte protestante fondée par John Darby (1800 - 1882), prêtre anglican qui rejoignit des dissidents de l'Église épiscopalienne d'Irlande. — Ils formèrent un groupe appelé les «Frères de Plymouth»d'esprit très puritain. Ils nient la succession apostolique dans l'Église et ne mettent toute leur confiance que dans la Bible qu'ils étudient avec grande attention, particulièrement les prophéties. Ils sont de tendance millénariste. Les premiers darbystes (ou darbistes) ont beaucoup voyagé pour répandre leur doctrine, et il en reste encore quelques communautés dispersées.

dédicace (lat. *dédicatio*, de *dedicare,* dédier), consécration solennelle d'un édifice religieux.

Cet usage est très ancien. Il était pratiqué chez les Égyptiens, les Grecs et les Romains, de même que chez les Hébreux. Les premiers chrétiens l'observèrent, mais établirent les rites de la cérémonie sans doute vers le IVe s.

L'évêque «dédicace» une église par l'aspersion d'eau bénite à l'extérieur et à l'intérieur, la consécration de l'autel, la déposition des reliques, l'onction, la bénédiction des croix et la messe solennelle. Pour les églises importantes l'anniversaire de cet événement fait l'objet d'une fête spéciale; pour les autres c'est la date commémorative du 6 novembre.

La dédicace est aussi une fête très importante du judaïsme; elle commémore la nouvelle cérémonie de la purification du Temple de Jérusalem, par Judas Maccabée en 165 av. J.-C. après sa profanation par Antiochus Épiphane. Elle est commémorée par la fête de *Hannukah*, observée pendant huit jours : le rite principal consiste à allumer le chandelier à huit branches qui rappelle le miracle de l'huile. On chante des hymnes et on formule des bénédictions.

déesse, (lat. *dea*), dans les religions polythéistes, divinité féminine.

La Grèce distinguait les *grandes déesses*, siégeant dans les degrés supérieurs de la mythologie, et les *déesses mères*, propres à la Méditerranée orientale, déesses de la Fécondité et de la Fertilité : Isis, Astarté, Cybèle (la grande déesse de Phrygie, dont le culte était lié à celui d'Attis*, qui devint Rhéa chez les Grecs, puis Gaia, Déméter, la Bona Dea et Cérès chez les Romains). Ces déesses recevaient toutes un culte important qui se traduisait par l'institution d'un clergé hiérarchisé, par des temples, des rites et surtout des mystères à base d'initiation et des fêtes, dont les plus connues sont celles d'Eleusis près d'Athènes et les «Cerealia» à Rome. La grande déesse de l'Inde est la *Devi*.

déicide (lat. *Deus*, Dieu, et *caedere*, tuer), mise à mort d'un dieu, dans les anciennes religions à mystères et dans certaines religions précolombiennes ou africaines, sous la forme artificielle d'un personnage censé incarner une déité. — Cela était fréquent dans les cultes agraires. Mais le mot de *déicide* est employé surtout dans le vocabulaire chrétien pour le supplice infligé au Christ, Fils de Dieu; c'est celui de Judas et celui qui pendant des siècles a été reproché aux juifs.

déisme (lat. *Deus*, Dieu), croyance en un être suprême transcendant à l'homme, moteur de l'univers, acception philosophique de cette notion en dehors des dogmes et des religions et rejetant toute révélation.

Ce mouvement de pensée, qui eut une très grande influence en France au XVIIIe s., déjà latent dans les œuvres des grands humanistes de la Renaissance, naquit en Angleterre, au XVIIe s., avec des penseurs comme Herbert de Cherbury, Collins, Tyndale*; ce dernier, particulièrement, influença Voltaire, Montesquieu et Franklin. Par la formule de l'horloger nécessaire à la marche de l'horloge que serait le monde, Voltaire accrédita cette philosophie du déisme indépendant d'une religion révélée. Moins hostile au christianisme, Jean-Jacques Rousseau professait lui aussi le déisme dans une forme toute platonicienne de l'idée du Beau ineffable d'où tout émane. Le siècle des lumières, qui s'opposa farouchement au christianisme, ne fut pas toujours athée, et ce fait est bien attesté par la réaction qui a suivi la rage destructrice de la Révolution dans les églises et les couvents. Robespierre fut un déiste qui instaura le culte de l'«Etre suprême», allant plus loin que les «philosophes», admettant seulement une croyance sans culte. D'autres systèmes religieux furent proposés, dont le plus connu est celui des *théophilanthropes* (v. *théophilanthropie*), qui n'a pas survécu à l'époque du Directoire.

Kant distinguait le *déisme*, affirmation de l'absolu et de la cause première sans attributs moraux, du *théisme*, reconnaissance d'un Dieu personnel, providence du monde et justicier dans la vie future, ce qui conduit à une distinction entre déisme, notion philosophique, et théisme, notion essentiellement religieuse.

déité (lat. *deitas*), terme général désignant une divinité, dieu ou déesse, dans une religion polythéiste.

Mais, dans une certaine théologie mystique, Dieu dans sa personne est différencié de l'essence abstraite : l'absolu. Tel est le système de Jakob Böhme* (reprenant en partie les doctrines de Maître Eckart*) où la déité est l'unité sous-jacente à l'Etre, émanation de toute chose à qui tout doit revenir, et celui du philosophe Alexander, qui considère la déité comme une aspiration de l'homme vers l'union à Dieu.

delta mystique, triangle entouré de rayons dans lequel sont dessinés soit les quatre lettres hébraïques qui composent le nom de Dieu (c'est le tétragramme qui signifie aussi la Trinité), soit un œil (mais cette figure est devenue plutôt un symbole maçonnique). Elle est souvent peinte ou exécutée en bois doré et, comme toutes ces formes irradiées tel un soleil, porte le nom de *gloire*. C'est un élément décoratif très fréquent dans les églises de styles classique ou baroque qu'on voit apparaître sous l'influence de la Contre-Réforme*.

démiurge (gr. *dêmiourgos*, ouvrier). Platon appelle ainsi dans le *Timée* un dieu qui crée le monde en bon artisan, utilisant une matière préexistante. — Ce nom était donné jusqu'alors à une des trois classes de la société grecque. Chez les gnostiques, cette entité émanée de Dieu, suprême puissance du Beau et du Bien, n'est que l'évolution de la matière et la cause du Mal. Par extension, dans l'histoire des religions primitives, un démiurge est une divinité créatrice et organisatrice du monde. Chez les francs-maçons, il est le «grand architecte de l'univers», considéré comme cause première.

démon (gr. *daimôn*, génie), être surnaturel inférieur existant dans toutes les religions.

Le démon est assimilé à un esprit plus ou moins dangereux dans les cultes primitifs et plus particulièrement dans l'animisme*. C'est souvent un esprit de la végétation, celui d'un lac, d'une rivière, d'un animal. Tous les folklores traduisant une terreur primitive parlent d'animaux censés incarner l'esprit du Mal, spécialement le serpent, le chat, la chèvre, le loup. Tous les écrits du Moyen Age en font foi, et les phénomènes de «lycanthropie» ont été l'objet d'une croyance tenace. Le démon est souvent assimilé au grand dragon*. L'anthropomorphisme du démon est fréquent sous la forme de fantômes, d'ancêtres non réincarnés, dont les rites funéraires doivent assurer la tranquillité, mais aussi sous celle de génies malveillants pour lesquels des rites sont établis afin de parer à leur méchanceté. (V. *sorcellerie*.)

Le monde antique possédait une grande variété de ces démons dispersés dans la nature bien qu'invisibles. La mythologie orientale avait de dangereux démons femelles, les goules.

L'alchimie, au Moyen Age, a poussé certains esprits, recherchant la «connaissance», à faire des pactes avec le démon. Le *Miracle de Théophile*, écrit par Rutebeuf et représenté par les imagiers, de même que les histoires du docteur Faust attestent la persistance de cette notion de pacte où le diable achète l'âme de celui qui n'a plus d'espérance ici-bas.

DENYS (saint) (du gr. *Dionysos*, Denis). Très nombreux sont les saints des premiers siècles du christianisme qui ont porté ce nom et des confusions fréquentes ont été faites au sujet des plus connus. Incontestablement, celui qui est le plus familier aux Français est l'évêque de Paris «céphalophore», qui fut martyrisé et décapité à Montmartre et qui, suivant la légende, aurait marché portant sa tête jusqu'au site devenu Saint-Denis où il reçut une sépulture. Le sanctuaire qui l'abritait devint un lieu de pèlerinage avant d'être la nécropole des rois de France. (Cette légende proviendrait de l'interprétation naïve des pierres tombales représentant un martyr décapité tenant sur sa poitrine sa tête entre ses mains.) *Saint-Denis de Corinthe*, au IIe s., a laissé des lettres pastorales. Son témoignage sur le martyre à Rome de saint Pierre et de saint Paul est d'une grande importance.

Saint Denys, dit le *Grand*, fut évêque d'Alexandrie (IIIe s.). Elève d'Origène et bien qu'il combattît les hérésies, en particulier le millénarisme, il devint suspect par sa sympathie pour l'école d'Alexandrie et son hypothèse sur l'origine de l'Apocalypse, dont l'auteur serait un autre Jean que l'apôtre du Christ. Mais le plus connu de tous les Denys, est celui qui a été confondu pendant longtemps avec saint Denis, évêque de Paris : c'est *Denys l'Aréopagite* (Ier s.). Il fut le premier évêque d'Athènes, membre de l'Aéropage, converti par saint Paul et martyr. De nombreux ouvrages lui furent attribués qui, en réalité, sont du VIe s. Ainsi quatre traités, *Hiérarchie céleste, Hiérarchie ecclésiastique, Théologie mystique, Sur les noms divins,* sont dits du *Pseudo-Denys*. D'inspiration néoplatonicienne, ils ont été pendant des siècles un lien entre la pensée antique et le christianisme ; leur influence sur la mystique médiévale et même sur la scolastique fut immense.

Bien que non canonisé, l'écrivain ecclésiastique *Denys* dit *le Petit (Dionysus Exiguus)* mérite d'être mentionné pour ses ouvrages théologiques. S'il prit ce surnom, ce n'était pas en raison de sa petite taille, mais par humilité. On a assez peu de détails sur sa vie. On sait qu'il était Scythe et d'origine sans doute subcaucasienne. Il se fit moine en Syrie, et sa connaissance approfondie tant du grec que du latin le fit appeler à Rome par le pape Gélase pour l'étude et la transcription des textes patristiques écrits en grec et en syriaque, mais, lorsqu'il arriva à Rome dans l'hiver 496-497, le pape était mort. Denys logea au couvent Saint-Anastase où étaient conservées les archives, et c'est là qu'il travailla jusqu'à sa mort. Il traduisit les canons des conciles du grec en latin, des textes hagiographiques, des textes de Cyrille d'Alexandrie et de Proclus, écrivit la vie de saint Pacôme et fit une collection des *Décrétales* des papes. Il établit, ce faisant, une chronologie depuis la fondation de Rome dans laquelle il situa, avec un grand souci d'exactitude historique, la date de la naissance du Christ, introduisant ainsi l'usage de l'ère chrétienne. La date de Pâques divisait alors l'Orient et l'Occident; Denys s'efforça de la fixer, et son système fut adopté par Rome. Il lutta toute sa vie contre les hérésies, tenta constamment de réconcilier les Eglises d'Orient et d'Occident. Il fut aussi un des premiers canonistes. (V. *canon*).

déposition (lat. *depositio*). Au point de vue religieux, ce mot a deux sens très différents : 1) en droit canon, c'est l'acte par lequel un clerc est suspendu de ses fonctions et dignités sacerdotales, tout en restant dans les ordres; très fréquente jadis, la déposition est assez rare aujourd'hui et ne s'exerce que pour des fautes graves; 2) dans l'art chrétien, la déposition est la représentation du Christ mort déposé de la Croix, avant la «Déploration», groupant la Vierge, saint Jean et parfois d'autres personnages qui s'abandonnent à leur douleur autour de la «pierre de l'onction», sur laquelle repose le corps du Christ. (V. *pietà*.)

derviches (d'un mot persan signifiant «pauvres»), religieux musulmans appartenant à différents ordres et confréries issus du soufisme.

Les uns vivent en communauté, d'autres en ermites mendiant se réunissant à dates fixes; d'autres enfin, comme les fakirs sont errants. En général, ils suivent les règles établies par leur fondateur et, après un certain noviciat, ils font des vœux et portent un costume particulier.

Les derviches sont des mystiques qui généralement observent scrupuleusement les lois du Coran, tels les *derviches tourneurs*, qui tourbillonnent dans une danse extatique et symbolique. Mais certains, loin d'être orthodoxes, recherchent l'extase dans des transes obtenues par différents procédés hypnotiques : tels sont les *derviches hurleurs, sauteurs, mendiants*.

Les derviches existent encore dans le Proche-Orient; mais en Turquie, où ils étaient très nombreux (les fameux Janissaires en étaient un sous-ordre), ils ont disparu depuis qu'Ataturk a supprimé leurs couvents. Mais ils réapparaissent aujourd'hui à Koniah en une sorte de tiers ordre, célébrant le souvenir de leur fondateur Maulana Djallal ud Din Roumi* (XIIIe s.). (V. *soufisme*.)

désert. Le désert géographique, vaste contrée d'immense solitude dans différents continents, a toujours été recherché par les âmes éprises de silence; mais pour le christianisme, il s'agit des déserts d'Egypte et de Palestine, qui attirèrent très tôt les pieux chrétiens qui désiraient fuir le monde pour se livrer à la méditation, à l'instar du Christ et de saint Jean-Baptiste. La plupart des sages ermites vivaient dans des grottes ou des cabanes, et leur réunion en vie cénobitique est à la base du monachisme chrétien. C'est parmi eux qu'on trouve les saints commentateurs des Ecritures qu'on nomme les *Pères du désert*, dont les plus illustres sont saint Antoine* et saint Pacôme*. Les communautés d'ascètes, puis les monastères furent nombreux dans le désert jusqu'à l'arrivée des musulmans, mais certains couvents de rite grec ou copte ont persisté, gardant très vif cet amour du désert. Le Père de Foucauld retrouvera cet appel de la *Spiritualité du désert.*

La vie cénobitique, même en Occident, ne convenait pas toujours aux moines, qui étaient cependant retirés du monde. Souvent, ils cherchaient encore plus de solitude et nous voyons de grands saints, comme saint Bruno*, saint Bernard*, quitter leur couvent pour mener une vie érémitique dans des lieux solitaires qu'on nommera justement des *déserts* en souvenir des premiers anachorètes. Et, plus tard, plusieurs monastères, particulièrement d'augustins et de carmes, et même de bénédictins, dans leur désir de réforme, chercheront un lieu retiré où les moines pourront apprécier la *beata solitudo.*

Après la révocation de l'édit de Nantes en 1685, de nombreux protestants des Cévennes continuèrent à célébrer leur culte, à bénir des mariages en des lieux cachés dans les montagnes ; ces *assemblées du Désert* ont gardé, malgré toutes les difficultés, l'esprit du protestantisme en France jusqu'en 1792 (v. *camisards*). Près d'Anduze, au mas Soubeyran, dans le Gard, les souvenirs de cette histoire sont conservés en un *musée du Désert*, devenu lieu de pèlerinage protestant.

deva (mot sanskrit signifiant «divinité», de *div*, briller), dans le zoroastrisme, démons ou esprits du Mal, le plus souvent anciens dieux atmosphériques dangereux dont le rôle est de lutter contre les esprits du Bien.

En Inde, êtres d'essence lumineuse, les divinités bienfaisantes sont immortelles mais pas éternelles, et ont besoin des sacrifices des hommes. Dans le bouddhisme, ils sont soumis à la loi du karma et sont simplement les serviteurs du Bouddha.

devadasi (mot sanskrit signifiant «donné aux dieux»), servantes des dieux, courtisanes et danseuses sacrées de l'Inde, qui, d'après la mythologie, seraient des Apsaras, danseuses du ciel d'Indra.

Elles vivent dans l'enceinte des temples ou dans les environs immédiats. Elles sont considérées comme des prêtresses, des prostituées sacrées, sont dès leur jeune âge attachées au service d'un temple et doivent distraire le dieu auquel elles sont unies par des rites nuptiaux. Elles sont cultivées, apprennent le chant, la musique et la danse. Connues des Européens sous le nom de «bayadères», elles sont considérées plutôt comme de simples prostituées. L'institution, d'abord purement religieuse, était en fait assez discréditée; elle est maintenant abolie dans plusieurs États de l'Inde, mais persiste encore dans certains temples du Sud.

devi (sanskrit, féminin de *deva*), v. *déesse.*

dharma (mot sanskrit signifiant «loi»; *dhamma* en pali), terme désignant l'une des notions essentielles des religions de l'Inde. C'est la vertu, le mérite religieux, la morale. Dans le bouddhisme*, le dharma est la doctrine du Bouddha, sa loi morale et l'application des vertus bouddhiques exprimées dans le *dharmapada* pali, l'un des trois joyaux tendant au point final du nirvana. Dans l'hindouisme*, il désigne l'ensemble des préceptes religieux qui entraînent toutes les lois morales et leur application dans la vie civile. Il s'applique particulièrement à la vie des brahmanes, pour qui les «dharmaçastra» (traités), sortes de compilations juridiques, contiennent les règles destinées aux quatre états de leur vie. Ils comprennent : les rites et devoirs religieux, la jurisprudence, les péchés et le mode de purification. Le *Marnava-Dharma-Çastra*, ou *Code des lois de Manu*, est la base de la société et de la morale hindoues.

dhikr ou **zikr**, litanie, répétition incessante du nom de Dieu, rythmée par certains mouvements de la tête; recherche mystique dans certaines confréries musulmanes. (V. *soufisme.*)

diable (gr. *diabolos*, calomniateur), esprit du Mal, ange déchu, mauvais génie, le malin (v. *Satan, Lucifer, démon*). — Ce nom est familier : c'est celui des contes et des légendes; l'iconographie médiévale en fait le chef suprême des démons, ou diables, que les imagiers ont représentés soit comme des animaux immondes, soit comme des monstres humains griffus au faciès terrifiant, ayant de longues oreilles pointues et portant des cornes.

diaconesse, dans les premiers temps du christianisme, femme se dévouant au service des pauvres. Nom donné à la femme du diacre dans l'Eglise d'Orient.

Saint Paul, dans ses épîtres, parle de certaines femmes, généralement des veuves, qui se consacraient à la vie religieuse, préparaient les catéchumènes au baptême, soignaient les malades et secouraient les pauvres. Elles organisaient les «agapes», ou festins d'amour. Elles s'unirent au IVe s., et des conciles fixèrent les règles de cette sorte d'ordre religieux, qui tomba en désuétude en Occident vers les Ve-VIe s. Le protestantisme, farouchement antimonastique, a cependant redonné ce nom de «diaconesses» à des communautés de femmes portant un costume d'aspect monastique et se dévouant aux malades, aux orphelins et à l'enseignement religieux.

diacre (gr. *diakonos*, serviteur), chez les catholiques, celui qui a reçu l'ordre immédiatement inférieur à la prêtrise (le diacre porte l'étole et la dalmatique). Chez les protestants, assistant du pasteur dans son ministère.

D'après les *Actes des Apôtres*, les apôtres choisirent sept disciples pour les aider dans les œuvres charitables et leur imposèrent les mains. Les premières communautés chrétiennes avaient toujours sept diacres. Leur rôle fut de plus en plus important, et peu à peu le *diaconat* devint une fonction, puis un degré du sacerdoce.

Le titre d'*archidiacre* est donné à des vicaires généraux. Il y a des *cardinaux-diacres* au Sacré Collège.

Diaspora (mot gr. signifiant «dispersion»), nom donné à la dispersion des juifs dans le monde, qui se fit une première fois à la suite de la captivité de Babylone (VIe s. av. J.-C.), puis surtout après la prise de Jérusalem (1er s. apr. J.-C.), lorsque les juifs, fuyant la Palestine, créèrent des communautés dans les pays qui voulaient bien les recevoir. (V. *judaïsme*.)

Didakhê (mot gr. signifiant «enseignement»), livre anonyme appelé l'*Enseignement du Seigneur aux douze apôtres*. — Il exprime toute la doctrine chrétienne et aurait été écrit au IIes. C'est un livre de catéchisme qui comprend quatre parties : 1) la doctrine et la morale; 2) les institutions relatives à la liturgie; 3) les ordonnances disciplinaires, le service du dimanche, l'organisation du clergé (avec les épiscopes et diacres élus); 4) des exhortations.

Ce livre, qui est le plus ancien des livres de doctrine chrétienne, a joué un très grand rôle dans les premières communautés chrétiennes. Les Pères de l'Église y ont largement puisé. Il a été redécouvert à Constantinople en 1875.

DIEU, l'être suprême, l'existant par soi de toute éternité, infini, parfait, omniscient, omnipotent, omniprésent, commencement et fin de toute chose, souverainement bon, juste et beau, base et sommet de toutes les religions. Ce concept fondamental a été étudié par toutes les philosophies, les unes le considérant comme une notion vague et impersonnelle qu'elles nomment «absolu», les autres comme celle d'un Dieu personnel, transcendant au monde.

Dans la plupart des religions, l'idée de Dieu est une intuition donnée à l'homme par Dieu lui-même, mais les philosophes de tous les temps et de tous les pays ont tenté, après avoir donné une définition de Dieu même, d'apporter les preuves de son existence. Plusieurs sortes d'arguments ont été proposés, tirés du raisonnement. On distingue : 1) les *preuves métaphysiques*, d'après Platon et tous ceux qui ont accepté sa philosophie : le monde intelligible transcende le monde sensible; il est le monde des idées dont le sommet est l'Idée parfaite, c'est-à-dire Dieu; 2) les *preuves morales*, d'après les données de la conscience, reconnaissant chez l'homme une responsabilité des actes qui nécessite l'existence d'un législateur juge absolu; 3) les *preuves historiques* et *physiques*, qui reposent sur le consentement universel des peuples et les affirmations successives des générations; ce sont celles des philosophes et des théologiens. Parmi ces preuves, il faut distinguer : a) l'argument *ontologique*, formulé par saint Anselme : l'idée de la Perfection en soi amène inévitablement à celle de l'existence de Dieu, parce que l'existence est une perfection; b) la preuve *cosmologique* : l'infinité et l'enchaînement des causes font remonter à la cause première («cause des causes»), moteur non mû qui est Dieu; c) l'argument *téléologique* : c'est la preuve par la finalité et par la constatation de l'ordre de l'univers, également par l'existence du monde.

L'être de Dieu est étudié par les théologiens en partant des idées d'absolu et de parfait dont ils déduisent les *attributs métaphysiques* (unité, immensité, éternité, pureté) et *moraux* (intelligence, bonté, sagesse, science, providence). Ce *Dieu unique* et personnel n'est pas explicite dans les anciennes religions, qui sont généralement polythéistes. Cependant, il est difficile de dégager l'idée de Dieu dans l'ancienne Égypte au milieu d'un polythéisme d'origine tribale, accusé surtout par la multiplicité des noms et des formes. Toutefois, au fur et à mesure que s'établissait l'unité du pays, les théologiens essayèrent, tout en juxtaposant des croyances fort diverses, de créer des familles de dieux telles l'énnéade*, la triade*, etc. Mais l'idée de transcendance, l'idée abstraite de la divinité, transparaît souvent, surtout dans les livres de sagesse. Cependant, le monothéisme affirmé par Akhenaton échoua, car le dieu unique proposé était visible et trop exclusif, et de ce fait perdait son caractère d'abstraction en face de dieux différenciés faisant partie du patrimoine égyptien.

Dans les religions du Proche-Orient, un grand dieu se détache parfois du polythéisme, tel que Shamash, Mardouk*. En Inde, la notion d'unité, d'absolu, le brahman* est comparable à celle de Dieu : elle est sous-jacente au polythéisme apparent (v. *hindouisme.*) Les Hébreux avec Jéhovah (Yahvé de la Bible), plus tard les chrétiens avec Dieu en trois personnes et les musulmans avec Allah restent fidèles au Dieu unique transcendant et créateur du monde. Dans l'islam, l'idée de Dieu est vraiment la notion la plus profonde sur laquelle toute la religion est axée. Le Coran ne définit-il pas Allah : «Votre Dieu est le Dieu unique. Il n'y a pas d'autre Dieu que lui... Il est le très miséricordieux, le compatissant... Allah est éternel.»

Dieu est-il inconnaissable à l'esprit humain, qui est naturellement contingent et fini? Ce ne peut être qu'anthropomorphisme : d'où la grande difficulté de rencontrer Dieu, de le représenter, ce qui explique les interdits du judaïsme et de l'Islam.

Les premiers chrétiens employèrent les symboles. Pour indiquer Dieu le Père, on imagina une main sortant d'un nuage, plus tard un vieillard ou un pontife portant le globe terrestre; à la Renaissance, c'est une sorte de Jupiter, qui ne changea pas beaucoup à l'époque classique. Dans le film «Green pastures», il apparaît sous les traits d'un vieux pasteur noir barbu.

Pour la représentation du Christ, on utilisa le chrisme*, puis le symbole du poisson (*ikhthus*, «poisson», premières lettres du grec *Isos Khristos Theou Uios Soter* : Jésus Christ, fils de Dieu Sauveur), puis la figure humaine, d'abord dans le rayonnement de sa gloire, puis dans la souffrance de son humanité. Le Saint-Esprit a presque toujours la forme d'une colombe.

Le besoin d'idéaliser la figuration divine a toujours été la préoccupation des artistes. Ce souci est manifeste dans l'art bouddhique, qui aboutira au fameux sourire d'Angkor. Dans l'hindouisme, l'humanisation des divinités se traduit par l'expression de la force, du dynamisme, de la puissance, du calme et de la spiritualité.

dimanche, jour du Seigneur sanctifiant les institutions liturgiques du christianisme et célébrant la résurrection du Christ qui avait eu lieu un dimanche (le lendemain du sabbat). — Déjà dans l'Apocalypse, il est question du jour du Seigneur; au IIe s., Pline le Jeune parle du choix par les chrétiens du jour du Soleil (*Sunday, Sonntag* dans les langues anglo-saxonnes), nom païen du septième jour. Les premiers chrétiens l'ont choisi pour célébrer le culte public et s'abstenir du travail suivant la coutume juive du sabbat, mais avec moins de sévérité. Les protestants et, parmi eux, surtout les puritains anglais ont observé scrupuleusement les prescriptions dominicales.

disciple (lat. *discipulus,* élève), en général celui qui suit fidèlement l'enseignement d'un maître, philosophe ou religieux, d'un sage ou d'un réformateur. — Dans le christianisme, les disciples sont les douze apôtres, mais ce terme, en général, désigne l'ensemble des fidèles auditeurs du Christ, des premiers convertis qui prêchèrent sa doctrine : tels sont les disciples d'Emmaüs et, après l'Ascension, les premiers chrétiens.

divination (lat. *divinatio*), art de prédire l'avenir par différents moyens, soit par intuition, soit par explication des rêves ou d'événements fortuits auxquels une signification est attachée, soit par des dispositions fixées par certaines règles comme dans les jeux divinatoires.

La divination est à la base de toutes les religions primitives; elle fait partie de la magie*. Chez les Assyro-Babyloniens, elle était un des principaux éléments de la religion par l'examen des présages envoyés par la divinité, le plus souvent au moyen de l'astrologie. En Grèce, les fameux oracles de Delphes et d'Épidaure faisaient une large place aux prédictions par l'intermédiaire de la pythie ou des prêtres d'Esculape. Les Étrusques et les Romains étudiaient toutes sortes de signes fortuits dans le vol des oiseaux, le foie des animaux, les songes et toutes sortes de phénomènes de la nature. Dans l'Amérique précolombienne, l'Afrique blanche et noire, l'Asie et l'Europe, de nombreuses survivances des jeux divinatoires et des superstitions attestent le rôle de la divination. Si les Hébreux admettaient l'art d'interpréter les songes, les chrétiens luttèrent dès les premiers siècles contre tous les augures, devins, auspices, etc., dont les prédictions étaient souvent considérées comme des œuvres démoniaques; mais ce besoin de l'homme de connaître l'avenir est sans cesse demandé à des sciences occultes qui, s'appuyant sur l'observation des phénomènes naturels les plus divers et surtout sur l'interprétation de personnes auxquelles est reconnu un certain don, essaient de prévoir l'avenir.

De tout temps l'Église a poursuivi de ses foudres les astrologues, les chiromanciens, et les soi-disant prophètes. Elle affirme que l'avenir est à Dieu et que l'homme, sa créature, n'a d'autre moyen de connaître son destin que d'assurer le salut de son âme.

Cependant, de nos jours, peut-être plus que jamais les gens sans religion se réfugient dans ce vieux folklore de la divination.

diwali, v. *fêtes.*

DJELLAL UD DIN ROUMI, v. *Roumi.*

dijnn, v. *génie.*

docétisme, hérésie des premiers siècles du christianisme consistant dans la croyance à l'impureté de la chair qui entraîne la négation de la nature humaine et corporelle du Christ. — Celui-ci n'aurait eu que l'apparence d'un corps, d'une passion et d'une mort. Combattue au IIe s. par saint Ignace d'Antioche, l'hérésie reparut deux fois et fut réfutée par plusieurs docteurs de l'Église. Au VIe s., elle refleurit au sein du monophysisme.

docteur (du lat. *docere,* enseigner), titre donné aux anciens et éminents théologiens chrétiens.

Depuis les «docteurs de la Loi», interprètes qualifiés de l'Ancien Testament, les mêmes appellations furent données aux premiers grands théologiens du Nouveau Testament : ce sont les *Pères de l'Église* d'Orient (les saints Basile, Grégoire de Nysse, Grégoire de Nazianze, Jean Chrysostome, Athanase) ou d'Occident (les saints Augustin, Gérôme, Grégoire le Grand, etc.). Mais, au Moyen Age, les universités décernèrent ce titre après un certain nombre d'épreuves; vers le XIIIe s., il remplaça celui de *maître.* Quand, au XIVe s., furent créées les quatre facultés (théologie, droit, médecine, arts), l'évolution du terme s'accentua dans le style universitaire. En matière de théologie, le titre de *docteur de l'Église* fait autorité et s'adresse plus particulièrement aux grands maîtres de la scolastique et à leurs successeurs. Il est le plus souvent accompagné d'une épithète : tels «le Docteur angélique» (saint Thomas d'Aquin*), «le Docteur séraphique» (saint Bonaventure*), «le Docteur subtil» (Duns Scot*), «les Docteurs illuminés» (Raymond Lulle*, Tauler*), «le Docteur invincible» (Guillaume d'Occam*), etc.

dogme (gr. et lat. *dogma,* ce qui paraît bon; d'où «opinion certaine», «dogme»), vérité imposée dans une religion parce qu'elle est de source sûre. Plus particulièrement, point fondamental d'une croyance d'après une révélation divine ou l'affirmation d'un grand inspiré que ses fidèles suivent aveuglément.

Le dogme établi dans les Livres saints sert toujours de référence aux croyants, soit pour des conflits privés d'ordre moral, soit pour l'adaptation de doctrines et de coutumes anciennes aux bouleversements des temps modernes. Ainsi les préceptes des *Veda* dans l'hindouisme, ceux de la Bible dans le judaïsme, ceux du Coran dans l'islam réclament souvent de nos jours une mise au point, dont seules peuvent décider les assemblées de théologiens, ulema*, pandits*.

Dans le christianisme, les protestants reconnaissent les dogmes ecclésiastiques, mais les uns, qui se disent orthodoxes, admettent comme vérité toute l'Écriture sainte, tandis que les autres préfèrent l'expérience religieuse. Le dogme catholique est puisé dans la Bible*, mais plus particulièrement dans le Nouveau Testament. Il s'exprime par les décisions des conciles, les bulles papales et les proclamations *ex cathedra*, qui définissent une croyance déjà établie. En général, les dogmes sont fixés une fois pour toutes dans les religions ; les changements que le temps apporte, parfois à la suite de discussions ou d'événements nouveaux, provoquent des schismes ou des hérésies. Les conservateurs s'intitulent alors eux-mêmes « orthodoxes » et appellent les autres « hétérodoxes ».

D.O.M., formule abrégée inscrite sur les frontons de nombreuses églises et exprimant la formule de dédicace à Dieu : *Deo optimo maximo* (« A Dieu très bon, très grand »).

Dom (du lat. *dominus*), abréviation formant un titre porté par les maîtres religieux bénédictins, chartreux ou chanoines réguliers.

dominicains, religieux d'un ordre fondé par saint Dominique. Son véritable nom est celui de *Frères prêcheurs*, car le but premier de cette institution était la prédication, l'enseignement de la doctrine chrétienne et la défense de la foi devant les hérésies qui divisaient l'Occident.

L'ordre s'est répandu très vite en Europe et au-delà. Il joua un très grand rôle dans les universités et les missions. La règle et celle de saint Augustin, et les constitutions celles des prémontrés*. Les dominicains observent les vœux habituels de pauvreté, de chasteté et d'obéissance, pratiquent l'abstinence d'aliments gras et jeûnent régulièrement. Ils sont vêtus de la coule — large robe avec un capuchon de laine blanche — et portent à l'extérieur un grand manteau noir. Leur nom est accompagné des lettres O.P. (ordre des Prêcheurs).

L'ordre a donné au cours des siècles les très grands noms

d'Albert le Grand, de saint Thomas d'Aquin, de Fra Angelico, de Maître Eckart, etc. Comme celui des Bénédictins*, il n'échappa pas au relâchement des XVe et XVIe s., d'où des réformes et des congrégations particulières. En France, les dominicains étaient plutôt appelés *jacobins*, du nom de leur premier couvent installé rue Saint-Jacques à Paris (mais c'est celui du marché Saint-Honoré qui donna son nom au célèbre club révolutionnaire des Jacobins). Tous les religieux furent chassés de France en 1793; ils revinrent au XIXe s. avec Lacordaire qui participa au rétablissement de la stricte observance.

Les dominicains ont encore une grande influence; ils savent utiliser les moyens nouveaux d'information et sont très dynamiques. Ils sont à l'origine de la rénovation de l'art sacré.

D'abord uniquement contemplatives, les religieuses dominicaines se divisèrent en plusieurs branches, se dirigeant les unes vers l'enseignement des jeunes filles, les autres vers les malades, les pauvres, les prisonniers et même les prostituées.

Il existe un tiers ordre, comme chez les franciscains. Ce fut d'abord celui de la «Milice de Jésus-Christ», très sévère, fondée par saint Dominique, puis, bien plus tard, un tiers ordre enseignant.

DOMINIQUE (saint), fondateur de l'ordre des Dominicains (Caleruega, Espagne, 1170? - Bologne 1221). Issu d'une noble famille de vieille Castille, Dominique de Guzman fut élève à l'université de Palencia et entra dans les ordres chez les chanoines réguliers d'Osma; il devint prieur de ce couvent qu'il réforma. Il accompagna son évêque dans le sud de la France et à Rome, où il fut témoin des progrès de l'hérésie albigeoise, que les légats cisterciens, mal préparés, ne parvenaient pas à enrayer. Il comprit que, pour convaincre les cathares, il fallait donner l'exemple de la pauvreté et savoir discuter le point de vue religieux. Il se consacra désormais à la prédication. Après avoir fondé un couvent à Prouille, il continua son apostolat et, réunissant quelques zélés compagnons, il institua à Toulouse, en 1215, une première maison destinée à l'éducation des prêtres missionnaires. Le pape confirma solennellement cet ordre nouveau en 1216.

La prédication morale devint savante et dogmatique; aussi l'ordre prit vite une direction intellectuelle. Les premiers religieux se dispersèrent hardiment par petits groupes en plusieurs directions; saint Dominique alla fonder des couvents à Rome, puis à Bologne, où sous l'influence de saint François d'Assise, il transforma son ordre en *ordre mendiant*. Dès cette époque, l'enseignement théologique était assuré dans les couvents, dont le «Studium generale» du couvent Saint-Jacques à Paris est un des premiers exemples. Saint Dominique fonda un tiers ordre. Il élargit le domaine de la chrétienté en comprenant que la mission doit remplacer la croisade.

donatistes, sectateurs de Donat, hérésiarque du IVe s. dans le diocèse de Carthage.

Ils étaient les puritains du christianisme après les persécutions de Dioclétien et traitaient de «traditeurs» ceux qui avaient faibli, ne leur pardonnant pas d'avoir livré aux païens les livres saints et les vases sacrés. Tous les chrétiens n'avaient pas la vocation du martyr, et cette sévérité conduisit vite au schisme. Donat, évêque des «Cases-Noires», fut élevé à l'épiscopat de Carthage en 311, mais fut condamné par le concile d'Arles en 314 et, à la suite d'une dispute de théologiens convoqués par Constantin, il fut excommunié.

Cependant, un autre Donat, primat de Numidie en 316, très énergique et zélé schismatique, prit la tête de la secte des Donatistes; il fut l'organisateur de cette secte qui divisa l'Église pendant plus d'un siècle. L'interdiction des assemblées, les excommunications et l'utilisation de la force intensifiaient le fanatisme des sectateurs. Saint Augustin, alors évêque du diocèse voisin d'Hippone, suscita des réunions d'orthodoxes et de donatistes. Condamnée par des conciles et la conférence de Carthage de 411, l'hérésie disparut dans le bouleversement dû aux invasions des Vandales et, plus tard, des Sarrasins.

Les donatistes affichaient une sévérité excessive; niant l'accès au sacerdoce des anciens traditeurs, ils ne considéraient comme valables que les sacrements donnés par des «justes» et se proclamaient l'«Église des saints» par rapport aux «fils de pêcheurs» qu'étaient à leurs yeux les catholiques.

dragon, animal fabuleux généralement représenté avec un corps de lézard, des griffes de lion, des ailes d'aigle et une queue de serpent.

Bien connu dans la mythologie grecque où il est le gardien de trésors, on le retrouve aussi en Orient et dans les légendes nordiques (les *Nibelungen*). A Babylone et chez les Hébreux, il était le symbole du mal et des ténèbres, et c'est toujours sous cet aspect terrifiant qu'il a été transmis dans les récits de chevalerie, où, crachant le feu, il surgissait au bord d'un gouffre infernal (mythe du héros libérateur).

Avec ou sans ailes, il fait partie de tous les folklores; peut-être cette lointaine tradition vient-elle des monstrueux animaux de l'époque secondaire, dont certains spécimens ou au moins leurs squelettes auraient été retrouvés dans les glaces ou dans des cavernes lointaines? Est-ce un animal réel déformé par l'imagination? L'Orient a aimé les animaux fantastiques : griffons, taureaux ailés, etc. C'est sûrement de là que sont venus les dragons, symboles du mal, que transpercent de leur lance les saint Michel et les saint Georges.

En Egypte et dans la Grèce antique, le dragon a souvent la forme d'un python (v. *serpent*).

Chez les peuples indo-européens, les dragons sont assimilés aux phénomènes naturels; dans la mythologie scandinave, ils affirment la victoire de la lumière sur les ténèbres; c'est le combat de Thor et du serpent Midgard, le mythe de Persée, Hercule et l'hydre de Lerne, etc.

Dans le bestiaire médiéval, les dragons sont plutôt ailés, terrestres, ignés, bien que souvent aquatiques. Ils ont parfois un caractère amphibie. Ne font-ils pas penser au Léviathan de la Bible? Ce monstre marin symbolise les forces du chaos, comme Tiamat chez les Babyloniens, sous l'apparence du crocodile ou du serpent.

En Extrême-Orient, les dragons sont des génies de la Terre et des Eaux (vieille croyance populaire). Ils sont un des éléments les plus courants de la mythologie et de l'art chinois (symbole de l'empereur), personnifiant les pouvoirs favorables de la nature, produisant la pluie et les moissons abondantes. Le culte du dragon fait partie de toutes les fêtes, mais particulièrement de celle du nouvel an chinois. Le dragon en papier sur carcasse de bambou, sous lequel se glissent les porteurs ondulant lentement, va dans toutes les rues, et, là où il passe, les malheurs et les mauvais esprits disparaissent.

Dans la légende dorée des saints, on voit souvent des dragons près des fontaines; celles-ci sont alors par leurs eaux pures le symbole du baptême.

L'iconographie légendaire est très riche dans ce domaine, et les survivances de rite magico-religieux dans les fêtes locales, où les dragons processionnels jouent un grand rôle, posent encore beaucoup de problèmes quant à leur origine : telles la procession de la fameuse tarasque, dévoreuse d'enfants, que sainte Marthe aurait fait rentrer définitivement dans les eaux du Rhône, celle de sainte Marguerite, etc. Ces fêtes, qui avaient lieu au moment des Rogations, sont sans doute un vieux rite préchrétien de fertilité.

Le très ancien culte qui perpétue le thème du cavalier tuant un dragon reproduit le mythe du héros païen Persée, mais, transposé dans le christianisme, il est devenu le symbole du triomphe de la lumière sur les ténèbres et de la religion chrétienne sur le paganisme.

Dans la symbolique alchimique, le dragon ailé représente le principe volatil, et le dragon sans ailes le principe fixe.

druidisme, religion des Celtes occidentaux aux environs du Ier s.

Les druides formaient un collège sacerdotal à la manière de celui des brahmanes (eux aussi d'origine indo-européenne). Cependant, chez les druides, l'hérédité ne comptait pas ; l'enseignement, l'initiation et la cooptation assuraient la hiérarchie. Les druides étaient les intermédiaires entre la divinité et les hommes, ils dirigeaient les sacrifices, établissaient le calendrier, notant les jours fastes et les jours néfastes, guérissaient les malades, assuraient les rites de sépulture, rendaient la justice, prédisaient l'avenir et enseignaient leur science aux jeunes gens. Ils formaient une confrérie avec des rites d'initiation, ils admettaient la transmigration, mais aussi l'immortalité de l'âme, qui, finalement, pouvait jouir d'un paradis situé à l'Occident. Ils croyaient en plusieurs dieux, qui furent comparés par César et Pline aux grands dieux romains. Aux fêtes principales, nous disent les historiens, on pratiquait des sacrifices humains. Dans les assemblées, ceux qui étaient jugés coupables pouvaient être punis d'une sorte d'excommunication qui était très redoutée. On parle beaucoup de l'ésotérisme des druides ; il est encore très mal connu, car, bien que l'art celte commence à se découvrir de nos jours, il n'y a ni document écrit, ni monument qui puisse nous faire connaître réellement cette religion dont les légendes et le folklore se sont emparés. La cueillette du gui sacré sur des chênes sacrés, souvent dans des bois sacrés, le sixième jour de la lune, par un druide vêtu de blanc utilisant une faucille d'or, forme un tableau célèbre évoquant pour les Français leurs ancêtres gaulois. Le fanatisme, le patriotisme et la résistance des druides à l'envahisseur étaient redoutés des Romains, qui s'acharnèrent à les détruire. Ils y réussirent en parvenant à rompre la chaîne de la transmission orale de leurs textes sacrés. Les légendes celtiques, les romans de la Table ronde mélangèrent un héritage druidique au christianisme. En Irlande, ils étaient différents, plutôt magiciens, et résistèrent longtemps au christianisme. (V. *Patrick*.)

Tant en Angleterre qu'en France les druides ont encore un grand prestige légendaire, et même quelques celtisants épris d'ésotérisme pensent avoir découvert le « savoir » des druides.

Druzes ou **Druses**, peuple habitant les montagnes de Syrie et du Liban, formant une communauté ethnique différente de celles chez lesquelles ils vivent, pratiquant une religion issue de l'islam ismaélien*, mais fortement teintée de croyances juives, chrétiennes et asiatiques.

Leur fondateur, *Hakim* (en 1029), khalife fatimide, se déclara incarnation divine et son disciple, *Darazi* (d'où le nom de Druze), répandit sa doctrine dans des populations formant des groupes farouchement indépendants et guerriers, qui se révoltèrent souvent contre les Turcs, les Libanais maronites et, après la Première Guerre mondiale, contre les Français.

Les Druzes croient en un seul Dieu qui se fait connaître par des incarnations, admettent la transmigration jusqu'à un jugement dernier. Ils n'ont pas de culte ni de temple, mais un collège d'initiés divisés en «spirituels», qui constituent l'assemblée religieuse et ont seuls connaissance du fond de la doctrine, et en «corporels», les uns et les autres comportant plusieurs degrés d'initiation.

L'interdiction de révéler au profane la doctrine et les rites fait qu'extérieurement les Druzes se distinguent peu des musulmans, dont les croyances sont cependant fort différentes.

DUNS SCOT (John), surnommé le **Docteur subtil,** philosophe et théologien écossais (Duns, Écosse, v. 1266 - Cologne 1308). Il fut l'un des grands scolastiques du Moyen Age. Il fit ses études à Oxford, où il enseigna, puis entra chez les franciscains. Il vint à Paris, où il professa à l'Université, puis à Cologne, où il mourut. Comme les autres scolastiques, il étudia la philosophie d'Aristote, mais critiqua les doctrines de saint Thomas d'Aquin et sut convaincre de nombreux franciscains, qui formèrent le *mouvement scotiste.*

Partisan du réalisme, il admet les universaux (v. *scolastique*). Il définit l'âme comme «une force en acte qui a conscience d'elle-même». Cette définition fut l'objet d'une longue controverse qui opposa les scotistes aux thomistes. La volonté de Dieu est le fondement de la liberté d'où découle la contingence. La création est un acte de pure volonté divine, qui aurait pu être tout autrement si Dieu l'avait voulu. Duns Scot soutint la doctrine de l'Immaculée Conception de la Vierge Marie.

Les scotistes formèrent un des grands courants de la pensée médiévale.

DURGA, un des noms de Devi, la grande déesse de l'hindouisme, appelée aussi Kali* et Parvati; elle est l'épouse de Çiva et aussi sa çakti*. D'allure féroce, elle est belle et chevauche un tigre. Sous cette forme redoutable, elle a des sectateurs fanatiques qui lui offrent des sacrifices sanglants. Elle est sans doute une ancienne déesse de la Fécondité. Sa fête est une des plus importantes fêtes indiennes : le *Durga-puja*.

E

ébionites, membres d'une secte des premiers chrétiens d'Orient judaïsants. — Ils observaient le sabbat tout en respectant le repos du dimanche et ils pratiquaient la circoncision ainsi que d'autres prescriptions judaïques. Ils reconnaissaient cependant le Christ comme le dernier des prophètes juifs, mais hésitaient à le considérer comme le Messie. Saint Paul fut traité par eux d'apostat. Quelques-uns se rallièrent définitivement au christianisme, mais la plupart rejoignirent les groupes gnostiques.

ECKART (Johann, *dit* **Maître),** dominicain et philosophe mystique allemand (Hochheim, près de Gotha, v. 1260 - Cologne 1327). Il fit ses études à Cologne, puis à Paris, et enseigna la théologie dans ces villes et à Strasbourg. Il fut au cœur des discussions entre les tenants d'Albert le Grand* et de saint Thomas* et ceux de Duns Scot*. Il étudia la philosophie d'Aristote et prêcha dans de nombreux couvents où l'ardeur mystique était grande ; il fut directeur de conscience de dominicaines exaltées et partagea l'enthousiasme mystique de son époque et de son pays. La mystique rhénane et flamande s'appuyait sur les ouvrages de Denys l'Aréopagite*. Comme Hugues de Saint-Victor et sainte Thérèse d'Avila*, il parle de forteresse de l'âme, point de rencontre des dons du Saint-Esprit et de la grâce sanctifiante, qui deviendra la demeure de Dieu. Essayant de décrire l'union de l'âme à Dieu, il y voit l'étincelle divine qui éclaire le mystique. Dieu est donc à l'intérieur de la créature, qui va dans la voie de Dieu par un parfait abandon. Dieu donne sa grâce et tous ses bienfaits, dont la vie. C'est la doctrine de l'identification au Christ le Verbe fait chair, ou doctrine du Corps mystique.

Eckart exprima ses idées non seulement dans ses sermons, mais aussi dans ses écrits. Très éclectique, il développa une mystique néo-platonicienne où l'on retrouve des réminiscences de Plotin, de Proclus, de Denys, de saint Augustin et de saint Jean Damascène. Dans ce foisonnement d'idées du Moyen Age se développaient plusieurs courants mystiques, dont certains glissaient vers l'hérésie, comme les Beggards, les Frères du Libre-Esprit, etc. L'Église fit un procès sévère à Maître Eckart; il se défendit en invoquant la doctrine paulinienne de l'union au Christ, mais sa tendance émanationniste, un certain panthéisme et ses commentaires de saint Jean l'accusaient d'hérésie. En 1329, deux ans après sa mort, le pape condamna quelques-unes de ses propositions. Mais il eut et a encore de nombreux défenseurs. Son prestige fut grand sur ses disciples (Tauler*, Suso), sur les mystiques rhénans et flamands (Ruysbroeck*) et même sur les mystiques espagnols. Ses commentateurs, dont Nicolas de Cusa, et plusieurs critiques depuis le XVe s. pensent qu'un jour il sera réhabilité. Pour certains occultistes, il ne serait pas mort.

EDDY (Mary Baker), fondatrice du mouvement *Science chrétienne** (Bow, New Hampshire 1821 - Newton, Massachusetts, 1910). Ayant beaucoup étudié la Bible dans sa jeunesse, elle la relut à la suite d'un très grave accident; elle eut alors une révélation en interprétant le récit par saint Matthieu de la guérison du paralytique. Bien que condamnée par les médecins, elle fut guérie en 1866 et s'employa désormais à faire connaître les lumières que lui avaient apportées les Saintes Écritures. Scrutant de plus en plus les versets de la Bible, elle en découvrit le principe d'harmonie et l'appliqua à la guérison des malades. Tout le reste de sa vie fut consacré à la diffusion de sa doctrine, qui est entièrement exprimée dans *Science et santé, avec la clé des Écritures* et dans ses *Messages.*

En 1879, elle fonda le mouvement *Science chrétienne* qui, rencontrant à Boston de puissants appuis, se développa dans le monde entier. En 1883, elle fonda un périodique, *The Christian Science Journal*, puis, en 1908, un quotidien, *The Christian Science Monitor.*

Église (lat. *ecclesia*, assemblée). Ce mot est spécialement chrétien. Il désigne l'ensemble des fidèles se réclamant du Christ, mais il s'agit plus particulièrement de l'Église catholique rattachée à Rome, à tel point que l'histoire de l'Église est en fait l'histoire du catholicisme. L'Église est issue des apôtres du Christ qui ont choisi leurs successeurs et transmis leurs pouvoirs à ceux qui sont devenus les évêques, les Pères et les prêtres formant une hiérarchie, dont le pape, successeur de Pierre, est le sommet. Cette première Église a défini les dogmes et les disciplines ecclésiastiques et en a affirmé les caractères d'« unité », de « sainteté », d'« apostolicité » et de «catholicité». Les théologiens donnent aussi à l'Église les trois caractères d'*Église militante,* d'*Église souffrante* et d'*Église triomphante.* Mais l'unité a été difficile à sauvegarder. Dès le concile de Chalcédoine (451), on put voir les *Églises d'Orient* se différencier des *Églises d'Occident*; puis la rupture de Constantinople avec Rome, en 1054, établit, d'une part, l'*Église latine,* ou *romaine*, et, de l'autre, l'*Église grecque,* ou *orthodoxe*, qui elle-même se scinda en nombreuses *Églises autocéphales*, ou simplement particularisées par les langues et les coutumes des différentes communautés orientales. Les nombreuses tentatives d'union en rallièrent quelques-unes après le concile de Florence de 1439 : celles-ci sont dites *uniates*. En Occident, à l'époque de la Réforme, on vit s'établir des Églises nationales, comme l'*Église anglicane*; on a parlé d'*Église constitutionnelle* de la Constitution civile du clergé, puis de l'*Église libérale,* enfin de la *Petite Église*, survivance des communautés dissidentes formées vers 1801, surtout dans l'ouest de la France, qui n'admettaient pas les modifications apportées par le Concordat.

Si l'Église est une structure administrative, une institution, elle désigne aussi l'édifice qui réunit les fidèles pour la célébration du culte, la maison de Dieu. Les premières églises s'installèrent soit dans les temples romains, soit plutôt dans des *basiliques** païennes dont la forme oblongue, se terminant par un hémicycle, convenait parfaitement à la disposition de l'autel, du sanctuaire et du chœur et aussi à une grande assemblée. L'Occident fut fidèle à ce plan, tandis que l'Orient adopta la forme du plan central circulaire ou octogonal de certains temples antiques, qui se transforma en croix grecque : surmontée d'une coupole (symbolisant la voûte céleste), elle donna le type original des églises byzantines, dont l'influence se répandit aussi en Occident. Le haut Moyen Age en a laissé quelques beaux témoignages, mais l'art roman, caractérisé par le plein cintre et la voûte en berceau, répandit à profusion un type d'architecture religieuse dont l'Europe conserve de très nombreux et intéressants vestiges. Vers le XIIe s., les techniques architecturales permettant une plus grande élévation des murs et de plus larges ouvertures, on voit s'épanouir l'art magnifique du vitrail laissant pénétrer une lumière colorée à travers une iconographie narrative, expressive et symbolique. Telles sont les magnifiques cathédrales, dont les images de pierre, véritables visions des mondes céleste et terrestre, sont aussi une base d'enseignement religieux. La *cathédrale**, église par excellence du diocèse, siège de l'évêque, puis la *collégiale*, desservie par un collège de chanoines, et enfin l'*église paroissiale*, à laquelle est attaché un curé (et souvent un ou plusieurs vicaires), sont encore les édifices du culte catholique. Jusqu'au XVIIe s., les églises étaient toujours «orientées», leur chevet étant placé dans la direction de Jérusalem. Certaines constructions modernes, où l'architecte cherche avant tout l'atmosphère du silence et du sacré, sont des églises polyculturelles.

Égypte. Hérodote a considéré les Égyptiens comme le peuple le plus religieux qu'il eût connu. En effet, la majesté des temples, leur représentation abondante des dieux et des mythes, le grand nombre et la somptuosité des fêtes et des manifestations cultuelles, le clergé important, les rites funéraires et les étonnants tombeaux, la magie protectrice des statues et des amulettes entouraient les Égyptiens d'une extraordinaire atmosphère religieuse.

Le polythéisme prit sans doute son origine à l'époque protohistorique des «nomes» dans un totémisme donnant naissance aux dieux locaux de Basse et Haute Égypte, dont certains supplanteront les autres lorsque se fera l'unité du pays. On formera des familles de dieux, des triades, des ennéades. Beaucoup d'animaux, peut-être d'anciens totems, étaient sacrés; certains prirent une forme humaine en gardant une tête de vache, de chacal, d'épervier, de faucon, etc.

La suprématie fut donnée dès l'époque thébaine au culte solaire (*Amon**, *Rê**, *Atoum)*, dont le centre était Héliopolis. Cependant un aspect ésotérique apparut dans le milieu sacerdotal et conduisit au monothéisme d'Aton* qui fut de courte durée. Dans la période suivante, les mythes s'organisèrent autour des grands démiurges : *Thot,* d'Hermopolis, *Ptah**, *Khnoum**, etc. ; puis le culte d'*Osiris** connut une immense fortune sous différents aspects, surtout ceux du dieu de la Fertilité et du dieu des Morts; les légendes nombreuses d'Osiris rejoignirent celles d'*Isis**, son épouse. Arbitre du jugement des âmes, roi divinisé, dieu agraire de la Végétation, Osiris deviendra le centre de mystères qui auront un grand succès à l'époque hellénistique et prendront de plus en plus un caractère ésotérique. L'originalité de la religion égyptienne consiste dans ses mythes et leur organisation en fonction de l'histoire du pays. Elle est axée sur les notions de *ka* (le double), de *ba* (la partie éternelle de l'homme), de métempsycose, de rétribution des mérites, de puissance du verbe créateur et de magie du nom. Il n'y a pas d'unité véritable dans les cultes égyptiens, où les dieux locaux et les documents de l'histoire ont donné naissance à une grande variété d'aspects religieux et magiques.

Les merveilleux livres d'images que sont les temples et les tombeaux, les innombrables inscriptions et les papyrus ont transmis une grande partie des secrets des religions de l'Égypte ancienne.

EL, divinité primordiale commune à tous les sémites, qui deviendra Ilah chez les Arabes et plus tard le dieu al lah, l'unique Allah.

Éleusis, v. *mystère.*

Ellora, site rupestre dans l'État d'Hyderabad en Inde, où se trouvent des cavernes et des temples grandioses entièrement taillés dans le roc, pour la plupart brahmaniques, mais aussi bouddhiques et jaïns. Le plus important est le Kailasa, dédié à Shiva ; il est le symbole de la demeure du dieu et date du VIIe s.

Elphes. Dans les mythologies nordiques ; génies, symboles atmosphériques et terrestres. Esprits capricieux, tantôt bienfaisants, tantôt malfaisants, tantôt féminins et beaux, tantôt masculins et difformes. Fées chez les Celtes.

émanationnisme, doctrine opposée à celle de la création, intermédiaire entre le panthéisme* et le théisme*. Elle admet que du principe premier immuable sortent, comme des rayons lumineux, des êtres moins parfaits d'où émanent d'autres êtres inférieurs en une suite sans fin. On trouve ces idées chez Philon d'Alexandrie et, avec des variantes, chez Plotin et dans l'Inde, de même que dans certaines sectes gnostiques. Elles ont pénétré dans la Kabbale.

encens (du lat. *incendere,* allumer), sorte de gomme-résine extraite de différentes plantes térébenthacées de l'Afrique et de l'Inde dont la combustion lente dégage une fumée odorante et agréable. L'encens est souvent mélangé de myrrhe et de benjoin. Il est employé dans les cérémonies religieuses depuis fort longtemps. La Bible parle souvent des parfums de l'« autel des encens » qui accompagnaient les sacrifices. En Égypte, les encens, s'opposant aux odeurs nauséabondes des cadavres, devinrent un moyen rituel de purification.

L'usage en était fréquent chez les souverains orientaux et dans le paganisme ; c'est pourquoi le christianisme ne l'adopta que tardivement.

L'encens servit d'abord dans les cérémonies funéraires, puis dans la liturgie solennelle orientale. Au Moyen Age, on l'employait dans les exorcismes, pensant que son odeur s'opposait à celle des mauvais esprits. De nos jours, l'encens est devenu un symbole de louange, une marque de respect; on l'emploie dans le christianisme orthodoxe et catholique lors des cérémonies solennelles. Il est alors placé dans un *encensoir* fixé au bout d'une chaîne et qu'un acolyte, ou parfois le prêtre lui-même, fait osciller. Les formes d'encensoir ont varié, mais restent, ainsi que les navettes à encens, de précieux objets d'orfèvrerie.

Très utilisé dans les religions asiatiques, même dans le culte privé, l'encens est brûlé sous la forme de bâtonnets que l'on place devant les statues ou les stèles de ceux, dieux ou défunts, qu'on veut honorer.

encyclique (du gr. *egkuklos*, circulaire), lettre solennelle en latin adressée par le pape aux évêques soit du monde entier, soit d'un pays donné.

Elle définit en général un point de dogme, ou stigmatise un événement important, ou condamne une doctrine. Parfois, la valeur morale ou disciplinaire de l'encyclique indique les vues du pape sur une question de politique pouvant entraîner des modifications doctrinales ou sur les répercussions que les sciences ou techniques nouvelles peuvent apporter dans le comportement des chrétiens. Les encycliques sont généralement connues par leurs deux ou trois premiers mots, telles *Rerum novarum* en 1891 sur la condition des ouvriers, *Quadragesimo anno* en 1931 sur les questions sociales, *Ad Petri cathedram* en 1959 sur l'unité de l'Eglise et *Pacem in terris* en 1963 sur la paix dans le monde.

enfer (lat. *infernum*; de *inferum*, plus en bas), lieu inférieur, c'est-à-dire souterrain destiné au supplice des damnés. Les enfers ont longtemps été considérés uniquement comme résidence des morts et séjour des esprits désincarnés bons ou mauvais. Il en est encore ainsi dans toutes les religions primitives, où les esprits des morts peuvent venir tourmenter les vivants jusqu'à ce que les rites de sépulture, accompagnés d'offrandes, aient été accomplis. Chez les Assyro-Babyloniens, l'enfer était le monde des morts. Nous connaissons les divinités infernales qui régissaient cet enfer par les récits de «La Descente aux Enfers» de la déesse Ishtar*. Dans certaines traditions, l'idée de châtiment s'opposa à celle de récompense : l'*Hadès* des Grecs se divisait en *Champs Elysées* pour les justes et en *Tartare* pour les méchants. Chez les mazdéens, l'âme pure rejoignait Ormuzd, tandis que l'âme damnée était livrée aux démons. Dans les mythes scandinaves, l'enfer était partagé en régions souterraines. Chez les

Egyptiens, après une seconde mort, l'âme de l'impie était définitivement anéantie. En Inde, tant dans le védisme que dans le brahmanisme, les damnés sont torturés pendant un temps indéfini jusqu'à ce que l'âme retourne dans le grand cycle des réincarnations (*samsara*). Les enfers bouddhiques, comme les enfers jaïns, sont divisés en plusieurs étages et sont des lieux provisoires de supplices (enfers froids et enfers chauds de Yama). Il en est de même au Japon, où bouddhistes et shintoïstes décrivent les séjours des morts — d'où l'utilité des offrandes de la part des vivants, qui espèrent ainsi hâter la réincarnation. Dans la Chine ancienne, les morts résidaient dans les «Sources jaunes» sans idée de châtiment. Avec l'introduction du bouddhisme apparut le dieu Yama, qui joue un grand rôle dans la religion populaire chinoise. L'organisation du monde d'«en bas» correspond administrativement à celle du monde d'«en haut». Les principaux fonctionnaires infernaux sont d'anciennes divinités du sol.

Chez les juifs, l'ancien *schéol* hébraïque devint pour les méchants la *géhenne*, lieu de supplices éternels dirigé par les mauvais esprits. La doctrine de la géhenne passa dans le christianisme, et l'enfer est décrit dans l'Apocalypse* comme un abîme de feu et de soufre. La doctrine de l'enfer fut élaborée par les Pères de l'Église; elle entretint, malgré la théorie moins terrifiante d'Origène*, la crainte de la damnation éternelle chez les croyants. Mais à l'image réelle des flammes éternelles et des tortures infernales apportant des souffrances sensibles s'est substitué l'état de la souffrance morale donnée par l'absence d'espoir, par la privation de Dieu; telle est la peine du *dam*, qui, d'après les théologiens, serait pire que celle du feu. Les protestants, qui affirment aussi la croyance en un lieu de supplices éternels, évoluent également vers le symbole, et certains nient l'éternité des peines.

Dans l'islam, l'enfer, avec les souffrances physiques infligées aux damnés, est décrit dans le Coran avec toutes ses régions, où les divers supplices du feu, de l'eau, du froid, etc., sont appliqués réellement.

Le thème de l'enfer a été largement représenté dans l'iconographie médiévale, soit dans les fresques, soit dans les tympans des églises à la gauche du Christ en majesté du jugement dernier : on voit alors les damnés poussés par les démons se diriger en hurlant vers la gueule ouverte du Léviathan. Michel-Ange a su traduire admirablement le tragique de la chute vertigineuse des damnés. La descripion onirique littéraire la plus poussée des visions de l'enfer a été faite par Dante et illustrée par de nombreux artistes depuis Bruegel jusqu'à Gustave Doré, Rodin, Salvador Dali, etc.

ennéade (gr. *enneas, -ados*; de *ennea,* neuf), en Egypte groupe primitif de neuf divinités hiérarchisées ou complémentaires, totalisant les forces de l'univers. Celle qui fut élaborée par les prêtres d'Héliopolis devint un collège de dieux autour d'un créateur; elle comprenait le dieu solaire Rê, Ahtoum, Khepra, puis Shou, Tafnet, Geb, Nout, Osiris-Isis, Seth-Nephtis. Le sens initial perdu, il y eut les ennéades de Thèbes et d'Hermopolis (celle-ci de huit dieux appelée l'*ogdoade*).

C'est aussi le nom sous lequel Porphyre a publié des œuvres de son maître le philosophe Plotin : rangés en six parties composées chacune de neuf livres, les écrits de Plotin semblent disposés dans un sens mystique aboutissant à l'unité à travers une sorte de panthéisme.

L'ennéade est considérée comme un nombre mystérieux et symbolique.

éons, chez les gnostiques, émanations de la divinité qui à la fin des temps s'uniront au principe suprême de Plérôme.

Éphèse, cité grecque d'Ionie, en Asie Mineure, qui possédait une des sept merveilles du monde : l'« Arthemision », construit au VIe s. av. J.-C. en remplacement de l'ancien « temenos » brûlé en 652. Ce temple était dédié à Artémis, plus connue sous le nom de « Diane d'Éphèse » qui était plutôt une grande déesse de la Nature et de la Fécondité : la « grande mère », équivalent de Cybèle et d'Astarté. Elle était représentée avec un buste aux multiples seins.

On venait de loin voir ce temple et cette curieuse effigie de la déesse; c'est pourquoi les artisans fabriquaient un grand nombre de statuettes de modèle réduit, qu'ils vendaient aux pèlerins (des formules reproduisant les lettres du piédestal de la statue formèrent des amulettes qui préservaient des maladies et devinrent des textes de sorcellerie). Le culte de la déesse était assuré par des prêtres castrés, les « mégabyses », et par des prêtresses vierges. Ce temple fameux, détruit par un incendie, fut reconstruit au IVe s. av. J.-C., mais définitivement détruit par les Scythes six siècles plus tard, il ne forma plus qu'une carrière de marbre où puisèrent ensuite les constructeurs byzantins.

La ville d'Éphèse fut une des premières villes d'Asie Mineure touchée par la prédication apostolique. Saint Paul y fonda une église après toutes sortes de tribulations avec les marchands d'effigies d'Artémis. C'est aux chrétiens de la cité qu'il adressa sa fameuse Épître aux Éphésiens. Saint Jean y séjourna vers l'an 66. Une tradition affirme que la Vierge Marie y mourut; on montre encore les ruines byzantines d'une chapelle qui aurait été construite sur l'emplacement de sa maison mortuaire et qui aurait été identifiée par la visionnaire Catherine Emerich.

Deux conciles ont été tenus à Éphèse. L'un, réuni sous la présidence de Cyrille d'Alexandrie*, condamna Nestorius, mais il y eut des protestations. Les légats du pape confirmèrent les décisions du concile, et Nestorius fut envoyé en exil où il mourut.

L'autre, celui de 449, est connu sous le nom de « brigandage d'Éphèse ». Il s'agit d'une assemblée d'évêques réunie par le patriarche d'Alexandrie et favorable à l'hérésie d'Eutychès*; les légats du pape furent chassés, mais, deux ans plus tard, le concile de Chalcédoine condamnait l'hérésie (451). Parmi les monuments que l'on visite à Éphèse se trouve la grotte des Sept Dormants, centre célèbre de pèlerinage que fréquentent chrétiens et musulmans (d'après la légende, sept enfants qui auraient été cachés pendant les persécutions de Decius se seraient endormis, pour ne se réveiller que sous Théodose II).

ÉPHREM (saint), docteur de l'Eglise et écrivain syriaque (Nisibe, Turquie, v. 306 - Edesse 373). Ayant dû quitter sa ville natale, il y revint après sa prise par les Perses en 363 et fit partie de l'école d'Edesse, qu'il illustra par ses nombreux ouvrages en prose et en vers, dans lesquels il combattit les sectes hérétiques des manichéens, des marcionistes, des bardesaniens et des ariens. Ses traités de théologie, ses *Commentaires sur l'Ecriture sainte*, ses homélies et ses hymnes le font considérer comme un docteur de l'Église. Il est le saint patron de l'Église syrienne uniate. Un autre *saint Éphrem*, patriarche d'Antioche, a laissé son nom dans l'histoire de l'Église d'Orient, car il fut un ardent défenseur du concile de Chalcédoine, qui condamnait le monophysisme.

épiclèse (gr. *épiclesis,* invocation), dans les liturgies orientales, invocation au Saint-Esprit qui est placée après les paroles de l'institution de l'eucharistie. Elle supplie le Saint-Esprit de descendre sur l'autel et de changer le pain et le vin en corps et en sang de Jésus-Christ. Le catholicisme romain n'a pas dans le rituel de la messe cette prière à laquelle les orthodoxes attachent une très grande importance.

Épiphanie (gr. *epiphaneia,* apparition), fête de l'Église chrétienne, célébrée le 6 janvier et rappelant la manifestation de Jésus enfant aux gentils. — Primitivement, cette fête était liée à celle de Noël, consacrée à la naissance du Christ et à l'adoration des Rois mages. Plus tard, elle fut liée à la commémoration du baptême du Christ. Actuellement, en Occident, elle est la fête des Rois.

épître (lat. *epistola*, lettre), lettre pastorale des premiers disciples de Jésus, faisant partie du Nouveau Testament.

Les épîtres, qui étaient dans l'Antiquité une des formes de la littérature didactique, furent utilisées largement par les premiers missionnaires et les Pères de l'Église pour compléter leur enseignement à des communautés ou à des destinataires particuliers. La Vulgate comporte quatorze épîtres de saint Paul. Dautres épîtres, s'adressant à l'Église en général, sont dites «catholiques», car elles donnent des conseils, des exhortations et commentent quelques points de doctrine. Elles ont été écrites par saint Pierre, saint Jacques, saint Jean et saint Jude.

ÉRIGÈNE (Jean Scot), philosophe et théologien chrétien du IXe s. On ne sait pas grand-chose sur sa vie. Les uns le croient Grec, les autres Irlandais. Son nom, en grec, signifie «né en Erin» (ancien nom de l'Irlande). Il connaissait l'arabe, le chaldéen, le grec et le latin. Il aurait été appelé par le roi de France Charles le Chauve pour enseigner à l'école palatine. Ce monarque lui aurait demandé de traduire les écrits du Pseudo-Denys, que le roi Louis le Pieux avait donnés à l'abbaye de Saint-Denis; il serait allé ensuite en Angleterre, à la cour du roi Alfred le Grand, et aurait enseigné à la première université d'Oxford. D'après certains, il fut abbé de Malmesbury et aurait été frappé à mort avec des stylets par ses élèves révoltés.

Très pénétré de la philosophie de Platon et des néo-platoniciens, de saint Augustin, de Boèce et de Denys l'Aréopagite*, il exprima ses propres idées dans de nombreux ouvrages, parmi lesquels il faut citer le *Traité sur l'eucharistie, le De divisione naturae.* Mêlé aux controverses de son temps, il écrivit le *De predestinatione* et le *De visione Dei.* Il affirme que tout vient de Dieu, mais que, par différents degrés, tout tend au retour à Dieu. Il fut suspecté d'hérésie, mais il eut une très grande influence sur les philosophes du Moyen Age comme Abélard, Nicolas de Cusa, Hugues de Saint-Victor, etc.

ermite (gr. *eremos*, solitaire), celui qui a quitté le monde pour vivre seul et se livrer à la méditation.

Les ermites ont été très nombreux dans les premiers siècles du christianisme. Fuyant les persécutions, cherchant la spiritualité dans le silence, ils se sont dirigés solitaires vers les grottes et les déserts, où ils dressaient des cabanes ou même vivaient dans des ruines, sur des colonnes, pour se mortifier davantage (v. *stylites*), suivant l'exemple de saint Siméon de Syrie; certains étaient dits «stationnaires», car ils faisaient le vœu de vivre debout; d'autres, enfin, sans demeure fixe, étaient «errants» ou «passants».

La *vie érémitique* attribua la sainteté à plusieurs de ces «Pères du désert», dont le premier fut saint Paul de Thèbes, qui vécut plus de cent ans dans la Haute Égypte et attira vers lui de nombreux anachorètes dans ce désert illustre qu'on appela «Thébaïde», où les plus célèbres furent saint Antoine, sainte Thaïs au IVe s.

L'*érémitisme* se répandit dans tout l'Orient (Palestine, Cappadoce), puis en Occident (Afrique du Nord, Gaule, Irlande); plusieurs solitaires finirent par se grouper tout en restant isolés dans leurs cellules : tels furent les ermites de saint Augustin, de saint Antoine, de saint Jérôme, mais avec saint Pacôme fut organisée la vie *cénobitique* (v. *monachisme*). Quelques ordres religieux pratiquant à l'origine l'érémitisme, comme les Augustins, les Carmes et même les Bénédictins, qui en gardaient la nostalgie, ont créé des «déserts»* pour retrouver la sainte solitude. Les monastères d'Orient, dont ceux du mont Athos, ainsi que les Chartreux, allient la vie cénobitique à une certaine vie érémitique.

Le Moyen Age vit fleurir un peu partout une vie érémitique très particulière : celle des «reclusoirs», cellules dans lesquelles «reclus» ou «recluses» se faisaient emmurer, ne laissant qu'un petit trou par lequel on leur passait du pain et de l'eau. A Paris, il y en avait autour du cimetière des Innocents et au mont Valérien.

eschatologie (gr. *eskhatos*, dernier, et *logos*, discours, science), partie de la théologie qui s'occupe des fins dernières de l'homme, de ce qui doit suivre sa vie terrestre (jugement, ciel, enfer).

Selon l'Ancien Testament, l'âme, après la mort, attend dans un lieu imprécis le jugement général et définitif. Suivant le Nouveau Testament, les catholiques croient au jugement particulier de l'âme aussitôt après la mort, et aussi à un jugement dernier à la fin des temps. Les protestants, divisés sur l'éternité des peines, nient la résurrection des corps, mais les orthodoxes pensent que la plupart des êtres restent, après leur mort, dans une sorte de purgatoire dont les prières des vivants peuvent atténuer les peines.

ésotérisme (gr. *esôterikos*, intérieur), doctrine enseignée aux seuls initiés. Recherche de ce qui est caché dans les grandes religions, les mystères antiques, le symbolisme et surtout les sciences occultes.

Le mot *ésotérique* s'oppose à *exotérique* qui signifie «ce qui est pour le profane». L'origine remonte à l'Égypte ancienne, où les prêtres initiés ne divulguaient pas leurs connaissances. Nous savons que les disciples de Pythagore étaient divisés en ésotériques et exotériques. Tous les philosophes anciens s'expliquaient d'une façon plus ou moins mystérieuse suivant leurs élèves. L'enseignement ésotérique veut essayer de donner la clé des symboles et des mystères sacrés, ainsi que l'interprétation, pour un petit nombre d'initiés, de l'Apocalypse*, de la Kabbale*, de la vision d'Ézéchiel, etc. Il est à la base de nombreuses sectes et sociétés secrètes. Suivant les occultistes, il y aurait un ésotérisme chrétien qui aurait été donné par le Christ lui-même après sa résurrection et transmis dans le christianisme primitif par certains gnostiques, par les enseignements du Pseudo-Denys, par Nicolas de Cusa, les alchimistes, les templiers, les rose-croix, etc. Les doctrines ésotériques et initiatiques seraient conservées par certains êtres d'élection désireux d'atteindre la perfection et l'union avec Dieu.

esséniens, membres d'une secte du judaïsme palestinien tardif, dont l'origine est obscure, peut-être en rapport avec les hasidim.

Philon, Flavius, Josèphe et Pline en ont parlé. Ils menaient une vie ascétique, groupés en communautés d'un style presque monastique, pratiquant généralement le célibat, portant des vêtements blancs, exigeant une pureté rituelle par des ablutions, prenant en communion des repas, où le prêtre bénissait le pain et le vin, priant à l'aurore, face au soleil, source de lumière. Ils respectaient le sabbat, étudiaient la Bible, mais avaient des livres secrets ou *Écrits* des anciens. Les découvertes des manuscrits de la mer Morte (1947) ont révélé des livres d'une alliance nouvelle : l'*Écrit de Damas* et le *Manuel de discipline,* qui semblent indiquer une séparation des esséniens en deux rameaux. Pour certains, saint Jean-Baptiste et même le Christ auraient été esséniens, mais ni Jésus ni les évangélistes n'en ont parlé.

Éthiopie (Église d'). Le christianisme fut établi en Éthiopie vers 330 par un jeune chrétien de Tyr, Frumentius, qui avait fait naufrage en mer Rouge. Il fut sacré évêque par saint Athanase d'Alexandrie. Il pénétra dans ce pays montagneux par sa grande voie d'accès, l'Érythrée, qui avait été jadis utilisée par les envoyés de la reine d'Égypte, Hatshepsout, et peut-être aussi par la reine de Saba.

Une autre voie était la grande route caravanière passant par Axoum, qui sans doute apporta dans le pays un culte arabique dont on sait peu de choses. Par cet accès aussi l'islam tenta à plusieurs reprises de pénétrer, mais, fait curieux, contrairement à tous les pays environnants, l'Éthiopie résista farouchement, de telle sorte qu'elle est restée pendant des siècles le seul pays chrétien d'Afrique. Sa réputation était grande, et le Moyen Age occidental a cru situer le pays fabuleux du prêtre Jean en cette Éthiopie mystérieuse qui était peut-être le «Pount» des pharaons ou l'«Ophir» du roi Salomon.

Très anciens sont les églises et monastères rupestres de la région de Lalibéla, ornés de fresques d'influence byzantine et copte. A partir du XVIe s., quelques voyageurs arméniens et portugais apportèrent des influences étrangères dans la décoration, mais le plan des églises reste particulier, et leur forme circulaire rappelant celle des huttes de la région est très curieuse.

L'Église éthiopienne était jusqu'à une date récente rattachée à l'Église copte; le patriarche, l'*abouna*, était nommé par le patriarche d'Alexandrie. Aujourd'hui, l'Église d'Éthiopie est complètement indépendante, et son chef spirituel réside à Addis-Abéba. Elle est monophysite, garde beaucoup de particularismes et admet de nombreuses coutumes judaïques comme les interdits alimentaires de la loi mosaïque, la circoncision et l'observance du sabbat.

ÉTIENNE (saint), premier diacre et martyr chrétien (v. 36). Disciple de Gamaliel, il fut converti aussitôt après la Pentecôte et consacré diacre par les apôtres, avec cinq jeunes disciples. Accusé par les juifs de la première diaspora d'avoir blasphémé, il fut traduit devant le sanhédrin de Jérusalem, où il confessa sa foi au Christ. Il fut alors lapidé à mort et enseveli dans un champ appartenant à Gamaliel; mais, en raison des persécutions qui suivirent, les chrétiens quittèrent la région, et on ignora longtemps le lieu de sa sépulture, lorsque, nous dit la légende dorée, à la suite d'un songe miraculeux, sa tombe fut retrouvée à Gamala, au nord de Jérusalem en 415; ses reliques furent transportées solennellement dans la ville, puis dans la basilique érigée par l'impératrice Eudoxie dans un faubourg du Nord où était supposée avoir eu lieu la lapidation.

Cet événement est commémoré par l'Église sous le nom d'«invention du corps de saint Étienne» le 3 août, tandis que la fête du saint est célébrée le 26 décembre. Tous les événements de la vie de ce premier martyr ont beaucoup inspiré les artistes, depuis les fresquistes romans et les imagiers des cathédrales jusqu'aux lissiers d'Arras et aux plus grands peintres italiens et français.

eucharistie (gr. *eukharistia*, action de grâces). C'est le *sacrement* par excellence de l'Église catholique, l'expression même de sa doctrine, le point culminant de son culte, l'institution faite par Jésus-Christ lui-même, transmise par les apôtres et célébrée chaque jour par les prêtres. Elle fait participer les fidèles au grand mystère du Christ par ce repas de communion qui contient le corps, le sang, l'âme et la divinité de Jésus-Christ sous les apparences du pain et du vin. D'après le dogme, ce sacrement commémore la Cène, c'est-à-dire le dernier repas pris par Jésus avec ses apôtres, au cours duquel il prononça les paroles institutionnelles rapportées par les Évangiles. Prenant du pain, il le bénit, le rompit et le donna à ses fidèles disciples en disant : «Prenez et mangez-en tous, car ceci est mon corps», et prenant le calice, rempli de vin, il dit : «Prenez et buvez-en tous, car ceci est mon sang, le sang de la nouvelle alliance...» (V. *hostie*.)

Cette présence réelle est un article de foi; le Christ est considéré comme le «pain vivant» : «Mon corps est vraiment une nourriture et mon sang est vraiment un breuvage» (Jean, VI, V).

La tradition catholique sur le point de la croyance en la présence réelle de Jésus-Christ sur l'autel sous les espèces du pain et du vin pendant la célébration de la messe a été unanimement acceptée par les Pères et les docteurs des Églises grecque et latine; le témoignage de ceux-ci s'affirme dans les liturgies les plus anciennes, dans leurs écrits et dans les canons des conciles, ce qui fait de l'eucharistie le sacrement de l'unité dans le corps mystique du Christ. Après quelques attaques contre ce dogme au XIe s., le concile de Latran, en 1215, en fit une déclaration solennelle que le concile de Trente a développée. Les théologiens ont alors donné le nom de «transsubstantiation» à ce changement des espèces eucharistiques en la substance même du Christ; ce mystère de foi est accepté par les orthodoxes, mais les protestants font, suivant les sectes, plus ou moins de réserves. Les luthériens admettent une «consubstantiation» plutôt symbolique. D'autres pratiquent une simple commémoration de la Cène. L'eucharistie se présente chez les catholiques sous l'aspect du pain sans levain en forme d'hostie (alors que les orthodoxes gardent le pain avec levain) et du vin. Chez tous les chrétiens orientaux, la communion est donnée sous les deux espèces. La «Cène», ou institution de l'eucharistie, a inspiré beaucoup de grands peintres; la plus connue est celle de Léonard de Vinci à Sainte-Marie-des-Grâces à Milan.

Euchologie, nom donné au manuel liturgique de l'église orthodoxe.

EUSÈBE de Césarée, évêque et historien grec (Palestine v. 265 - 340). Il fut évêque de Césarée de 313 à sa mort. Conseiller favori de Constantin, il joua un grand rôle dans les polémiques contre les ariens et au concile de Nicée fut souvent en conflit avec Athanase. Très érudit, il fixa les bases de la *Chronologie* jusqu'en 323. Outre son système et sa règle du calcul du temps, il écrivit une *Histoire ecclésiastique* qui est toute l'histoire du christianisme depuis le Christ jusqu'en 323. Il a laissé d'importants ouvrages apologétiques et un panégyrique de Constantin le Grand.

EUTYCHÈS, hérésiarque monophysiste de Constantinople (v. 378 - v. 454), d'après lequel le Christ n'aurait eu que la seule nature divine, sa nature humaine se réduisant à une apparence. Ses disciples immédiats furent appelés *eutychiens.*

ÉVAGRE le Pontique (345-399), mystique et théologien grec. Il nous a laissé un des plus anciens documents sur la mystique des premiers moines. Diacre de saint Grégoire de Nazianze, il mena la vie ascétique des anachorètes* et des cénobites* et devint le théoricien du désert*, mais il fut très influencé par les spéculations d'Origène. Son enseignement ésotérique, ses écrits gnostiques en firent un précurseur de *Pélage**. Il fut condamné comme hérétique au concile de Constantinople en 553.

Évangile (lat. *evangelium*, bonne nouvelle), ensemble des livres du Nouveau Testament écrits par quatre des disciples de Jésus-Christ, exprimant sa doctrine et relatant les événements de sa vie. — Tels sont les Évangiles canoniques reconnus par l'Église comme étant inspirés par Dieu. Ils sont placés dans le canon des Livres saints. Les trois Évangiles de saint Matthieu, de saint Marc et de saint Luc ont été rédigés en grec, sauf peut-être le premier, qui aurait été écrit d'abord en araméen en 60 (les autres de 60 à 70). Ils sont dits *synoptiques*, parce qu'ils concordent exactement, racontant les mêmes faits en un style différent. Ils ont un caractère historique. Le quatrième Évangile, plus tardif, très différent des autres, est écrit par saint Jean, le disciple bien-aimé du Christ; il est un témoignage de la vie de Jésus et montre dès son prologue que le Christ est le Verbe de Dieu... «Au commencement était le Verbe (le *logos*, la parole)... et le Verbe était Dieu... ». L'Évangile de saint Jean est un résumé théologique et en même temps un témoignage historique. L'Église a toujours reconnu son authenticité et elle en a fait la base de sa doctrine. Certains historiens du XIXe s. ont nié cette valeur de vérité, s'appuyant sur l'exégèse. Cependant, les études bibliques, la connaissance des langues anciennes, l'archéologie et d'autres travaux d'érudition religieuse concourent à faire reconnaître la sincérité et le caractère inspiré des Évangiles canoniques. Plus douteux sont ceux qui sont dits *apocryphes* ; l'Église les rejette de son canon* ; ils sont nombreux, écrits à différentes époques par des hérétiques, ou, suivant une inspiration populaire, dans un souci de merveilleux : tels sont le « protévangile de saint Jean », l'« évangile de saint Thomas », celui de Nicomède, etc.

Dans la liturgie catholique, très tôt l'Église a inséré la lecture d'un texte de l'Évangile, qui prend place dans la première partie de la messe.

Les *quatre évangélistes*, piliers du christianisme, sont, d'après les visions d'Ézéchiel et de saint Jean, souvent représentés par leurs symboles soit sur les pendentifs des coupoles, soit sur les tympans. Ces quatre êtres de la création qu'on a appelés le « tétramorphe » auraient une signification symbolique : le taureau représenterait la victime par excellence du sacrifice (saint Luc) ; le lion, le roi des animaux (saint Marc), l'homme, le roi du monde (saint Matthieu) ; l'aigle, le roi des airs (saint Jean). Ils signifieraient aussi les quatre éléments.

Parfois, le Christ est placé sur un monticule d'où s'écoulent quatre fleuves signifiant les quatre Livres saints qui se sont répandus sur la terre.

évêque (grec. *épiscopos*, surveillant), le grade le plus élevé de la hiérarchie ecclésiastique chrétienne.

L'évêque est le chef spirituel d'un diocèse, ou *évêché*, et il a son siège dans l'église cathédrale de son territoire. Il ordonne les prêtres, administre les sacrements de l'ordre et de la confirmation ; il représente le pouvoir spirituel en toute occasion requise auprès des pouvoirs civils. Il existe des évêques auxiliaires dans les diocèses importants ainsi que des « coadjuteurs ». On appelle « évêque *in partibus (infidelium)* » celui qui est titulaire d'un siège épiscopal du Proche-Orient ou d'Afrique du Nord, siège disparu à la conquête islamique. Ce n'est qu'un titre. Dans l'Église catholique, les évêques sont nommés par le Saint-Siège ; les Églises orthodoxe et anglicane et quelques autres choisissent elles-mêmes leurs évêques. Suivant un ancien usage aulique de Byzance, les évêques doivent porter les insignes de leur grade, dont chacun a sa signification, en particulier la crosse et la mitre. L'anneau est un signe d'alliance. Les évêques étaient au début du christianisme des prêtres inspecteurs d'une ou plusieurs communautés et considérés comme les successeurs des apôtres, ce qui leur conféra les pouvoirs d'ordre et de juridiction. Héritiers de la tradition, ils siègent dans les conciles et concourent à la fixation des dogmes et de la discipline ecclésiastique.

excommunication, exclusion provisoire ou définitive d'une communauté religieuse. L'excommunication existait déjà dans l'Antiquité, mais elle était connue surtout chez les Hébreux où elle comportait plusieurs degrés ; le judaïsme, qui l'avait gardée en certains pays jusqu'au XVIIIe s., en a considérablement diminué la rigueur. Spinoza fut excommunié. Le droit canon catholique en énumère plusieurs sortes suivant les fautes, mais la plus grave est l'*excommunication majeure*, qui prive des sacrements et de la sépulture en terre bénite celui qui subit cette peine. Plusieurs souverains français ont jadis encouru ce châtiment. (V. *interdit.*)

L'excommunication est encore en usage chez les calvinistes dans certains cas graves, comme mesure disciplinaire. Chez les hindous de haute caste, spécialement chez les brahmanes, c'est l'exclusion de la caste qui équivaut à une mort civile.

exorcisme, expulsion des démons d'un corps ou d'un lieu par des paroles invocatoires accompagnées de certains signes sacrés. Il s'agit d'une pratique très ancienne exécutée en tous pays. Les cas de possession diabolique apparaissaient fréquemment jadis, et la plupart, de nos jours, relèveraient de la psychiatrie. Cependant, le christianisme, qui ne nie pas le rôle de Satan, donne aux prêtres, par un rite qui fait partie de l'ordination, le pouvoir de chasser les démons. Pratiquement, il n'y a que très rarement des occasions où l'on requiert l'«exorcisme extraordinaire», qui est alors administré par un «exorciste», après enquête et permission de l'évêque. Cet exorcisme est fait de prières, d'adjurations, d'aspersion d'eau bénite et de signes de croix. L'exorcisme ordinaire fait partie de la liturgie du baptême.

Il est pratiqué aussi dans les sociétés primitives, où les «medecine men», «devil dancers» ou chamanes guérissent les maladies en chassant les démons qui en sont la cause.

expiation. Dans toutes les religions, cette notion implique l'idée d'une purification après une souillure ou une transgression d'interdit, cela, soit par des sacrifices (parfois humains), soit par des rituels d'aspersion de sang ou d'eau lustrale ou des rites d'expulsion d'un être chargé de tous les péchés (bouc émissaire), soit par des condamnations qui impliquent un rachat du péché. Il s'agit d'apaiser la colère des dieux, mais la véritable expiation doit être une réparation du mal causé qui nécessite l'idée de pénitence* et de repentir. (V. *Yom Kippour, Ramadan.)*

extase (gr. *ekstasis,* transport), dans l'expérience mystique, état dans lequel l'individu est transporté, «ravi» hors de lui-même, indifférent au monde qui l'entoure pendant un certain temps.

La transe prophétique qui produisait l'extase était exploitée par les oracles, dont le plus connu était celui de Delphes. C'est un phénomène semblable que l'on observe chez les derviches* et chez les chamanes*.

Dans les religions d'Asie, l'union avec la divinité dans une sorte d'extase est recherchée par différentes techniques de méditation. (V. *taoïsme, yoga.)*

Les néo-platoniciens voyaient dans l'extase le but de la philosophie. Pour Plotin et ses disciples, l'extase est l'anéantissement de la personnalité, dans lequel l'âme s'identifie avec l'essence divine.

Dans la théologie chrétienne, où l'extase est recherchée par les mystiques désireux de rencontrer Dieu, elle n'est vraiment atteinte que par les grands saints. L'Église distingue cette pure extase, faite de joie et d'amour, de celle qui peut être maladive, accompagnée alors de lassitude et de tristesse, de celle aussi qui serait désordonnée et diabolique. Quelques grands saints ont décrit leurs extases, leur union intime à Dieu et les joies célestes qu'ils ont éprouvées. (V. *mysticisme.)*

extrême-onction, appelée **onction des malades,** un des sept sacrements, le dernier suivant les âges de la vie, celui que l'Église catholique administre aux fidèles pour soulager leurs souffrances et les aider à bien mourir.

Le prêtre oint, avec les saintes huiles, plusieurs parties du corps en prononçant des prières et en demandant à Dieu la rémission des péchés que le mourant a pu commettre par tous ses sens, qui reçoivent l'onction. Ce sacrement a été, comme les autres, institué par Jésus-Christ pour la sanctification et le soulagement corporel des malades. Sa nature et ses effets sont indiqués dans l'Épître de saint Jacques (verset 14). Chez les orthodoxes, plus qu'un sacrement des agonisants, il est l'*onction des malades*, comme dans la tradition primitive, qui y voyait aussi un moyen de guérison spirituelle (de sorte qu'il impressionne moins qu'un sacrement donné à l'article de la mort).

F

FA-HIEN, moine et pèlerin bouddhiste chinois (IVe-Ve s. apr. J.-C.). Il est le plus ancien de ces pieux pèlerins bouddhistes chinois qui voyageaient de Chine en Inde pour aller étudier sur place les écritures bouddhiques et rapporter des reliques. En 399, Fa-Hien, parti à pied de Chine, traversa toute l'Asie centrale et les régions qui forment maintenant l'Afghanistan; de là il se rendit en Inde du Nord, d'où il repartit par la mer, puis, après toutes sortes de péripéties, dont un cyclone qui l'aurait englouti s'il n'avait invoqué Kwan-Yin*, il parvint en Chine en 414, rapportant avec de précieuses reliques les traductions des principaux textes bouddhiques. Il a laissé un récit de ses voyages, le *Fo-Kouo-Ki,* qui est un témoignage très intéressant pour la connaissance du bouddhisme à travers l'Asie de son époque.

fakir (de l'arabe *faqir*, pauvre), nom donné dans l'Inde aux ascètes mendiants à demi nus qui cherchent à acquérir la sainteté par de très sévères macérations.

Le terme général s'applique à plusieurs religions, mais plus particulièrement aux musulmans qui, en Perse, en Afghanistan et en Inde, sont des derviches* errants sollicitant des aumônes, quelques-uns appartenant à des communautés. Certains pratiquent un yoga* spectaculaire qui leur donne des possibilités physiques que seule une lente initiation et une pratique quotidienne peuvent procurer. Ils ont par ces prétendus prodiges émerveillé les Européens, dont les récits du XVIIe et du XVIIIe s. ont intrigué leurs lecteurs. Le mot *fakirisme* représente l'ensemble de ces phénomènes prétendument mystérieux, dont beaucoup ont été présentés dans les foires ou les music-halls et le plus souvent discrédités. Certains fakirs, abusant de la crédulité populaire, vendent des poudres miracles, des philtres d'amour, des charmes, etc. Il ne faut pas les confondre avec les vrais ascètes, les yogin, les sadhu, qui pratiquent discrètement l'ascétisme et seulement par discipline spirituelle.

FARABI (Aboul Al), grand philosophe musulman, originaire de Farab (Turkestan), mort à Damas en 950.

Il partit pour Bagdad, foyer de la culture grecque, puis vécut à Alep. Formé par un maître chrétien nestorien, il fréquenta les nombreuses écoles philosophiques d'Alexandrie et fit connaître dans ses «Commentaires» la philosophie d'Aristote. Il fut le maître d'Avicenne*.

FATHER DIVINE (1888-1965), fondateur d'une secte noire de Harlem (New York) dans le genre des réveils évangéliques, si nombreux aux États-Unis. Fils d'anciens esclaves de Géorgie, il a attiré de nombreux disciples qui l'ont considéré comme une réincarnation de la divinité. La secte qu'il a fondée, prêchant pour l'émancipation totale des Noirs, a eu beaucoup de succès dans les années 1930-1950, mais depuis lors les sectes noires sont de plus en plus nombreuses et le rôle de Father Divine est moins important.

FÉNELON, prélat et écrivain français (château de Fénelon, Périgord, 1651 - Cambrai 1715). Il fit ses études à Cahors, puis à Paris et devint prêtre de Saint-Sulpice, où il eut un ministère paroissial. Chargé de diriger de jeunes protestantes converties, il accomplit cette tâche avec zèle et occupa cette fonction pendant dix ans. Il se fit de brillantes relations dont la famille des Beauvilliers, pour qui il écrivit son *Traité de l'éducation des filles* (1689); grâce à Bossuet*, il obtint la direction d'une mission en Saintonge et Poitou après la révocation de l'édit de Nantes et y réussit à merveille par ses méthodes de douce persuasion. Mme de Maintenon engagea Louis XIV à lui confier l'éducation du duc de Bourgogne, nature violente qu'il sut adoucir. Il écrivit pour lui des *Fables* et *les Aventures de Télémaque*.

En 1694, Fénelon fut nommé archevêque de Cambrai et fit la connaissance de Mme Guyon*, dont le *quiétisme** sentimental était bien fait pour plaire à sa nature douce et mystique. Cette doctrine, prêchée par cette infatigable animatrice, avait cependant déjà été condamnée par l'Église dans les ouvrages de Molinos; elle fut âprement combattue par les évêques, en particulier par Bossuet. Fénelon répondra par son *Explication des Maximes des saints*; Bossuet, qui y voyait un ferment important d'hérésie, l'attaqua et obtint en 1699 la condamnation de ce livre par le pape. Fénelon, avec une touchante simplicité, se soumit, peut-être plus en apparence que du fond du cœur. Au même moment, sans l'aveu de l'auteur, on publia le *Télémaque*, où le roi vit des allusions critiques à son règne, ce qui amena sa disgrâce. Louis XIV disait qu'il était le plus bel esprit et le plus chimérique du royaume. Désormais Fénelon vivra exilé dans son diocèse, attristé par son demi-exil, par la mort de son élève le duc de Bourgogne et par la condamnation de ses doctrines.

Pasteur irréprochable de ses fidèles, pratiquant le renoncement et la charité, spécialement lors du terrible hiver de 1709, il écrivit dans sa retraite paisible des « sermons » et des traités théologiques, son *Manuel de piété* et son *Traité de l'existence et des attributs de Dieu*. Souvent comparé à Bossuet, son contemporain, tantôt son ami, tantôt son adversaire, Fénelon était plus humain, plus généreux, plus tolérant et plus libéral ; il était homme d'Église et grand seigneur. Il fut surnommé le *Cygne de Cambrai*.

fêtes (lat. *festum*). Il semble que les fêtes aient toujours existé en tous temps et en tous pays pour rassembler les populations, donner une unité aux habitants d'une cité ou d'un village et rompre la monotonie des travaux et des jours. Elles forment un ensemble de manifestations et de réjouissances destinées à commémorer un événement — celui-ci peut être d'origine historique ou mystique — et à rejoindre la divinité. La plupart des fêtes semblent avoir une origine religieuse, bien qu'elles soient parfois devenues purement profanes (comme les fêtes villageoises).

Toutes impliquent une rupture avec le quotidien et même un renversement des règles habituelles, ce qui conduit souvent à des excès et même à des orgies. Tous les peuples connaissent les boissons fermentées et l'ivresse contribue à ce « dépassement de soi » recherché dans certaines fêtes. Les bons repas, les échanges de cadeaux, les dons, les cortèges, la musique, les danses, les masques font partie de ces fêtes tribales qui durent plusieurs jours et donnent une cohésion aux groupes sociaux qui intègrent les ancêtres aux réjouissances des vivants. Ce substrat est au fond de toutes les fêtes.

Dans tous les pays et dans toutes les religions, les fêtes sacralisent le temps et jalonnent le calendrier. Dans les vieux cultes agraires du Proche-Orient et des pays méditerranéens, elles exprimaient le rythme des saisons par la mort et la résurrection du dieu. Le christianisme lui-même a placé le culte des morts dans les jours tristes de l'automne et la fête de la joie de la Résurrection au moment de l'éveil de la nature au printemps.

Le carnaval lui-même, devenu le type même de la fête profane, a cependant une origine religieuse (*carne vale*, «adieu à la viande»), exutoire indispensable, jadis, avant les longues pénitences du carême; on l'appelait aussi «carême prenant» ou «carême entrant» (*caramentrant*).

En France, toute l'année était jalonnée de fêtes placées sous la protection de la Vierge ou des saints, rythmant les travaux des champs (les vieux dictons sur le temps dans ses rapports avec le calendrier en font foi).

Les *fêtes chrétiennes* sont destinées à honorer le Seigneur (le dimanche, jour qui lui est consacré, est une sorte de fête hebdomadaire par le repos de principe qu'il exige). Les différents mystères et événements de la vie du Christ sont commémorés ainsi que ceux de la Vierge et des saints. Certaines fêtes ont lieu à jour fixe (Toussaint), d'autres sont dites «mobiles» et sont établies par le comput qui fixe la fête de Pâques. Chaque jour célèbre un saint selon le propre établi dans chaque diocèse par l'Église catholique, mais les fêtes de précepte, ou *fêtes d'obligation*, pour lesquelles l'assistance à la messe est obligatoire, varient suivant les pays. En France, le concordat en a réduit le nombre à quatre : Noël, l'Ascension, l'Assomption et la Toussaint. L'Église orthodoxe suit à peu près le même ordre, mais avec un léger décalage du fait du calendrier julien encore en usage; il y a aussi des saints nationaux qui sont ignorés de l'Église latine.

En Égypte, les fêtes jouaient un très grand rôle dans la vie populaire. La plus importante était celle de la procession de la barque solaire, accompagnée d'un imposant collège de prêtres.

En Grèce, les fêtes, nombreuses, étaient dédiées aux dieux protecteurs de la cité, aux divinités agraires, etc.

A Rome, les fêtes privées, en l'honneur des dieux du Foyer, ou publiques, pour les dieux et les empereurs divinisés, dégénéraient souvent en orgies, comme le firent plus tard certaines fêtes médiévales.

Chez les Celtes*, celles de *Samain* et de *Beltane* ouvraient les cycles saisonniers. Le judaïsme a gardé les trois grandes fêtes hébraïques, ainsi que le sabbat, fête hebdomadaire. La principale est la pâque (*Pesach*), qui dure huit jours et rappelle la sortie d'Égypte des israélites; elle est introduite par le service familial, le *Seder*. La fête des semaines (sept semaines plus tard) est à la fois celle des moissons et celle des révélations du Sinaï (*Shabuoth*). La fête des Tabernacles, ou des Vendanges (*Sukkoth*), se termine par la procession des «rouleaux de la Loi». Le *Rosh hashanah* et le jour de l'Expiration (*Yom Kippour*) marquent le commencement de l'année religieuse lunaire. D'autres fêtes rappellent des événements d'histoire religieuse comme celle d'Esther (*Purim*), la plus joyeuse, rappelant le carnaval, et la fête de *hannukah*, ou fête des lumières, célébrant la dédicace de la restauration du temple de Jérusalem, après la victoire de Judas Maccabée sur les Syriens.

Dans l'islam, la plus grande fête est l'*aïd el-Kebir*, qui commémore le sacrifice d'Abraham ; elle comporte des prières et des réjouissances. L'*aïd el-Seghir* clôture le ramadan (v. *baïram*). Le *Mouloud* rappelle la nativité de Mahomet. Certains événements de la vie du prophète sont aussi commémorés et, chez les chiites, on célèbre par des jeux dramatiques l'anniversaire de la mort d'Husayn.

Le bouddhisme hinayana célèbre assez peu de fêtes ; cependant, le *Vesak* est celle de la naissance du Bouddha et, suivant les lieux de pèlerinage, on vénère parfois solennellement des reliques. Le mahayana comporte de nombreuses fêtes suivant les pays où il s'est développé. Elles sont généralement placées pendant les jours de pleine lune.

Dans l'hindouisme, les fêtes sont particulièrement nombreuses, variées et bruyantes. Chaque dieu a les siennes. Celle de *diwali* qui a lieu à la nouvelle lune (oct.-nov.), en l'honneur de Lakshmi, déesse du Bonheur et de la Prospérité, est la fête des lumières. On voit partout des lampes sur les temples, les maisons, les chemins, les rivières, la mer, etc. Le *holi*, avec ses danses et ses processions, fête le printemps, la joie, la fécondation et donne lieu parfois à des orgies ; le *dassara* est la grande fête de Durga*. En Océanie, on pouvait encore, au début du XIXe s., voir ces grandes fêtes tribales accompagnées de banquets, de danses, qu'étaient le *piloupilou* des Canaques et le *corroboré* des Australiens. Dans tout le continent eurasiatique, la fin de l'hiver et les promesses de germination étaient solennellement célébrées.

En Chine et en Asie du Sud-Est, le jour de l'an et la fête du *Tet* sont encore un déploiement de joie marquant le caractère extraordinaire du début de l'année nouvelle.

Partout et toujours, les fêtes familiales ont un caractère plus ou moins religieux : ainsi la naissance d'un enfant avec la cérémonie qui l'intègre à la société en lui donnant un nom (qui doit être bénéfique) et les rites de passage (circoncision, baptême, initiation, première communion, bar mistva, mariage, cérémonie funéraire). Les fêtes tribales resserrent les liens du clan ; les fêtes nationales visent à sacraliser la patrie, spécialement depuis la Révolution française ; les fêtes de caractère social (travail, promotions, décorations), ont aussi quelque chose de sacré.

fétichisme, comportement magico-religieux de certains peuples dits «primitifs» envers des réceptacles ou supports des dieux ou forces surnaturelles qu'on appelle *fétiches*.

Ce mot vient de *feitiço*, «chose fée, ensorcelée», employé par les Portugais trafiquants d'esclaves en Afrique. Les fétiches sont innombrables et de tous genres; on leur offre des sacrifices; il faut attirer leur faveur, acheter leur protection, détourner leur colère. Chaque village, chaque famille, chaque caste, chaque corporation a ses fétiches, ses objets, ses plantes, ses animaux sacrés. Le fétichisme a des racines profondes et des ramifications étendues. C'est un complexe de croyances enracinées dans la mentalité primitive, admettant les notions primordiales de sacré et d'interdit, débouchant sur la superstition et la magie. Parfois les poteaux fétiches ressemblent à des poteaux totémiques. Le *féticheur* est une sorte de grand prêtre qui possède des pouvoirs religieux et sacrés. Les sacrifices offerts aux fétiches sont entourés d'un rituel très précis où la moindre erreur est de mauvais augure. Le fétichisme s'accompagne de rites d'initiation et de circoncision pratiqués sous la direction des féticheurs, en l'occurrence maîtres des cérémonies. Pour les femmes, il y a des *féticheuses*, qui préparent les filles à leur rôle futur. Il existe des sortes de couvents de féticheuses au service d'un fétiche; il y règne une discipline sévère. De même sont nombreuses les confréries de féticheurs, sorciers, guérisseurs; elles exigent le plus souvent une pénible initiation et de dures épreuves.

La magie, l'art divinatoire, les superstitions populaires appuient la croyance au fétiche, représentant les forces invisibles, qui sont sans doute l'émanation d'un Dieu puissant et créateur. Le fétichisme, particulièrement vivant en Afrique, est pour les Noirs une croyance ancestrale; il les façonne, leur donne une certaine morale de crainte, le courage dans les épreuves, le respect des ancêtres et de la tradition.

feu. Cet élément, ce phénomène que l'homme a su produire lui-même l'a toujours émerveillé. Il a été l'objet à l'origine de nombreux mythes. Son utilité pour la lutte contre le froid, pour la cuisson des aliments et pour le défrichement primitif des forêts l'a fait considérer comme un don de Dieu ou comme une divinité.

«Source de lumière et de chaleur», le feu a été comparé au soleil. La difficulté qu'on avait à le produire forçait à conserver le feu allumé, d'où son importance dans le foyer domestique ou national. On lui rendait un culte dans un foyer sacré où l'on veillait à son entretien. Aussi bien le feu sacré des cités grecques, celui du temple du Vesta, sévèrement gardé par les vestales chez les Romains, celui du foyer domestique, consacré aux dieux familiaux, étaient des vestiges de cet ancien culte indo-européen, que l'on retrouve chez les Aryens avec *Agni*, le dieu du Feu, et chez les Germains, avec *Wotan* et *Loki*. Les anciens Perses étaient des adorateurs du feu, que le culte parsi perpétue de nos jours, tandis que les Égyptiens assimilaient le feu au soleil.

En Chine, il existait un dieu du Feu dont les correspondances symboliques étaient la direction du sud, la saison de l'été et la couleur rouge.

Au Japon, le feu est toujours un kami* honoré et redouté, surtout dans son apparence volcanique. On pratique comme on le fait encore dans plusieurs régions du Pacifique et de l'Inde, l'ordalie du feu dans un souci de purification.

Chez les Incas, le feu sacré était allumé par le grand prêtre et confié aux «vierges du soleil». Le principe igné était vénéré chez la plupart des peuples orientaux. Les juifs croyaient au feu miraculeux, soigneusement conservé sur l'autel des holocaustes; le buisson ardent n'évoque-t-il pas le feu divin? La notion de purification par le feu était fondamentale; l'Europe médiévale l'appliquait de diverses manières : les ordalies, ou «jugements de Dieu», les autodafés ou autres bûchers en ont été les témoignages. Tel était jadis le cas des feux de la Saint-Jean, dans lesquels on jetait des animaux considérés comme diaboliques. Aux XIe et XIIe s., on brûlait des os : c'étaient les «fudos», ou «feux d'os», dont l'épaisse fumée chassait les dragons de la peste.

Le symbole du feu est universel, il est souvent considéré comme celui de l'âme. On parle d'«étincelle divine». C'est pourquoi, dans l'iconographie bouddhique, une flamme sort parfois de la protubérance crânienne du Bouddha.

Le feu garde toujours son symbole d'«ardeur», de foi et de prière (lampes de sanctuaire, flammes des cierges votifs). L'Église catholique bénit encore le «feu nouveau» (cierge pascal) lors des cérémonies du samedi saint.

Dans les temples tibétains, d'innombrables lampes à beurre apportent leur hommage aux divinités.

feuillants, religieux de l'ordre monastique issu de Cîteaux et fondé par Jean de la Barrière à l'abbaye de Feuillant (diocèse de Rieux) dont les règles furent approuvées par le pape Sixte Quint en 1586.

Les religieux de cet ordre avaient un souci d'austérité affirmé par une abstinence sévère, des jeûnes très fréquents et l'obligation de chanter l'office des matines. Ils étaient vêtus de blanc. Cet ordre se développa en France où il eut vingt-quatre maisons, dont la plus importante était située à Paris à l'emplacement de la rue de Rivoli et de la terrasse des Tuileries qui porte encore leur nom. Supprimé à la Révolution, le couvent des feuillants fut utilisé pour ses séances par un club révolutionnaire appelé de ce fait le «club des Feuillants».

Jean de la Barrière avait fondé aussi un ordre pour les femmes, connu sous le nom d'*ordre des Feuillantines*; elles suivaient une règle identique à celle des feuillants, étaient vêtues de laine blanche avec un voile noir. Leur premier couvent fut installé à Montesquieu et le plus important fut à Toulouse; mais Anne d'Autriche installa ces religieuses dans le faubourg Saint-Jacques à Paris. La Révolution a supprimé les monastères des feuillants et des feuillantines. Le souvenir de celui des feuillantines a été gardé par Victor Hugo qui a passé dans ce couvent désaffecté les plus beaux jours de son enfance.

fidéisme (lat. *fides*, foi), théorie philosophique suivant laquelle la foi religieuse dépend du seul sentiment et non de la raison. — S'appuyant sur la pensée de Pascal «La foi est Dieu sensible au cœur», un certain nombre d'ecclésiastiques du XIXe s., très frappés par la critique philosophique de Kant et par le «rationalisme» jugé excessif de la scolastique, affirmaient la primauté de la foi sincère qui seule peut donner les lumières nécessaires pour éclaircir les raisonnements conduisant à la connaissance de la vérité. Cette doctrine, condamnée par le concile du Vatican, est professée par certaines sectes protestantes.

filioque, expression latine définissant la Sainte-Trinité dans le *Credo* et expliquant que le Saint-Esprit procède à la fois du Père et du Fils (*filioque*).

Elle aurait été ajoutée au symbole de Nicée, croit-on, par Isidore de Séville; l'Église latine l'a reconnue comme article de foi traditionnel, mais l'Église orthodoxe, scandalisée par cette adjonction, ne l'a pas acceptée, comme n'émanant pas d'un concile. Il y a eu à ce sujet de grandes discussions avec les patriarches grecs, et spécialement Photios (IXe s.), qui traita les Latins d'hérétiques; malgré les conciles de Lyon (1274) et de Florence (1439), la querelle se perpétua au sujet du dogme enfermé dans ces simples mots que les Orientaux n'ont pas encore admis.

FISHER (John), cardinal anglais (Beverley v. 1469 - Londres 1535). Humaniste, évêque de Rochester, il collabora à la fondation de collèges à Cambridge. Il défendit l'Église catholique lors des démêlés d'Henri VIII avec la papauté. Il fut condamné à la perte de ses biens et emprisonné dans la Tour de Londres, pour s'être opposé à la Réforme, ce qui lui valut la colère du roi qui le fit décapiter.

Grand humaniste, le plus savant évêque de son temps, il fonda des chaires d'hébreu et de grec et fut l'ami d'Érasme et de Thomas Morus. Il a été canonisé en 1935.

flagellants, v. *confréries.*

foi (du lat. *fides*, engagement, confiance), croyance aux dogmes, aux vérités, aux enseignements d'une religion, confiance en Dieu et en une révélation divine sans recherche rationnelle et acceptation pure et simple des mystères exposés dans les Livres saints. — La «profession de foi» en est l'affirmation. C'est l'adhésion de tout l'être à une doctrine ou à une religion, un engagement.

FOX (George), mystique anglais, fondateur de la secte des *Quakers* ou *Société des amis* (Drayton, Leicestershire, 1624 - Londres 1691). Tout jeune, il se sentit appelé par Dieu, lisant la Bible, errant dans la campagne vêtu d'un costume original, très anticonformiste, après avoir eu de Dieu des révélations l'incitant à tout quitter et à évangiliser le monde. Il fut poursuivi et emprisonné à plusieurs reprises, fit de nombreux voyages dans le nord de l'Europe, où sa secte se développait. En 1670, il entreprit une grande expédition de propagande en Amérique et revint par deux fois en Europe. Il mourut à Londres après avoir publié un journal qui est pour ses sectateurs une sorte de Bible.

franciscains, religieux de l'*ordre des Frères mineurs,* fondé par saint François d'Assise en 1208, approuvé par le pape en 1215 et en 1223.

C'est un ordre mendiant que saint François a voulu pauvre en nommant ses frères des *minorites* (lat. *minores,* moindres), devenus *frères mineurs* tout dévoués au service des pauvres et des malades. Sa règle, austère, laisse peu de place à la prédication, l'accent étant plus porté sur la charité et sur l'exemple; travail et prière remplissent la journée du moine, mais aussi mendicité, puisque la pauvreté et l'humilité sont des grands vœux que saint François soutiendra avec un doux entêtement auprès du Saint-Siège. Il se méfiait des intellectuels; sa règle préférait l'exemple à la parole. Cependant, il y eut dans la grande et rapide expansion de l'ordre un afflux d'universitaires qui gardaient une activité intellectuelle (puisque chacun dans l'ordre pouvait continuer l'exercice de son métier), et l'inévitable évolution redoutée par saint François se produisit. Si au chapitre tenu en présence du fondateur se réunissaient déjà plus de cinq mille frères venus de toute l'Europe, on put de bonne heure observer des divisions. La règle, très sévère, n'était pas définitivement fixée. L'organisation en provinces et en «custodies» était encore imprécise, et l'évolution allait peu à peu former des branches diverses après certaines crises qui attireront l'attention des papes sur les ordres mendiants (v. *monachisme*). La pauvreté absolue voulue par saint François posait des problèmes pour la gestion des biens provenant de donations. La question constitutionnelle dut être révisée, obligeant les frères mineurs à tenir à date fixe des chapitres généraux. Dès le XIIIe s., on vit des fidèles de la stricte observance se séparer de ceux dont la règle primitive s'était relâchée. Parmi ceux-ci, les *spirituels* s'opposèrent aux *conventuels*; les premiers se firent bien vite les disciples de Joachim de Fiore*; certains d'entre eux, dans le Languedoc et en Italie, prirent le nom de *pauvres ermites*. La papauté commença à s'inquiéter de ce mouvement mystique qui glissait vers l'hérésie, et le pape Jean XXII prit des mesures très sévères contre les ordres mendiants, considérant que la pauvreté absolue est un ferment d'anarchie.

Au XVIe s., Léon X sépara nettement les *observants* des *conventuels*, qui avaient obtenu des adoucissements à la règle. Ils subsistent toujours; leur costume est noir avec une corde blanche et un capuchon. Un peu plus tard, une nouvelle branche se forma, fondée par Jean de Guadalupe en Espagne (1500), recherchant plus de sévérité. Ces religieux furent appelés les *récollets*, tandis que la branche intellectuelle de l'ordre prenait le nom de *cordeliers* à Paris. Dans les querelles relatives à l'averroïsme* et au thomisme*, les franciscains jouèrent un grand rôle, surtout après la mort de leur ministre général, saint Bonaventure.

Les franciscains d'Oxford, avec Robert Grosseteste et son disciple Roger Bacon, apportant une méthode expérimentale dans l'étude de la nature, aboutiront au XIVe s. aux théories de Duns Scot*, à l'origine d'un nouveau courant mystique, et aux recherches scientifiques de Guillaume d'Occam. Les franciscains ne cesseront de s'opposer pendant des siècles aux dominicains*, et, par un véritable paradoxe, les disciples de l'amour naïf de la nature, tel qu'il est exprimé dans les *Fioretti*, vont devenir les initiateurs de la science positive par méfiance pour la théologie rationnelle et desséchante. Au XVIe s. fut créé un ordre nouveau, l'*ordre des Capucins*, axé sur les missions dans les campagnes et les pays païens, se réclamant de l'austérité de saint François. A la fin du XIXe s., les diverses branches furent réunies sous le vocable de *Frères mineurs,* mais l'ordre franciscain fut réorganisé par Pie X. Il comprend trois sections distinctes : les *Frères mineurs observants* (vêtus de bure brune, d'un capuchon et de sandales), les *Conventuels* et les *Capucins*. En France, tous les franciscains ont été chassés par la Révolution, mais l'ordre a pu s'y rétablir au XIXe s., sans toutefois reprendre le nom de *Cordeliers.* Comme pour tous les grands ordres religieux, il existe des ordres monastiques féminins correspondant à celui qui fut fondé par saint François. Ce furent d'abord les *Clarisses,* les *Colettines,* les *Capucines,* puis les *Franciscaines de Calais* et les *Franciscaines de Marie* (spécialement missionnaires), etc.

Un tiers ordre très important, appelé aussi *ordre des Frères pénitents,* applique à des laïcs la règle sévère de saint François : ce sont les *Tertiaires de saint François,* créés dès le XIIIe s. Le chef de tout l'ordre des Franciscains et des congrégations qui s'y attachent est un général élu pour six ans, qui réside à Rome.

FRANÇOIS D'ASSISE (saint), fondateur de l'ordre des Franciscains (Assise v. 1182 - *id.* 1226). Fils d'un riche drapier, Pietro di Bernardone, il eut une jeunessse mondaine et heureuse, et participa aux guerres qui, en Italie, étaient fréquentes en son temps, de ville à ville. Il fut prisonnier à Pérouse et eut une grave maladie. Il eut une vision à Spolète au moment où il allait être fait chevalier, puis une autre à Saint-Damien, où le Christ crucifié sembla lui parler. Dès lors, il renonça à toutes ses richesses et exalta la pauvreté matérielle, base de la pauvreté spirituelle, ou renoncement total et radical. Quelques disciples vinrent le rejoindre, et il leur donna une règle en 1209 (v. *franciscains*). Son zèle infatigable, sa prédication enthousiaste le poussèrent, ainsi que ses frères mineurs, vers les missions chez les infidèles; lui-même prêcha en Égypte et obtint du Sultan quelques facilités pour les pèlerins se rendant à Jérusalem, préférant la parole au glaive des croisades. Quand il revint en Italie, il reprit sa vie de prières et de prédication. Le 14 septembre 1224, après une nuit de méditation et d'extase, il reçut les stigmates* de la Passion dont il garda la cicatrice sur les pieds, les mains et la poitrine jusqu'à sa mort, qui survint deux ans plus tard. Sa réputation de sainteté fut grande et il fut canonisé en 1228. Saint François d'Assise est l'image même du saint qui sait allier l'austérité à la joie, l'humilité et la douceur à une immense charité et à l'amour de la nature. Les *Fioretti* et la

Légende des trois compagnons, qu'il a laissés, sont des hymnes constants à l'œuvre de Dieu sous toutes ses formes. La vie de saint François a fourni aux artistes un thème inépuisable, mais c'est surtout le peintre Giotto qui, à Assise, en une série de fresques, ouvrit la voie à une iconographie nouvelle en relatant tous les épisodes de la légende dorée du saint.

FRANÇOIS DE PAULE (saint), religieux italien (Paola, Calabre, v. 1416 - Plessis-lez-Tours 1507). Il fonda l'*ordre des Minimes,* appelé aussi *ordre des Ermites minimes.* Par un grand souci de pauvreté, les minimes voulurent se mettre en dessous même des frères mineurs. Saint François de Paule fut moine franciscain et mena une vie très austère. Il fonda l'*ordre des Ermites de Saint-François,* ajoutant le jeûne perpétuel aux vœux habituels. Sur sa réputation de grande sainteté, le roi de France Louis XI le fit venir à Plessis-lez-Tours pour le guérir par un miracle. En fait, il l'aida à bien mourir et resta en France, où il fonda un couvent.

FRANÇOIS RÉGIS (saint), surnommé **l'Apôtre du Vivarais,** jésuite français (Fontcouverte, diocèse de Narbonne, 1597 - La Louvesc, Vivarais, 1640). Zélé prédicateur, donnant l'exemple de l'austérité et de la charité, il convertit beaucoup de protestants. Son tombeau a fait de la Louvesc un centre de pèlerinage.

FRANÇOIS DE SALES (saint), évêque coadjuteur de Genève (Château de Sales, Thorens, Savoie 1567 - Lyon 1622). Issu d'une famille noble de Sales, près d'Annecy ; après avoir été avocat à Chambéry, il devint prêtre. Prédicateur éloquent et persuasif, il sut convertir de nombreux protestants en Savoie et dans le pays de Gex, où il fut coadjuteur de son oncle, l'évêque de Genève. Il fonda en 1612 avec sainte Jeanne de Chantal l'ordre de la Visitation. Canonisé en 1665, proclamé « docteur de l'Église » par Pie IX, saint François de Sales est considéré comme un grand saint français et un écrivain remarquable. Il a laissé des *Entretiens spirituels,* des *lettres,* des *Sermons,* un *Traité de l'amour de Dieu,* mais c'est surtout son *Introduction à la vie dévote,* vrai classique de la piété catholique, qui est la plus connue de ses œuvres.

FRANÇOIS XAVIER (saint), surnommé **l'Apôtre des Indes,** jésuite espagnol (près de Pampelune, 1506 - près de Canton, Chine, 1552). Il fit ses études à Paris, au Collège Sainte-Barbe et enseigna la philosophie au collège de Beauvais. Devenu un des premiers compagnons de saint Ignace de Loyola (v. *Jésuites*), il fut un zélé missionnaire. Il alla aux Indes, à Ceylan, au Japon et mourut en Chine. Son corps fut ramené à Goa, où son tombeau est toujours vénéré.

fraticelles (italien *fraticelli*, petits frères), nom donné à un groupe de franciscains attachés à la plus stricte pauvreté et qui se retirèrent dans des ermitages à la fin du XIIIe s. (on les appelait aussi les «frères de la pauvre vie»). — Quelques-uns restèrent dans l'ordre, mais d'autres, suivant le mouvement de Joachim de Fiore*, particulièrement en Provence, furent violemment combattus par les autres franciscains, puis par l'Inquisition; leur hérésie annonçait le règne du Saint-Esprit et de l'amour.

frères (lat *frater*, frère), nom donné couramment aux membres de certains ordres religieux ou d'une congrégation, d'une secte ou d'une société secrète. On appelle frères lais ou laïcs, ou frères convers, ceux qui ne sont pas clercs, servent dans un couvent et ont des rapports plus fréquents avec l'extérieur. Beaucoup d'ordres religieux portaient ce nom; on distingue :
— les *Frères prêcheurs* (ou dominicains);
— les *Frères mineurs* (v. *franciscains*);
— les *Frères de la Charité* (divers ordres hospitaliers);
— les *Frères de la Croix* (congrégation fondée par saint François de Sales);
— les *Frères de la Pénitence* (tiers ordre franciscain à Toulouse);
— les *Frères* ou *Servites de la Vierge*;
— les *Frères de la Doctrine chrétienne* (ordre enseignant fondé au XVIIe s. par saint Jean-Baptiste de La Salle);
— les *Frères de la Sainte Famille*;
— les *Petits Frères de Marie* (ou maristes et marianites);
— les *Petits Frères des pauvres* (congrégation formée par Armand Marquiset en 1946, devenue association);
— les *Frères de la Vie commune* (congrégation de dévotion fondée par Ghérard de Groote; très répandue aux Pays-Bas aux XIVe et XVe s., elle a complètement disparu à la Réforme, mais a cependant été illustrée par Thomas à Kempis et par Érasme);
— les *Frères hospitaliers de Saint-Jean-de-Dieu* ou *de la Charité* (ordre fondé en 1540 par saint Jean de Dieu, et qui est avant tout un institut de charité pour soigner les malades. Quelques prêtres du même ordre, pratiquant la règle de saint Augustin, assurent la direction spirituelle des frères);

— les *Frères de Saint-Vincent-de-Paul,* membres d'une congrégation formée de prêtres et de frères, et fondée en 1845 par Jean Le Prévost, compagnon d'Ozanam, et Maurice Maignen pour l'évangélisation des ouvriers et des pauvres ;
— les *Frères de Taizé,* communauté monastique protestante fondée en 1940 par Roger Schultz, dans un but d'ouverture œcuménique (en Bourgogne, près de Cluny).

frères du libre-esprit, appelés aussi **amauriciens,** membres d'une secte mystique et panthéiste née au XIIIe s., qui tomba très vite dans l'hérésie après avoir pénétré dans certains béguinages. — L'Inquisition les poursuivit, mais ils subsistèrent comme société secrète.

frères moraves, membres de la secte protestante la plus ancienne, fondée en Bohême au XVe s. après la mort de Jan Hus*. — Ils ne voulurent pas se soumettre au pape ; ils constituèrent ensuite la communauté des frères moraves, traduisirent la Bible en tchèque et formèrent à l'époque de la Réforme les *protestants de Bohême* et *de Moravie.* La guerre de Trente Ans les dispersa par groupes en Pologne, en Allemagne, au Danemark. Cependant, quelques-uns conservaient leurs traditions et leurs écrits, et il y eut au XVIIIe s. un réveil en Moravie de ce *protestantisme hussite*, qui prit un sens missionnaire et se développa en Amérique. Le comte Zinzendorf (1700-1760) donna asile dans ses terres aux frères moraves persécutés. La colonie fut baptisée *Herrnhut* (tabernacle du Seigneur). Il établit d'autres communautés en Hollande, dans les États baltes et en Amérique du Nord. L'Église morave, qui admet le *Credo* de Nicée et la plupart des sacrements (très simplifiés), a un clergé hiérarchisé et une organisation mondiale de provinces gouvernées par des synodes.

Il y eut une mission des frères moraves au Tibet au début du XXe s.

frères pontifes, membres de plusieurs associations de constructeurs de ponts et d'hôpitaux. — Ils fondèrent à Paris l'ordre de Saint-Jacques-du-Haut-Pas (hospice).

FREYA ou Freyja. Vénus de la mythologie scandinave, fille de Njord, sœur de Frey, elle est la déesse de l'Amour, de l'Atmosphère et de la Nuit. Elle possède un collier merveilleux, analogue à la ceinture d'Aphrodite. Elle est représentée dans un char tiré par des chats, symboles d'amour et de passion. Son palais devait recueillir, après leur mort, les amants fidèles. Elle est souvent confondue avec *Frïgga,* l'épouse d'Odin*, la reine des Ases, le symbole maternel de la terre nourricière et de la mère de famille ; elle est aussi la déesse de l'amour conjugal.

Fuso Kyo, secte shintoïste fondée en 1884, accentuant le culte du *Fuji Yama.* (V. *pèlerinage.)*

G

gallicanisme (de *gallican*), doctrine qui avait pour objet la défense des « libertés gallicanes » et selon laquelle, tout en restant attachée aux dogmes de la foi catholique et à l'autorité du Saint-Siège, l'Église de France entendait conserver son organisation particulière et ses libertés.

Cette doctrine se fit sentir dans l'enseignement théologique dès le XVe s. et dans les débats qui entourèrent la *pragmatique sanction de Bourges* (7 juillet 1438), pratiquement imposée au roi Charles VII par les évêques, réunis à Bourges après le concile de Bâle. Vingt-trois décrets de réforme furent entérinés. Cette réforme proclamait la supériorité des conciles sur les papes, modifiait les formalités de l'élection des évêques et donnait une certaine indépendance à l'Église de France. Les papes la refusèrent, Louis XI la supprima (1461), mais l'agitation de l'université et du parlement la maintint en vigueur, jusqu'à ce que, après de nombreux débats et actes à ce sujet sous Charles VIII et Louis XII, un concordat, conclu entre Léon X et François Ier en 1516, l'abolît, laissant au roi le choix de la nomination des évêques. Le rétablissement du concordat, réclamé par la suite, n'aboutit pas. Les droits du roi (ou *régale*), devenant excessifs, soulevèrent l'opposition du pape sous Louis XIV, et il y eut alors dans tout le clergé français une affaire des libertés gallicanes, dont les principes furent résumés par Bossuet dans la *Déclaration des quatre articles,* votée par l'assemblée des évêques français en 1682.

Un conflit s'éleva avec Rome et faillit s'aggraver. Les évêques durent se soumettre en 1693 pour éviter le schisme, mais le gallicanisme théologique resta latent, tandis qu'une politique parlementaire marquant l'emprise du pouvoir temporel sur le pouvoir spirituel s'affirmait de plus en plus au XVIIIe s., aboutissant à la Constitution civile du clergé en 1790.

Le concordat de 1801 accepta la conception d'une Église relativement indépendante, Église qui resta, grâce aux *articles organiques,* conforme en certains points aux déclarations de Bossuet. La restauration de la monarchie vit le clergé de France se diviser, et les polémiques furent vives pendant tout le XIXe s. Il y eut, d'une part, l'*ultramontanisme**, attribuant à Rome, c'est-à-dire au pape, l'entière direction de la foi et de la vie chrétienne (ce parti fut appuyé par Joseph de Maistre, Louis Veuillot, etc.), et, d'autre part, le *gallicanisme*, qui fut vaincu lorsque le concile du Vatican, en 1870, définit le dogme de l'infaillibilité pontificale.

Gandharva, dans la mythologie brahmanique, nom donné à des divinités inférieures du ciel d'Indra. — Les Gandharva sont musiciens et savent ensorceler les dieux et les hommes. Dans l'iconographie asiatique, particulièrement à Angkor, on les voit représentés en manière d'anges musiciens sur les frises, opposés ou associés dans certains bas-reliefs aux Apsara*, nymphes ou danseuses célestes.

GANDHI (Mohandas Karamchand), surnommé **le Mahatma** («la Grande Ame»), apôtre national et religieux de l'Inde (Porbandar 1869 - New Delhi 1948). Né dans une famille pieuse du Kathiawar, il fut influencé par le jaïnisme et sa théorie de l'*ahimsa* (non-violence). Pacifiste fervent, animé d'un grand esprit de justice et de compassion. C'est, avec son amour pour l'Inde, ce qui aura été toute sa vie le but de ses actions et de ses écrits.

Il fut élève de l'université d'Ahmadabad, puis devint avocat à Bombay. Il participa intensément à la vie politique de son pays, soutenant les communautés indiennes d'Afrique du Sud, et prit part à tous les mouvements de revendication de l'indépendance nationale. Arrêté comme agitateur, il s'affirma comme un résistant à l'Angleterre et fit de fréquents séjours en prison. Devenu un héros national après de spectaculaires mais sincères grèves de la faim, il fit aussi faire de grands pas au parti de l'Indépendance, Il s'efforça de soulager la misère des Intouchables* et tenta de supprimer l'ostracisme dont ils sont encore l'objet, ce qui lui valut l'opposition de certains brahmanes. Cherchant une solution au problème musulman, il eut des ennemis. C'est ainsi qu'un brahmane hostile appartenant au «Mahasabha», société secrète d'ultra-hindouisme, fut un jour l'assassin de celui qui, dans son pays, était devenu le pur héros, le saint et le guru le plus écouté. Le 30 janvier 1948, son bûcher funèbre, sur les bords du Gange, fut entouré d'une foule immense et consternée. Ses cendres furent jetées dans le Gange.

Sa vie exemplaire est universellement honorée. Gandhi était un sage qui, s'il a laissé surtout des ouvrages politiques, a donné son enseignement à un petit nombre de partisans dans son ashram* et a prêché la simplicité de vie pour tous. Il n'a pas établi de doctrine religieuse, mais ayant connu le christianisme et approfondi les philosophies de l'Inde, il a pratiqué un large syncrétisme à base néo-hindouiste tout en laissant une place à une certaine forme de compassion bouddhique.

GANESHA ou **GANAPATI,** acolyte et fils de Çiva et de Parvati, un des dieux les plus populaires de l'hindouisme. Sa figure familière est invoquée au début de toute œuvre importante, spécialement d'ordre intellectuel, en souvenir du rôle légendaire qu'il joua dans la transcription du *Ramayana** sous la dictée de l'ascète-poète Valmiki ; il est le dieu des Écrivains et des Étudiants. Dieu de la Sagesse, il est aussi celui du Bonheur, car il écarte les obstacles et répand ses joyaux et ses bienfaits sur ses fidèles.

Il est représenté sous la forme d'un nain à gros ventre et tête d'éléphant n'ayant qu'une seule défense. Il a quatre bras et sa monture est un rat. Dans l'iconographie tantrique, il est souvent accompagné de sa *çakti**.

GANGA, déesse des eaux du Gange, fleuve sacré ainsi que ses affluents.

GANGE (en sanskrit *Ganga*), fleuve sacré par excellence de tous les hindous, un des plus importants pèlerinages, particulièrement dans les villes saintes qui le bordent, la plus importante étant Bénarès. Il fait partie des divinités du panthéon brahmanique : c'est la déesse Ganga descendant d'une grotte glacée de l'Himalaya, la montagne sainte (le Kailassa) dont elle est la fille. Ses eaux sont à tel point sacrées qu'elles peuvent purifier de tous les péchés. Tout son parcours est un lieu de pèlerinage constant. On boit ses eaux précieuses, on en emporte des flacons, on s'y baigne, et le rêve de tout bon hindou est d'y mêler ses cendres, s'il peut venir mourir sur ses rives, et s'y faire incinérer. Les *Purana* affirment ses vertus merveilleuses et assurent que suivre le cours du fleuve depuis Gangotri jusqu'au delta procure des félicités inestimables. (V. *Bénarès, pèlerinage*.)

GARUDA, dans la mythologie hindoue, messager des dieux, à tête, ailes et pattes d'aigle et à corps d'homme. Roi des oiseaux, il est parfois le dieu-soleil. Monture de Vishnu, il ravit au ciel, pour les apporter sur la terre, le feu et l'amrita* (ambroisie).

GAUTAMA. Nom très répandu dans l'Inde antique, qui fut celui du fondateur du bouddhisme et aussi celui d'un sage qui fonda l'école philosophique du *Nyaya* (méthode), système (ou *Darçana)* donnant une large part au raisonnement logique dans le domaine de la connaissance.

GEB, dieu égyptien de la Terre (équivalent de Gê ou Gaia en Grèce). Il était l'époux de Nout*, la déesse du Ciel, sa sœur, contrairement à beaucoup de mythologies où le Ciel est masculin et la Terre féminine. Il aurait été séparé du Ciel par le dieu Shou (l'Atmosphère) ; d'après les légendes mythiques d'Héliopolis, il serait un dieu de l'Ennéade, qui, jadis, aurait été souverain terrestre avant les pharaons.

génie (lat. *genius*, esprit divin qui préside à la naissance). Chez les Romains, le génie équivalent du *daimôn* des Grecs (v. *démon*), est une représentation du principe vital, ou âme. Il influençait toutes les actions de l'homme.

Il y eut aussi des génies locaux, qui ont passé dans les folklores de tous pays. Dans un sens plus large, on appelle «génie» tout être surnaturel détenteur de pouvoirs magiques. Une telle conception est courante chez les peuples primitifs et se trouve en tous temps et en tous lieux. Les esprits, ou génies des hommes désincarnés par la mort, ont toujours intrigué et inquiété les vivants, de même que ceux qui étaient censés hanter les cauchemars pendant le sommeil. Ces esprits ne pouvaient être que des êtres surnaturels, bons ou méchants, qu'il ne convenait pas de négliger (v. *animisme*). On en fit tantôt des sortes d'anges gardiens, tantôt des mauvais esprits. Souvent ils devinrent de véritables dieux (les génies de la Terre, des Eaux, des Sources, des Forêts, etc.). La Chine ancienne en possédait de toutes sortes : les génies y étaient honorés soit sous la forme de dragon, soit sous la forme humaine (génie du Bonheur, de la Longévité, etc.). Dans la mythologie scandinave, les *trolls* sont des génies familiers qui environnent en tout et partout la vie des hommes et font partie encore actuellement des fables et des folklores. Dans l'islam, les *djinns* peuvent apparaître sous forme humaine ou animale, être favorables ou dangereux, entrer en relations avec les humains, s'accoupler avec des femmes et engendrer des êtres à demi diaboliques (les Marids et les Ifrits). Les récits des *Mille et une Nuits* sont pleins d'aventures où les djinns jouent un grand rôle. Les Arabes auraient emprunté les djinns à l'Égypte ancienne ; les uns, émissaires de Sekhmet*, donnaient des tourments et les autres, gardiens de temples, cerbères bienfaisants, veillaient aussi sur les tombes.

GEORGES (saint). Plusieurs saints ont porté ce nom, mais celui qui est le plus connu, le plus honoré et surtout le plus représenté est un martyr du IVe s., né en Cappadoce, guerrier qui aurait été martyrisé sous Dioclétien à Nicomédie ; son corps aurait été transporté en Palestine, et Constantin fit élever une chapelle sur son tombeau. Son culte devint vite très populaire chez les Grecs, qui lui donnèrent le titre de *Megalomartyr.* Six églises lui étaient dédiées à Constantinople. Toute une littérature, les *Actes du martyre de saint Georges,* lui était consacrée. La légende dorée lui attribue toutes sortes de combats, le plus fameux l'opposant à un dragon mangeur d'hommes. Mais, à la fin du Ve s., le pape déclarait ces récits apocryphes. Dès le VIe s., il était honoré en Occident. A Venise, des églises et plus tard une congrégation religieuse se mirent sous son patronage. L'Angleterre le prit pour son saint patron et partout les ordres de chevalerie l'honorèrent comme le symbole du saint guerrier qui a triomphé contre les forces du Mal. Pendant les croisades, il aurait protégé et sauvé les chrétiens qui l'imploraient lors d'un combat contre les Sarrasins. L'Irlande et le Portugal ont aussi saint Georges pour patron. Ce très ancien culte perpétuant le thème du cavalier tuant un dragon reproduit le mythe du héros païen Persée ; mais, transposé dans le christianisme, il est devenu le symbole du triomphe de la lumière sur les ténèbres et de la religion chrétienne sur le paganisme.

Germains. La religion de ces anciennes peuplades nordiques nous est connue surtout par Tacite. Sa théogonie relate les noms, les parentés et les particularités des dieux. A l'origine, des géants représentent le chaos que les dieux bienfaisants détruisent.

Les phénomènes de la Nature (vent, feu, océan, etc.) sont gouvernés par les *nornes*, sortes de Parques qui symbolisent la nécessité et le destin.

Le grand dieu est *Teusch* appelé aussi *Wotan* ou *Odin*, fils de *Hertha*, la Terre, dont le fils *Mann* est l'homme.

Thor ou *Donar* est le dieu de la Foudre. *Freya* ou *Freyja*, la mère des dieux, est la personnification de l'amour conjugal. Comme chez les Scandinaves*, les Walkyries récompensent ceux qui sont morts au combat, tandis que les autres rejoignent le domaine glacé de *Hel.*

Tacite a décrit les cultes dans les bois sacrés où se pratiquaient des sacrifices sanglants, parfois humains.

Les prêtres jouaient un grand rôle dans les assemblées, les cultes, la divination et les prophéties. Ce clergé comprenait des prêtresses, telle Vellada dont l'influence fut grande.

GERSON (Jean Charlier, *dit* de), appelé **le Docteur très chrétien,** prédicateur et théologien français (Gerson, Ardennes, 1363 - Lyon 1429).

Il fut l'un des grands philosophes et théologiens du Moyen Age; son influence sur son temps fut considérable. Il fut chancelier de l'université de Paris en 1395, puis doyen du chapitre de Bruges. Très affecté par le grand schisme d'Avignon, il s'employa de son mieux à ramener un seul pape à Rome. Il obtint la réunion du concile de Constance (1414) qui termina le schisme. Il s'employa ensuite à réfuter les théories de Jan Hus* et à les faire condamner. Poursuivi par les partisans de Jean sans Peur, assassin de son cousin le duc d'Orléans, il fut obligé, parce qu'il stigmatisait ce crime, de se réfugier en Autriche, puis de retour en France, il se retira à Lyon dans le couvent des Célestins, dont son frère *Jean Gerson*, théologien, était le prieur. Il y mourut admiré de ses contemporains. Il laissa plusieurs ouvrages de mystique, de théologie et même de politique : le *De perfectione cordis*, le *De unitate ecclesiae* sont les plus connus. Il est un des auteurs auxquels on a attribué l'*Imitation de Jésus-Christ**.

Son neveu Thomas Gerson, théologien aussi, aurait écrit *Des sept paroles du Sauveur sur l'arbre de la Croix.*

GHAZALI (AL-) philosophe, théologien et mystique musulman (Tus, Khurasan, 1058 - *id.* 1111). Il enseigna à l'université de Bagdad la jurisprudence et la philosophie, et composa plusieurs ouvrages pour lutter contre les ismaéliens. Doutant de certaines vérités affirmées par le Coran, il chercha à ranimer la foi et l'éthique musulmanes, et son traité de la *Revivification des sciences religieuses* a pu être comparé pour l'islam à la *Somme théologique* de saint Thomas d'Aquin.

Parvenu au sommet de sa carrière, il abandonna sa chaire à l'université et, attiré par le soufisme* et la vie ascétique il devint derviche errant. Théoricien du soufisme et de sa mystique, il eut le grand mérite d'apporter aux doctrines de l'islam une théologie dans les formes de la dialectique grecque. Ses œuvres ont eu une certaine influence sur l'Occident. Bien que ses ouvrages aient été accueillis avec crainte, il acquit vite une grande réputation de savant et de saint. Il est considéré de nos jours comme un des grands théologiens de l'islam.

GILGAMESH, grand héros de la plus ancienne épopée connue, celle des Assyro-Babyloniens, qui remonte aux environs de 2500 av. J.-C. Roi d'Ourouk, il lutte contre les tribus voisines et dans sa ville contre les sectateurs d'Ishtar, déesse de la Volupté. Avec son fidèle ami, *Enkidou,* être de forme à demi humaine, il entreprend un grand voyage semé d'embûches vers l'Occident pour aller interroger le héros du déluge *Outa-Napisthim*, le Noé babylonien, et apprendre de lui le secret de l'immortalité. Il fait un long récit du déluge. Enkidou meurt au cours de cette expédition, et Gilgamesh, évoquant son ombre, descend aux enfers, lieu sombre où sont les défunts. Le héros, ayant cueilli la plante de jouvence, pense devenir immortel, mais un serpent la lui ravit, et Gilgamesh devra subir le sort commun de l'humanité.

Ce poème de Gilgamesh a été révélé par la découverte de la bibliothèque d'Assurbanipal. La légende a été racontée dans tout l'Orient et les pays de la Méditerranée orientale. Le héros a souvent été représenté sur les cylindres-sceaux et dans les reliefs des palais assyriens, en particulier celui de Khorsabad.

Gita-Govinda (*Chant du pâtre*), poème religieux en l'honneur de Krishna, qui raconte ses aventures de jeune vacher lorsqu'il était Govinda et poursuivait de ses assiduités la belle Radha (une des fameuses *gopi* — «bergères» — à qui le jeune berger Krishna*, jouant de la flûte, adressait ce poème mystico-érotique, comparé au *Cantique des Cantiques).* Il ne faut pas le confondre avec la *Gita (Bhagavad-Gita*)*, qui est aussi un hymne à Krishna. La *Gita-Govinda* aurait été écrite par un poète bengali du XIIe s. nommé Jayadeva.

gnose, gnosticisme, connaissance absolue qui enveloppe tout. Ce savoir, en soi, explique la divinité et la création, c'est-à-dire l'univers et l'homme par la théorie de l'*émanationnisme**. Cette science est généralement réservée à certains initiés de différentes religions; elle est *ésotérique.* Lorsqu'elle est comprise par intuition plus que par raisonnement, elle conduit à une illumination salutaire. Seule cette gnose, cette connaissance peut sauver l'homme de la déchéance de la matière — principe du Mal — car le mal est cosmique. Le **gnoticisme,** qui méprisait la matière, n'attachait de ce fait aucune importance au péché. On a voulu faire de la gnose une science secrète, une science eschatologique. C'est la clé du système, car, en apparence, le gnosticisme est pessimiste, mais la connaissance doit atteindre Dieu, un Dieu caché; pour accéder à cette connaissance, qui est un don de Dieu, il faut la grâce, qui ne peut être obtenue que par la prière. Donc l'élu doit se soucier de son salut non par les œuvres, mais par la science qu'il devra révéler aux hommes, d'où le rôle de la prédication, qui ne peut rester dans un petit cercle de privilégiés.

Les gnostiques ont une prédilection pour l'émanationnisme. Pour eux la matière est essentiellement mauvaise; aussi n'a-t-elle pu être créée par Dieu, mais par un *éon* déchu ou par un *démiurge* mauvais, ce qui implique un dualisme qui, du point de vue chrétien, entraîna toutes sortes dh'érésies et fut à l'origine du manichéisme et des sectes qui en ont découlé (priscillianisme, bogomilisme, catharisme).

Le gnosticisme, système complexe, est plus qu'une doctrine, une attitude morale et religieuse qui s'exprime dans une épigraphie et une littérature abondante et étrange comme l'*hermétisme**, dont il se rapproche beaucoup. Vaste mouvement de syncrétisme, il prend cependant des aspects très variés et forme plus de soixante-dix sectes dans les premiers siècles de notre ère, dont plusieurs sont ou de tendances grecques et néo-platoniciennes, ou de caractère judaïque, allant jusqu'à l'ésotérisme de la kabbale (doctrine de Philon d'Alexandrie); d'autres, assez nombreuses, sont influencées par l'hermétisme, où les anciens mystères aboutiront aux gnoses islamiques des ismaéliens, des Druzes et même de certains soufis; d'autres sont de type manichéen; enfin certaines sectes dites «asiatiques», avec Marcion* et les marcionistes, allient des idées orientales à quelques fragments de l'Évangile. De nombreuses sectes du IIe au VIe s. s'adonnaient à la magie comme celle des carpocratiens* et des ophites*.

Certains ont voulu trouver dans l'Inde le berceau de la gnose. Le gnosticisme chrétien se développa dans ce confluent d'idées, de philosophies et de religions qu'était Alexandrie. C'est là qu'on trouve le plus grand nombre de sectes qui ont inquiété les Pères de l'Église en créant autant d'hérésies que de docteurs gnostiques, tels que Simon le Magicien, Ménandre, Basilide, Carpocrate, Valentin, Marcion et Bardesane. Toute une littérature de livres de sagesse et d'apocryphes a vu le jour (la plupart des livres sont écrits en copte). On a découvert en 1945 une bibliothèque d'une secte gnostique, à Nag-Hammadi, en haute Égypte; elle offre un très grand intérêt pour la connaissance de ce mouvement de la pensée humaine qui, à la recherche d'un ésotérisme, s'est exercé dans plusieurs religions.

GOMATEÇVARA, saint jaïn de la secte des digambara. Il est connu surtout par sa statue gigantesque qui se dresse à Stravana Belgola (dans l'État de Mysore, Inde) et qui abrite un temple devenu centre de pèlerinage pour les jaïns. Cette statue du saint complètement nu à été exécutée en 1028. Tous les quinze ans, on procède à la cérémonie de l'onction de la grande tête, fête curieuse où les pèlerins répandent les offrandes les plus diverses.

Graal (le) **ou Saint-Graal** (le) (peut-être d'un mot celtique signifiant «plat», «coupe»), dans les croyances médiévales, vase qui aurait recueilli le sang du Christ jailli de la blessure faite par un coup de lance donné au Crucifié par le centurion Longin. — Dans les traditions ésotériques, cette coupe, taillée par les anges, aurait été à l'origine une pierre précieuse tombée du front de Lucifer. Ce vase aurait été utilisé par Jésus lors de la dernière Cène.

Ces récits comportent de nombreuses variantes : dans le cycle arthurien, la coupe sacrée aurait été portée en Angleterre, où elle aurait été découverte par Perceval, Lancelot et son fils Galaad. C'est le thème principal des légendes celtiques mêlées de christianisme, où le Graal perdu ne pourrait être retrouvé que par un être pur. En France, Chrétien de Troyes et les romans courtois reprennent le thème mi-ésotérique, mi-mystique de la quête du Graal, épopée de l'âme humaine.

Pour Robert de Boron, au XIIIe s., le vase magique et mystérieux devient le calice de la Cène. En Allemagne, Wolfram von Eschenbach (XIIIe s.), interprétant la légende du Saint-Graal, inspirera le *Parsifal* de Wagner, qui confirme le mystère ésotérique de l'opposition du Bien et du Mal.

Le Graal est le symbole de la grâce à qui fait pénitence ou de la connaissance à qui cherche l'absolu. Il existe une secte dont les membres se donnent le nom de «chevaliers du Graal».

grâce (lat. *gratia*, grâce, faveur), dans la théologique chrétienne, don ou secours surnaturel que Dieu accorde aux hommes pour faire leur salut et qui leur permet de supporter les épreuves rencontrées au cours de leur vie.

La grâce est accordée par Dieu gratuitement pour faire participer les fidèles à sa gloire dans l'éternité. Pour les catholiques, les sacrements ont été institués pour faire coopérer les âmes au sacrifice de Jésus-Christ et les faire bénéficier des grâces acquises par ses mérites.

La grâce est dite *habituelle* ou *sanctifiante* lorsque, à la suite du baptême, le chrétien la possède et s'efforce, en évitant de faire le mal, de la garder et même de la fortifier par la pratique des sacrements. Elle est dite actuelle lorsqu'elle est accordée pour un cas déterminé, secours momentané de

Dieu. D'après les théologiens, la grâce n'est jamais refusée à la prière sincère quand il s'agit d'un progrès spirituel, mais elle ne saurait entraver l'action du libre arbitre.

Les discussions sur la grâce «efficace» et la grâce «suffisante» ont été grandes entre les *thomistes*, soutenant la première, et les *molinistes*, soutenant la seconde. Ces derniers font une plus large place à la liberté humaine. Les rapports de la grâce et du libre arbitre ont donné naissance à de nombreuses controverses, depuis les hérésies des pélagiens* et semi-pélagiens jusqu'aux jansénistes*. Les *Traités sur la grâce* de saint Augustin (appelé «le docteur de la grâce») affirmaient la nécessité du don gratuit de Dieu tout en reconnaissant la réalité du libre arbitre. On crut trouver dans ces ouvrages le thème de la prédestination. Saint Thomas d'Aquin et d'autres théologiens catholiques pensent que Dieu accorde sa grâce aux âmes, mais que tout ce qui doit leur arriver est ordonné de toute éternité.

Les jansénistes avec l'*Augustinus* et le *Traité de la fréquente communion* d'Antoine Arnaud, reprirent, en les accentuant, les théories affirmant la prédestination. Les protestants reconnaissent la grâce, ou bienfait de la Providence, les luthériens admettent la grâce efficace des sacrements, tandis que les calvinistes acceptent, avec la grâce commune pour tous, la prédestination pour certaines âmes, et là est le point central de la doctrine calviniste. En termes liturgiques, les grâces expriment une prière de remerciement à Dieu après les repas, ou un chant d'action de grâces à la gloire de Dieu, en reconnaissance pour des combats victorieux (*Te deum*).

Granth, livre saint des sikhs. Il comprend des poèmes fameux de Nanak*, de Kabir* et autres fondateurs de la religion des sikhs. Depuis la mort du dixième guru*, lequel proclama qu'il serait le dernier, l'*Adi-Granth* (le «Noble Livre»), augmenté d'un Supplément, est devenu le guru lui-même et il est rédigé par ce dixième guru : Govind Sing (*Singh — «Lion» —*, c'est ainsi que se surnomment les sikhs). Il est enfermé dans le temple d'or d'Amritsar, et on lui rend un culte.

GRÉGOIRE (saint). Plusieurs saints de l'Église catholique ont porté ce nom :
— *Grégoire le Thaumaturge* (IIIe s.), disciple d'Origène;
— *Grégoire l'Illuminateur* (IIIe-IVe s.), premier patriarche d'Arménie, convertit son pays au christianisme;
— *Grégoire de Nazianze,* «le Théologien», docteur de l'Église grecque (Cappadoce IVe s.);
— *Grégoire de Nysse,* dont il fut l'évêque (IVe s.), docteur de

l'Église d'Orient, frère de saint Basile, combattit l'aryanisme; — *Grégoire Ier*, dit *Grégoire le Grand* (VIe-VIIe s.), un des plus grands papes. Il sut faire régner l'ordre, lutter contre les hérésies, réformer la liturgie inscrite dans son «Sacramentaire», et laisser des écrits mystiques qui eurent une grande influence. Il fonda l'école des chantres qui répandit en Occident le chant* dit *Grégorien*. L'ordre de Saint-Grégoire-le-Grand, créé en 1831 par le Vatican, comprend trois classes : chevalier, commandeur, grand-croix.
— *Grégoire de Tours* (VIe s.) défendit l'Église au milieu des querelles franques. Il est l'auteur d'une importante *Histoire des Francs*.

Les papes Grégoire II, III et VII furent canonisés. Ce dernier, Hildebraud (1015-1085) est connu particulièrement par le pardon qu'il accorda à l'Empereur Henri IV, dans une entrevue restée célèbre : Canossa. Il est une des grandes figures du Moyen Age.

Le pape Grégoire XIII (1502-1585) eut à lutter contre la Réforme, soutint les missions, créa le Collège romain (l'Université grégorienne). Son nom est resté attaché à la réforme du calendrier en 1582 (calendrier grégorien).

GRÉGOIRE PALAMAS (saint) (1296-1359). Grand mystique byzantin. Ayant longtemps séjourné au mont Athos il est considéré comme le modèle des moines, le flambeau de l'orthodoxie et le défenseur de l'Hésychasme* que *saint Grégoire le Sinaïte*, à la même époque, érigeait en système.

guru, en Inde, maître spirituel qui peut être un mystique et un directeur d'exercices. — Ses disciples vivent généralement tout près de lui, soit dans un *ashram**, soit dans le voisinage, où ils viennent écouter son enseignement ou participer aux prières qu'il préside, et recueillir un peu de son aura spirituelle et bienfaisante. Parfois le guru fait un vœu de silence et ses disciples qui l'admirent lisent ses ouvrages ou méditent auprès de lui.

Au Pakistan, il existe une sorte de guru, le «Pir», qui est un maître religieux et mystique de tendance soufi.

GUYON DU CHESNOY (Jeanne Marie **Bouvier de la Motte,** connue sous le nom de **Mme Guyon**), mystique française (Montargis 1648-Blois 1717). Veuve à vingt-quatre ans, elle s'établit à Paris, mais voyagea, parcourut l'est, le sud-est de la France et l'Italie du Nord, exposant ses doctrines et son interprétation quiétiste de l'Évangile. Si Mme de Maintenon avait apprécié son premier livre, le *Moyen court et très facile* *pour l'oraison*, Louis XIV, un peu plus tard, demanda à un tribunal d'ecclésiastiques réunis à Issy en 1695 d'examiner ses doctrines. Bossuet* en faisait partie et fut sévère pour Mme Guyon, bien qu'il reconnût l'innocence de ses mœurs. Se sentant soutenue par Fénelon*, elle continuait de faire paraître ses ouvrages mystiques tels que les *Torrents spirituels*, le *Sens mystique de l'Écriture sainte*, etc. Elle fut arrêtée et enfermée à Vincennes en 1695, puis deux fois à la Bastille. Elle fut enfin libérée en 1702 et se retira chez son fils près de Blois, où, s'étant soumise à l'Église, elle écrivit son autobiographie. (V. *quiétisme*.)

H

Hadith (mot arabe signifiant «conversation» ou «récit»), ensemble de tous les écrits traditionnels qui sont consacrés à la vie de Mahomet et à sa doctrine. Ils font partie de la *sunna*, qui forme avec le Coran la base de la religion, de la civilisation et du droit musulmans.

Haggadah, v. *Talmud*.

hagiographie, récits de la vie de personnages religieux. Chez les chrétiens, la *Légende dorée* de Jacques de Voragine (évêque de Gênes, XIIIe s.), écrite dans un souci d'exaltation des faits prodigieux de la vie des saints, a été une source d'inspiration iconographique pour tout le Moyen Age. Mais les collections et documents relatifs aux *Acta sanctorum* ont été méthodiquement étudiés, classés, publiés par les bollandistes*. Ceux-ci ont dû compulser et classer toutes les relations anciennes connues sous le nom d'*Actes des martyrs* ainsi que les listes liturgiques conservées dans les cathédrales, les martyrologes des églises d'Orient et d'Occident, les biographies écrites par des contemporains et, depuis le XIIIe s., les enquêtes et les bulles de canonisation. De nombreux historiens avaient critiqué sérieusement tous ces documents d'inégale valeur. Dom Ruinart et Le Nain de Tillemont ont en partie préparé ce grand travail d'hagiographie qu'est celui des bollandistes.

hajj, nom donné au pèlerinage à La Mecque, qui est un des cinq devoirs de la religion musulmane (v. *islam*). Il doit être accompli au moins une fois dans la vie de tout croyant qui en a les possibilités financières et physiques, mais celui-ci peut déléguer quelqu'un à sa place : le bénéfice du hajj (c'est-à-dire la certitude du paradis de Mahomet) sera alors uniquement pour celui qui a payé le voyage ; le croyant devra accomplir tout le rituel d'usage, offrir les sacrifices et revêtir l'«irham», la robe blanche sans couture du pèlerin qui sera son suaire. Le titre de «hajj» est donné à celui qui a accompli le pèlerinage ; il précède alors son nom comme signe d'une sainte noblesse qui lui assure le respect de tous, surtout s'il habite une contrée lointaine ; le hajj a atteint un sommet de la vie religieuse.

HALLADJ (Al Husayn Ben Mansur) (852-922), théologien mystique soufi, originaire du Fars. Son nom signifie «cardeur de laine», il se fit cardeur de consciences, alla au Khorasan. Vrai fou de Dieu, il accomplit trois pèlerinages à La Mecque ; extrémiste chiite, il prêcha pendant cinq ans l'union mystique, la monogamie et fit de nombreux disciples.

A Bagdad, accusé de magie et de pacte avec les djinns, il fut compromis dans la répression anti-hanbaliste, resta neuf ans en prison, s'exhortant au martyre, écrivant des prières. Flagellé, exhibé sur un gibet, il souffrit la passion, annonçant sa résurrection, et fut décapité en 922.

Hanbalisme, école théologique musulmane juridico-morale des IXe et Xe s.

hannukah, v. *dédicace, fête, judaïsme, hasidim.*

HANUMANT, le dieu-singe de l'hindouisme. Dans l'épopée du *Ramayana**, il est l'ami de Rama, toujours prêt à rendre service, et il aide puissamment ce héros à reconquérir Sita, enlevée par Ravana. Pour cela, il rassemble toute une armée de singes et va jusqu'à l'île de Lanka (Ceylan) combattre le roi des *rakshasa.* Il est très souvent nommé dans la littérature hindoue et généralement représenté sur les bas-reliefs des temples et dans l'imagerie populaire. C'est à cause de lui et des services qu'il rendit dans des temps quasi légendaires que les singes sont sacrés dans l'Inde.

HARA, un des noms de Çiva.

HARI, un des noms de Vishnu.

HARI-HARA, divinité composite de ces deux dieux, représentée surtout dans l'art khmer par un seul personnage moitié l'un moitié l'autre.

HARPOCRATE, nom grec du dieu **Horus***, qui dans l'histoire religieuse de l'Égypte est assimilé à Horus enfant et que les statuettes figurent comme un enfant suçant son doigt. Ce geste charmant de jeune enfant avait été interprété par les Grecs comme celui du dieu du Silence.

hasidim (mot hébreu signifiant «les pieux»), ancêtres des pharisiens. — Chez les juifs de Palestine, au IIe s. av. J.-C., un parti s'était formé pour préserver farouchement les coutumes et les particularités du judaïsme, et résister à l'hellénisation que voulait apporter le roi de Syrie Antiochus IV Épiphane. Les hasidim protégèrent l'orthodoxie et furent à l'origine de la révolte des Maccabées. Après la destruction du temple et le miracle des lampes perpétué par la fête de *hannukah*, ces résistants obtinrent de conserver leur religion, de reconstruire le temple de Jérusalem, et ils devinrent les vrais gardiens de la foi.

Lors de la Diaspora*, ils reparurent dans certains pays comme en Europe centrale au Moyen Age, quand se développa la *kabbale**. Au XVIIIe s., un mouvement portant ce nom et dirigé par le rabbin Israël ben Éliézer (dit Baal Shem), eut un grand succès en Pologne et dans toute l'Europe de l'Est; il développa une renaissance religieuse parmi les juifs orientaux, qui forment encore aujourd'hui en Israël et dans la Diaspora (à New York surtout) le noyau de l'orthodoxie. Ce courant de dévotion s'opposait au Talmud*, trop intellectuel; il faisait appel à la prière du cœur pour trouver Dieu.

HATHOR, divinité égyptienne aux multiples noms et aux multiples attributions. En fait, elle recouvre la personnalité de plusieurs divinités. Elle était représentée tantôt par une vache portant le disque solaire entre ses cornes, tantôt par une femme ayant sur la tête le disque solaire entouré de cornes de vaches. Sur les chapiteaux hathoriques, un visage mi-humain, mi-animal, exprime la personnalité étrange de cette déesse qui est à la fois déesse de l'Amour et de la Mort. C'est dans ce rôle cosmique qu'elle apparaît à Deir el-Bahari. Le grand temple de Dendérah lui est consacré; là, elle est la grande déesse universelle, le modèle divin de la féminité, la déesse de la Joie, de la Musique et de l'Amour.

hégire (arabe *hidjra*, émigration, expatriement), nom donné à la date qui marque le départ de Mahomet pour Médine alors qu'il était obligé de fuir La Mecque, sa ville natale, le 6 juillet 622. — Le khalife Omar décida que le calendrier musulman commencerait à partir de ce jour mémorable.

HERBERT DE CHERBURY (Edward, baron), diplomate et philosophe anglais (Eyton, Shropshire, 1583 - Londres 1648). Il a précisé le *déisme* en définissant la *religion naturelle* dans son ouvrage capital *De veritate*. Il y analyse le sentiment religieux qu'il trouve naturel à l'homme, la croyance en un Etre suprême et la nécessité d'un culte pour affirmer cette croyance. La piété et la vertu doivent inspirer ce culte. Les hommes doivent cesser de faire le mal et se repentir de leurs fautes; il existe une vie future dans laquelle les bons seront récompensés et les méchants punis.

Il fut considéré en son temps comme athée. Cette idée de religion naturelle fera son chemin et, en France, au XVIIIe s., aboutira au déisme de J.-J. Rousseau et de Robespierre.

hérésie (gr. *hairein*, choisir), opinion religieuse différente de celle d'une Église établie. — Dans l'Antiquité, l'*hairesis* désignait une école de pensée ou une école philosophique, mais ce terme a pris dans le christianisme le sens de «doctrine contraire à l'orthodoxie»; il qualifia l'opinion définie par les théologiens comme une «erreur volontaire et opiniâtre opposée à un dogme révélé et enseigné comme tel dans l'Église catholique»; ainsi définie, l'hérésie suppose une révolte contre l'autorité religieuse. Elle est toujours sévèrement punie par les conciles, dont les premiers eurent tous pour résultat de condamner des hérésies.

hermétisme, doctrine occulte de la connaissance, ou *gnose païenne*, qui apparut aux premiers siècles de l'ère chrétienne en Égypte, où les Grecs de l'école néo-platonicienne assimilèrent leur dieu Hermès, devenu le Mercure des Romains, au dieu Thot*, le dieu égyptien du Savoir. On considéra Hermès comme le révélateur de la sagesse divine, par laquelle les hommes peuvent atteindre les plus hauts sommets de la connaissance. Il fut appelé *Hermès Trismégiste* (le «Trois fois grand») et fut le dieu des révélations, l'inventeur des arts et des sciences, l'auteur d'un nombre considérable de livres secrets relatifs à la magie, l'astrologie ou l'alchimie. Ces ouvrages, où se mélangent les influences de l'Égypte, de la Bible et du néo-platonisme, ont joué un grand rôle dans la gnose chrétienne (v. *gnose*); leurs fragments ont été réunis et traduits à plusieurs époques et en plusieurs langues, et restent la base de la science dite «hermétique»; celle-ci est synonyme d'enseignement secret appliqué particulièrement à la philosophie et à l'alchimie. L'hermétisme admet la possiblité de la connaissance du «moi» véritable et de son équilibre organique, d'où l'application de cette science à la médecine, dont Hermès Trismégiste serait l'inventeur (on lui attribue *la Table d'émeraude*, traité d'alchimie et de médecine). Les dix-huit traités forment le *Corpus hermeticum* et *l'Asclepius*, qui sont parmi les classiques de la littérature hermétique, et dont les innombrables textes primitifs auraient tous pour auteur Hermès. Il proposait comme devise les préceptes du Sphinx : «Savoir, oser, vouloir, se taire». Ces livres ont eu une grande influence sur les nombreuses doctrines secrètes dites *ésotéri-*

ques. De nos jours l'hermétisme est devenu synonyme d'«occultisme», mais aussi, dépôt du secret d'une connaissance traditionnelle toujours opposée au savoir officiel.

hésychastes (gr. *hêsukhia*, repos), nom donné aux moines dont les doctrines mystiques quiétistes inquiétèrent beaucoup l'Église grecque au XIVe s.

Ces moines s'asseyaient sur le sol, fixant le regard sur leur nombril (d'où leur surnom d'*omphalopsychites* — «nombril âme» — donné par dérision). Ils cherchaient par cette technique de concentration spirituelle à parvenir à une extase lumineuse, comparable à l'«illumination» des religions asiatiques; c'est pourquoi certains pensent que la technique du yoga a pu être connue de ces moines mystiques, qui furent surtout nombreux dans les monastères du mont Athos. Cette méthode se propagea jusqu'en Italie du Sud; elle entraîna une querelle théologique qui dura pendant dix ans (1341-1351); le plus grand défenseur des hésychastes fut *saint Grégoire Palamas*.

Trois conciles grecs s'occupèrent de ces mystiques, et comme ceux-ci ne purent être taxés d'hérésie, ils triomphèrent, mais on ne parla plus beaucoup d'eux. Cependant, quelques ascètes du mont Athos se réclament encore aujourd'hui de l'hésychasme.

HEVAJRA, dieu tutélaire tibétain représenté le plus souvent enlaçant sa parèdre, la déesse *Nairatmâ*.

hiéro. Cette racine grecque signifiant «sacré» a donné plusieurs noms dont le sens religieux est intéressant.

Hiératique est un qualificatif s'appliquant à toute représentation de formes fixées par des traditions religieuses. Cette représentation implique généralement la solennité et la frontalité. L'*hiératique* se dit de l'écriture égyptienne (surtout dans la statuaire) évoluant des formes hiéroglyphiques vers le démotique et prenant un tracé cursif.

Hiérodoule (gr. *doulos*, esclave) se disait de tout esclave attaché au service d'un temple, ainsi que de toute hétaïre des temples d'Aphrodite en Grèce et en Orient. En Inde, les danseuses sacrées ou les personnes consacrées aux temples se nomment *devadasi*.

L'hiérogamie (gr. *gamos*, mariage), qui est une forme d'union sacrée de principes complémentaires, est à la base de nombreuses cosmogonies et de religions primitives. L'union d'un dieu et d'une déesse de la Végétation fait partie des anciens cultes agraires, et, de nos jours, certains rites de fertilité perpétuent ce symbole.

L'hiéroglyphe (gr. *gluphein*, graver) est un système d'écriture pictographique et idéographique qui a paru avoir un caractère sacré du fait que les premiers exemples rencontrés ont été des inscriptions sur des monuments religieux ou funéraires en Égypte. Plus tard, les écritures des Hittites et celles de l'ancien Mexique ont aussi bénéficié de ce nom.

L'hiéromancie est la divination faite d'après les offrandes en l'honneur des dieux (fréquente dans l'Antiquité gréco-orientale et chez les Étrusques).

L'hiérophante (gr. *phaneim*, montrer), est, dans la Grèce antique, celui qui préside aux cérémonies des mystères, particulièrement à Éleusis. Par analogie, on donne aussi ce nom à celui qui dirige une initiation dans une société plus ou moins secrète.

hiéronymites (du gr. *Hiérônumos*, Jérôme), religieux et religieuses de différents ordres et congrégations, particulièrement en Espagne, au Portugal et en Italie.

higoumène ou **hégoumène** (gr. *hêgoumenos*, chef), nom donné dans l'Église orthodoxe au supérieur d'un monastère de la règle basilienne.

hinayana, v. *bouddhisme*.

hindouisme. Cette religion actuelle de la plupart des habitants de l'Inde est le résultat de l'évolution du brahmanisme, à la suite de nombreuses spéculations philosophiques et aussi de la lente intégration des cultes aborigènes. Cette adaptation est sensible déjà aux environs de l'ère chrétienne.

Issu du védisme*, dont il conserve les livres sacrés, les *Veda** et leurs compléments les *Brāhmana** et les *Upanishad**, l'hindouisme considère tout cet héritage ancien comme une révélation (*çruti*) faite à des *rishi* (sages, «voyants»). Il ajoute à ce fonds de très nombreux ouvrages appartenant à la *smriti*, ou tradition mémorisée : ce sont les *sutra* et les *çastra*, qui donnent le sens religieux et les règles précises de tout ce qui touche à la société indienne; les *castes* sont définitivement établies ainsi que les devoirs et les droits de chacun (v. *Manu*). L'hindouisme, résultat d'une longue maturation d'idées, s'est élaboré à travers une abondante littérature qui s'étale sur plusieurs siècles : les épopées (*Mahabharata**, *Ramayana**) nous font apparaître des aspects très différents de ceux du védisme, dus à des apports non aryens; une mythologie, vishnuiste par la notion d'avatar, ainsi que les différents noms et personnalités de Çiva et de ses fils donneront une grande variété aux formes religieuses de l'hindouisme. Les sectes se diversifient et se multiplient; les

Purāna, ouvrages religieux traitant de mythologie, de théogonie, de cosmologie, d'histoire, d'hymnes, etc. (du IIIe au XIIe s.), complètent sa physionomie si complexe. On distingue : les traités vishnuistes, *Samhitā* (recueils), et çivaïtes, *Agama* (traditions). Toute la littérature classique de l'Inde a une texture religieuse : ouvrages poétiques, théâtre et surtout philosophie. Les systèmes, ou *Darçana*, sont au nombre de six, et ils ont tous pour objet la «délivrance». Le plus ancien est la *mimānsā* (réflexion sur le védisme), puis viennent dans l'ordre le *vedāntā**, ou fin du *Veda* le *sāmkhya*, le yoga*, le nyāya* (logique), le *vaiçeshika* (discrimination).

La mythologie reste comme un fonds légendaire; elle reconnaît un polythéisme luxuriant et un panthéisme s'étendant même à la matière. Mais l'hindouisme a désormais deux formes bien nettes : celles des savants, qui tend au monothéisme dans sa doctrine du brahman*, l'immuable éternel, et celle d'une religion populaire. Les grands dieux sont surtout Vishnu* et Çiva*, qui ont émergé de la *Trimurti** initiale. Mais on trouve aussi opposée au monde patriarcal du brahmanisme, et rappelant sans doute un très ancien matriarcat aryen, la *Mère*, qu'elle soit la Devi, aux noms si variés, ou la çakti*; il y a des divinités de villages ou les sept mères. C'est le culte de l'éternel féminin qui a pu faire dire que l'Inde était une «Mâtrie» (*Mother India* confondue avec la Mère universelle, un des grands symboles du nationalisme indien). L'hindouisme vénère aussi une foule de divinités inférieures; nāga, yaksha, gandharva, apsara, etc. Le culte des animaux, en particulier celui de la vache, est aussi une des grandes caractéristiques de ce complexe religieux. Cependant, à travers cette multiplicité, chacun peut trouver l'unité et la voie qu'il recherche. S'il n'y a pas vraiment une orthodoxie (pour certains, c'est celle du *vedanta*), il y a une forme religieuse hindoue faite d'un ensemble de règles de castes, de rites mêlés à la vie quotidienne, de coutumes, de croyances, de fêtes aux mille aspects divers, mais cependant enfermés dans le cadre d'une société unique en son genre pour qui le profane n'existe pas.

Hittites. La religion de ces peuples de l'Antiquité orientale qui, venus du Nord, envahirent l'Anatolie occupée déjà par des tribus asiatiques et des colonies de marchands assyriens a subi une profonde évolution au cours de la longue période de leur domination.

A l'époque de Hatti (IIIe millénaire av. J.-C.) les Pré-Hittites ou Hattiens adoraient les dieux de la Fertilité, de l'Orage, du Ciel, du Soleil et du Temps, ainsi que de nombreuses divinités de caractère animiste variant d'une région à l'autre. La capitale devint Hattousa (Bogatzkoij) dont le premier roi fut Hattousli (v. 1500 av. J.-C.)

Les Hittites d'origine indo-européenne gardaient l'ancienne mythologie tout en accueillant de plus en plus des dieux étrangers, hourrites, mésopotamiens, et, plus tard, phrygiens. La déesse d'Arrina devint la protectrice de la royauté. Avec le dieu de l'Orage et leur fille la déesse Mezoula, ils constituèrent une triade*. Les familles de dieux se multipliant, une théogonie composite fut élaborée. Le roi se disait «aimé de Dieu», accomplissait une fonction sacrée assisté de très nombreux prêtres qui assumaient par leurs rituels minutieux de purification et par des fêtes religieuses le caractère sacerdotal de celui qui était considéré comme l'intermédiaire entre Dieu et les hommes. Le roi, juge suprême, devenait dieu à sa mort et recevait un culte. La reine participait de ce caractère sacré.

HIUAN-TSANG, moine bouddhiste d'un monastère de Lo-Yang (VIIe s.). Il est le plus grand des pèlerins chinois et un des principaux traducteurs de textes indiens. Parti de Chine en 629 par la route de la soie, il parcourut presque entièrement l'Inde et Ceylan, discutant avec les docteurs bouddhistes et brahmanistes. Au retour, il passa par le Pamir et fut accueilli triomphalement à Si Ngan Fou en 645. Il employa le reste de sa vie à traduire les textes bouddhiques qu'il avait rapportés et fonda l'école idéaliste.

Ses mémoires sur les contrées occidentales sont une des sources les plus intéressantes pour la connaissance de l'Inde ancienne.

Hòa Hao. Secte politico-religieuse égalitaire, née en Cochinchine en 1939 de l'enseignement de *Sô* appelé «le bonze fou». A la suite d'hallucinations, celui-ci faisait des prophéties apocalyptiques. Expulsé de sa province, il fut placé dans un asile psychiatrique où il fit des conversions retentissantes. Pris par les Japonais, puis par le Viet-Minh, il fut jugé et exécuté en 1946. Il fut considéré comme un martyr.

La doctrine admet un bouddhisme* très simplifié avec suppression des bonzes, certaines interdictions alimentaires et vestimentaires, de jeux de hasard, de la croyance aux génies, etc. Seul le culte des ancêtres et des héros nationaux est célébré dans un rituel où interviennent des tablettes de couleur indigo, des baguettes d'encens et des fleurs de lotus.

HORUS, très ancienne divinité égyptienne sous la forme du dieu-faucon. Il y eut plusieurs Horus dans les mythes et les cultes suivant les régions de l'Égypte et suivant les époques où les chefs religieux influents essayaient de trouver une filiation divine à ce dieu. Celui-ci finira par être un symbole de l'Égypte, unissant, comme le pharaon, la Haute et la Basse-Égypte. Était-il initialement, comme on le pense, un animal totémique d'un clan de la très ancienne Égypte, clan qui aurait affirmé sa supériorité sur les autres? En tout cas, Horus a été adoré sous de multiples formes et de multiples noms. Dieu solaire, il est le faucon qui traverse le ciel, ou parfois le ciel lui-même, comme au magnifique temple de Komombo. Protecteur du pharaon, il fut le pharaon lui-même quand se fit l'union de la Haute et de la Basse-Égypte.

Dans certaines légendes divines, il est en lutte avec Seth (dualisme de la lumière et des ténèbres, du bien et du mal) ; le premier pharaon refléta cet antagonisme. Mais, plus tard, la théologie d'Héliopolis élabora le mythe d'Horus, Seth disparut peu à peu, et Horus devint le fils d'Isis* et d'Osiris*, centre de cette triade et neveu de Seth, qui essaie de le déposséder, Horus sera le roi du delta, puis il chassera Seth de la Haute-Égypte et, finalement, deviendra le seul dieu-roi d'Égypte. Il sera le dieu-faucon, le grand dieu du Ciel honoré au temple d'Edfou.

hosanna (mot hébreu signifiant «Sauvez, je vous prie» ou «Sauvez maintenant»). Cette expression est employée dans les cérémonies des fêtes juives et a été conservée dans le christianisme, où on la trouve dans le *Sanctus* de la messe. C'était la formule d'acclamation faite au Christ le dimanche des Rameaux. Jadis, cette coutume s'inscrivait dans la fête des Rameaux : un cortège conduit par un personnage représentant le Christ, porté par un âne, était salué avec des palmes, et on jetait devant lui des tapis, ou *hosannas*, en manière d'hommage. La procession allait jusqu'à la «Croix hosannière», le plus souvent placée au cimetière, au pied de laquelle on chantait l'*hosanna.*

Hospitaliers. On désigne sous ce terme général toutes sortes d'ordres religieux dévoués aux malades, aux voyageurs et aux pèlerins. Les plus anciens remontent au IXe s., l'un à Sienne, l'autre près de Lucques (dont certains moines vinrent à Paris fonder l'hospice des Frères de Saint-Jacques-du Haut-Pas sous Saint Louis). C'est surtout avec les croisades que s'installèrent, en Palestine et dans toute l'Europe, des ordres hospitaliers, dont les plus importants sont l'ordre des *Chevaliers du Saint-Sépulcre,* celui des *Hospitaliers du Temple,* ou *Templiers,* et celui des *Hospitaliers de Saint-Jean de Jérusalem*, ou simplement *Hospitaliers*. Ce dernier fut fondé en 1099 après la prise de la Ville sainte par les croisés de Godefroy de Bouillon. Ses membres adoptèrent la règle de saint Augustin* avec quelques modifications approuvées par le pape en 1120. Chassés par Saladin en 1187, ils allèrent à Chypre en 1291, puis à Rhodes en 1308, d'où ils furent de nouveau chassés par Soleiman le Magnifique; installés à Malte par Charles Quint en 1530, ils prirent le nom de *chevaliers de l'ordre de Malte*. D'autres ordres, fondés en France et en Angleterre, ont disparu ou ont survécu sous une autre forme. Car très nombreux sont les ordres hospitaliers, masculins ou féminins, qui remplissent les fonctions ainsi définies avec d'autres règles, d'autres spécialisations, tels, en France, l'ordre des *Hospitaliers de Saint-Jean-de-Dieu,* l'ordre des *Hospitalières de l'Hôtel-Dieu* (jadis de Paris), de Lyon, de Beaune, etc., l'ordre des *Petites Sœurs des pauvres,* celui des *Filles de la Charité,* celui des *Dames du Calvaire,* etc.

hostie (lat. *hostia,* victime), dans l'Antiquité, victime animale immolée en sacrifice. Dans le christianisme, concrétisation du sacrifice eucharistique (v. *eucharistie*) sous la forme du pain fait avec de la farine très pure de froment, avec du levain dans l'Église orthodoxe, et sans levain dans l'Église latine (v. *azyme*).

L'hostie se présente sous la forme très mince, ronde et petite (3 cm de diamètre), pour la communion des fidèles, tandis que celle du prêtre ou de l'exposition du saint sacrement est plus grande (environ 6 cm). Depuis le Moyen Age, la fabrication des hosties est généralement assurée par des couvents.

houris, femmes angéliques très belles qui doivent faire les délices des élus dans le paradis de Mahomet.

huguenots, surnom donné aux protestants français particulièrement les calvinistes, aux XVIe et XVIIe s. — L'origine de cette appellation est discutée. D'après certains historiens (Théodore de Bèze, Pasquier), elle viendrait de la porte Hugon à Tours, près de laquelle se rassemblaient les réformés. Pour d'autres, elle viendrait du mot allemand *Eidgenossen,* «conjurés», qui, à Genève, serait devenu *eignots*.

Hûrqalyâ, terre céleste des visions théophaniques, monde de la résurrection dans la mystique du soufisme et de la gnose chiite.

Huitzilopochtli, v. *Mexique*.

HUS (Jan), réformateur tchèque (Husinec, Bohême, 1369 - Constance 1415). Fils de paysans, il fit ses études à Prague, où il enseigna la théologie, après être devenu maître des arts libéraux. Il fut doyen, puis recteur de la Faculté de théologie. Il se fit le soutien des idées de l'Anglais Wyclif* et critiqua les abus du clergé de son temps. Il décrivit le *De corpore Christi,* de pure doctrine catholique, mais ne craignit pas d'exposer ses idées dans ses sermons. En 1410, l'archevêque de Prague fit brûler les livres de Wyclif et mit la ville en interdit tant que Jan Hus resterait à l'université; trois de ses partisans furent décapités, ensevelis et honorés comme martyrs par Jan Hus, qui fut alors excommunié. Il poursuivit néanmoins son enseignement hors de la ville et continua d'écrire. Convoqué au concile de Constance en 1414, il fut presque aussitôt mis en prison et accusé d'hérésie. Ses ouvrages, condamnés, furent brûlés; lui-même périt sur le bûcher à Constance en 1415, et ses cendres furent jetées dans le Rhin. Son fidèle disciple Jérôme de Prague* subit le même supplice.

En Bohême, Jan Hus est considéré comme un martyr et un héros national en même temps qu'un réformateur : il fut un des premiers écrivains en langue tchèque. Aussitôt après sa mort, les nobles seigneurs fondèrent une ligue pour défendre ses idées et pour prêcher librement l'Évangile; il y eut de fréquentes altercations entre les hussites et les catholiques qui restaient fidèles au pape, dont quelques-uns furent «défenestrés» à Prague en 1419. La lutte prit un caractère nationaliste et antigermanique, qui ralliait aux hussites la plus grande partie de la population; cependant, au point de vue religieux, ceux-ci se divisèrent en modérés, les *calixtins* ou *utraquistes*, qui réclamaient la communion sous les deux espèces, et les extrémistes ou *thaborites,* qui annonçaient la Réforme. Les luttes continuèrent, coupées de périodes de paix et de concessions de la part de Rome, mais après l'excommunication du roi Georges de Prodiebrad, les utraquistes se soumirent à l'Église, tandis que les thaborites, qui avaient été en partie exterminés, rejoignirent d'autres réfractaires pour fonder l'ordre des *Frères moraves**. Une Église *hussite* tchèque, fidèle aux idées de Jan Hus, existe encore à Prague.

HUSAYN (HUSEIN, HOSSEIN), troisième iman des chiites (Médine 626 ou 627 - Kerbela 680), second fils de Fatima et d'Àli, et petit-fils de Mahomet. Se considérant comme le khalife légitime, après la mort de son père, il réclama le khalifat contre le khalife ommeyyade Yazid, qu'il considérait comme un usurpateur; il fut cerné à la bataille de Kerbela et tué avec une grande partie de sa famille. Cette ville, où est son tombeau, est devenue un lieu de pèlerinage pour les chiites, et le rituel y est à peu près le même que celui de La Mecque.

hymne (lat. *hymnus,* gr. *humnos*), poème chanté en l'honneur de la divinité.

Les hymnes, composés par les poètes en l'honneur de leurs dieux, sont de tous les temps, et s'il ont été longtemps retenus de mémoire, beaucoup ont été écrits, et quelques-uns nous sont parvenus, fragmentaires pour les Assyro-Babyloniens, mais assez complets pour l'Égypte (ainsi les hymnes au soleil d'Akhenaton). Chez les Hébreux, les Psaumes sont une des plus belles expressions poétiques de l'hommage de la créature à Dieu. En Inde, les Aryens célèbraient leurs divinités par des hymnes enthousiastes et les livres des *Veda** en sont un témoignage : l'hindouisme possède ses poèmes en l'honneur de Çiva et de la Devi sous ses multiples formes, et beaucoup commencent par les mots «O Mère...». Mais c'est surtout à Vishnu*, dans l'avatar de Krishna*, que s'exprime la *bhakti** sous la forme de chants sacrés : les uns sont anciens, les autres sont modernes. Dans le Taoïsme, dans le bouddhisme, surtout du mahayana, il existe des hymnes, de même que dans l'islam, mais ils jouent un moindre rôle dans la dévotion et sont plutôt psalmodiés que chantés, alors qu'en Occident l'hymnologie semble être la forme la plus naturelle de la célébration religieuse.

Le mot lui-même est d'origine grecque : des hymnes s'adressaient à toutes les divinités de l'Olympe, mais plus particulièrement à l'Apollon de Delphes. Les plus anciens sont les hymnes homériques, poèmes en forme d'invocation aux dieux (qui sont inclus dans l'*Iliade* et l'*Odyssée*). Les hymnes orphiques font partie de la littérature mystique de la Grèce. A Rome, des collèges d'*hymnodes* (ou chanteurs d'hymnes) étaient chargés d'accompagner par des chants les cérémonies données en l'honneur des empereurs divinisés.

Mais c'est essentiellement dans le christianisme que l'hymne s'épanouit et prend un caractère universel ; les premiers chrétiens chantaient de courts poèmes ou des psaumes au cours des «agapes», ou «festins d'amour», surtout dans la nuit de Pâques, pour célébrer la joie de la résurrection du Christ. L'Église eut de nombreux hymnologistes, dont les principaux sont saint Éphrem le Syrien, saint Hilaire de Poitiers, saint Ambroise surtout (IVe s.), à qui l'on attribue une centaine d'hymnes, Prudence, saint Bernard, saint Bonaventure, etc. Tant dans l'Église orthodoxe et l'Église latine que dans les Églises protestantes, les hymnes jouent un grand rôle pour la célébration mystique de la majesté de Dieu et de la personne du Christ.

I

icône (du gr. *eikôn*, image), dans les églises orientales, au sens large, toutes représentations religieuses en peinture, fresque ou miniature, mosaïque et même broderie (car la sculpture est interdite), mais , au sens étroit, peinture sur bois, faite sur une préparation spéciale.

La Russie a particulièrement développé l'art de l'icône portative à partir du XIIe s. D'inspiration byzantine, empreinte de traditionalisme, sa technique ne varie pas; recouverte d'un vernis épais (l'olifa) et souvent noircie par la fumée des cierges, l'icône paraît sombre, ce qui ajoute à son mystère car elle est souvent réputée miraculeuse et objet d'une grande vénération et même de pèlerinage. Les fonds d'or sont fréquents, mais très souvent, depuis le XVIIe s., l'icône ne laisse voir que les peintures des visages et des mains, le reste du tableau étant recouvert de métal (généralement argent) : c'est l'« oklad », orné parfois de perles ou de pierres précieuses. Les personnages représentés répondent à des thèmes très précis. Les saints et les ascètes sont toujours barbus, longs et très maigres, aux yeux élargis pour exprimer leur vision céleste. L'icône est leur support terrestre, elle donne une certaine présence. Leur vénération est grande sans être de l'idolâtrie. L'inspiration toute byzantine doit écarter le réalisme. Les icônes sont gardées non seulement dans les églises, mais dans toute maison pieuse; elles sont placées dans une petite chambre de prière ou dans un angle de la pièce principale et sont accompagnées d'une petite veilleuse : chez les Russes d'autrefois, ce coin constituait une chapelle. L'influence occidentale, particulièrement celle de l'italianisme vers le XVIIe s. en Russie, a écarté les peintres d'icônes de leur traditionalisme byzantin.

Les icônes anciennes étaient peintes généralement dans des monastères où l'on pratiquait la divison du travail; utilisant souvent des poncifs, certains moines dessinaient, d'autres peignaient les visages, d'autres les vêtements, mais l'œuvre était accomplie dans le silence et le recueillement, et même souvent le jeûne et la prière, ce qui se pratique encore au mont Athos. Dans la Russie nouvelle, on veut n'apprécier que le caractère artistique de l'icône et l'on enseigne et l'on pratique toujours cet art.

iconoclasme, v. *image.*

iconoclaste, v. *image.*

iconostase (du gr. *eikôn,* image, et *stasis*, station), cloison placée dans les églises orientales entre le sanctuaire proprement dit et la nef, séparant ainsi les prêtres du public lors de la célébration de la «divine liturgie».

Suivant l'étymologie, l'iconostase porte les icônes sur un ou plusieurs registres (parfois quatre et cinq). Cette séparation de l'abside et de la nef est une évolution de l'arc triomphal des premières basiliques, qui se transforma en Occident en une poutre de gloire surmontée d'une croix (qui, plus tard, pourra parfois devenir un jubé), alors qu'en Orient l'écran percé de trois portes servira de support aux images peintes. Celles-ci gardent un caractère monumental, car elles sont un substitut des peintures murales ou des mosaïques qui jadis décoraient l'abside. L'iconostase remonte au VIIIe s. ; elle fut une sorte de célébration de la victoire du christianisme sur l'iconoclasme.

Toute la doctrine chrétienne est en général exprimée sur ces panneaux portant les regards des fidèles vers la «Deisis» (intercession) qu'accompagnent aux différents étages les anges, les prophètes, les apôtres, et les saints. L'Annonciation est généralement le thème du décor de la porte centrale, porte dite «royale», que seul le prêtre a le droit de franchir. Celle-ci est surmontée d'un crucifix et bien souvent de la Vierge et de saint Jean, et c'est le thème de la Deisis qui incite les fidèles à la prière et à la méditation.

IÇVARA (mot sanskrit signifiant «le Seigneur«), nom donné dans l'hindouisme à l'Etre suprême, au dieu personnel, grand dieu qui peut être Vishnu* ou Çiva* (spécialement dans les systèmes *yoga* et *nyaya*).

idôlatrie (du gr. *eidôlon*, image), adoration des *idoles* ou images d'une divinité (plutôt sculptées ou gravées que peintes). Celles-ci sont alors considérées comme personnes plutôt que comme un simple support à une vague évocation. L'idole en elle-même est l'objet d'un culte qui remonte à une haute antiquité. Mais plus loin, dans la Préhistoire, les

«Vénus aurignaciennes» devraient être des idoles de fécondité. Dans la vallée de l'Indus, on trouve des statuettes de terre cuite. En Cappadoce, dans les Cyclades, en Égypte, chez les Celtes, des formes très anciennes et curieuses stylisent des divinités. Les idoles étaient très nombreuses dans les pays décrits par la Bible, et c'est pourquoi les Hébreux interdisaient la représentation de la figure humaine, interdiction que l'islam a gardée dans la crainte de l'idôlatrie.

Le culte des idoles existe aussi en Amérique, en Afrique, en Océanie. (V. *fétichisme.*)

IGNACE DE LOYOLA (saint), fondateur de la Compagnie de Jésus (Azpeitia 1491? - Rome 1556). Basque, officier dans l'armée espagnole, il fut blessé au siège de Pampelune et immobilisé par une longue convalescence. Il lut alors les *Vies des saints* et décida de réformer sa vie. Il alla au monastère de Montserrat, où il déposa ses armes et fit une retraite austère, pendant laquelle il rédigea ses *Exercices spirituels.* Il partit pour un pèlerinage en Terre sainte et vint étudier la théologie à l'université d'Alcala; mais l'Inquisition le contraignit à se réfugier à Salamanque. Après de nombreuses tribulations, il se rendit à Paris avec cinq compagnons, et dans le martyrium de saint Denis, à Montmartre, il fonda l'ordre des Jésuites* en 1534 pour convertir les infidèles et combattre la Réforme. Il se rendit à Rome où il devint premier général de l'ordre.

ihram, état de sacralisation dans lequel se trouve le musulman pendant la prière et le pèlerinage. (V. *La Mecque.)*

I.H.S., symbole du Christ que l'on trouve souvent inscrit en monogramme *Jesus Hominum Salvator* («Jésus, sauveur des hommes»). On a voulu aussi y voir les trois initiales de *In hoc signo (vinces)* du labarum de Constantin*.

image, au sens religieux, expression concrète donnée par l'homme à la représentation qu'il se fait de la divinité, imitation plus ou moins parfaite de la nature végétale, animale ou humaine.

Toutes les religions ont eu recours à ce support de la dévotion, excepté le judaïsme et, à sa suite, l'islam. Dès la lointaine préhistoire, on trouve des figures évoquant un certain culte; l'Égypte ancienne, le Proche-Orient, l'Asie bouddhique et hindoue ont usé largement des images, qui ont été à l'origine d'une magnifique expression artistique de source religieuse.

Le christianisme, qui, généralement, fait une large part aux images, fut hésitant en ses débuts, d'abord en raison de l'interdiction de la Bible, puis à cause des persécutions. Nées chez les coptes* à l'imitation des images égyptiennes et grecques, puis à Rome dans les catacombes*, les images furent d'abord funéraires ; elles représentèrent par la suite des symboles et enfin des épisodes de la vie du Christ. Le culte byzantin décorait de tant d'images les églises qu'une querelle s'éleva à ce sujet : ce fut la *querelle des iconoclastes*. Le concile de Nicée et, beaucoup plus tard, le concile de Trente autorisèrent le culte de « dulie » aux images (c'est-à-dire seulement honneur et respect), ce qui, depuis le haut Moyen Age, permit à l'art chrétien de prendre un magnifique essor. Les « imagiers » formèrent des corporations très actives : sculpteurs d'« imaiges », miniaturistes, fresquistes, ivoiriers, orfèvres inventèrent toutes sortes d'objets de dévotion représentant Jésus, la Vierge, les saints patrons et les anges. Toute une imagerie naïve et populaire se développa jusqu'à nos jours.

Les Églises d'Orient interdisent toujours la représentation sculptée de la figure humaine. De même, les cathares*, puis les protestants, surtout les calvinistes, revinrent aux interdictions mosaïques. Il y eut de nouvelles querelles iconoclastes, et c'est encore actuellement une des grandes divergences dans les différentes formes du christianisme.

imam (de l'arabe *amma*, marcher en avant, précéder, d'où chef). Dans l'islam, ce nom, qui signifiait « conducteur de caravanes, modèle des fidèles », fut donné à Mahomet, puis à ses successeurs, tandis que le terme de khalife* (traduction de l'arabe *khalifa*, lieutenant, vicaire) prenait le sens de « chef des croyants », en affirmant non seulement le pouvoir spirituel, mais aussi le pouvoir temporel (celui-ci sans cesse grandissant pendant plusieurs siècles avec les conquêtes musulmanes). Chez les sunnites*, le titre d'imam a été donné aux fondateurs des quatre grands rites orthodoxes, ou écoles de jurisprudence, ainsi qu'à certains grands théologiens. Chez les chiites, les imams, au nombre de douze, sont les successeurs d'Àli, mais chez les ismaéliens* on en compte sept, accréditant une sorte de messianisme de l'*imamat* avec la doctrine de l'*imam caché* (v. *mahdi*).

De nos jours, l'imam est celui qui dirige la prière du vendredi à la mosquée.

Il en est l'employé permanent ; c'est un laïc, car la religion musulmane n'a pas de clergé. L'imam est généralement choisi parmi les fidèles les plus pieux du village ou du quartier où se trouve la mosquée. Chez les chiites d'Iran, les imams se succèdent de père en fils.

IMHOTEP, architecte et sage égyptien du IIIe milléaire av.

J.-C., qui fut conseiller et maître d'œuvre de Djoser (IIIe dynastie). Il édifia la première pyramide connue, qui est à degrés, ainsi que tout l'ensemble cultuel qui l'entoure, remplaçant la brique par la pierre dans la construction. Il était savant en toutes les sciences de son temps et même médecin; on lui attribua des guérisons miraculeuses. Il devint un héros populaire au VIe s. av. J.-C. et fut divinisé par les Grecs comme dieu de la Médecine et de la Science.

Imitation de Jésus-Christ, un des plus anciens et des plus classiques ouvrages de la piété chrétienne. Manuel simple de dévotion, il est écrit en forme de versets et de chapitres indépendants, qui permettent une lecture brève, mais qui peuvent servir de base à une méditation. Il renferme quatre livres bien séparés :
1) *Conseils utiles pour la vie spirituelle;*
2) *Conseils pour la vie intérieure;*
3) *De la consolation intérieure;*
4) *Dévote Exhortation à la sainte communion.*

Cet ouvrage, qui a été pendant des siècles le livre de chevet de nombreux chrétiens, avait pris pour certains un sens de direction de conscience : selon eux, en l'ouvrant au hasard, la consolation cherchée y était toujours trouvée.

L'ouvrage est anonyme. Les plus anciens manuscrits qu'on en possède sont du début du XVe s. On pense que l'*Imitation* aurait été écrite par plusieurs «frères de la Vie commune», mais généralement on l'attribue à Thomas a Kempis*, dont Bruxelles conserve le manuscrit écrit de sa main et daté de 1441. On l'a aussi attribué à Gerson, à saint Bonaventure et à saint Bernard de Clairvaut.

Ce livre, écrit pour des religieux, a reçu un tel accueil, même chez les laïcs, qu'il a été copié, imprimé et traduit en plusieurs langues dès le XVe s. (la première édition italienne date de 1488), et que l'on en connaît plus de soixante traductions françaises, dont celles de Pierre Corneille, de Lamennais, etc.

imposition des mains, geste pieux de bénédiction qui est un symbole d'invocation et de demande de grâce à Dieu.

Il consiste en l'application des paumes des mains sur la tête de celui sur qui on veut attirer les bienfaits du ciel. C'est un rite sacramentel de certaines cérémonies, dont l'usage est largement attesté dans la Bible, pour conférer des pouvoirs dans le sacerdoce ou pour la consécration des victimes, ainsi que dans certaines initiations. Dans le Nouveau Testament, on voit Jésus guérir par ce geste, qui a été répété par les apôtres et leurs successeurs non plus seulement pour guérir, mais pour attirer les faveurs célestes sur celui qui le reçoit. Le rite est donné par l'évêque chez les chrétiens dans les sacrements de confirmation et d'ordination, mais chez les Grecs il est l'essence même du sacrement. Dans de nombreuses sectes qui pratiquent la guérison spirituelle, on pense que le rayonnement corporel de certaines personnes peut être bienfaisant à ceux qui reçoivent ce rite très antique de l'imposition des mains.

incantation, paroles ou chants dont la magie du verbe a pour but, en implorant les dieux, de forcer l'ordre naturel.

incarnation, v. *mystère.*

Incas. Parmi les civilisations précolombiennes, dont plusieurs avaient entre elles des liens de ressemblance, celle de l'Empire inca (qui succédait, au Pérou, à la brillante civilisation de Tiahuanaco) était sûrement la plus originale. La religion y était fortement liée à l'organisation sociale en castes, où l'Inca, souverain absolu, de droit divin, fils du Soleil, imposant à tous ses sujets une crainte révérencielle, était aussi le chef religieux d'un culte officiel, celui du Soleil, auquel s'ajoutaient ceux du Tonnerre, de la Lune, de la Terre, etc. Un clergé fortement hiérarchisé, aidé de prêtresses, les vierges du Soleil, dirigeait les cérémonies, les sacrifices, la divination, les chants, etc. Les fêtes étaient mensuelles, mais les plus importantes avaient lieu aux solstices et au nouvel an. Il existait aussi un culte agraire, avec prépondérance accordée à la *Terre Mère*, ainsi qu'un culte des morts, et celui des *Huaca*, ou forces spirituelles, esprits protecteurs des communautés, des troupeaux, du maïs, etc.

Comme dans presque toutes les religions américaines, il y avait un héros civilisateur, *Viracocha*, le créateur, l'ancêtre mythique de l'Inca. Le rituel comprenait des offrandes de plumes et de coquillages, des sacrifices d'animaux; les sacrifices humains étaient réservés aux très grandes cérémonies, alors que chez d'autres peuples andins on pratiquait le sacrifice de jeunes garçons, considérés comme des intermédiaires entre les hommes et le soleil.

INDRA, dans l'Inde ancienne, un des grands dieux de la mythologie védique, le dieu du Ciel, des Nuages, de la Pluie et de la Foudre. De très nombreux hymnes lui sont dédiés. Son culte, très populaire, s'affirme dès l'établissement du brahmanisme au VIIIe s. av. J.-C.

Le bouddhisme, qui primitivement ne se présentait pas

comme une religion, négligea les dieux védiques, qui, comme les autres êtres, attendent leur délivrance, mais la forme mahayaniste retrouva Indra comme roi du Ciel, entouré des Gandharva* et d'Apsara*, et l'hindouisme le garda comme dieu des Cieux inférieurs (Indra Loka); il devint ainsi un Lokapala de l'Est. Le jaïnisme le reconnut comme un des dieux du panthéon brahmanique, associé aux légendes des *tirthakara*. Il est représenté avec la forme humaine, tenant le foudre (*vajra*) et l'aiguillon à éléphant (*ankuça*), il chevauche un éléphant.

initiation, un des «rites de passage», rite de puberté dans les sociétés primitives, qui est marqué par tout un cérémonial, des instructions, des épreuves, des fêtes, des chants et des danses qui varient d'un peuple à l'autre, mais gardent ce caractère essentiel de séparer la vie de l'enfant de celle de l'adulte.

L'initiation est généralement précédée d'une retraite au cours de laquelle les jeunes gens reçoivent un enseignement pratique, moral et religieux destiné à intégrer les futurs initiés au monde des adultes de leur clan. L'initiation d'enfants du même âge crée une classe d'âge, une promotion entraînant une solidarité pour toute la vie. Les cérémonies et les particularités de l'initiation varient avec les pays et les races en Afrique, en Amérique et dans les pays du Pacifique. Les épreuves sont plus ou moins douloureuses (piqûres d'insectes, scarifications, extractions de dents ou limage d'incisives, presque toujours la circoncision*, et plus rarement, pour les filles, l'excision). Les danses accompagnant ces cérémonies sont presque toujours masquées et accompagnées d'interdits plus ou moins sévères. Ce sont les rites de séparation de la société des femmes, dans laquelle jusque-là l'enfant a vécu; les épreuves soutenues avec courage permettent d'accéder à la société des hommes. Les enfants vivent dans la peur d'être dévorés par le Grand Esprit dont ils entendent le bruit. Ils portent un costume spécial, robe blanche, peintures corporelles ou parures. Ils sont ensuite instruits par les anciens dans l'histoire de leur clan, de leur tribu, des coutumes des sociétés des hommes, des structures parentales, des lois matrimoniales, des pouvoirs des esprits, de l'Etre suprême, du totem, etc.

Le changement d'âge s'accompagne d'un changement de nom, et les enfants sont solennellement introduits dans la société des hommes. Cette initiation tribale et sociale est appelée *première initiation*, même parmi les circoncis. Il y a chez certains peuples des initiations à des groupes religieux, à des confréries ou à des sociétés secrètes, comprenant parfois plusieurs degrés et donnant des pouvoirs spéciaux aux adeptes, parmi lesquels seuls les initiés du grade supérieur possèdent la connaissance complète des symboles et des mythes.

Dans les confréries initiatiques, la cérémonie de l'initiation intronise le nouvel adepte dans les mystères, le plus souvent après une cérémonie mimétique de mort et de résurrection signifiant la mort du vieil homme et la naissance d'un homme nouveau.

Dans l'Antiquité, l'adepte était admis à la connaissance cachée. Dans les sociétés secrètes actuelles, on procède à certaines formes d'initiation, de passage à un état supérieur, à une vie nouvelle, à une renaissance à la lumière. La Franc-maçonnerie a conservé cette forme ésotérique. Mais dans les grandes religions, c'est seulement dans le judaïsme que ce nom est gardé pour la cérémonie qui équivaut à la première communion chez les catholiques et à la confirmation chez les protestants (*Bar Mitzva*).

Chez les hindous, la seconde naissance du brahmane est marquée par des cérémonies au cours desquelles les jeunes garçons reçoivent le «cordon sacré»; chez les parsis, les adolescents revêtent la chemise et la ceinture sacrées.

De nombreux vestiges de ces rites anciens sont conservés dans des coutumes qui ont perdu leur caractère religieux, comme les cérémonies du compagnonnage, l'accession à certains grades de la Franc-maçonnerie et même les brimades des grandes écoles, dont les épreuves ont pour but d'intégrer l'adepte dans une société nouvelle.

Cependant l'initiation apparaît comme étant la transmission d'une chaîne spirituelle conduisant à une «seconde naissance».

Inquisition (lat. *inquisitio*, enquête), tribunal ecclésiastique médiéval chargé de rechercher et de juger les hérétiques. Devant le nombre croissant des hérésies au XIIe s., l'Église, inquiète, nomma dans les diocèses quelques prêtres chargés de signaler les hérétiques. Le développement prodigieux de l'hérésie albigeoise (v. *cathares*) incita le pape à envoyer des légats, des missionnaires pour convertir les hésitants ou punir les récalcitrants. Innocent III, pape et juriste, eut l'idée d'instituer un tribunal spécialisé pour les juger, et l'Inquisition fut fondée en 1229 au synode de Toulouse.

Lorsque furent créés les ordres mendiants (v. *monachisme*), ceux-ci se répandirent dans les campagnes, et certains firent de véritables enquêtes. Grégoire IX organisa l'Inquisition et Alexandre III la confia à l'ordre des Prêcheurs. Tribunal d'exception, l'Inquisition employait une procédure secrète, ne permettant pas à l'accusé d'être confronté avec les témoins. Il y eut de nombreux abus qui rendirent fort impopulaire cette institution. Les punitions étaient sévères : jeûnes, pèlerinages, prison, confiscation des biens. Les hérétiques les plus obstinés étaient parfois livrés au bras séculier pour les condamnations à mort, qui se traduisaient par le bûcher.

L'Inquisition exerça ses pouvoirs dans presque toute l'Europe; seule l'Angleterre préféra créer ses propres tribunaux. Elle extirpa maintes hérésies, non seulement celles des albigeois et de certains vaudois, mais celles des spirituels : des béggards, des béguines, des flagellants, etc.

Mais c'est surtout en Espagne et au Portugal, particulièrement après la Reconquête, que les conversions obligatoires des juifs et des Arabes avec ces catégories suspectes de la population appelées *marranes, morisques et conversos*, occupèrent l'Inquisition. Le grand maître Torquemada laissa une triste réputation, et les «autodafés» furent nombreux. Luttant plus tard contre le protestantisme, la surveillance attentive (bien que ralentie au XVIIIe s.) dura dans la Péninsule jusqu'au début du XIXe s. Cependant, la *Sainte Inquisition*, devenue la *Sacrée Congrégation du Saint-Office*, puis aujourd'hui la *Congrégation pour la Doctrine de la Foi*, existe au Vatican depuis 1542; elle est un des tribunaux pontificaux spécialement chargés des problèmes de la foi, toujours en éveil pour déceler l'hérésie.

interdit, sentence ecclésiastique frappant le plus souvent un clerc dans l'exercice de sa fonction.

Le droit canonique distingue : *l'interdit local*, faisant défense à une paroisse, à une province, à un pays de célébrer le culte divin et d'administrer les sacrements; *l'interdit personnel*, qui s'adresse à un prêtre, à un ordre ou à un laïc. Au Moyen Age, les interdits étaient fréquents et très sévères. Plusieurs pays furent mis en interdit pendant un certain temps. La France le fut sous les règnes de Robert le Pieux, Louis VII, Philippe Auguste et Philippe le Bel.

Cette peine était une sorte d'excommunication qui frappait tous les fidèles; les cloches ne sonnaient plus, les fêtes étaient supprimées, on n'enterrait plus en terre bénite. L'interdit était très redouté, mais gardait un caractère provisoire.

L'interdit est encore appliqué comme sentence personnelle pour des raisons graves d'atteinte au dogme ou à la morale.

Les *interdits*, dans les religions primitives, sont les conséquences des tabous et sont des corollaires des notions de pur et d'impur. Certains interdits alimentaires et sexuels existent encore dans le judaïsme, l'islam, le mazdéisme, le jaïnisme, l'hindouisme. La violation des interdits est toujours considérée comme une faute très grave, parfois inexpiable.

invocation, prières, chants ou litanies adressés à Dieu, à une divinité quelconque ou à un génie pour se mettre sous sa bienveillante protection, soit avant un sacrifice ou une cérémonie de caractère sacré, soit avant une entreprise dangereuse ou un acte important de la vie.

IRÉNÉE (saint) (Smyrne v. 130 - Lyon 206). Venu d'Asie Mineure, il avait suivi l'enseignement de saint Polycarpe qui fut un disciple de saint Jean et vint à Rome puis à Lyon où il fut élu évêque, succédant à saint Pothin. Il écrivit de nombreux ouvrages pour lutter contre les hérésies et réfuter les arguments des sectes gnostiques. Témoin et gardien de la foi apostolique, saint Irénée est, parmi les Pères* de l'Église, le lien entre l'Orient et l'Occident.

ISE, ville sainte du Japon, centre du shintoïsme, berceau de la dynastie et de la civilisation japonaises. Située dans l'île de Hondo, cette ville est constituée d'un ensemble de temples dédiés à la déesse du Soleil Amaterasu* à laquelle se rattache la dynastie impériale japonaise. L'un de ces édifices abrite le miroir magique *Yata*, dont l'origine est légendaire.

Ise est un centre très important de pèlerinage, qu'il est du devoir de tout bon Japonais de visiter au moins une fois dans sa vie. Deux grandes fêtes de purification y sont célébrées, chaque année, qui attirent de très nombreux pèlerins désireux de faire ainsi effacer leurs péchés.

ISHTAR ou **Ashtart,** grande déesse des Assyro-Babyloniens, l'Astarté des Chananéens et des Phéniciens, déesse de la Fécondité, de la Végétation et de l'Amour. Elle formait une triade avec les dieux Sin et Shamash. Le mythe du retour du printemps, qui était célébré dans ses temples par des fêtes importantes, commémorait la «descente aux enfers» de la déesse à la recherche de son amant assassiné, Tammouz*, pour le ramener à la lumière et à la vie.

C'est le mythe de mort et de résurrection très souvent lié dans l'Antiquité au culte de la Végétation.

Étoile du matin, elle est aussi une déesse guerrière sémitique.

ISIS, la déesse la plus familière du panthéon égyptien, fille de Geb* et de Nout*. Épouse de son frère Osiris*, mère d'Horus*, elle est l'héroïne du mythe osirien, dont les variantes sont nombreuses. Symbole de l'amour conjugal, elle chercha le corps de son époux, qui avait été découpé en quatorze morceaux par Set. Aidée par Nephtis et Thot, elle put, par sa puissance magique, redonner à Osiris le souffle vital et concevoir de lui son fils Horus.

Sa légende était répandue dans toute l'Égypte, où ses temples étaient très nombreux, le plus célèbre étant celui de Philae. Déesse de la Lune, de la Maternité, protectrice de l'enfance, douée d'un pouvoir illimité qu'elle avait dérobé au dieu suprême, elle devint de plus en plus populaire.

Devenue déesse universelle, elle fut assimilée par les Grecs à Déméter, la «grande déesse», et les Romains adoptèrent avec enthousiasme son culte qu'ils répandirent dans tout l'Empire. Isis est alors la Mère universelle de la nature, à qui des sanctuaires sont partout consacrés, ayant leur propre clergé, leur rituel (dans lequel certains ont vu une préfiguration de rites chrétiens) et leurs fêtes pour tous les fidèles. Mais il y eut pour les initiés de ce culte à la «Mère divine» les *mystères d'Isis,* qui ont joué un grand rôle dans l'évolution religieuse du monde romain.

islam ou **islamisme**(mot arabe signifiant «résignation», «renoncement», «abandon à Dieu»), religion fondée par Mahomet, dont les fidèles sont les musulmans (du mot arabe *muslim,* soumis, croyant).

Le dogme «imam», ou foi, est simple et comprend essentiellement la croyance en *Allah*, dieu unique, incréé et créateur, et en *Mahomet**, son envoyé, qui a fait connaître sa religion dans un livre saint le Coran*, source inspirée de toutes les connaissances possibles, divines et humaines, et auquel le fidèle doit se référer. Cette doctrine comprend aussi les *cinq piliers :*

1) La profession de foi ou *chahada :* «Il n'y a d'autre divinité que Dieu, et Mahomet est son prophète» (envoyé de Dieu). Elle doit être répétée souvent, prononcée à toute occasion solennelle et surtout à l'article de la mort. Elle affirme la doctrine essentielle de l'islam : le monothéisme.

2) La prière canonique, rituelle, cinq fois par jour, à heure fixe, après ablutions obligatoires; elle consiste en récitation de formules que tout musulman apprend dès son enfance. Le croyant doit se tourner vers La Mecque et procéder à des prosternations strictement réglées après s'être assuré de la propreté du sol ou de son tapis de prières. L'heure de la prière est annoncée par le «muezzin» du haut du minaret de la mosquée (ou par haut-parleur). Il y a de nombreuses

prières surérogatoires ; d'autres consistent en récitations ou lectures du Coran ou utilisation du chapelet pour la répétition de la courte formule « Allah est le plus grand ». Le vendredi est le jour saint des musulmans. Ils doivent aller à la mosquée pour assister à la prière dirigée par l'imam et écouter le sermon.

3) Le jeûne de vingt-neuf jours, qui commémore le mois du *ramadan**, au cours duquel fut révélé le Coran. Pendant tout ce temps, l'abstinence totale de nourriture, de fumée et d'excitation sexuelle est imposée au croyant de l'aube au crépuscule.

4) L'aumône, d'abord acte charitable et volontaire, qui est devenue une « dîme légale », une sorte de taxe au profit des pauvres. Ce devoir religieux, instituant la pitié obligatoire, peut s'augmenter d'aumônes facultatives, telles que les fondations pieuses, l'hospitalité et aussi l'aumône de rupture de jeûne.

5) Le pèlerinage à La Mecque *(hajj*)*, que tout musulman doit accomplir au moins une fois dans sa vie, s'il est en état de le faire tant au point de vue physique que pécuniaire.

Si ce sont là les points essentiels de la doctrine, on peut ajouter d'autres obligations comme la « guerre sainte » contre l'infidèle, qu'on a pu appeler jadis le « sixième pilier de l'islam » et qui a permis l'expansion si rapide de la religion musulmane, le croyant combattant étant sûr d'aller au paradis d'Allah en mourant au combat.

L'islam affirme avant tout le *monothéisme*, rejette la Trinité, mais admet la vénération de Jésus comme prophète et de sa mère la Vierge Marie, dont il est parlé dans le Coran. Il admet aussi la croyance aux anges et à leur hiérarchie, dont les quatre archanges (Gabriel, Michel, Azraël et Israfil) sont au sommet ; les autres aident les fidèles à triompher du mal et chantent les louanges de Dieu. Au-dessous sont les djinns, bons ou mauvais génies populaires, et les « houris », vierges aux yeux noirs, ou épouses célestes ou « demoiselles du paradis », qui doivent être la récompense du croyant dans les jardins d'Allah.

La croyance en une vie future admet, après un jugement des morts, soit les supplices d'un enfer aux sept régions, lieu d'affreuses tortures, soit les délices d'un paradis aux joies multiples et délicates (prévu seulement pour les hommes). Mais la grande majorité des âmes des fidèles trépassés devra attendre dans un lieu provisoire le jugement dernier, qui ressuscitera les corps. La circoncision, si elle n'est pas spécialement prescrite par le Coran, est d'un usage très courant et se pratique soit dans le très jeune âge, soit vers sept ans. Il existe aussi des interdictions formelles (boissons alcooliques, jeux de l'argent, viande de porc, toute représentation humaine ou animale) ainsi que des devoirs pour chaque membre de la société musulmane.

La croyance en une sorte de prédestination amène un certain fatalisme, le «mektoub». Il y eut beaucoup de discussions de théologiens à ce sujet, et certains, admettant le libre arbitre, finirent par accepter la responsabilité humaine en refusant le fatalisme absolu, interprétant ainsi ce verset du Coran : «La Vérité vient de Dieu; que celui qui veut être infidèle le soit.» La société islamique est modelée depuis Mahomet par le caractère du bédouin du désert, par les influences judaïques, chrétiennes et celles de l'Arabie préislamique; elle a été modifiée par le droit canonique et la théologie qu'ont élaborés, en se référant toujours au Coran, les «ulémas» jusqu'à l'époque moderne, où la grande confrontation avec l'Occident a posé de graves problèmes. Les «muftis» cherchent aussi à résoudre les cas litigeux que n'avait pas prévus le Coran.

L'islam ne comporte ni sacrements, ni culte, ni clergé. Cependant, un personnage pieux et respectable, choisi par la communauté, l'imam*, est chargé de lire la prière du vendredi à la mosquée et de célébrer les mariages et les enterrements. L'islamisme croit en quatre grands prophètes auxiliaires de Dieu sur la terre : Abraham (Ibrahim), Moïse (Musa), Jésus (Isa) et Mahomet.

Malgré l'aspect d'unicité de la religion, musulmane, il existe de nombreuses sectes et confréries de caractère mystique, mais la grande division a été marquée dès les premiers siècles de l'islam entre sunnites* et chiites* (ceux-ci divisés en ismaéliens, zaïdis, etc.). Dès la mort de Mahomet, poussé par la foi guerrière, l'islam s'est répandu avec une rapidité prodigieuse de l'Arabie à l'Espagne; sa marche occidentale fut arrêtée à Poitiers en 732. Vers l'est, traversant l'Asie Mineure, il atteignit rapidement les rives de l'Indus, instituant un califat militaire, et continua à progresser plus pacifiquement jusqu'en Perse, au Turkestan, en Chine et en Insulinde. Cette puissance se démembra par la constitution d'États et de dynasties islamiques indépendants. En 1453, la conquête de Constantinople par les Turcs assura un grand prestige au monde musulman.

Actuellement, son domaine principal comprend toute l'Afrique blanche, et, par l'intermédiaire des caravanes et des confréries, il pénètre de plus en plus en Afrique noire. Il s'étend du Maroc à la Sibérie, en passant par l'Égypte, l'Irak, le Pakistan (grands États musulmans). Le monde islamique, qui, depuis Mahomet, avait un chef dans la personne du calife, a perdu avec Ataturk, en 1922, ce lien spirituel tangible de l'immense communauté internationale (la *oumma*), à qui l'esprit du Coran donne une certaine manière de vivre, façonne l'âme musulmane, créant une solidarité de coutumes et de croyances qui affirment la profonde unité de l'islam.

ismaéliens ou **ismaïliens,** secte fondée au VIIIe s. au sein du chiisme musulman, et admettant la croyance en Ismaël, septième imam dont la mort est niée. — Celui-ci doit reparaître un jour comme «madhi» ou Messie, et fera régner la justice en punissant les oppresseurs des descendants d'Ali. Les deux fils d'Ismaël furent chassés de Médine ; l'un d'eux se réfugia en Perse, où ses descendants firent de très nombreuses conversions dans ce qui est aujourd'hui l'Afghanistan et le Pakistan et même en Asie centrale, et l'autre en Syrie, où les Druzes, les assassins*, furent des sectateurs zélés. L'ismaélisme interprète le Coran d'une manière allégorique et ésotérique, et ses initiés les plus fervents accèdent à des grades dans la hiérarchie de sectes divisées sur certains points de doctrines ou de politiques.

Actuellement, les ismaéliens sont très répandus en Orient et tout le long de la côte orientale de l'Afrique ; ils sont en général fixés dans les pays qu'ils habitent et ont pour chef spirituel unique l'Agha Khan, considéré comme un descencendant direct du Prophète.

Israël, v. *judaïsme.*

IZANAGI et **IZANAMI,** couple démiurge, grands dieux de la mythologie japonaise du shintoïsme, Ciel Père et Terre Mère. C'est leur union qui a engendré le monde des dieux et des hommes, suivant un mythe cosmogonique primitif très répandu. (V. *Amaterasu.*)

J

jacobites, nom donné aux membres d'un ensemble de sectes orthodoxes de tendance monophysite de Syrie, de Mésopotamie et d'Irak qui se sont formées à la suite de l'enseignement de Jacques Baradaï (ou Jacobus Baradeus), sacré évêque d'Édesse en 541 par le patriarche d'Antioche. — Mû par un zèle infatigable, Baradaï parcourut une grande partie de l'Asie Mineure en prêchant et ordonnant des prêtres. Les jacobites ne furent pas trop inquiétés par les musulmans; ils existent encore en communautés dispersées et assez différentes de races et même de croyances puisque certains jacobites syriens se sont ralliés à l'Église de Rome en abandonnant le monophysisme.

jaïnisme ou **jinisme** (du sanskrit *jina*, vainqueur ou délivré des passions humaines), religion de l'Inde, fondée au VIe s. av. J.-C. par le *Jina Mahavira*, qui s'est développée dans l'Ouest et a résisté à l'influence brahmanique puisqu'elle existe encore de nos jours, comptant environ 2 millions de fidèles, particulièrement dans la région du Gujerat et du Mysore.

Fondé par le sage *Mahavira* (599-527 av. J.-C.), le jaïnisme, ainsi que le bouddhisme* son contemporain, est considéré comme une hétérodoxie dans le brahmanisme*. C'est une réaction contre le polythéisme, contre le système trop rigide des castes et contre les sacrifices sanglants. Cependant, le jaïnisme accepte le cadre général de la pensée de l'Inde et le rôle des brahmanes dans certaines cérémonies des temples, mais ce qui le caractérise avant tout, c'est le rôle de premier plan donné au principe de l'*ahimsa*, ou *non-violence*, qui interdit de tuer ou de maltraiter toute créature, fût-elle la plus basse dans l'échelle des êtres vivants. C'est pourquoi le régime alimentaire est très strict; il ne permet que quelques fruits et légumes. Un bon jaïn doit filtrer l'eau qu'il boit, porter un petit tissu de voile devant la bouche, balayer devant lui quand il marche de peur d'attenter à la vie du moindre animalcule.

La morale, même celle des laïcs, est très sévère; elle impose les cinq vœux inférieurs : ne pas tuer; ne pas mentir; ne voler sous aucune forme et sous aucun prétexte; s'abstenir le plus possible des relations sexuelles et savoir se contenter d'un minimum de biens. Il y a d'autres vœux qui conduisent à l'ascétisme : ils sont plutôt le fait des moines et des nonnes, qui sont nombreux dans les monastères, mais aussi des sadhu errants ou sédentaires. Dès le IIIe s. av. J.-C., il y eut deux sectes jaïna distinctes : les *digambara* («qui sont vêtus d'air») — ils vont tout nus, mais les musulmans leur ont imposé un minimum de vêtements — et les *çvetambara* («qui sont vêtus de blanc»). Ils n'ont pas entre eux de grandes différences de doctrine. Ils pratiquent le yoga; tous croient en l'existence des *jina* ou *tïrthakara*, ou «saints parfaits», qui apparaissent au nombre de vingt-quatre dans chaque cycle du temps, ou grande période de millions d'années.

Ceux-ci reçoivent un culte et ont leur statue dans les temples; mais, au XVe s., une troisième secte s'est fondée, qui refusa ces images et garda le caractère athée du jaïnisme primitif, les *sthanakavasi.*

Le but du sage est, comme dans le bouddhisme, de se libérer du *karma*, objet de renaissances successives, par l'atteinte de la délivrance, une sorte de béatitude qu'on a pu comparer au nirvana.

La métaphysique et la morale jaïna ont été exposées par Mahavira lui-même dans ses ouvrages, qui sont devenus les saintes Écritures du jaïnisme, mais il y a eu de nombreux commentaires et un *Corpus* en a été établi au XVIIe s. Cependant, les digambara prétendent que tous les livres jaïns auraient été détruits au VIIIe s. par le philosophe hindou Çankara*. Les jaïns, qui n'ont pas fait de prosélytisme dans le milieu hindou, sont très considérés pour leur honnêteté, leur douceur et la simplicité de leur vie. Ils ont construit de beaux temples, dont ceux du mont Abu offrent des spécimens intéressants.

JAMBALA, v. *KUBERA*.

jansénisme, doctrine religieuse et morale catholique du XVIIe s., du nom de Jansenius, dont l'ouvrage, l'*Augustinus,* paru en 1640 sous les auspices de l'abbé de Saint-Cyran (Duvergier de Hauranne), fut attaqué par la Sorbonne et les jésuites.

La doctrine portait sur la grâce efficace, exagérait le point de vue de saint Augustin et donnait peu de part au libre arbitre. La crise janséniste s'ouvrit par la parution de *la*

Fréquente communion en 1643, dont l'auteur était Antoine Arnaud, de la famille nombreuse et illustre qui, avec Port-Royal, allait devenir la pierre angulaire du jansénisme. Cette abbaye de l'Ile-de-France, jadis cistercienne et tombée en décadence, avait été réformée par une très jeune abbesse, la mère Angélique Arnaud, dès le début du XVIIe s. L'abbé de Saint-Cyran, venu en 1623, y régnait en maître spirituel depuis 1634, tandis que la mère Agnès Arnaud avait écrit un opuscule mystique et austère, le *Chapelet secret*, qui annonçait le rigorisme janséniste. La politique se joignant aux discussions religieuses, Richelieu fit enfermer Saint-Cyran à Vincennes. C'est là qu'il composa ses *lettres chrétiennes*. Antoine Arnaud, dit *le Grand Arnaud*, prit alors une influence considérable. Les partis s'affrontèrent. La famille Arnaud (dont douze membres furent donnés à Port-Royal) devint la cible des molinistes, et les querelles se poursuivirent pendant tout le XVIIe s. En 1649, Nicolas Cornet présenta à la faculté de théologie *cinq propositions* tirées de l'*Augustinus*. Après examen et condamnation, Port-Royal se soumit, mais les intrigues continuèrent plus tracassantes que jamais; c'est alors qu'intervint Pascal avec ses fameuses lettres éloquentes et ironiques, les *Provinciales*. Cependant deux miracles accomplis sur la personne de la propre nièce de Pascal et sur la fille du peintre Philippe de Champaigne, toutes deux religieuses de Port-Royal, ébranlèrent les esprits. Certains néanmoins restèrent sur la défensive. Les troubles de la Fronde, l'appui de grandes familles ranimèrent les suspicions. En 1661, le fameux «Formulaire», que devaient signer les jansénistes sous peine d'excommunication, fut rédigé, ce qui amena des soumissions forcées et des interdictions visant à détruire l'esprit janséniste. L'archevêque Beaumont de Péréfixe fut très dur. Après une courte période que Sainte-Beuve appelle l'«automne de Port-Royal», les luttes reprirent le plus souvent avec un caractère politique; la dispersion des dernières religieuses résistantes se fit en 1709, et l'abbaye de Port-Royal des Champs fut entièrement détruite, tandis que celle de Paris était aux mains d'abbesses molinistes. Cependant, en 1713, la bulle *Unigenitus* condamnait définitivement la doctrine, ce qui groupa certains «appelants», à qui on refusa parfois les sacrements. L'agitation reprit par soubresauts pendant une grande partie du XVIIIe s.; les «convulsionnaires de Saint-Médard», à Paris, en sont une forme populaire; des opposants firent survivre en France quelques petites communautés jansénistes. Aujourd'hui encore, la Hollande, qui avait recueilli Antoine Arnaud, reste fidèle au jansénisme, qui a son centre à Utrecht.

JANSÉNIUS (Corneille Jansen, *dit*), recteur de l'université de Louvain, évêque d'Ypres (Accoy, près de Leerdam, Hollande, 1585-Ypres 1638). Il fit ses études à Louvain, mais connut les doctrines supectes de Baïus; son disciple Duvergier de Hauranne, plus tard abbé de Saint-Cyran, l'emmena à Paris, puis à Bayonne, où, pendant cinq ans, ils étudièrent saint Augustin et le problème de la grâce. Son ouvrage, l'*Augustinus,* en latin, parut après sa mort, en 1640. Jansénius fut attaqué par les jésuites, puis condamné par Urbain VIII en 1642. Il avait publié d'autres œuvres de polémique et de doctrine, tels les *Commentaires sur l'Évangile* et les livres sapientiaux de la Bible. Il est à l'origine du jansénisme.

Jataka, v. *bouddhisme.*

JEAN-BAPTISTE (saint), *dit* **le Précurseur,** mort à Macheronte (Palestine) en 28 de notre ère. Il était le fils de Zacharie et d'Élisabeth, cousine de la Vierge Marie. Il se retira dans le désert, entendit l'appel de ces horizons vides inspirant la prière et vécut dans l'ascétisme, prêchant la pénitence à des disciples qu'il baptisait dans l'eau du Jourdain (v. *mandéens*). Peut-être a-t-il été essénien*? Jésus vint le voir et recevoir de ses mains le baptême; c'est alors que se produisirent dans le ciel des signes indiquant que celui-ci était le Fils de Dieu, et Jean annonça à la foule que le «Messie» sauveur était venu et que lui-même en était le *précurseur.* Mandé à la cour d'Hérode Antipas, il ne craignit pas d'attaquer la conduite de ce roi qui avait épousé sa belle-sœur Hérodiade. Il fut décapité à la demande de Salomé, fille d'Hérodiade, et ses disciples ensevelirent son corps.

Il est un des grands sujets de l'iconographie chrétienne, tantôt enfant avec Jésus, tantôt adulte vêtu d'une peau de mouton ou presque nu, prêchant ou baptisant, tantôt décapité.

Il est toujours représenté dans les baptistères ou les chapelles de fonts baptismaux.

Sa fête, le 24 juin, a été placée au solstice d'été parce qu'il est le *précuseur,* né six mois avant le Christ, qui représente la vraie lumière. Depuis les temps les plus anciens, on fêtait ce début du déclin du jour en même temps que le commencement de l'été. Les feux de la Saint-Jean rappellent un vieux culte du Soleil : c'était la «Jouanée»; on dansait, on chantait autour des flammes, dans lesquelles, jadis, la coutume barbare de jeter des chats ou des serpents symbolisait le désir de détruire l'esprit du Mal.

JEAN Chrysostome (saint), «Bouche d'or» — Père de l'Église d'Orient et patriarche de Constantinople (Antioche v. 344-près de Cumana, Cappadoce, 407). Issu d'une riche famille d'Antioche, il suivit dans cette ville les leçons du sophiste païen Libanius, puis se retira pendant quatre ans dans le désert et fut ordonné prêtre. Il désirait rester un moine austère et obscur, mais il fut chargé d'annoncer la parole de Dieu et son éloquence fut si belle et si ardente qu'il devint très vite populaire; il fut surnommé «Bouche d'or» et proclamé patriarche de Constantinople. Ses œuvres sont considérées comme des monuments parmi celles des Pères de l'Église. Elles lui ont valu le titre de «docteur de l'Église orientale». Ses homélies sont particulièrement remarquables. Il ne craignait pas de stigmatiser les dérèglements de la cour, ce qui lui valut l'inimitié de l'impératrice Eudoxie, qui, malgré le soutien du peuple pour son patriarche, l'envoya en exil, où il mourut.

Les chrétiens d'Orient l'appellent «Docteur», «Notre Père dans les saints», et sa «divine liturgie» est encore celle qui est pratiquée couramment dans les rites orientaux.

JEAN Damascène (saint), docteur de l'Église (Damas? fin du VIIe siècle - Saint-Sabas, près de Jérusalem, v. 749). Ce dernier des grands docteurs grecs, appelé aussi «Chrysorrhoas» (qui roule de l'or) à cause de son éloquence, défenseur du culte des images lors de la crise iconoclaste, eut une très grande influence non seulement en Orient, mais aussi en Occident, par son principal ouvrage, la *Source de la science,* véritable somme théologique où, après avoir établi les rapports de la foi chrétienne avec la dialectique aristotélicienne, il réfute les hérésies de son temps. La troisième partie, la plus importante, est son exposé *De la foi orthodoxe.*

JEAN de la Croix (saint), docteur de l'Église, grand mystique (Fontiveros, prov. d'Avila, 1542-Ubeda 1591). Jean de Yepes est né d'une famille pauvre. Il entra chez les carmes, alors mitigés, et, cherchant plus d'austérité, il allait revêtir la robe des chartreux lorsqu'il rencontra sainte Thérèse d'Avila, qui entreprenait de réformer l'ordre des Carmélites. Devenu le confesseur des religieuses, il se fit l'ardent défenseur de la stricte observance, ce qui lui attira une certaine hostilité; enlevé durant la nuit, il resta emprisonné pendant neuf mois. C'est alors qu'il écrivit ses merveilleux *Poèmes mystiques* et ses grands traités de mystique. Il fut recteur, prieur et vicaire provincial de différents couvents de carmes, mais ses calomniateurs s'acharnaient contre lui. Il mourut dans d'atroces souffrances, qu'il avait lui-même demandées au Christ par pénitence. Ses principaux ouvrages mystiques sont *la Montée du Carmel, la Nuit obscure* et *le Cantique spirituel.* Il décrit le long cheminement de l'âme qui cherche l'union à Dieu : après la nuit obscure, elle trouve la clarté de l'aurore dans la contemplation.

JEAN l'Évangéliste (saint), apôtre du Christ (mort à Éphèse v. 100). Son symbole est l'aigle. Il est l'auteur du quatrième Évangile, dont le prologue est une christologie avec un développement sur le Verbe (*Logos*) ou Parole divine organisatrice du monde, ce qui le rend différent, par son contenu théologique, des trois autres Évangiles* dits «synoptiques». Son évangile met l'accent sur l'amour; il répète souvent aux chrétiens : «Aimez-vous les uns les autres». Jean fut le disciple préféré du Christ, un des premiers appelés, pêcheur galiléen, comme son frère Jacques le Majeur; il accompagna au Calvaire Jésus, qui lui confia sa Mère. Lorsque la Vierge Marie mourut, à Éphèse, saint Jean était auprès d'elle. Il prêcha en Samarie, assista au concile de Jérusalem et rencontra saint Paul. D'après Tertullien, il serait allé à Rome, où il aurait été persécuté, mais, sorti indemne d'une chaudière d'huile bouillante, il aurait été exilé à Patmos, où il aurait écrit l'*Apocalypse.*

Certains rationalistes ont dénié à saint Jean la paternité de ses ouvrages, les considérant comme tardifs et influencés par le néo-platonisme; cependant, les exégètes chrétiens, penchés sur ce problème, reconnaissent l'authenticité de la tradition apostolique dans ses œuvres inspirées.

Saint Jean est très souvent représenté dans l'art chrétien comme le disciple bien-aimé, penché vers le Christ, ou inspiré par un ange, écrivant l'*Apocalypse.*

JÉRÔME (saint) (lat. *Hieronymus*), Père et docteur de l'Église (Stridon, Dalmatie, v. 347 - Bethléem 420). Il fit des études, voyagea à Rome, en Gaule, à Trèves et fut ordonné prêtre après avoir passé trois ans dans le désert, menant la vie d'un anachorète. Il alla voir Grégoire de Nazianze à Constantinople et lui confia ses travaux d'exégèse, portant sur la traduction de la Bible de l'hébreu en latin, traduction qu'on appelle la *Vulgate.* Il revint à Rome, puis retourna en Orient, où il aida sainte Paule et sa fille à fonder un monastère, et se fixa à Bethléem pour terminer ses ouvrages.

Il a laissé une œuvre immense de traductions, d'histoire ecclésiastique, de lettres, de discussions sur les théories d'Origène* et de sermons où transparaît son éloquence persuasive.

Tous les épisodes de la vie de saint Jérôme ont été souvent représentés par les peintres, particulièrement sa pénitence dans le désert, où l'on voit un ascète barbu en prière ou écrivant avec, à ses pieds, un lion.

JÉRÔME de Prague, hérétique de Bohême (Prague v. 1380 - Constance 1416). Il fit ses études à Paris, puis à Cologne et enfin à Oxford, où il connut les doctrines de Wyclif*, qu'il propagea à Prague. Là, il rencontra Jan Hus*, devint son disciple et lutta avec lui pour une réforme du christianisme. Venu à Constance pour assister son maître et ami au concile qui le condamna, Jérôme de Prague fut emprisonné, condamné au bûcher et ses cendres furent jetées dans le Rhin.

Jérusalem, ville sainte pour les Juifs (la Sion de leurs prophètes), les catholiques, les orthodoxes et même les musulmans. Conquise par David sur les Jébuséens (v. 1000 av. J.-C.), elle n'était alors qu'une plate-forme de route de caravanes, mais devint ensuite un centre pour la nation juive. David s'y fixa, et Salomon y fit construire le «Temple», considéré comme le symbole de l'unité du peuple juif; ce temple subit toutes les vicissitudes des guerres et des prises de la ville. Construit en 966 av. J.-C. il fut détruit par Nabuchodonosor en 586, rebâti de 524 à 515 aussi grand, mais moins luxueux. Pillé en 168 av. J.-C. par Antiochus Épiphane après des sièges et des combats, il fut restauré et embelli sous la domination romaine par Hérode en 20 av. J.-C. Après la prise de Jérusalem par Titus en 70 apr. J.-C., le Temple fut brûlé par ordre d'Hadrien. En 135 s'éleva à sa place un temple à Jupiter Capitolin, que Constantin fit raser au IVe s. Cet empereur fit construire des églises, dont la plus importante fut la basilique du Saint-Sépulcre. En 638, le calife Omar éleva sur le dôme du rocher, à l'emplacement du Temple, la fameuse mosquée qui porte son nom. Une partie de l'enceinte comprend le «mur des lamentations», seul vestige du temple d'Hérode. Avant la naissance de l'État d'Israël, les Juifs pieux venaient pleurer et se frapper la tête contre ce mur en signe de deuil, tout en se réconfortant d'un espoir messianique. Actuellement, il est le premier lieu de pèlerinage du judaïsme.

Lorsque les croisés prirent Jérusalem, ils mirent une croix sur la coupole et un autel sur le rocher; des petits morceaux de celui-ci étaient débités et vendus aux pèlerins; aujourd'hui, une grille protège ce rocher sacré, vénéré par les musulmans pour toutes sortes de souvenirs qui lui ont été rattachés rappelant Adam, Noé et Abraham. Quant à Mahomet, c'est là que l'aurait porté «sa vision nocturne» au cours de laquelle il fut élevé au ciel sur sa jument ailée. C'est là aussi que doit se tenir l'ange Israfil, qui annoncera le jugement dernier.

Jérusalem, le plus grand lieu de pèlerinage de la chrétienté, devint l'enjeu des croisades, la capitale de la «Terre sainte», le siège d'un des plus anciens patriarcats. Actuellement, les catholiques, latins et arméniens, et les orthodoxes se partagent la garde des «Lieux saints».

jésuites, membre de l'ordre fondé par saint Ignace de Loyola* le 15 août 1534 à Paris. A sa fondation, cet ordre comprenait six étudiants qui se lièrent par des vœux de pauvreté, de chasteté et d'obéissance avant d'aller en Palestine, comme soldats du Christ.

Ne pouvant faire leur pèlerinage à Jérusalem, ils restèrent à Venise où ils connurent les «théatins»*. Ordonnés prêtres en 1537, ils allèrent à Rome prêcher et enseigner. Une bulle du pape Paul III approuva les «Constitutions» de l'ordre. La *Compagnie de Jésus* se caractérise par la sévérité de son recrutement, par son caractère militaire et par ses exigences intellectuelles. Elle joua un très grand rôle dans la Contre-Réforme. Elle se trouve au point d'aboutissement de la longue évolution du monachisme. On distingue quatre catégories dè Jésuites : les frères lais, les scolastiques, les coadjuteurs et les profès (ces derniers font un vœu spécial d'obéissance au pape *perinde ac cadaver*, vieille et sévère formule).

JÉSUS (en hébreu *Jeschouah,* Josué, c'est-à-dire Jéhovah, sauvé),origine et fondement de la religion chrétienne. Par le *mystère de l'Incarnation*, il est Dieu fait homme, deuxième personne de la Sainte-Trinité, Messie annoncé par les prophètes, le *Christ* venu sur terre pour racheter le monde. Sa nature, son origine sont exprimées dans le *Credo*, où il est dit qu'il fut conçu par le Saint-Esprit dans le sein de la Vierge Marie. Il naquit à Bethléem vers l'an 748 de Rome; sa naissance, bien que très humble, fut annoncée aux Rois mages et aux bergers par des anges et par des prodiges dans le ciel. Tels furent ses premiers adorateurs. Le récit de ces événements est contenu dans les Évangiles*, particulièrement chez saint Matthieu et saint Luc qui parlent peu de la *vie privée* de Jésus. Après une «Fuite en Égypte» pour éviter les persécutions d'Hérode, la «Sainte Famille» vécut à Nazareth en Galilée. Vers l'âge de trente ans. Jésus rejoignit son cousin Jean-Baptiste, dont la prédication annonçait la venue du Fils de Dieu. Il reçut de ses mains le baptême, puis, après s'être retiré dans le désert de Judée pour vivre dans la pénitence, retourna en Galilée où il commença sa *vie publique*, réunit des disciples, choisit douze apôtres, prêcha et fit des miracles. Il expliqua qu'il était le Fils de Dieu, donnant le sens de sa mission sur terre, enseignant aux hommes sa loi d'amour. Vivant dans la perfection au-dessus du péché, il pardonnait et donnait à ses disciples le pouvoir de pardonner. Il parlait en paraboles, qui n'étaient pas toujours bien comprises.

Le milieu juif de son temps était partagé en différents partis plutôt que sectes : les «saducéens», plus hellénisés, et les «pharisiens», observateurs rigoureux de la Loi. Ces derniers attendaient le Messie suivant les Écritures, mais ne voulaient pas reconnaître Jésus comme tel. Ils décidèrent de le perdre. Par la trahison de l'apôtre Judas, Jésus leur fut livré, et le sanhédrin (conseil des anciens) le condamna comme blasphémateur, parce qu'il s'était dit le «roi des juifs». Le présentant aux autorités romaines comme un agitateur politique, le gouverneur Ponce Pilate le leur livra pour être crucifié (supplice de la croix infligé chez les Romains aux esclaves et aux voleurs). Jésus mourut à trente-trois ans après une longue agonie à Jérusalem sur le mont dénudé du Calvaire (Golgotha). Il descendit aux enfers, mais, marquant son triomphe sur la mort, affirmant sa divinité, il ressuscita le troisième jour, revint auprès de ses disciples, établissant les bases de son Église et annonçant sa seconde venue à la fin des temps (v. *jugement dernier, parousie*). Il monta aux cieux (v. *Ascension*) rejoindre son Père dans toute sa gloire et son unité.

Jésus-Christ, l'homme-Dieu dont la venue sur terre a bouleversé le sens de l'Histoire, a donné lieu à d'innombrables discussions, polémiques, études théologiques et aussi hérésies, celles-ci portant sur la personne et la nature du Christ-Jésus. (V. *arianisme, monophysites, nestorianisme,* etc.)

Si la critique rationaliste, niant la valeur de témoignage des Évangiles, a reconnu l'historicité de l'existence de Jésus, quelques historiens ont proposé le «mythe de Jésus» et même parfois une assimilation à un mythe solaire, d'autres le considérant comme un prophète.

Cependant, depuis la crucifixion, malgré les divergences de nombreux chrétiens, celui qui a dit «Je suis la voie, la vérité et la vie» continue à être considéré comme Verbe incarné, Fils de Dieu et Fils de l'homme, Christ, Messie, Sauveur et Rédempteur, par une grande partie de l'humanité.

jeûne, privation de nourriture et même de boisson pendant certaines périodes de l'année liturgique ou avant de grandes cérémonies religieuses, dans un but de mortification.

Le *jeûne rituel* est pratiqué dans la plupart des religions; il précède souvent l'initiation chez les primitifs. Dans l'Inde, particulièrement chez les jaïns et les brahmanes, il a toujours été largement pratiqué, de même que l'abstinence permanente d'un grand nombre d'aliments. Le judaïsme a adopté le jeûne des «expiations» prescrit par Moïse. Les jeûnes rituels précèdent plusieurs fêtes, en particulier celle du Yom Kippour, mais on peut aussi faire des jeûnes individuels de pénitence, qui accompagnés de repentir et de réparation, peuvent remettre de lourds péchés : le jeûne est alors dit «pénitentiel». Il existe aussi un jeûne funéraire dans certaines religions. Les Aztèques pratiquaient des jeûnes sévères.

Le christianisme a établi deux sortes de jeûnes : le «jeûne eucharistique» pour recevoir l'eucharistie, qui interdit l'ingestion d'aliments solides pendant un certain temps précédant la communion; le «jeûne ecclésiastique», qui est une pratique de pénitence imposée à certaines périodes de l'année liturgique dans l'Église catholique, pendant les quarante jours du carême, bien réduit de nos jours, les quatre-temps et les vigiles de fêtes. Les orthodoxes sont beaucoup plus sévères et ont de longues périodes de jeûne; les protestants (sauf certaines sectes) l'on rejeté.

Mais la forme la plus dure du jeûne est celle des musulmans avec la période du *ramadan**, où toute nourriture et toute boisson sont interdites du lever au coucher du soleil (v. *islam*). Le jeûne a souvent été au cours des âges une forme de résistance héroïque à l'oppression, allant jusqu'à la mort par inanition. Les cathares* pratiquaient le suicide par le jeûne, l'«endura»; les jaïns admettent cette mort pour une juste cause (Gandhi* a jeûné plusieurs fois). Les bouddhistes du Viêt-nam en ont usé aussi pour faire triompher la politique de leurs coreligionnaires.

JINA, «le Victorieux», Bouddha de méditation ou *dhyani bouddha.* (V. *jaïnisme, bouddhisme mahayana.)*

JIZO, dieu du bouddhisme japonais (Kshitigharba). Très populaire, il est considéré comme le protecteur des femmes, des enfants et des voyageurs; c'est pourquoi son image est souvent placée aux carrefours. Il est représenté comme un vieux pèlerin bienveillant (en gai pèlerin, il fait cliqueter des anneaux de fer au bout d'un bâton).

JOACHIM DE FLORE, théologien mystique italien (Celico, Cosenza, v. 1130 - San Giovanni in Fiore 1202). Très jeune, il fut page de Roger, roi de Sicile, et eut l'occasion de voyager en Terre sainte; il fit une retraite empreinte d'ascétisme et se fit moine chez les cisterciens de Corrazo, puis fonda au couvent de Saint-Jean-de-la-Fleur une congrégation mystique reposant sur ses idées. Il écrivit de nombreux ouvrages, étudiant particulièrement les correspondances de l'Ancien et du Nouveau Testament. Son *Exposition de l'Apocalypse* annonce des sentiments millénaristes ; quelques propositions furent condamnées par le concile de Latran, surtout son *Évangile éternel*, enseignant que l'Histoire est divisée en trois âges successifs établis d'après les trois personnes de la Sainte-Trinité. D'après lui, le premier aurait été celui de la Loi, c'est-à-dire du *Père*, le seconde celui de l'Évangile, c'est-à-dire du *Fils* (jusqu'au XIIIe s.), et, après de terribles catastrophes, devrait s'ouvrir le troisième âge ; celui de la contemplation, c'est-à-dire de l'*Esprit-Saint*, celui du sabbat de l'humanité. Ces théories lui valurent des polémiques avec la papauté, mais son ouvrage *De l'unité de la Trinité* fut encore plus supect au concile d'Arles, qui condamna quelques-unes de ses idées. Ses disciples, appelés les *joachimistes,* déformèrent souvent sa pensée : soit dans la voie de la mystique, où ils rejoignent les *spirituels,* soit dans le sens des millénaristes, qui, interpolant le livre sur l'Apocalypse, considèrent ses œuvres comme prophétiques (ils le surnommèrent « le Prophète »).

Bien qu'assez peu orthodoxe, Joachim de Flore n'a jamais été considéré comme un véritable hérétique. Dante lui fait une place dans son Paradis.

Certains historiens pensent qu'il aurait pu être un précurseur de la Réforme* et que Wyclif* aurait longuement étudié ses ouvrages.

Jodo, secte importante du bouddhisme au Japon. — Elle se rattache à l'amidaïsme, où le but recherché est le paradis d'Amitabha*, encore appelé paradis de l'Occident ou Terre de pureté.

JOSEPH (saint), époux de Marie, mère de Jésus, comme elle descendant de David. Averti par un ange de la conception miraculeuse de Jésus, il fut le père nourricier de celui-ci en exerçant le métier de charpentier. Les récits évangéliques parlent peu de lui en dehors des scènes de la Nativité et de la Fuite en Égypte. Il est considéré comme un saint patron des artisans et un symbole de l'obéissance et des vertus familiales. L'iconographie le représente généralement barbu, tenant un lis (suivant une ancienne légende, son bâton aurait fleuri pour indiquer sa sainteté au moment où la Vierge Marie devait choisir un fiancé). Sa fête est le 19 mars.

JOSEPH d'Arimathie (saint). Riche juif de Jérusalem, il dut adopter en secret la doctrine du Christ, bien qu'il fît sans doute partie du sanhédrin. Il manifesta ouvertement sa foi lorsqu'il demanda à Pilate le corps du Christ pour l'ensevelir dans un tombeau qu'il possédait. D'après une tradition médiévale, il aurait recueilli le sang du Christ dans une coupe dite «le Saint-Graal»*, qu'il aurait lui-même emportée en allant en 64 évangéliser la Bretagne.

judaïsme, religion actuelle des juifs, descendants des Hébreux, qui reçurent leur enseignement de Dieu lui-même par l'intermédiaire de Moïse.

De ce fait, ce peuple, bien que dispersé, forme une civilisation, une communauté historique, linguistique et littéraire; il a conscience d'un destin commun et se dit le «peuple élu». Descendants d'Abraham, d'Isaac et de Jacob, les israélites revinrent d'Égypte dans la «Terre promise», la Palestine, et, pendant les quarante années que dura la traversée des déserts, Moïse, leur chef, ayant reçu les «tables de la Loi» sur le mont Sinaï, organisa le judaïsme. Cette religion était déjà exprimée depuis Abraham par un idéal monothéiste et la croyance en un Dieu juste, bon et providentiel ayant conclu alliance avec son peuple.

Installés en Palestine, la terre de Chanaan, les Hébreux prirent conscience de leur personnalité, se donnèrent un roi, construisirent leur Temple, organisant leur culte sacrificiel, leur caste sacerdotale, leur calendrier liturgique et leurs fêtes conformément à l'enseignement mosaïque, leur vie morale et sociale étant ponctuée par l'institution, unique en son temps, du sabbat*. Jérusalem* devint le grand centre religieux. Des guerres fratricides entre les tribus d'Israël rompirent ensuite l'unité politique en créant le schisme qui opposa les deux tribus du royaume de *Juda* aux dix de celui d'*Israël* (Xe s. av. J.-C.). Les dieux des peuples voisins (Baals, dieux de la Fertilité) furent souvent en rivalité avec Yahvé, entraînant l'idolâtrie, mais des hommes inspirés, ou prophètes, rappelèrent au peuple la loi du Seigneur et prédirent le châtiment. Le royaume d'Israël puis celui de Juda furent détruits. En 586 av. J.-C., le Temple fut incendié et toute la population fut déportée à Babylone. En exil, le peuple juif prit conscience de son unité religieuse. Il réorganisa le judaïsme autour d'*Ezra,* le scribe (Ve s.), s'appuyant sur la Bible, dont les cinq premiers livres, le Pentateuque, forment la Torah*, base religieuse et juridique de la Loi mosaïque. Lorsque le peuple juif revint, en partie, en Palestine, il reconstruisit le Temple (520 av. J.-C.). Les guerres et les persécutions du IIe s. av. J.-C., puis l'occupation romaine et enfin l'avènement du christianisme cristallisèrent la foi judaïque autour de la Bible, qui s'augmenta de l'importante tradition orale. Deux partis s'affrontèrent : les *saducéens* et les *pharisiens,* qui, avec les communautés mystiques d'esséniens*, formaient le milieu juif à l'époque du Christ. La destruction du Temple de Jérusalem en 70 apr. J.-C. changea la physionomie du judaïsme. Ce fut la grande *Diaspora**, qui priva définitivement les juifs de l'élément sacrificiel enseigné dans la Bible et développa le culte synagogal, institué déjà pendant la captivité de Babylone. La lecture de la Torah, les services de prières et l'organisation rabbinique prirent forme. Les communautés juives se développèrent en Orient, puis en Europe, et plus tard en Amérique (New York n'est-elle pas la plus grande ville juive ?), gardant la fidélité à leur Dieu, à leur Loi quatre foi millénaire et même à leur langue, l'hébreu, qui est celle de leur Livre saint.

Des générations de pieux rabbins élaborèrent tant à Babylone qu'en Palestine le *Talmud**, unissant la tradition orale à la loi écrite. Des écoles rabbiniques firent des commentaires ; des sectes pieuses se développèrent, gardant vivantes la foi et les traditions à travers les vicissitudes de l'histoire et des persécutions (v. *hasidim* et *karaïtes*). La vie obscure des ghettos, les lois d'exception et les pogroms, l'observance du sabbat, la célébration des fêtes et la pratique quotidienne de la Loi mosaïque appliquée à toutes les formes de la vie ont conservé intact le judaïsme, qui, par le *sionisme* et une conjoncture favorable, a pu ramener en Terre sainte ce peuple dont l'espérance messianique est toujours vivante.

La doctrine du judaïsme peut se résumer dans sa profession de foi : « Écoute Israël, le Seigneur notre Dieu, l'Éternel est Un. » C'est le monothéisme absolu et la confiance en la protection de ce Dieu révélé. La rédemption finale est promise aux enfants d'Israël par la voix des prophètes. Elle sera universelle. C'est ce qu'affirme la croyance en un rédempteur du genre humain : le Messie. Elle marque l'orientation du judaïsme vers le devenir. La base de la religion est la Torah, ou *Loi de Moïse,* dont la quintessence est exprimée dans le « Credo de Maimonide »*.

Les livres de sagesse de la Bible, les hagiographies composées sous l'inspiration divine sont, avec la recension de la « Bible des Septante » (actuellement contestée), à la base de l'enseignement religieux du judaïsme. Le Talmud* réunit les Livres saints et les décisions religieuses des grandes assemblées ; il est le guide de toute la vie du juif pratiquant par ses rites qui marquent les grandes phases de l'existence humaine, par ses observances et interdits alimentaires (v.. *kasher*), et par les fêtes qui rythment le calendrier liturgique (lunaire).

Le judaïsme, avec ses traditions multimillénaires, s'est maintenu vivant jusqu'à nos jours, malgré et peut-être à cause de la Diaspora. Cet éparpillement des juifs est considéré comme une mission d'ordre divin. Mais les tendances diverses se sont accentuées avec le sionisme, le retour au pays, la création de l'État d'*Israël*, où se confrontent les traditionalistes orthodoxes, farouchement fidèles aux usages ancestraux, et les progressistes, désirant une adaptation des croyances à la vie moderne. Tels sont les réformés et les libéraux, encore plus audacieux, qui ont porté les conservateurs intégristes à dire que l'esprit laïc était plus dangereux que la persécution (V. *kasher, rabbin, sabbat, sionisme, synagogue, Talmud.*)

judéo-christianisme, dans les premiers temps du christianisme, doctrine qui admettait l'initiation préalable au judaïsme. En effet, tous les apôtres et les premiers disciples du Christ étaient juifs. Ils continuèrent d'observer les préceptes de la Loi tout en prêchant la doctrine nouvelle sans y voir de contradiction ; mais lorsque les conversions à l'extérieur amenèrent des « gentils », il y eut des polémiques entre les juifs de Jérusalem, affirmant que ces nouveaux venus devaient se soumettre à la Loi mosaïque, et les autres, dont les chefs de l'Église d'Antioche, qui niaient cette obligation. Une grande assemblée se tint à ce sujet à Jérusalem, dont saint Paul et saint Barnabé dirigèrent les débats en 52, et il fut admis que la religion du Christ n'exigeait aucunement l'observation de l'ancienne loi et notamment la pratique de la circoncision.

jugement dernier, jugement solennel par lequel Dieu manifestera à la fin du monde, et devant toute l'humanité, les mérites et les démérites de chacun. Le christianisme et l'islam annoncent ainsi la fin du monde actuel, par le jugement de tous les fidèles trépassés devant un tribunal céleste précisé par l'Apocalypse de saint Jean et l'Évangile de saint Matthieu (XXV, 31-46). Au son de la trompette des anges, les morts sortiront de leurs tombeaux et comparaîtront devant leur Juge suprême, le Fils de Dieu dans toute sa gloire : les bons iront à sa droite au ciel et les mauvais à sa gauche vers l'enfer. Ce sujet a été le grand thème iconographique des tympans des cathédrales romanes et mêmes gothiques, et a été repris par les peintres jusqu'à Michel-Ange. Le Christ, généralement assis en majesté, juge et bénit, et l'archange saint Michel pèse les âmes pendant qu'un démon attentif sur la gauche attend les damnés, tandis que sur la droite des élus radieux montent vers le ciel. Cette image médiévale était faite pour effrayer les croyants par la vue des peines terrifiantes de l'enfer.

L'islam a emprunté le schéma du jugement dernier au christianisme : tout se passe dans les mêmes conditions; l'ange Israfil annoncera la fin des temps.

Si les catholiques reconnaissent un jugement particulier, aussitôt après la mort, les orthodoxes n'admettent que le jugement dernier, après un séjour transitoire dans les limbes*. Les protestants et surtout certains de leurs théologiens, effrayés par la doctrine de l'éternité des peines, nient le châtiment final et éternel.

Le bouddhisme mahayana, qui admet un paradis et un enfer, a lui aussi un juge souverain des enfers, Kshitigharba, et cette scène est souvent représentée sur des bannières peintes de l'Asie centrale.

Mais en remontant plus haut dans le temps, c'est l'Égypte qui donne l'image la plus précise de la croyance au jugement des morts, avec le «pèsement des âmes». (V. *Anubis, Osiris.)*

JUSTIN (saint), Père de l'Église, apologiste et martyr (Flavia, Neapolis, Samarie, v. 100 - Rome v. 165). Il étudia les philosophies platonicienne et stoïcienne; converti au christianisme, il continua à enseigner la philosophie et ouvrit à Rome la première école chrétienne. Il fut dénoncé et martyrisé.

Il écrivit le *Dialogue avec Tryphon*, polémique ardente soutenant la vérité de l'Évangile comme accomplissement des prophéties, et deux *Apologies*, adressées l'une à Antonin le Pieux, l'autre à Marc Aurèle.

K

Kaaba. sanctuaire de *La Mecque** de forme cubique abritant la pierre sacrée «noircie par les péchés des hommes».

kabbale (hébreu *qabbalah*, tradition), doctrine juive ésotérique sur Dieu et l'univers, qui se donne comme une très ancienne révélation, transmise par une chaîne ininterrompue d'initiés.

Au Moyen Age, le terme de *kabbale* s'est appliqué à toute une littérature réunissant des doctrines mystiques et occultes contenues dans des ouvrages ésotériques dont les principaux sont le *Sepher Jetzira*, ou *Livre de la Création,* attribué à Abraham, cosmogonie où une théorie émanationiste combine la transcendance et l'immanence de Dieu avec les dix attributs ou entités ou émanations divines (les *sephiroth*) ; le *Sepher ha-Zohar* ou *Livre de la splendeur,* écrit au XIIIe s., à Grenade, par Moïse de Léon, qui prétendait faire connaître des révélations faites au Ier s. à Siméon bar Jochai par le prophète Élie. C'est une interprétation allégorique de la Bible, fortement teintée de néo-platonisme et qui s'apparente à la gnose* juive. Il forme un commentaire du Pentateuque, mais recherche surtout le sens caché de l'Écriture.

La kabbale a été surtout spéculative et mystique chez les juifs de Provence dès le XIIe s., puis chez ceux d'Espagne au XIVe s., dont la situation était privilégiée, tandis qu'elle devint pratique et extatique chez les Allemands, plus opprimés, et finit par s'imprégner de magie.

L'ésotérisme* de la kabbale se découvre dans la philosophie compliquée et dans la valeur symbolique et mystique des nombres et des lettres de l'alphabet sacré des Hébreux (d'où le terme de *kabbalistique*). Le *Zohar**, considéré comme le troisième livre saint d'Israël de par son caractère messianique et sa mystique, a fortifié la foi et l'espérance du judaïsme. Les juifs exilés d'Espagne ont répandu la kabbale dans tous les pays de la diaspora, mais l'École de Safed, en Palestine, lui donna son plus grand développement et elle continua à se répandre en différents centres jusqu'au XVIIIe s.

La kabbale a eu une très grande influence sur les esprits, juifs ou non, curieux d'ésotérisme. Elle est restée attachée au mouvement hassidéen et intéresse toujours beaucoup les occultistes modernes.

KABIR, réformateur religieux indien (Bénarès 1435? - Maghar, près de Gorakhpur, Uttar Pradesh, 1518). Il était ausi poète et tisserand. Ses aspirations mystiques le dirigeaient vers un syncrétisme islamo-hindou. Né musulman, il étudia l'hindouisme et reconnut le culte d'un seul Dieu, dont l'identité essentielle pouvait être Allah ou Rama*. Son système s'apparente au soufisme et à un vishnuisme sans rites et sans images. Ses poèmes, qui affirment ses aspirations mystiques et sa recherche de la vérité à travers toutes les religions, ont eu beaucoup de succès en Inde, plusieurs ont été incorporés à l'Adi-Granth*. Ils ont été traduits par Rabindranath Tagore*. Kabir cherchait à abolir la barrière des castes; il eut des disciples, les *Kabir panthi* (ou «ceux qui suivent»), parmi lesquels fut Nanak*. Ces disciples ont formé plus tard une secte vishnuiste et se sont répandus dans la région de Bénarès et de Mathar; ce sont des ascètes errants très respectés pour leur pureté et leur piété.

kachina, dans les cultes et les sociétés secrètes Hopi, poupées d'initiation, symboles de fertilité dans la grande fête des masques de février.

KAÇYAPA, un des deux plus fidèles disciples du Bouddha. Il l'assista à son lit de mort et reçut ses dernières instructions. Après la disparition du maître, il fut le premier patriarche et réunit un premier concile à Rajagriha pour fixer la doctrine du bouddhisme. Il garda jusqu'à sa mort la direction du sangha (ordre).

Kaïlasa, montagne sacrée par excellence, retraite de Çiva dans le plus haut massif montagneux du monde, l'Himalaya, où le Dieu réside avec la déesse Parvati entouré de toutes les divinités célestes, tandis qu'au-dessous de son siège, dans une grotte, les démons (rakshassa), avec leur chef Ravana, essaient d'ébranler cette demeure paradisiaque où rêvent d'accéder un jour les adorateurs de Çiva*.

KĀLA, le Temps dans le panthéon brahmanique, créateur et destructeur de l'univers. Il a été assimilé tantôt à Brahma, tantôt à Yama (la mort), tantôt à Vishnu et enfin à Çiva. Il a passé dans le panthéon du mahayana, où il est devenu

Mgonpo-Nagho et au Japon Metali-Djin.

KALI, dans l'hindouisme, la «Mère» (noire). Elle est la Devi, la force vitale, la grande déesse de la Fécondité en même temps que la déesse de la Mort et de la Destruction; elle est aussi *Durga**, la parèdre de Çiva. D'origine obscure, attestant de très anciens cultes non aryens, elle est représentée sous un aspect monstrueux avec la peau noire, les yeux injectés de sang, la langue tirée, les dents en crocs, les paumes des mains rouges, les épaules ruisselant de sang, portant un collier de crânes, des cadavres à ses oreilles, des guirlandes de serpents autour des bras et dansant sur un cadavre. Elle symbolise l'ensemble des souffrances humaines. Son temple le plus célèbre est celui de Kalighat (Calcutta, cité de Kali). Elle a de très nombreux adorateurs qui lui sacrifient des chèvres, les décapitant d'un seul coup de sabre, surtout lors de grandes fêtes du Kali-Puja, ou Durga-Puja, qui se passent lors des jours sombres de novembre.

KĀMA, dieu de l'Amour dans la mythologie indienne. Il est aussi appelé *Ananga* («l'Incorporel»). Les légendes varient sur son origine; son épouse est *Rati* (déesse de la Volupté).

Il est souvent représenté sous l'aspect d'un beau jeune homme armé d'un arc dont la flèche est un lotus en bouton. Sur sa bannière figure le «makara», sorte de dragon. Le *Kama-sutra,* traité des règles de l'amour, fait partie de la littérature religieuse de l'Inde. Il a été écrit par le sage Vatsyayana vers le IVe s. de notre ère.

Kami. Au Japon ce mot désigne non seulement d'innombrables divinités, mais aussi tout ce qui a droit au respect, tout ce qui étonne, à la fois génie et esprit d'un objet de la nature, comme le kami d'un arbre ou celui d'un héros. C'est une force naturelle, mais sacrée, comme le mana polynésien. Les kami sont les dieux du shintoïsme, cette religion autochtone appelée *Kaminomichi* (la «Voie des dieux»).

Kandy, (Sri Lanka), ancienne capitale, célèbre par son «temple de la dent du Bouddha». En effet, on y vénère une cassette d'or en forme de dagoba; ses six enveloppes abritent une dent énorme réputée avoir appartenu au Bouddha Çakyamuni, dont l'arrivée à Ceylan reste assez légendaire. Quotidiennement, les moines honorent cette relique, mais une fois par an a lieu la grande fête de Kandy, le *Perahera,* pendant laquelle on promène dans la ville la précieuse cassette placée sous un dais magnifique et portée par un éléphant richement caparaçonné, précédé d'une soixantaine d'éléphants décorés, de musiciens et de danseurs exécutant des danses indiennes et portant des costumes ornés de sonnailles.

Kanjur, compilation des livres sacrés tibétains.

KAPILA, sage mythique de l'Inde, à qui serait imputée la fondation du système philosophique du samkya*, sans qu'aucun fait historique puisse le confirmer (v. *lamaïsme*).

karaïtes (hébreu *qaraïm*, lecteurs de l'Écriture ou attachés à la lettre), dans le judaïsme, groupe de fidèles qui formèrent une secte (vers 765 apr. J.-C.) sous la direction d'Anan ben David (mort vers 795) et qui furent appelés de ce fait *ananites*. — Les karaïtes se disaient farouchement attachés aux traditions et s'opposaient aux adjonctions du Talmud*. Ils s'en tenaient à la lettre plus qu'à l'esprit de la Loi. De mœurs très austères, ils formèrent des petites communautés, fixèrent leur foyer à Jérusalem, puis se répandirent dans l'Europe orientale et en Égypte ; ils entretinrent des polémiques avec leurs coreligionnaires. La secte compte encore quelques partisans dans le Proche-Orient.

KARDEC (Léon Denizart Rivail *dit* **Allan)**, spirite français (Lyon 1804-Paris 1869). D'une famille catholique, il fut élevé en Suisse à l'école protestante de Pestalozzi. Rêveur et déiste, il essaya toute sa vie d'unifier les croyances, mais, ayant assisté à des séances de spiritisme, il se dirigeait dans cette voie lorsque, mis en communication avec des esprits, l'un d'eux, qui s'était nommé « Vérité », lui confia une « mission » : celle de fonder une religion universelle, grande et belle. Désormais, le « sage » réunit des disciples, prit un nom de consonance celtique, se plongea dans le spiritisme et écrivit de nombreux ouvrages, dont le *Livre des esprits*, l'*Évangile selon le spiritisme*, le *Livre des médiums*, etc.

Il est considéré comme le grand maître du spiritisme français, continuateur des Saint-Martin*, Papus, etc.

Sa tombe, en forme de dolmen, au cimetière du Père-Lachaise à Paris, est devenue un véritable lieu de pèlerinage ; on lui offre des fleurs, on le prie et on lui confie des messages (petits papiers, lettres où on lui demande toutes sortes de grâces).

karma ou **karman**, dans les philosophies de l'Inde, l'acte et ses conséquences, son fruit, qui par une force dynamique et presque magique enchaîne l'homme dans la série des transmigrations jusqu'à la délivrance (moksha), qui, dans le bouddhisme, peut être le nirvana*. Dans l'hindouisme, loi cosmique de relation de cause à effet et de rétribution quasi mécanique des actes : l'homme est le créateur de son propre destin. C'est la justice immanente. On peut accéder à la «délivrance» par diverses voies, dont le *karma-marga* (la «voie des œuvres»), en accomplissant les devoirs imposés par les lois de la religion et de la caste (v. *yoga*).

KARTTIKEYA, dans l'hindouisme*, dieu de la Guerre, fils de Çiva* et de Parvati. Il est aussi appelé *Subrahmanya, Skanda, Skando-Kunara, Sanmukha* (six têtes). Sa monture est le paon.

kasher, kasherut (mot hébreu signifiant «conforme»), préparation des nourritures faite suivant les prescriptions très strictes de la Loi mosaïque. Les viandes consommées doivent être celles d'animaux indiqués par la Bible, qui doivent aussi être abattus rituellement par un sacrificateur et vidés entièrement de leur sang (matière impure par excellence). Cela nécessite des abattoirs et des boucheries spécialisés. Les laitages et les viandes ne peuvent jamais être mélangés, suivant le précepte «Tu ne mangeras pas l'agneau dans le lait de sa mère», ce qui implique l'usage de vaisselles différentes. Quelques poissons, oiseaux ou plantes (champignons), considérés comme impurs, sont également interdits.

KEMPIS (Thomas Hemerken, *dit* **THOMAS A)** écrivain mystique allemand (Kempen, Rhénanie, 1379 ou 1380 — Sint Agnietenberg, près de Zwolle, 1471). Il fit ses études à Deventer chez les frères de la Vie commune, puis il entra chez les chanoines réguliers de Saint-Augustin du mont Sainte-Agnès, où son père s'était retiré. Il y devint sous-prieur et y vécut en ascète. Doué d'un tempérament tranquille et mystique, il consacra tout son temps à la prière et à l'écriture. Calligraphe remarquable, il copia de nombreux ouvrages anciens, puis écrivit des biographies, des chroniques d'histoire religieuse, des œuvres d'ascétisme et de discipline conventuelle. Son *Hortulus rosarum* est un poème mystique. On lui attribue généralement — et cette attribution semble fondée — le livre de dévotion si connu appelé l'*Imitation de Jésus-Christ**.

khalife, ou **calife,** titre porté par les successeurs de Mahomet, traduisant le pouvoir à la fois temporel et spirituel du maître de l'islam.

Les trois premiers khalifes furent choisis parmi les premiers fidèles disciples de Mahomet*, malgré l'opposition de ceux qui croyaient en l'hérédité du prophétisme (v. *chiites*) et désignaient Àli* comme successeur. Celui-ci fut jugé trop jeune par les Arabes, qui étaient de caractère individualiste et naturellement hostiles à l'idée dynastique. Ce fut Abu Bakr, ami de Mahomet, qui fut élu en 632 (il était le père d'A'icha, la femme bien-aimée du Prophète). Il fut remplacé en 634 par Omar, qui prit le titre de «chef des croyants», puis par Othman en 644 et enfin par Àli et ses fils. Les grandes dynasties des Omeyyades et des Àbbassides établirent dans le monde la puissance de l'Islam. Plus tard, les provinces devinrent indépendantes. Il y eut un califat à Cordoue, à Bagdad, etc., et le sultan de Turquie porta ce titre jusqu'en 1922.

khlystys (russe *khlyst,* fouet), flagellants, membres d'une secte russe qui apparut au XVIIIe s. dans un village de la Volga et fit rapidement des adeptes dans toute la Russie.

On appelait ces dissidents les «hommes de Dieu», car leurs chefs affirmaient réincarner le Christ. Les khlystys étaient des flagellants non par esprit de pénitence, mais pour atteindre à un état extatique, ce qui les distinguait des flagellants du Moyen Age. Héritiers du courant bogomile*, ils considéraient la chair comme méprisable, ce qui donnait lieu à des excès. Ils avaient des réunions secrètes appelées «navires», au cours desquelles ils s'excitaient en dansant, sautant et se flagellant mutuellement jusqu'à épuisement. On les a accusés de parodier les sacrements et de se livrer à des communions blasphématoires. Un rôle important était attribué aux femmes, particulièrement à celle qui se nommait «la Mère de Dieu», désignait les nouveaux «kristos» et présidait aux cérémonies.

Malgré les poursuites dont ils étaient l'objet, les klystys, qui se dissimulaient sous une fidélité apparente à l'Église officielle, reparurent toujours plus nombreux au XIXe s. Ils se recrutaient dans le milieu populaire et leur succès s'explique par le désordre qui régnait alors, désordre qui allait d'accentuer jusqu'à la Révolution de 1917.

KHNOUM, dieu égyptien à tête de bélier, créateur de la vie, générateur de tout ce qui vit, dieu gardien du Nil, une des divinités de la triade éléphantine. Il est parfois représenté actionnant un tour de potier. Le temple d'Esna, bien que tardif, a révélé des textes intéressants sur l'origine de ce dieu.

KHONSOU, dieu lunaire égyptien. Il est représenté par une tête de faucon portant un disque. Il a plusieurs manifestations et a été intégré à la triade thébaine avec avec Amon et Mout, dont il serait l'enfant. Un des temples de Karnak lui était consacré.

KNOX (John), réformateur écossais (près de Haddington? 1505 ou 1513 - Edimbourg 1572). Il étudia à l'université de Glasgow, devint prêtre catholique, mais il passa bientôt à la Réforme. Avec d'autres protestants, il fut arrêté et envoyé aux galères. Libéré en 1549, il rentra en Angleterre. L'accès au trône de Marie Tudor l'obligea à fuir de nouveau. Il alla en France, puis à Genève (1554), où il fut l'ami de Calvin* et traduisit en anglais la Bible dite «de Genève». Il revint en Écosse en 1557, puis en 1559; il s'opposa à Marie Stuart et contribua à sa déposition en faisant abolir le catholicisme dans le pays. Maître de la pensée religieuse, il organisa la hiérarchie ecclésiastique et fur le fondateur de l'Église presbytérienne. Il écrivit des sermons, une *Histoire de la Réformation en Écosse* et des ouvrages théologiques.

KRISHNA (mot sanskrit signifiant «le Noir»), dieu célèbre de l'Inde, incarnation de Vishnu, héros mythique, sans doute un ancien chef aborigène identifié tantôt au sage védique qui joue un si grand rôle dans le *Mahabharata** (dans lequel est inclus le livre de la *Bhagavad-Gita**), tantôt au *Gopala Krishna,* ou dieu bouvier.

Toute la geste du «Bienheureux», avec quelques variantes, est donnée dans le *Harivamśa* et le *Bhagavata-Purana* et plus tard, au XIIIe s., dans une sorte de drame, la *Gita-Govinda.* Il était fils de Vasudeva et de Devaki, dont le frère avait rêvé que cet enfant devait le tuer; aussi fut-il caché et élevé au loin par un pauvre vacher. Bien que pourchassé par son oncle, il grandissait en force et en beauté; il jouait avec les bergères éprises de lui, les aimait, mais préférait la belle *Radha.* Adulte, il fut un chef de guerre redouté et prit parti pour les Pandava dans la guerre des Bharata, qui donna son nom au poème. Conduisant le char d'Arjuna, il se livra alors à une longue digression philosophique sur la légitimité du combat. Krishna se révèle aussi dans la *Bhagavad-Gita* (ou *Chant du Bienheureux*), comme le Seigneur suprême, donnant une voie de sagesse par l'exaltation d'un amour mystique, la *bhakti**, future grande forme de dévotion hindoue.

Ce poème est considéré comme l'Écriture sainte par excellence; il est vénéré par tous les hindous.

KRISHNAMURTI. Né en 1897 dans une famille de brahmanes de l'Inde du Sud, il fit ses études en Angleterre, où il fut remarqué par Leadbeater, le fondateur de la secte théosophico-chrétienne appelée «Église catholique libérale», ami de Mme Blavatzki*. Les théosophes reconnurent en lui le précurseur du bodhisattva* Maitreya*, puis on vit en lui la réincarnation du Christ. Mais ce sage refusa tous ces titres et se retira en Californie.

KUBERA, dans le panthéon hindou, dieu des Richesses, très populaire. Il est souvent représenté en «Jambala» avec un ventre pansu et tenant un sac de trésors ou une mangouste crachant des joyaux.

KWAN-YIN (en Chine), **KWANNON** (au Japon). Déesse de la Miséricorde, elle est la forme féminine du bodhisattva Avalokiteçvara* dans le bouddhisme mahayana. Infiniment compatissante, elle manifeste un grand pouvoir d'intercession. C'est pourquoi elle est souvent représentée avec mille bras, dont les mains aux paumes ouvertes sont ornées d'un œil. Elle tient le lotus* et le vase à eau pour étancher la soif des humains. Protectrice des mères, on l'invoque en cas de stérilité. Elle est parfois figurée en porteuse d'enfants.

L

LAKSHMI ou **ÇRI,** déesse hindoue, épouse de Vishnu* pour les cultes populaires, énergie complémentaire du principe masculin du dieu pour les philosophes. Déesse de l'Amour et de la Beauté, de la Richesse et de la Prospérité, elle est une des manifestations de la *Devi,* épouse du dieu, dont elle est la parèdre, mais aussi la çatki*. Elle est toujours représentée tenant un lotus*, debout sur la surface des eaux, car elle est née du barattage de la mer de Lait; souvent deux éléphants tenant en leur trompe une aiguière d'or l'aspergent. Elle a généralement le teint doré.

Lalita-Vistara, ouvrage bouddhique du Ve s. apr. J.-C., qui relate toute la vie du Bouddha Çakyamuni avec beaucoup de détails, de scènes pittoresques, légendaires et poétiques, depuis sa naissance jusqu'à son premier sermon.

Cette sorte de légende dorée a servi de thème iconographique à l'art bouddhique dans des bas-reliefs et des peintures, certains épisodes étant traités avec une naïveté charmante.

lamaïsme (du tibétain *lama,* qui est un titre donné aux moines de rang supérieur), religion du Tibet et de certaines régions d'Asie centrale, de Sibérie, du Sikkim et du Bhoutan, issue du bouddhisme mahayana.

Le Tibet, contrée presque inaccessible des plateaux et des hautes vallées de l'Himalaya, était un pays étrange, qui était jusqu'en 1950 conservateur de ses traditions, très religieux, hostile aux étrangers, ce qui fait qu'il a gardé longtemps un complet isolement. La population, d'origine mongole, avait une religion primitive (bon po*) fortement teintée de chamanisme*, et d'influences iraniennes, honorant des dieux d'aspect terrible et craignant des démons qui personnifient des éléments naturels d'un pays hostile à l'homme. Ce fonds magique est toujours à la base des cultes du Tibet oriental et a imprégné en grande partie le bouddhisme tibétain dans sa forme de *lamaïsme*.

C'est au VIIe s. que, pour la première fois, le bouddhisme fut introduit au Tibet par deux princesses, l'une népalaise, l'autre chinoise, qui épousèrent le roi Srong Tsan Gam Po, devenu légendaire. Elles apportaient avec elles des reliques, des livres, des statues et des peintures, et convertirent le roi. Des missionnaires bouddhistes les suivirent sans doute, et on construisit des temples. Le bouddhisme venu au Tibet était celui du mahayana, dont le polythéisme s'enrichit de nouveaux dieux et déesses, mais le pays, incliné vers les pratiques magiques, s'éloignait déjà du bouddhisme lorsque vint *Padma-Sambhava* (vers 750), qui est considéré comme le grand fondateur de la religion tibétaine.

Il prêcha les nouvelles doctrines venant de l'Inde, dites «véhicule tantrique» (v. *tantrisme*), fonda des monastères et la secte des «bonnets rouges», qui attira une bonne partie de la population. Mais, peu à peu, les tenants de l'ancien culte bon po reparurent et persécutèrent les bouddhistes. Ils allaient triompher lorsqu'en 1040 le roi fit venir du Bengale un moine indien, Atiça, chargé de traduire en tibétain les livres saints du bouddhisme; d'autres missionnaires le suivirent, et des sectes naquirent. De nouveaux monastères furent bâtis, mais bientôt les vieilles pratiques magiques nécessitèrent encore de sérieuses réformes. Celles-ci furent faites cette fois par un moine tibétain, Tsong Kapa* (fin du XIVe s.) qui rétablit la discipline monastique, exigeant le célibat et le port de la robe jaune, ainsi que celui du bonnet jaune, d'où le nom de «bonnets jaunes» *(gelugpa),* donné à la secte par opposition à celle des «bonnets rouges» (*nyngmapa,* «les anciens»); elle fut appelée aussi «secte vertueuse»; elle prédominait au Tibet et lui a donné sa religion officielle définitive, le *lamaïsme,* qui est un bouddhisme mahayana très fortement teinté de tantrisme. Ce grand réformateur que fut Tsong Kapa, qui a donné une certaine expansion au lamaïsme dans les régions environnant le Tibet, a aussi pourvu son pays d'une forme très spéciale de gouvernement qui a duré jusqu'à l'invasion chinoise de 1950, en reconnaissant pour chef à la fois spirituel et temporel le *dalaï-lama**, considéré comme un «bouddha vivant». Le pouvoir du dalaï-lama fut affirmé définitivement lorsque fut vaincu le dernier souverain bon po. Le cinquième dalaï-lama, *Lob San Gan Po,* devint le pape du lamaïsme et fit construire à Lhassa, au XVe s., la forteresse-monastère du *Potala,* qu'on appelait le Vatican tibétain. Le dalaï-lama, qui est actuellement réfugié en Inde, reste le chef spirituel incontesté et, pour les Tibétains non soumis, demeure encore le vrai souverain, car, depuis trois siècles, le pays s'était façonné à cette forme théocratique de gouvernement, la religion y jouant un rôle considérable. Un autre pontife ayant une grande part aux affaires de l'État est le *tashi,* ou *panchen-lama,* qui vit au grand monastère de Tashi long Po et qui est aussi considéré comme la réincarnation d'un bodhisattva*.

Dans les différents groupes qui ont souvent été en conflit, les grands sages, maîtres ou lama sont considérés comme étant la réincarnation d'un bodhisattva. Ils sont reconnus tout jeunes à certains signes et sont élevés et vénérés dans leurs monastères, ce sont les *Tulku.*

Cependant, le bouddhisme tibétain est très éloigné du bouddhisme primitif. Il comprend un panthéon complexe, avec des entités métaphysiques et des divinités monstrueuses d'aspect effrayant, de caractère à la fois mystique et magique. Comme son nom l'indique, le lamaïsme est avant tout une religion monastique suivant l'enseignement primitif du Bouddha. Il y avait des villages entièrement occupés par des moines, des monastères de plus de vingt mille moines. Lhassa* la ville sainte, les oratoires, les shortens, les moulins à prières invitaient partout les montagnards à la dévotion. Les monastères sont souvent des universités bouddhistes où l'on étudie la littérature sacrée, mais cela n'empêche pas que les pratiques magiques (si inhérentes à ces lieux inaccessibles et mystérieux) soient encore bien souvent d'un usage courant et s'appliquent au rituel, à la médecine et à l'expulsion des démons. C'est pourquoi des danses, des masques, des images, des objets spéciaux et des instruments de musique donnent un aspect très particulier au décor de la vie religieuse tibétaine. C'est le lamaïsme qui a créé cette forme curieuse de dévotion qu'est le moulin à prières, lequel développe en tournant des formules rituelles, incantations méritoires enroulées à l'intérieur; les petits sont mus à la main, tandis que les grands, situés le long des chemins, sont déroulés par le vent ou l'eau.

Le lamaïsme, comme le tantrisme, s'appuie sur les *tantra**, ou livres secrets, ésotériques, les *mantra**, ou formules incantatoires, et les *mandala**, diagrammes mystiques et symboles cosmiques. Il fait aussi une large place à la çatki*, ou énergie féminine. Le salut est atteint par la pratique du culte, mais aussi par le yoga, de forme tantrique, qui cherche à trouver dans la contemplation une évocation visuelle de la divinité.

Les divinités comprennent plusieurs catégories : d'abord les bouddha (dont un, primordial, Vajradhana ou Vajrasattva), les bodhisattva et les grands lama vénérés, ainsi que les anciens dieux du panthéon brahmanique; puis les divinités autochtones, les *Tara**, les grands magiciens, les démons masculins et féminins aux formes terrifiantes (Yamantaka*, Hevajra, Hayagriva, Lhamo*, etc.), les *Dakini* qui ont une grande puissance magique. L'une d'entre elles, *Marici*, à la fois sorcière et génie tutélaire porte un collier de crânes et un tablier fait de plaquettes d'os humains. Les *Yidam*, les *Yogini*, bien que divinités protectrices, sont d'un aspect terrible.

La très abondante littérature lamaïque comprend surtout des volumes du *Vinaya* (droit canon) et des commentaires et interprétations d'une science ésotérique. Ils forment une très abondante littérature, le *Kanjur* (textes) et le *Tanjur* (commentaires).

Toutes les divinités font l'objet d'intéressantes représentations artistiques, peintes ou sculptées. La peinture tibétaine, originale, s'exprime dans des fresques et surtout dans des bannières, ou *tanka*, dont l'iconographie très précise se réfère à des modèles anciens indéfiniment répétés, de même que les fresques des Temples. Tous ceux qui collaborent à ces œuvres font ainsi un acte de dévotion : tissage du coton, préparation des couleurs, dessin, etc. Tout est entouré d'un certain rite; l'ordonnance même de la composition répond à des précisions hiérarchiques et sacrées. La sculpture représente des divinités, le plus souvent de formes violentes et dynamiques avec de nombreux bras, des têtes d'animaux, exprimant souvent un symbolisme sexuel; tout l'art tibétain est imprégné de magie; les figures représentées doivent permettre la visualisation de la divinité. La représentation presque abstraite des mandala, s'ordonnant méthodiquement de l'extérieur au centre, doit être la base d'une méditation profonde sur l'union du microcosme et du macrocosme. Il existe au Tibet une grande variété d'objets rituels décorés, des masques et des instruments de musique de caractère éminemment religieux. Il arrive fréquemment que des os humains soient utilisés pour leur valeur magique, telles ces calottes crâniennes, en général richement ornées, qui servent de coupes à libations (kapala), ainsi que les tambours à boules fouettantes ou damraru.

Le lamaïsme s'était largement répandu en Mongolie. Il subsiste dans les petits États himalayens et parmi les réfugiés tibétains.

LAO-TSEU, philosophe chinois, fondateur présumé du taoïsme (VIe s. ou Ve s. av. J.-C?). Sa vie quasi légendaire est connue surtout par le *Che Ki*, une histoire de la Chine écrite vers l'an 100 av. J.-C. par Sseu-ma Ts'ien. Le sage serait né dans le Ho-nan, vers 604 av. J.-C.; son nom était *Li Tan* (Lao-tseu signifiant «Vieux Maître», surnom donné sans doute lorsqu'il atteignit la vieillesse, signe de sagesse), et il serait parvenu à un très grand âge. Il fut archiviste à la cour des Tcheou. Sa rencontre avec Confucius est célèbre. Il vécut retiré, puis, d'après les traditions, disparut à l'Ouest. Ses méditations et préceptes font l'objet de son livre le *Lao-Tseu*, appelé plus tard le *Tao-tö king**, qui le met au rang des grands classiques chinois.

lares, dans la religion romaine, nom donné aux dieux protecteurs du Foyer domestique.

Les *lares familiares* étaient les esprits des ancêtres, mais il n'y en avait qu'un par famille qui veillait sur la maison et sur les champs. Plus tard ils furent plus ou moins assimilés aux mânes et aux *pénates*, esprits tutélaires des ancêtres. On leur rendait un culte quotidien avec des offrandes et des libations devant le «laraire», sorte de chapelle intérieure dans laquelle on plaçait leurs statuettes.

Les *lares compitales* étaient publics et placés aux carrefours des rues et des routes. On faisait de grandes fêtes en leur honneur, les *compitalia*. Il y eut aussi sous Auguste les *lares Augusti*.

laure (gr. *laura*, rue), ensemble des cellules d'ermites, écartées les unes des autres, où les moines vivaient dans le recueillement et la réclusion. — En Orient, le mot *laure* (en slavon *lavra*) désigne un grand monastère ayant plusieurs églises dans son enceinte. Au mont Athos existe encore la «laure» de saint Athanase. En Russie, les archi-abbayes de Kiev et de la Trinité Saint-Serge s'appelaient en réalité *laures*; elles furent en Russie la première forme du monachisme. Le monastère, tant en Orient qu'en Occident, implique une vie en commun au moins pour les offices.

LAZARE (saint), ami et disciple de Jésus. Frère de Marthe et de Marie-Madeleine de Béthanie, il fut ressuscité par Jésus après être resté quatre jours dans le tombeau. Ce miracle frappa beaucoup les foules (saint Jean, XI).

D'après une antique tradition, il vint en Provence avec ses sœurs, aux Saintes-Maries-de-la-Mer et fut le premier évêque de Marseille.

lazaristes, surnom donné aux membres de la *Congrégation des prêtres de la mission*, fondée en 1625 par saint Vincent de Paul, qui s'installèrent à Paris en 1632 dans l'ancienne léproserie de Saint-Lazare (saint Lazare, ou saint Ladre, patron des lépreux, est le pauvre de l'Évangile).

Ces religieux étaient des prêtres séculiers, liés par des vœux simples, destinés aux missions dans les campagnes et, plus tard, dans les pays infidèles. Ils sont répandus dans le monde entier et leur maison mère est à Paris, rue de Sèvres; c'est là, dans la chapelle, que se trouve le tombeau de leur fondateur, saint Vincent de Paul. En Irlande et en Amérique, ils sont appelés *vincentiens.*

Lhassa, ville sainte et, jusqu'en 1951, capitale civile du Tibet, lieu de pèlerinage du lamaïsme*. La divinité protectrice de Lhassa est *Lha-Mo*, c'est-à-dire Çri Devi, la plus redoutable et la plus vénérée. Entourée de lamaseries (ces grands monastères qui sont en même temps écoles et universités logeant des milliers de moines et de moinillons), la ville est dominée par le *Potala*, forteresse située sur un éperon rocheux, considérée comme le paradis d'*Avalo-kiteçvara**. Cette vaste forteresse-acropole, formant un ensemble imposant de monastères, de temples et de stupa, fut construite au XVe s. par Tsong Kapa. Lieu sacro-saint où les étrangers n'étaient pas admis, c'est là que résidait le dalaï-lama*. Le plus haut lieu et le plus sacré du Tibet est le temple (Jokang) construit en 652 pour abriter les reliques et les images bouddhistes apportées par les deux épouses du roi Srong Tsan Gam Po, devenues les *Tara**.

libation (lat. *libatio*), action de verser un liquide en l'honneur d'une divinité.

Dans le paganisme oriental, toutes les fêtes et les cérémonies du culte étaient accompagnées de libations d'eau, de lait, d'huile, de sang, au moyen de vases spéciaux. Cet usage fut adopté par les Perses, les Grecs et les Romains, ces derniers offrant aux dieux lares des libations avant chacun de leurs repas.

Dans la Chine ancienne, le culte des ancêtres devait comporter des libations, si l'on en juge par les nombreux vases rituels protohistoriques.

limbes (lat. *limbus*, frange), dans la théologie chrétienne, lieu où séjournaient les morts de l'Ancien Testament avant la venue du Christ lors de sa descente aux enfers. Ce lieu est aussi le séjour des âmes des petits enfants morts sans baptême, privés de vie surnaturelle. Dans les vieux hôpitaux, comme l'ancien Hôtel-Dieu de Paris, il existait une tour, appelée *Puits des limbes*, dans laquelle on jetait les corps des enfants mort-nés ou morts sans baptême.

linga ou **lingam,** dans l'hindouisme, image phallique de Çiva, principe créateur du Dieu, symbole de vie, représentant sans doute un ancien dieu du Sol et de la Fécondité.

Le linga est très fréquemment figuré sous l'aspect d'une colonne cylindrique dressée sur une cuvette nommée *Yoni*, représentant le symbole féminin. L'ensemble est soit en pierre, soit en bronze, et il en existe de toutes tailles; le linga reçoit quotidiennement un culte chez les çivaïtes; on l'entoure de fleurs, on l'arrose de ghi (beurre clarifié), de lait, d'eau lustrale.

Si tous les çivaïtes adorent le linga comme symbole de Çiva, il existe une secte datant du XIIe s. qui ne reconnaît que cette forme d'adoration. Très exclusifs et austères, ces sectateurs, les *lingayats*, vivent en communauté en dehors du régime normal de l'hindouisme des brahmanes.

liturgie (gr. *leitourgia*; de *leitos*, public, et *ergon*, œuvre), ordre des cérémonies et des prières dont se compose le service divin, tel qu'il est déterminé par l'autorité spirituelle compétente.

Les liturgies étaient très répandues dans les cités grecques; certaines, annuelles, consistaient en l'organisation de jeux, de courses, de fêtes, de danses, de banquets; d'autres, extraordinaires, désignaient en cas de guerre des offices spéciaux d'armement, de commandement ou de financement. C'est la version des Septante de la Bible qui accueillit ce mot pour désigner le culte public rendu à Dieu. Il est passé chez les chrétiens et a désigné le culte officiel de l'Église. Chez les orthodoxes, la «divine liturgie» est restée synonyme du service par excellence, la célébration de l'eucharistie.

Les Églises orientales uniates* conservent les mêmes caractéristiques, tandis que les Églises d'Occident, si elles acceptent quelques rites différents (naguère les rites ambrosien, lyonnais, mozarabe, dominicain, etc.), donnent un sens plus général au terme de *liturgie*, ensemble de prières, bénédictions, exhortations, chants qui accompagnent le mystère eucharistique, et certaines cérémonies entourant le baptême, le mariage et les funérailles, ou encore les livres, les substances, les attitudes, les gestes...

La liturgie catholique, devenue très compliquée, prit de plus en plus un caractère communautaire, englobant toute la vie des croyants, mais accentuant des particularités suivant les pays. En 1570, une tendance à l'unité s'est affirmée, généralisant le rite romain.

Les protestants se réclamèrent tous d'une simplification de la liturgie, donnant un accent spécial à la prédication et au chant. Luther* garda l'apparence de la messe sans le sacrifice, mais, pour faire participer tous les fidèles au service, il institua le chant de la communauté. Calvin, simplifiant encore la liturgie, donna un rôle important au chant des Psaumes. Les presbytériens ont établi une forme nouvelle de culte.

On peut parler aussi de liturgie judaïque, dans les services de la synagogue (v. *judaïsme*), de même que dans les religions d'Asie, où le culte a pris les formes les plus variées. (V. *bouddhisme, hindouisme, lamaïsme, rites.)*

Livre. On appelle *religions du Livre* les grandes religions monothéistes issues de la Bible : le judaïsme, le christianisme et l'islam. Chacune d'elles correspond à une des trois vertus théologales; on admet généralement que la Foi se rapporte plus particulièrement à l'islam, l'Espérance au judaïsme et la Charité au christianisme.

lollards ou **alexiens** (XIVe s.), hérétiques appartenant à une secte apparentée à celle des bégards*. Souvent itinérants, ils se dévouaient aux malades, mais sont surtout connus pour leurs poèmes et leurs chants à la louange de Dieu.

LOMBARD (Pierre) (Novare 1100 - Paris 1160). Il étudia d'abord en Italie et vint à Paris où il fut l'élève d'Abélard*, puis il y enseigna et devint évêque.

Ses nombreux ouvrages de théologie, sa compilation des textes des Pères*, le *Livres des sentences* eurent un succès considérable qui lui valurent le surnom de «maître des sentences».

lotus. Cette fleur, sorte de nénuphar poussant dans les marais, est devenue symbolique; dans l'Égypte ancienne, c'est le «lis du Nil»; sorti du limon en s'épanouissant au soleil, il symbolisait la naissance du monde; stylisé sur les colonnes des temples, il donna l'ordre Lotiforme.

En Inde (sanskrit *padma*), le lotus, source de vie, a pris un rôle de premier plan dans la symbolique religieuse et dans l'art. Chez les bouddhistes, il est l'emblème de la spiritualité, la fleur s'ouvrant à la lumière, la tige traversant les eaux (symbole du samsara*) et les racines s'enfonçant dans la vase, qui signifie la matière.

La fleur épanouie est très décorative, elle est l'équivalent de la rosace (la rose) en Occident (gardant à peu près le même symbole); on multiplie les pétales : de quatre on passe à huit, puis à seize, progression géométrique allant à l'infini. *Padmasana* est la «position du lotus» pour la méditation, et la plus parfaite pour l'équilibre physique préparant à l'illumination. C'est pourquoi le Bouddha en méditation est souvent représenté sur un lotus aux multiples pétales. Le lotus ouvert, symbolique avec sa forme régulière, s'inscrit souvent dans un mandala*.

Dans le brahmanisme, il est le symbole de la Terre et dans l'iconographie on voit le dieu Brahma assis sur le lotus. Le lotus sort du nombril de Vishnu*, étendu sur le serpent, attendant une nouvelle période de création entre deux kalpas (périodes cosmiques).

Bénarès*, la ville sainte de l'hindouisme, est appelée le «lotus du monde».

Le *Lotus de la Bonne Loi (saddharma-Pundarika-sutra)* est un des plus importants textes sacrés du bouddhisme mahayana. Il aurait été écrit vers les Ier et IIe s. de notre ère et serait formé des sermons prononcés par le Bouddha et des commentaires qui exposent les données fondamentales du Grand Véhicule. Ces textes sont particulièrement appréciés au Japon, parmi les sectes zen* et nichiren*.

Lourdes, petite ville française des Pyrénées qui est devenue un des plus importants pèlerinages du monde depuis que sainte Bernadette, en 1858, a eu près de la grotte de Massabielle, sur la rive du Gave, la vision de la Sainte Vierge resplendissante de lumière et disant : «Je suis l'Immaculée Conception.» Il y eut dix-sept apparitions et dans cette grotte une source a jailli, qui donne une eau miraculeuse, dont une partie alimente la piscine des malades. De nombreuses guérisons miraculeuses ont été constatées, qui sont authentifiées après examen sévère d'une commission de médecins. C'est le plus grand centre de spiritualité mariale. Une basilique, avec un immense terre-plein, a été édifiée au XIXe s. Devenue insuffisante pour recevoir un si grand nombre de pèlerins, elle a été pourvue d'une vaste crypte, dont le style très moderne est fort différent de celui de la basilique néo-gothique. De grandes processions diurnes et nocturnes ont lieu presque tous les jours (sauf en hiver). Lourdes peut être considérée comme un des hauts lieux de la spiritualité universelle.

LUC (saint), apôtre et évangéliste (mort vers 70). «Gentil», il exerça la profession de médecin. Auteur du troisième Évangile synoptique et des Actes des Apôtres, il est un sûr témoin de son temps et des événements qu'il a vécus. Il fut le compagnon de saint Paul dans plusieurs de ses voyages et son historiographe.

Il est devenu le patron des médecins et aussi celui des peintres, à la suite d'une légende tardive selon laquelle il aurait peint la Vierge. En France, l'Académie de Saint-Luc préfigurait avant la Révolution l'Académie des Beaux-arts.

Toujours représenté avec les trois autres évangélistes, saint Luc est accompagné ou symbolisé par un taureau.

LUCIFER (lat. *lux*, lumière, et *ferre*, porter), le plus beau des anges, le chef de la milice céleste qui, d'après la Bible, s'étant révolté contre Dieu, a été chassé et précipité en enfer, où il est devenu le chef des démons, ou Satan, synonyme d'esprit du Mal. Il est appelé aussi le «prince de ce monde», le «malin», «Méphisto», «diable», etc. Dans l'Église primitive, ce nom de *Porteur de lumière* a été donné au Christ; ce n'est qu'au haut Moyen Age qu'on a appliqué à Satan le nom de *Lucifer*. Son péché est celui de l'orgueil, car il a voulu s'égaler à Dieu. Il y a un certain dualisme dans cette opposition finale du Bien et du Mal, de la lumière et de l'obscurité.

D'après les gnostiques, sa révolte serait celle de la recherche de la connaissance totale que le Démiurge voudrait cacher aux hommes; Lucifer serait alors le Dieu de la lumière, plus puissant que le Créateur. C'est la théorie des sectes dites «lucifériennes», connue sous le nom de *luciférisme*, d'origine gnostique, mais existant encore chez certains occultistes qui ont créé le vocable de *lucibel*.

Il ne faut pas confondre le luciférisme avec le *luciférianisme*, schisme du IVe s. qui se répandit en Sardaigne à la suite des partisans d'un évêque de Cagliari nommé Lucifer, exilé par l'empereur Constance pour avoir pris la défense de saint Athanase au concile de Milan. Rappelé, il se montra intransigeant avec les chrétiens suspects d'arianisme qu'il stigmatisait par des pamphlets. Il eut des partisans parmi les intégristes, qui prirent le nom de *lucifériens*. Au Moyen Age, ce terme fut appliqué aux hérétiques de toutes sortes et particulièrement à ceux dont les dogmes étaient obscurs et qu'on accusait de rendre un culte à Satan; ils semblent avoir été nombreux en Allemagne au XIIIe s.

LUG, dieu celtique assimilé à Mercure.

LULLE (Raymond), théologien espagnol (Palma v. 1235 - Bougie? 1315). C'est une figure très originale pour son temps que celle de ce Majorquin qui, après une jeunesse insouciante, n'hésita pas à quitter femme et enfants pour se consacrer à la mission d'évangélisation des infidèles. Il revêtit l'habit franciscain et se fit tertiaire de l'ordre. Il apprit l'arabe pour pouvoir pénétrer dans les pays musulmans et fonda, avec l'aide du prince qu'il avait servi dans sa jeunesse (Jaime II, devenu roi à Majorque), un couvent pour la formation des missionnaires et l'enseignement des langues orientales : ce fut

«Miramar». C'est aussi pour ce motif qu'il alla à Rome voir le pape; plus tard, au concile de Vienne, il demanda la création d'universités spécialisées dans cette tâche.

Sa connaissance des philosophies arabes, particulièrement celle d'Averroès, de la kabbale, de l'alchimie, lui permit de chercher une méthode universelle pour l'explication des vérités de la foi chrétienne, ce qui paraissait paradoxal : c'est son *Grand Art* qui le rendit suspect et le fit considérer comme alchimiste.

Prouvant que la croisade pacifique était la plus efficace, il fit de très nombreux voyages plus ou moins aventureux sur presque toutes les rives de la Méditerranée, notamment en Terre sainte, prêchant, écrivant, discutant sans cesse. Lors d'un dernier séjour en Algérie, il fut traité de blasphémateur et lapidé. Emporté mourant par des marins génois, il rendit l'âme en vue de son île natale où il repose en paix.

L'œuvre de ce «fou de Dieu» reste très discutée. On lui a attribué toutes sortes d'ouvrages. Poète, il le fut dès sa jeunesse et fut tenté par l'amour courtois, puis sa prédilection franciscaine pour la nature lui inspira des poèmes sur la beauté du monde, vers de louange à l'œuvre de Dieu. Il fut un grand mystique et connut un jour une illumination : il se vit entouré d'une grande clarté, eut une immense compréhension du monde, qui le dirigea désormais dans ses missions et dans ses écrits. En même temps, il ne cessait d'étudier les langues, les dialectes et les philosophies du monde arabe. Appelé «le Docteur illuminé», il ne fut pas toujours bien compris. La plupart des livres qui lui ont été attribués sont actuellement considérés comme apocryphes. Il faudrait donc opposer ce pseudo-Lulle à l'apôtre des musulmans, que son zèle et son mysticisme ont porté jusqu'au martyre et qui n'a pas encore été canonisé.

LUTHER, théologien réformateur allemand (Eisleben, Thuringe, 1483 - *id.* 1546). D'une famille modeste et austère — Luther a raconté la grande sévérité de son enfance —, il fit ses études à Magdebourg, puis à Eisenach et à Erfurt où il devint maître en philosophie. Il entra alors chez les augustins d'Erfurt où il fut ordonné prêtre. Étudiant avec ardeur, il devint docteur en théologie et fut nommé professeur à l'université de Wittenberg.

D'une nature ardente, il pratiquait l'ascétisme. Envoyé en mission à Rome en 1510, il fut choqué par la cour pontificale et prit part à la polémique sur les «indulgences», s'opposant à l'inquisiteur Tetzel, lequel les vendait aux naïfs, qui pensaient ainsi obtenir le pardon de leurs péchés. Luther, qui ne pensait au début qu'à réformer cet abus et affirmer les théories pauliniennes du salut par la grâce de Dieu accordée à la foi, ne tarda pas à se révolter ouvertement contre le pape. Il proposa une discussion de quatre-vingt-quinze thèses, qu'il afficha sur la porte de l'église de Wittenberg (1517). Après trois années de controverses, la pape Léon X lança contre lui une bulle d'excommunication, que Luther brûla solennellement sur la place publique de Wittenberg. La rupture était consommée, le théologien rebelle devait s'expliquer. Charles Quint le pria alors de comparaître devant la Diète de Worms où il exprima sa profession de foi. L'Empereur allait sévir lorsque l'Électeur de Saxe, pour le protéger, l'enferma dans le château de la Wartburg, où, sous le nom de chevalier de Saint-Georges, il traduisit le Nouveau Testament en allemand. Il revint à Wittenberg, appelé par Melanchthon, car la révolte contre l'Église qu'il avait amorcée faisait des progrès, mais dans un grand désordre où se mêlaient la politique et les soulèvements paysans. La guerre civile éclata après la publication de ses œuvres *Contre les prophètes célestes,* puis *Contre les paysans meurtriers et pillards.*

En 1525, il épousa une jeune nonne, Catherine de Bora, et passa le reste de sa vie à écrire, tantôt pour défendre son interprétation du protestantisme contre toutes les déviations qui s'amorçaient, tantôt pour fixer les règles de sa doctrine.

Il travailla à l'organisation de son Église avec Melanchthon, qui rédigea la fameuse *Confession d'Augsbourg,* base de la constitution de toutes les Églises luthériennes.

Luther, un des grands écrivains allemands, a laissé de nombreux ouvrages de polémique religieuse, dont le *Petit* et le *Grand Catéchisme de l'ordre du service divin,* fixant le culte, et le *Petit traité de la liberté chrétienne,* ainsi que d'autres traités affirmant la justification par la foi.

luthériens, protestants qui adoptent les doctrines de Luther par opposition, dès le début de la Réforme, aux protestants calvinistes, forme plutôt française et suisse, tandis que le *luthérianisme* est dominant en Allemagne, dans les pays scandinaves et baltes, en Hollande, en Europe centrale et orientale et en Amérique.

La croyance de base est la justification par la foi dans le Christ, celle du *Credo,* ou «symbole des Apôtres».

M

MAAT, déesse égyptienne de la Sagesse, de la Vérité, de la Justice, de la Loi et de l'Ordre, fille de Râ* et épouse de Thoth*. Elle était représentée sous la forme d'une petite figurine d'offrande dont la tête était surmontée d'une plume d'autruche qui devait servir dans le plateau de la balance d'Osiris* à équilibrer le cœur humain placé dans l'autre plateau. Elle représentait l'ordonnance de l'univers, la morale, la justice et la vérité, qui concourent à l'harmonie des éléments du monde.

maçonnerie, ou **franc-maçonnerie,** ensemble d'associations de caractère initiatique au sein d'organisations coopératives de constructeurs conservant jalousement leurs secrets techniques ainsi que leur esprit de corps, de fraternité et d'entraide.

Ces systèmes ésotériques se rattachent aux très anciennes traditions bibliques et égyptiennes, aux mystères antiques, à l'art des bâtisseurs de cathédrales et au compagnonnage, aux ordres de chevalerie, des Templiers, des Rose-Croix, au symbolisme des sciences occultes et de l'alchimie, etc.

Ils s'appuient sur des rites d'initiation*, de mort et de résurrection et sur une philosophie gnostique et dualiste exprimée dans les cabinets de réflexion signifiant les ténèbres et dans l'épée flamboyante symbolisant la lumière.

La maçonnerie spéculative, née de la maçonnerie opérative dont elle a gardé les emblèmes (tablier, équerre, compas, bisaiguë), s'organise en sociétés secrètes du XVe au XVIIe s. en Grande-Bretagne. La Grande Loge de Londres, créée par le pasteur Désaguliers (d'origine française) permettra d'établir les *Constitutions* d'Anderson (1723). La franc-maçonnerie passe en France au XVIIIe s. avec les jacobites, gardant l'affirmation déiste : la croyance au «Grand Architecte de l'univers», ainsi que les 3 degrés d'initiation : «apprenti», «compagnon» et «maître». Ces trois degrés sont suivis de trente autres, correspondant à une progression dans la hiérarchie maçonnique.

Des schismes aboutissent à la création de nouvelles loges, la plus importante créée en 1772 est le *Grand Orient* qui, en 1877, a refusé l'adhésion à la croyance en Dieu, la *Grande Loge de France* qui est la plus traditionnelle, pratiquant le rite écossais ancien et accepté, la *Grande Loge nationale française* (rite écossais rectifié), la *Grande Loge mixte du Droit humain* qui admet les femmes, la *Grande Loge féminine,* etc.

Cependant, malgré les différentes obédiences, la franc-maçonnerie garde un caractère universaliste de fraternité (frères...).

Les réunions ou tenues des loges ou ateliers dirigées par le «vénérable» ont lieu dans les «temples» ainsi que les assemblées générales ou «convents».

MADHVA (XIIIe s.), grand commentateur des Brahmana Sutra (dualiste).

mages. Dans la Babylonie et la Perse antique, les mages (issus d'une tribu mède) formaient une caste d'astrologues et de savants (qui devinrent des magiciens; de leur nom vient celui de *magie*). Ils eurent une grande influence sur le mazdéisme*.

D'après la tradition chrétienne, trois mages venus d'Orient, guidés par un signe du ciel, une nouvelle étoile, allèrent adorer Jésus enfant. Ils auraient été des rois de trois races différentes, appelés Melchior, Gaspard et Balthazar.

Bien souvent représentée dans l'art chrétien, la commémoration de leur adoration à la crèche est célébrée le 6 janvier : c'est la fête de l'*Épiphanie*; d'après une ancienne légende, les reliques des Rois mages seraient conservées dans la cathédrale de Cologne.

magie (du perse *mag,* science, sagesse), art d'agir sur les êtres ou les choses par des procédés occultes et de produire des résultats apparemment extraordinaires et surnaturels.

La magie est un complexe de croyances diverses; elle est antérieure ou concomitante à toute religion primitive (v. *primitifs*) et s'appuie sur une symbolique universelle; elle est un fait sociologique commun à toutes les sociétés de type archaïque.

Elle se manifeste en un appel aux esprits par l'intermédiaire d'un magicien, qui est souvent un névropathe, parfois un sorcier, un chamane, un medecine man, etc. Elle s'exerce en certains lieux dits «magiques» et dont souvent un vocabulaire de «civilisés» garde le souvenir, tels les hauts lieux, les lieux saints, les bois sacrés, la colline inspirée, etc. Elle s'entoure souvent d'un appareil plus ou moins scientifique d'astrologie, de divination, de plantes, d'animaux ou même d'objets, et se complète presque partout d'une mantique (géomancie, onirologie, horoscopie, chiromancie, etc.).

On distingue la *magie blanche,* ou naturelle, qui est bénéfique (comme les rites agraires, les cérémonies pour la pluie, la guérison des maladies, des blessures, la réussite d'une entreprise, etc.), et la *magie noire* qui n'est autre que la sorcellerie*. Celle-ci cherche à nuire par des maléfices, des envoûtements et des malédictions.

La magie imitative est homéopathique ou sympathique, car elle opère par les semblables, suggère à la nature le but demandé (comme l'écorchement pour obtenir la pluie dans les religions anciennes d'Amérique). Elle emploie des rites spéciaux, des incantations, des images, des danses et des chants. Vieille comme le monde, la magie est le fait même de la vie préhistorique. Elle est à la base des religions assyro-babyloniennes.

L'Égypte était particulièrement le pays de la magie, magie défensive contre les éléments, magie de la parole et du nom, magie protectrice contre les maladies, faite d'incantations, de formules jaculatoires, de papyrus plus ou moins bénéfiques, d'amulettes, etc.

En Grèce, la magie accompagnait tous les actes religieux, particulièrement dans les cultes d'Hécate, déesse des sortilèges, dans ceux d'Esculape et surtout dans ceux des mystères*. La Grèce respectait les magiciens, surtout dans les cultes ésotériques (Éleusis, orphisme, cultes hellénistiques d'Asie Mineure).

A Rome, tout cet héritage grec et oriental a été complété par les pratiques divinatoires des Étrusques et autres peuples italiques. Nous savons par Apulée et par Lucien le rôle que jouait la magie.

Les juifs qui vivaient au milieu de peuples où la magie était souvent à la base de toute croyance subissaient constamment la tentation de cette sorte de surnaturel pragmatique que stigmatisaient les prêtres et les prophètes. Il en fut de même pour le christianisme qui eut à lutter contre les pratiques magiques, très populaires en Orient comme en Occident.

Les Arabes, héritiers des sciences dites «traditionnelles», n'y voyaient pas trop d'oppositions au Coran*; ils étudièrent spécialement l'astrologie et la médecine; mais, lorsqu'ils furent en contact, en Espagne, avec les juifs qui étudiaient l'ésotérisme de la kabbale, il y eut deux courants : d'une part, le courant des savants et des philosophes qui restèrent dans les hautes spéculations et, d'autre part, le courant de ceux qui ne virent que le symbolisme compliqué des nombres et l'efficacité des pratiques magiques.

Le Moyen Age connut alors une immense vague de superstition, une frénésie de magie et de sorcellerie que l'Église dut sévèrement réprimer. Paracelse appliqua la magie et l'alchimie à la médecine et à la philosophie et, jusqu'au XVIIIe s., l'occultisme excita les esprits. De Gilles de Rais à l'Affaire des poisons, la magie noire ne cessa d'inquiéter les autorités religieuses. Au XVIIIe s., une forme nouvelle de magie urbaine et mondaine apparut, pseudo-scientifique et charlatanesque, avec les «mages» Cagliostro et le comte de Saint-Germain. Si le rationalisme du XIXe s. a porté un grand coup à la magie, celle-ci s'est réfugiée dans les campagnes, où les jeteurs de sorts existent encore. De nos jours, les guérisseurs, les sectes de toutes sortes s'épanouissent dans les pays dits «civilisés», tandis que dans les autres, l'animisme*, le fétichisme*, les confréries* et les cultes tribaux en conservent certains principes. En Asie, si la magie sacrificielle védique a disparu, elle reste sous-jacente dans la plupart des rites de l'hindouisme, du tantrisme et même de certaines sectes bouddhistes.

Cependant, de sérieuses études sur la magie ont été faites non seulement par les sociologues, qui l'envisagent dans ses rapports avec les religions primitives, mais par les psychanalystes, qui l'étudient dans son rôle psychologique. La magie est un désir d'efficacité, une volonté de puissance par des rites. Elle est égocentrique, liée à toutes les sciences occultes; de nature mystique, elle exige la soumission de la nature à l'homme, ce qui l'apparente à l'orgueil luciférien; ainsi, elle s'oppose à la religion : l'homme tend à dominer, tandis que, dans la religion, l'homme prie et s'humilie devant son Dieu.

Mahabharata (La Grande Inde), l'une des deux grandes épopées de l'Inde et certainement le plus long poème épique du monde. Le sujet, emprunté aux légendes héroïques, raconte les exploits guerriers des descendants d'un héros mythique de l'Inde nommé *Bharata*. Cette œuvre de lente formation montre un substrat intéressant de l'Inde pré-aryenne où une sorte de matriarcat se manifeste, attestant une notion tout à fait étrangère au brahmanisme*. Les Pandava, cinq frères époux de Draupadi, luttent contre les Kaurava. Après des victoires et des défaites successives, entrecoupées d'exils dans les forêts, ces derniers sont exterminés.

Cette œuvre, qui a reçu à plusieurs reprises des adjonctions insérées comme des épisodes, est constituée de fables ou de dissertations morales, dont la plus célèbre est la *Baghavad-Gita**. C'est Krishna*, cocher d'Arjuna, un des cinq frères Pandava, qui semble être le maître de tous ces combats. L'épopée est une des grandes sources de l'hindouisme vishnuiste et son supplément, l'Harimça, est un répertoire de mythes et de légendes de ce grand dieu sous ses différents aspects.

On y retrouve des traces de cultes de la fécondité et des rites d'ascétisme sous-jacents à la civilisation indienne.

MAHADEVA (mot sanskrit signifiant «Grand Dieu»), nom parfois donné à Çiva, de même que celui de *Mahayogi* (grand ascète). Le titre de *Mahadevi* est donné aussi à sa parèdre.

Mahakala (le «Grand Temps»), gardien de la loi dans le bouddhisme tibétain.

mahatma (mot sanskrit signifiant «grande âme»), titre donné en Inde à un sage de grand renom comme Gandhi. — La théosophie moderne appelle ainsi des ascètes comparables en sagesse et sainteté aux bodhisattva*, qui seraient immortels dans leur corps astral et résideraient dans les solitudes de l'Himalaya (l'Aggartha), où Mme Blavatzki* prétendait les avoir rencontrés.

Mahavamsa, récit en pali de l'histoire de Ceylan jusqu'au IVe s. de notre ère et de l'introduction du bouddhisme dans l'île.

Mahavastu, la grande encyclopédie bouddhiste écrite en sanskrit.

MAHAVIRA (Grande Ame), saint fondateur du jaïnisme (599-527 av. J.-C.). Né dans la province de Patna, de la caste des kshatriya, il renonça à la vie mondaine, quittant sa femme et sa fille pour mener une vie ascétique et se livrer à la méditation, cherchant à comprendre les mystères de la vie et de l'univers. Lorsqu'il atteignit l'illumination, délivré du karma, il devint un «Jina» et, établissant une méthode de salut, il jeta les bases de sa religion, le *jaïnisme**, puis il atteignit le nirvana à Pavapuni, devenu centre de pèlerinage.

mahayana, v. *bouddhisme*.

mahdi (arabe, «le Bien Dirigé»), dans l'islam, nom donné à un descendant du Prophète, qui doit apparaître à la fin des temps pour convertir le monde entier à l'islam, rétablir l'ordre et la justice. — C'est une sorte de Messie. Chez les chiites, il est le douzième imam* (un des descendants d'Ali), qui disparut très jeune, mais cet «imam caché» doit revenir un jour et sera le sauveur. Chez les Ismaéliens, le mahdi est le septième imam. Cette croyance est si populaire dans le monde musulman que plusieurs mouvements mahdistes ont apparu au cours de l'histoire. (V. *chiites, ismaéliens*.)

MAHOMET, fondateur de la religion de l'islam (La Mecque v. 570 ou 580 — Médine 632). Son nom signifie «le Loué». Appelé communément le «Prophète», il se présente comme un réformateur des religions monothéistes, prophète envoyé par Dieu pour rassembler les croyants. Il appartenait à la puissante tribu arabe des koraïchites qui prétendait descendre d'Abraham par son fils Ismaël et exerçait des charges religieuses, politiques et commerciales à La Mecque. Il ne connut pas son père Àbd-Allah, caravanier, perdit sa mère à l'âge de six ans et fut élevé par son oncle Abu Talib qui, lui aussi, exerçait un commerce par caravanes avec la Syrie. A l'âge de treize ans, il voyagea pour la première fois avec son oncle et c'est ainsi qu'il connut des juifs et des chrétiens; il séjourna même quelques semaines dans l'ermitage syrien d'un moine chrétien nommé Bahira, puis il entra au service d'une riche veuve nommée Khadidja, âgée de quinze ans de plus que lui et qu'il épousa. Elle fut une compagne parfaite, le comprenant, l'encourageant, ayant confiance dans sa mission. Elle lui donna huit enfants, dont une seule fille, Fatima, assura sa succession en épousant le cousin de Mahomet, Àli, fils d'Àbu Talib. D'un tempérament doux et mystique, Mahomet, à l'âge de quarante ans, traversa une crise religieuse; il éprouva un grand besoin de solitude. Après avoir fait de larges aumônes, il se retira dans une grotte, se livrant à l'ascèse et à la méditation. C'est là qu'il eut une vision étrange de la Parole incréée, qui lui fut dictée verset par verset. Cette inspiration divine et l'apparition de l'ange Gabriel convainquirent Mahomet de sa mission. Ses crises extatiques, que lui-même avait crues d'origine démoniaque, furent fort mal jugées par l'aristocratie marchande de La Mecque. La tribu koraïchite, craignant de voir s'échapper ses privilèges relatifs au pèlerinage à la Kaaba et de voir détruire le polythéisme arabe, s'opposa à sa prédication. Cependant, les conversions, d'abord réalisées dans la famille immédiate de Mahomet, devenaient de plus en plus nombreuses; toutefois, devant l'opposition des Mecquois, les nouveaux convertis émigrèrent en Abyssinie.

En 622, le Prophète, ayant perdu Khadidja, ses fils et son oncle, poursuivi par la haine de sa tribu, se réfugia à Médine, où il avait déjà des adeptes. Cette date historique pour l'islam, appelée l'«hégire» (fuite, émigration) marque le point de départ de l'islam et un grand changement dans la vie de Mahomet. Il devint alors organisateur, chef d'État en même temps que chef spirituel. Il rompit avec sa tribu, établissant chez les Arabes une unité sociale par l'unité de foi. Les luttes furent longues, mais souvent coupées de trèves au cours desquelles les belligérants pouvaient se rendre en pèlerinage à La Mecque, car Mahomet, fin diplomate, sut intégrer à l'islam la Kaaba*, en en faisant une fondation d'Abraham. Il fut bientôt maître de toute l'Arabie, après avoir combattu non seulement les tribus rebelles, mais aussi les juifs, riches commerçants établis dans les villes depuis longtemps. Pendant cette seconde période de sa vie il épousa quatorze femmes, prises très souvent dans les tribus ou peuples qu'il avait combattus. L'une d'elles, sa préférée À'icha, joua un grand rôle après sa mort.

Peu à peu, le pèlerinage à La Mecque où se rendait Mahomet, devenait plus exclusivement musulman, et les rites en furent fixés d'une manière immuable par le Prophète lorsqu'en 630, celui-ci brisa toutes les idoles du Temple sacré. Au retour d'un pèlerinage en 632, accompagné de ses fidèles Médinois, Mahomet fut pris d'une fièvre violente et mourut d'une pleurésie. Il fut enterré à Médine où son tombeau est toujours l'objet d'une grande vénération. La vie de Mahomet a été décrite, racontée maintes fois, trop souvent embellie par ses hagiographes de légendes que d'habiles miniaturistes enluminaient, ce qui a donné beaucoup de travail aux exégètes pour dégager la biographie du Prophète de tous les miracles et tous les traits surnaturels qui avaient été ajoutés. Mahomet ne s'est jamais prétendu thaumaturge et s'est appelé lui-même «Prophète». Sa personnalité demeure complexe. Poète, sensible aux manifestations les plus mystérieuses, homme d'affaires, voire homme de guerre, il était plein de générosité et de bonté, mais capable de terribles colères. L'ardeur de sa conviction et la puissance de son mysticisme furent les soutiens de son action persévérante.

Il résumait ainsi sa mission divine : un seul Dieu, un seul livre, une seule loi, une seule langue, un seul peuple.

MAIMONIDE (Moïse), en hébreu **Rabbi Mosheh ben Maymon,** théologien et médecin espagnol (Cordoue 1135 - Le Caire 1204). Il naquit dans une famille juive obligée par des persécutions à une conversion apparente à l'islam. Il étudia avec des maîtres arabes qui, au temps d'Averroès, lui enseignèrent la philosophie d'Aristote, la théologie et la médecine. Il quitta l'Espagne pour Fès, puis l'Orient, où il devint médecin de Saladin, sultan d'Égypte, et mourut après avoir écrit un grand nombre d'ouvrages de médecine, de philosophie et de théologie qui ont eu une certaine influence sur le monde médiéval et la scolastique. Son *Mishna Torah,* qui constitue le code législatif, et le *Guide des égarés* font autorité dans le judaïsme dont il condensa la doctrine en treize articles de foi qui sont réunis sous le nom de « Credo de Maimonide ».

MAITREYA, dans le bouddhisme mahayana, un des grands bodhisattva* qui doit devenir le Bouddha futur (dans 5 milliards 656 millions d'années) et convertir tous les humains, achevant ainsi leur salut. Il est une sorte de messie qui prêchera dans un nouvel âge d'or. Il réside dans le « ciel des Tushita ».

Il est souvent représenté debout ou assis à l'européenne, ou dans la pose du « délassement royal », tenant une aiguière ou un rosaire. Sur son diadème est placé un stupa*.

Son culte est très répandu, surtout au Japon, où il est appelé « Miroku ».

mana, mot qui, chez les Mélanésiens, est synonyme de force invisible, de source d'énergie cachée. C'est l'équivalent, chez les Amérindiens, de l'« Orenda » ou du « Manitou ». Étant une des formes du sacré, il justifie les tabous. Certains y ont vu un caractère d'universalité qui serait de nature religieuse, une force surnaturelle et mystique qui peut être diffusée à travers toute chose ou amoncelée sur une seule. La notion de mana est répandue à peu près partout, elle est la « force du rite », mais, à son tour, le rite peut la faire sortir ; c'est aussi la force des amulettes et des gris-gris, celle de certains chefs et surtout du totem.

mandala (en sanskrit, cercle), figure du bouddhisme tantrique, diagramme mystique, cosmique et magique, servant de support à la méditation.

Il est fait de carrés et de cercles concentriques. On y trouve, en partant de l'extérieur, les quatre points cardinaux protecteurs qui expriment les quatre faces du monde et qui sont gardés par quatre divinités cosmiques et tutélaires, illustrant les symboles cosmiques universels des orients et du cercle. S'il est dessiné et peint sur le sol, son parcours lent et méditatif est une épreuve mystique méritoire qui conduit vers l'illumination. Représenté par du tissu ou du papier, sa contemplation sert de base à la méditation et permet à l'esprit d'atteindre à l'universel. Au centre de la figure est placé soit le Bouddha primordial, soit Indra*, soit un livre exprimant la Suprême Sagesse. Le mandala est l'image symbolique du monde. Il est parfois en ronde bosse et peut être en cuivre, en bronze ou en argent; il est orné, d'une manière toute symbolique et architecturale, de formes circulaires; il évoque alors un temple ou stupa*. Sa base, décorée, représente le monde inférieur, celui des eaux, puis le monde terrestre et, au fur et à mesure qu'on s'élève, ce monument miniature s'orne de divinités pour aboutir, au sommet, à la divinité suprême. Il est l'expression même du cosmos, de ce mont Meru qui est l'axe du monde. Le cheminement de l'esprit accompagnant de la base au sommet ces représentations est le processus même de la recherche de la vérité.

Plusieurs temples de l'Inde extérieure du bouddhisme mahayana sont construits sur ce plan. Le plus important est celui de Borobudur* dont le sommet, qui est aussi le centre du diagramme, est marqué par un stupa ajouré qui ne contient rien : c'est le vide, symbole du nirvana. Au Japon, les mandala, appelés «mandara», sont souvent sculptés.

mandéens, fidèles du mandéisme, religion de type gnostique d'après l'étymologie araméenne, jadis importante dans le Proche-Orient, actuellement très réduite en Irak et en Iran.

De nombreux livres sacrés expriment leurs croyances, dont trois recueils fondamentaux : le *Ginza* (trésor) et le *Qolastrâ* (quintessence) contiennent les mythes, la cosmogonie compliquée, les hymnes, le rituel et la liturgie; le *Livre de Jean*, plus récent, de caractère plus populaire et disparate, relate la vie de saint Jean-Baptiste.

Dans une symbolique essentiellement dualiste, les entités du Mal s'opposent à celles du Bien, personnifié en «Mandé d'Haiyé», l'Envoyé céleste, l'émanation de la splendeur, le sommet de la mythologie. C'est vers ces êtres de lumière que doit se diriger l'âme du fidèle; elle pourra trouver le salut par la pratique des sacrements dont le baptême est le plus important : celui-ci est donné par immersion dans une eau courante, avec un cérémonial compliqué. Destiné à assurer l'ascension de l'âme, ce baptême est une purification qui peut être réitérée et administrée aux mourants et même aux morts. Le culte est pratiqué dans des communautés très fraternelles, n'admettant pas d'étranger, unies par des fêtes de caractère familial, se contentant d'une vie simple bien organisée autour d'un clergé hiérarchisé et de temples très rudimentaires.

Les notions de pur et d'impur sont le plus grand souci des mandéens : c'est pourquoi, en principe, tous leurs vêtements doivent être blancs (le blanc étant un symbole de pureté et de lumière).

Le mandéisme apparaît comme un syncrétisme de religions mésopotamiennes et iraniennes, d'éléments juifs et chrétiens. Il s'est confondu avec certaines sectes gnostiques.

Certains voyageurs européens, en particulier le Père Ignace de Jésus, donnèrent aux mandéens le nom de «Chrétiens de saint Jean» à cause de la place que saint Jean-Baptiste semblait tenir dans leur doctrine.

MANES ou **MANI,** fondateur du *Manichéisme* (en Perse, début du IIIe s. apr. J.-C. - Gundechahpur 273). Il semble avoir vécu parmi des sectes baptistes. Il eut des visions et des révélations qui le poussèrent à proclamer ses doctrines. Il fit des voyages en Asie centrale, en Inde et en Perse, où il fut bien accueilli par le souverain Chahpuhr Ier, mais, revenant en Susiane, il subit l'hostilité des adorateurs du feu, fut arrêté, emprisonné et succomba dans son cachot. Il y a plusieurs versions au sujet de sa mort et de l'exposition de son cadavre. Cette «passion de Manès» est devenue pour ses disciples une ascension vers l'illumination.

Manès est présenté au monde comme un révélateur de la connaissance, un messager de la lumière, le dernier des prophètes, le Paraclet ou consolateur. Il pensait fonder une religion universelle englobant les précédentes et les dépassant. C'est ce qu'il a expliqué dans ses très nombreux ouvrages.

manichéisme, religion fondée par *Manès*, formant un syncrétisme de mazdéisme, de christianisme et de bouddhisme, mais aussi faisant partie des courants gnostiques si nombreux et divers dans les premiers siècles de l'ère chrétienne.

Avant tout fondé sur le dualisme, le manichéisme est la lutte du bien et du mal, du royaume de la lumière et de celui des ténèbres, de l'esprit et de la matière. C'est la religion de la lumière, établissant une cosmogonie compliquée avec la création de l'homme primitif par un démiurge mauvais : les âmes humaines sont des fragments de lumière enfermés dans la matière charnelle, qui exprime le mal originel, dont elles doivent essayer de se libérer. Seule la gnose, la «connaissance réelle», peut donner l'illumination. La voie de la libération, obtenue par l'ascèse et la pratique des vertus, est enseignée par des messagers envoyés sur terre comme Abraham, Bouddha, Jésus, surtout Manès, le dernier Paraclet.

La société est divisée en deux groupes : d'une part, les *parfaits,* ou *élus*, renonçant, pratiquant la «clôture des cinq sens», vêtus de blanc, vivant dans la chasteté absolue, dans un grand souci de pureté et une ascèse très stricte; d'autre part, les *auditeurs,* ou *imparfaits,* dont le rôle est surtout de servir les parfaits, d'assurer la vie normale, mais pure et droite, réglée par un rituel de pénitence (jeûne et confession) dans l'espoir de renaître à la vie des parfaits. Le manichéisme possédait un clergé bien hiérarchisé comprenant un chef, douze apôtres et de nombreux évêques. Y a-t-il eu des sacrements ? Certains l'ont soutenu. Il existait en tout cas des repas de communion, chez les élus. La grande fête annuelle, le « Bema », commémorant la « passion de Manès », était ambivalente : fête d'expiation et d'espérance. On chantait des hymnes devant un trône vide, siège de Manès (présent, bien qu'invisible), à qui on demandait, après un long jeûne, d'effacer les péchés de l'année.

Le manichéisme, bien qu'il ait été longtemps confondu avec des sectes gnostiques, s'est largeent répandu aux quatre points cardinaux; il a été combattu avec vigueur par les autorités chrétiennes, mais a survécu jusqu'au Xe s. ; il a fortement imprégné les sectes des pauliciens, puis celles des bogomiles, des patarins et des cathares. En Asie centrale et en Chine, il a subsisté dans des sociétés secrètes jusqu'au XVIIe s.

Longtemps méconnu, il a été abondamment révélé par les découvertes des manuscrits des grottes de Tourfan (Turkestan) et du Fayoum (Égypte).

MANITOU, le Grand-Esprit chez les Indiens d'Amérique du Nord.

MANJUÇRI dans le bouddhisme mahayana, un des grands bodhisattva doux et de bon augure, symbole de la sagesse et de la science. Il porte dans sa coiffure la figuration du dhyaniboud-dha Akshobya et cinq boucles qui signifient sa quintuple sagesse. Il est représenté tenant tantôt un lotus, tantôt une épée, tantôt un livre. Particulièrement en honneur au Népal et en Chine, son culte est répandu au Japon où il se nomme *Monju.*

mantra (mot sanskrit signifiant « instrument pour apporter la pensée »), formule incantatoire, hymne du rituel du sacrifice employé dès l'époque védique.

Le mantra possède un pouvoir magique; il est divin, comme le dieu qu'il exprime. Tous les mantra sont résumés par la syllabe *om* ou *aum**, phonème sacré au sujet duquel de vastes spéculations ont été faites. On y a vu l'expression du « brahman » d'après une interprétation ésotérique du *Veda.* Le mantra, variant avec les sectes, peut être formule de consécration ou anathème et donne corps au pouvoir de la divinité invoquée.

Manu (mot sanskrit signifiant « homme »), nom du premier homme de chaque période cosmique(manvantara).

Dans les Purana, la mythologie indique quatorze Manu, dont un des plus importants est celui qui aurait sauvé l'humanité du Déluge, une sorte de Noé indien qui, ayant survécu, fut l'ancêtre de la race humaine; il deviendra un être mythique, progéniteur de l'humanité et son législateur. Le *Manava-Dharma-Çastra,* ou *Code des lois de Manu,* est un recueil de lois religieuses, morales et sociales qui considère comme d'origine divine l'organisation en castes de la société hindoue. Il daterait du Iᵉʳ ou IIᵉ s. apr. J.-C.

marae, temples d'anciennes religions polynésiennes.

marabout, saint homme musulman. Dans les premiers temps de l'islam, les marabouts étaient des guerriers tués au cours de la guerre sainte et doués de pouvoirs surnaturels qui les rendaient très influents. Leurs descendants, héritiers de la «baraka», jouissaient aussi d'une grande considération. Par extension, on a appelé «marabouts» tous les ascètes ou pieux ermites qui cherchent dans la solitude l'union avec Dieu. Consultés comme oracles ou guérisseurs, il attirent les foules, surtout après leur mort : leur tombeau est vénéré, particulièrement en Afrique du Nord, par les Berbères et les Maures, chez qui on a pu parler de *maraboutisme,* tant l'aspect de cette dévotion est caractéristique.

MARC (saint), apôtre et évangéliste, mort en Égypte vers 67. Il se nommait Jean-Marc. Il accompagna saint Barnabé et saint Paul comme serviteur dans leur premier voyage. Plus tard, il aurait été l'interprète de saint Pierre à Rome. Selon la tradition, il serait le fondateur de l'Église chrétienne d'Alexandrie, où il serait mort et aurait été inhumé. Au IXᵉ s., des marchands vénitiens venus en Égypte auraient emporté son corps à Venise, dont il devint le saint patron. Le symbole de saint Marc est le lion ailé, représenté seul ou auprès de l'évangéliste.

marcionites, membres d'une secte austère, gnostique et dualiste, fondée au IIᵉ s. Cette secte fut combattue par l'Église, mais se répandit et finit par rejoindre le manichéisme*.

MARICI v. *lamaïsme.*

MARDOUK, le grand dieu créateur babylonien qui a tué le monstre Tiamat*, dont il tiré le Ciel et la Terre.

MARIE (en hébreu, *Myriam*), mère de Jésus, appelée aussi *Notre-Dame,* la *Madone,* la *Sainte Vierge,* la *Vierge Marie.* Mère du Christ, Dieu fait homme, elle resta, d'après le dogme catholique, toujours vierge. Le dogme de l'*Immaculée Conception* qui, accepté tacitement depuis les premiers temps du christianisme, ne fut promulgué qu'en 1854, explique que la mère de Dieu n'a pu comme les autres créatures être assujettie au péché originel. Fille d'Anne et de Joachim, elle fut amenée très jeune au Temple et mariée à Joseph qui, comme elle, était de la famille de David. Elle habitait Nazareth en Galilée. Les Évangiles racontent le mystère de l'*Annonciation* : l'ange Gabriel annonça à Marie qu'elle concevrait du Saint-Esprit celui qui serait Jésus, le Sauveur, le Messie attendu par tous les juifs. Cet épisode de la vie de la Vierge forme le contenu des propositions et réponses de l'*Angélus,* ou *Salutation angélique,* l'*Ave Maria.* La réponse de Marie est un cantique de reconnaissance, le *Magnificat.* L'ange annonçait aussi à Marie, comme signe miraculeux, la naissance prochaine, chez sa cousine Élisabeth, d'un fils, Jean-Baptiste, qui devait être le précurseur de Jésus. La recontre des deux femmes en Judée est appelée la *Visitation.*

L'Enfant Jésus naquit à Bethléem où la famille était venue pour un recensement ordonné par les Romains. L'adoration des bergers, celle des mages, la fuite en Égypte, sont relatées par tous les évangélistes qui, dans la suite des Évangiles, ne parlent guère de la mère de Jésus. Elle est cependant présente aux noces de Cana, où se produit le premier miracle, et c'est seulement au moment de la montée au Calvaire et de la mort du Christ que la présence de Marie prend tout son sens de *symbole de l'Église,* lorsque le Christ mourant sur la croix confie sa Mère à saint Jean. Selon les Actes des Apôtres, Marie resta auprès des disciples de Jésus après l'ascension et, d'après une tradition des Églises orientales, elle serait morte à Éphèse, auprès de saint Jean. Cette « dormition » de la Vierge a été bien souvent représentée par les artistes, de même que tous les événements de sa vie. Son tombeau ayant été trouvé vide, l'idée de son *Assomption* a été admise par la piété chrétienne, mais n'a été proclamée comme dogme qu'en 1950.

Le culte de la Vierge Marie s'est affirmé dès le début du christianisme. Elle était vraiment la *Theotokos,* la « mère de Dieu », et, pour le monde byzantin, elle est restée telle dans l'Église orthodoxe. En Occident, la théologie a étudié sous différents aspects la place de la Vierge dans le plan divin et son rôle d'auxiliaire des hommes auprès de Dieu. Cette dévotion a été appelée l'*hyperdulie* par les théologiens, pour la différencier de la dulie, culte rendu aux saints et que les protestants refusent.

Cependant, la pensée religieuse, surtout depuis le Moyen

Age, a été fortement influencée par le culte marial. Les lieux de pèlerinage aux Vierges miraculeuses, les cathédrales dédiées à Notre-Dame, les apparitions, les révélations et les messages de la Vierge ont donné matière à de nombreuses études.

Les théologiens ont appelé *mariologie* une partie organique de la christologie : « Au *Fiat* du Créateur répond le *Fiat* de la créature », qui témoigne de la liberté de l'être humain. C'est l'humanité dans sa forme la plus pure. L'excès de cette dévotion est appelé *mariolâtrie.* Cependant, Marie personnifie la sainteté de l'Église.

La Vierge a été un thème inépuisable pour les artistes. La plupart des grandes cathédrales lui sont dédiées : Notre-Dame de Paris, Notre-Dame de Chartres, etc.

De nombreuses congrégations religieuses lui sont vouées, les plus importantes sont celle des *Pères maristes* (1822), *ou Société de Marie de Lyon*, ayant des collèges et des missions ouvrières et étrangères, celle des *Frères maristes,* dévoués à l'éducation de la jeunesse (1817), celle des *Marianistes* enseignants, des *Servants de Marie,* des *Franciscaines de Marie,* etc.

MARIE-MADELEINE, sœur de Marthe et de Lazare de Béthanie. L'Évangile relate l'épisode de cette pécheresse notoire qui vint chez Simon le Pharisien alors qu'il recevait Jésus ; elle se jeta à genoux devant le Christ, répandit sur ses pieds des parfums et les essuya de ses cheveux au grand scandale des assistants : ce récit exprime la possibilité de rémission des péchés par l'amour. Elle accompagna le Christ au Calvaire et, avec Marie, vint au tombeau et apprit la nouvelle de la Résurrection.

D'après une vieille tradition provençale, elle serait venue avec son frère, sa sœur et leur servante Sarah la Noire aux Saintes-Maries-de-la-Mer et aurait vécu trente ans dans une grotte appelée la « Sainte-Baume », près de Saint-Maximin.

Elle est devenue le symbole des filles repenties et la patrone des religieuses, ou *madelonnettes*, qui avaient jadis pour tâche de les recueillir et de les amender.

maronites, chrétiens d'Orient, uniates de rite syrien. Ils doivent leur nom à saint Maron, qui avait groupé au Liban plusieurs disciples désirant affirmer leur fidélité au concile de Chalcédoine. Leurs monastères se multiplièrent sur les bords de l'Oronte. Ils eurent à lutter bien souvent contre leurs voisins hérétiques, puis contre les musulmans qui les refoulèrent dans les montagnes. Les croisades les rapprochèrent de l'Occident et leur culte se latinisa en partie. Subissant plus tard de nouvelles persécutions, ils se dispersèrent dans le monde, mais ils constituent encore aujourd'hui en Syrie et au Liban la communauté catholique sous la juridiction du patriarcat d'Antioche.

MARPA (1012-1096), sage tibétain, maître de Milarepa*.

marranes, ou **conversos,** dans toute la péninsule Ibérique, juifs demeurés fidèles au judaïsme malgré une conversion apparente et forcée au christianisme pour éviter la spoliation de leurs biens ou l'exil. Persécutés par l'Inquisition* à plusieurs reprises, leurs descendants non assimilés se répandirent sur tout le pourtour de la Méditerranée, en Europe et en Amérique, du XVe au XVIIe s.

MARTIN, un des saints français les plus anciens et les plus populaires (Panonie 315 - Candes 397).

Soldat romain, connu pour avoir partagé son manteau avec un pauvre lors d'un hiver rigoureux à Amiens, Martin vit le Christ lui apparaître puis, se rendant à Lutèce, il guérit un lépreux (c'est à la chapelle de Saint-Martin-des-Champs que l'on commença à célébrer son culte).

Après avoir fait de multiples conversions, saint Martin rejoignit saint Hilaire à Poitiers où il fonda le monastère de Ligugé. Il fut élu évêque de Tours, mais vécut souvent à Marmoutiers dans l'abbaye qu'il avait fondée.

Son tombeau, à Tours, devint un centre important de pèlerinage.

martyre (lat. ecclés. *martyrium*), torture, supplice, trépas que quelqu'un endure pour la défense de sa foi religieuse.

Pendant les trois premiers siècles du christianisme, les persécutions romaines firent de nombreux martyrs. Saint Étienne, lapidé à Jérusalem peu après l'ascension du Christ, est considéré comme le premier.

Le *martyre* est un acte héroïque qui apparaît comme la forme éminente de la sainteté; c'est chez le chrétien l'union mystique avec le Christ, la certitude du paradis d'après l'Apocalypse, la purification finale de l'âme à tel point que, pour celui qui n'a pas encore reçu les sacrements, il constitue le baptême du sang. Pour Clément d'Alexandrie, il est la plénitude de la charité et l'accès à la perfection.

De là découle le culte des martyrs dans l'Église catholique, célébré à dates fixes, avec des ornements rouges et des prières spéciales. De nombreux martyrs chrétiens ont jalonné de leur sang l'histoire de l'extension du christianisme en «pays de mission». Tous ne sont pas canonisés, mais tous sont honorés par l'Église. La plupart des religions ont eu leurs martyrs. Dans l'islam, tels sont considérés les croyants tués pendant la guerre sainte et surtout Husayn chez les chiites*, dont on commémore annuellement la «passion».

MARUT, dieux brahmaniques de l'Orage et du Vent.

masque. C'est un autre visage fabriqué en différentes matières, placé dans certaines circonstances devant la face humaine pour lui donner une autre personnalité (*personna* dans le théâtre greco-latin, maya* en Inde).

Il semble avoir toujours eu une origine religieuse : magie éternelle du double chez les pharaons divinisés, le *Kâ*, portrait surnaturel en bois peint ou en or comme chez les Incas, reflétant le grand dieu de lumière : le soleil, masque funéraire du culte des ancêtres, masque de la tragédie grecque et des fêtes de Dionysos, partout et depuis l'Antiquité on le trouve en rapport avec ce qu'on peut appeler l'autre chose, l'au-delà, les esprits ou les dieux.

Son pouvoir de métamorphose s'explique chez les Primitifs par la participation aux forces occultes du monde, au mystère du sacré. Il est généralement lié aux rites d'initiation accompagnés de musique et de danses dans les fêtes collectives. Certains masques d'une stylisation hiératique hallucinante sont portés par des prêtres allant accomplir un sacrifice.

C'est surtout en Afrique que le masque est un instrument de magie, support de forces mystérieuses dans des rites* propitiatoires aux divinités de la Fécondité et de la Fertilité. Il doit toujours être sacralisé avant son usage par des incantations et des rites sacrificiels.

Tantôt lié au culte d'esprits à base de chamanisme* se retrouvant dans des rites de chasse ou des pratiques de guérison magique, tantôt associé aux cérémonies agraires faisant appel aux divinités de la Végétation (mais dégénérant en mascarade dans notre civilisation dite évoluée), tantôt évoquant des temps mythiques, le masque représente les ancêtres, les totems ou les grands dieux, c'est pourquoi le christianisme eut à son égard une certaine méfiance. Il voyait en lui quelque chose de démoniaque et un vestige de paganisme.

Dans certains pays d'Asie, il garde encore un sens sacré, soit dans les représentations du Ramayana* ou des légendes mythiques, soit dans les danses inspirées de textes liturgiques, soit dans celles de la lutte du bien et du mal chez les Tibétains et à Bali (Barong et Rangda).

Le Japon est passé maître dans l'art du masque qui a gardé son symbolisme religieux dans le théâtre *(nô)* et dans les fêtes populaires du culte shinto*.

MATTHIEU (saint), évangéliste. Juif publicain pour le compte d'Hérode Antipas et douanier collecteur d'impôts, il répondit à l'appel du Christ et devint son disciple. Il prêcha aux juifs de Palestine et participa à la fondation de l'Église de Jérusalem. Il écrivit dans la langue des juifs de son temps, puis fut traduit en grec. Son Évangile s'adresse plutôt aux juifs hellénisés.

Dans la symbolique chrétienne, il est représenté par un homme, car il donne une chronologie du Christ dans l'ordre humain. Son Évangile traite surtout de l'enfance, de l'origine du Christ, de l'investiture du Messie et de sa prédication.

mauristes, religieux de la «congrégation bénédictine de Saint-Maur», *saint Maur* étant l'un des premiers disciples de saint Benoît (VIe s.). Leur maison principale, à Paris, rétablit la discipline monastique qui s'était relâchée au XVIIe s. dans la plupart des couvents; c'est ce qu'on a appelé la «Réforme de Saint-Maur», qui a été appliquée dans de nombreux couvents bénédictins. Les mauristes se spécialisèrent dans les travaux historiques, vies de bénédictins, traductions et éditions des Pères de l'Église.

maya (mot sanskrit, signifiant «illusion», «force magique»), dans le *Rigveda*, force de création magique des Asura*. Dans les *Upanishad**, illusion universelle, apparence de relatif par rapport à l'absolu, reflet du réel.

Mahamaya est la Mahadevi, la personnification de l'illusion de la multiplicité.

Maya était aussi le nom de la mère du Bouddha.

Mayas, ancien peuple du Yucatan (Amérique centrale). Les Mayas avaient une religion de type agraire offrant des ressemblances avec celle des Aztèques et des Toltèques (v. *Mexique*). Fortement dualiste, cette religion avait des divinités bienfaisantes et malfaisantes, habitant les unes dans le ciel, les autres dans le monde souterrain. Les dieux les plus importants étaient : *Itzamma,* dieu du Ciel; *Kukulkan,* dieu du Vent, le créateur, le civilisateur, celui qui deviendra chez les Aztèques Quetzalcoatl, le serpent à plumes; *Yumtaax,* dieu du Maïs; *Chac*, dieu de la Pluie; le dieu de la Mort, du Soleil, des Astres, etc.

Les mythes et la cosmogonie nous sont connus par le vieux livre sacré, le *Popol Vuh,* les livres plus tardifs de *Chilam Balam* et aussi par la religion actuelle de certains descendants des Mayas, les Lacandons. Le rituel était très élaboré, et le clergé nombreux. Les vestiges imposants des temples fournissent encore de précieux documents.

mazdéisme, ancienne religion des Iraniens paraissant avoir des origines communes avec celle des Indo-Aryens, peuples semi-nomades qui n'ont laissé aucun monument, mais dont les livres sacrés et les traditions attestent un culte commun des bovins dans la classe sacerdotale et des chevaux chez les guerriers.

En Perse, l'«Hoama» semble avoir été l'équivalent du «Soma»* en Inde; la déification des forces naturelles, le culte du feu et surtout l'importance des sacrifices marquent les points communs de ces croyances où le naturalisme et le ritualisme avaient une part égale. Le nom de *mazdéisme* vient de *mazdâo* qui signifie «lumineux», «omniscient», épithète qui accompagne le nom du «grand dieu» *Ahura*, le Seigneur des seigneurs. La «grande déesse» agraire *Anahita** était aussi l'objet d'un culte important.

Cette religion a été organisée et définie chez les Mèdes par Zoroastre*, qui établit un clergé appelé le *collège des mages** dans le zoroastrisme, dont les Écritures saintes sont les livres de l'*Avesta*. Profondément dualiste, le mazdéisme distingue : *Ahura-Mazdâ,* qui devint sous les Sassanides *Ormuzd,* le dieu bon, créateur, et *Angra Mainyu,* ou *Arhiman* (esprit du Mal), dont les enfants, esprits mauvais, sont les deva*.

Les deux dieux sont continuellement en lutte jusqu'au triomphe final du Bien. Ahura-Mazdâ, dieu inaccessible, se manifeste aux hommes par des entités qui ne sont autres que des aspects de la lumière. Il existe aussi des divinités inférieures et des anges. Les âmes sont immortelles, mais elles doivent être jugées suivant leurs mérites devant un tribunal sévère qui distribue équitablement peines ou récompenses : d'un côté, c'est l'enfer des tortures, de l'autre l'éternelle lumière. L'homme est constamment partagé par les influences divergentes du Bien et du Mal; il est cependant doué de liberté et peut contribuer au triomphe du Bien par une vie vertueuse.

Florissant sous les derniers Achéménides, le mazdéisme subit quelques transformations (adjonctions et commentaires), et des hérésies virent même le jour au début de notre ère, comme le *zervanisme**, sous les Sassanides, qui place au-dessus des dieux antagonistes *Zervân-Akarana,* le Temps supérieur au monde et qui a tout engendré ou comme le *mithraïsme* et le *manichéisme*, qui sont devenus des religions. La pénétration de l'islam a porté un coup fatal à la religion de la Perse ; tout le pays fut converti (de bon ou de mauvais gré), mais il y eut une résistance farouche chez les *Guèbres,* qui purent cependant rester dans leur pays et chez les *parsis* (Pârsa ou Perse proprement dite). Ceux-ci ne voulurent pas se soumettre et, fuyant les persécutions musulmanes, débarquèrent en Inde dans le Kathiavar au début du VIIIe s.

Depuis le XVIe s., ils habitent surtout Bombay et sont devenus une puissante communauté qui, si elle a subi des influences hindoues, essaie depuis un siècle de retrouver le véritable enseignement de Zoroastre. Ils avaient emporté de Perse le « Feu sacré » et ils ont toujours continué à l'honorer sur les autels du Feu dans leurs temples où ils adorent Ahura-Mazdâ. La notion de pureté joue un très grand rôle dans la vie du parsi pieux qui doit faire de nombreuses ablutions et s'abstenir de certaines nourritures. Les éléments naturels, terre, eau, feu, ne devant pas être souillés, les cadavres sont portés dans les « tours du silence » pour être dévorés par les vautours. Les chairs mortes sont éliminées, et les ossements sont ensuite déposés dans des ossuaires. Mais si le corps est impur l'âme est immortelle ; elle subit le jugement de Dieu et ne se réincarne pas.

Il existe un néo-mazdéisme répandu même en Europe ; c'est la secte *Mazdaznam* qui pratique une sorte de yoga par la science du « Respir ».

Mecque (La), ville sainte des musulmans, lieu de naissance du Prophète. Déjà, bien avant celui-ci, c'était un grand centre de pèlerinage où l'on vénérait la *Kaaba,* qui, d'après la tradition, aurait été construite par Abraham et son fils Ismaël. C'est un édifice de forme cubique (15 m × 20 m), vide, dont un angle extérieur laisse voir la fameuse « Pierre noire » que Mahomet a débarrassée des idoles qui l'entouraient. Ce lieu est le « saint des saints », le centre du monde islamique, dans la direction duquel tous les croyants doivent se placer pour les prières rituelles. Tout bon musulman espère le visiter un jour, accomplissant ainsi un des cinq commandements du Coran*.

La Kaaba, recouverte d'un grand voile noir brodé d'or, qu'on renouvelle tous les ans au moment du pèlerinage, est au centre d'une grande cour à portiques formant ainsi la plus grande mosquée* du monde, flanquée du plus grand nombre de minarets (sept). On y vénère aussi le puits Zemzem, qui serait alimenté par la source ayant jailli miraculeusement pour étancher la soif d'Agar et d'Ismaël. La ville est sévèrement interdite aux non-musulmans.

Le pèlerinage à La Mecque, dont les rites précis ont été

établis par Mahomet, consiste d'abord dans le port d'un costume spécial, simple pièce d'étoffe blanche, l'*ihram*, signe de purification et de sacralisation, puis ce sont, après de grandes ablutions, sept circuits processionnels autour de la Kaaba, à allures réglementées, au cours desquels est vénérée la Pierre noire. Un autre jour, les courses dans les collines environnantes doivent rappeler le souvenir d'Agar et d'Ismaël, et, pour marquer le désir d'expiation, le pèlerinage se complète par le campement sur le mont Àrafa où eut lieu le grand sermon, puis la lapidation des trois piliers dits «de Satan», ensuite les sacrifices de moutons et de chameaux à Mina, lieu rappelant le sacrifice d'Abraham et enfin la désacralisation.

Les pèlerins se rendent en foule, à une époque donnée, en pèlerinage à La Mecque, par longues caravanes à travers les déserts, par nombreux bateaux affrétés et, maintenant, par avion, car le titre de «hadj» est un privilège envié de celui qui a accompli pieusement le pèlerinage et qui, dans son très lointain village, inscrira même ce titre prestigieux sur sa maison. Il y a parfois des malades en litière, dont le secret espoir est de mourir à La Mecque.

Medersa, université coranique.

Médine (Yatrib), ville d'Arabie où Mahomet se réfugia en 622 et où il mourut. Sa sépulture et celle de quelques membres de sa famille et de ses premiers disciples ont fait de «la ville» la deuxième de l'Islam* et un centre important de pèlerinage (accompli généralement à la suite de celui de La Mecque*).

méditation, comme l'oraison, concentration de l'esprit, mais de caractère plus intellectuel, sur un sujet philosophique ou religieux. La méditation mène non à l'extase émotive, mais à une pensée éclairée. Elle est l'effet d'une évolution spirituelle. Pour les occidentaux, elle porte sur les vérités éternelles et des passages de la Bible (Ancien et Nouveau Testament), tandis que pour les fidèles des religions d'Asie, elle est une vision pénétrante de la vie dans sa réalité, donnant la connaissance de soi-même et délivrant l'esprit des contingences et du désir.

Dans la forme indienne, la méditation (dhyana) est une concentration spirituelle d'une force efficace qui atteint son plus haut degré avec le bouddhisme, où l'examen de l'enchaînement des causes et des effets conduit la connaissance de la vacuité des choses, à la sérénité et souvent à l'illumination.

Dans le bouddhisme zen, cette discipline religieuse devient une fin en soi, une expérience immédiate suprarationnelle. Elle cherche à faire jaillir l'étincelle par l'intuition. Pour les lamaïstes elle s'appuie plutôt sur un mandala.

Dans l'hindouisme, elle complète les techniques du yoga (dans le yoga de la connaissance, ou «Jnana Yoga»).

Une certaine position (asana) est nécessaire; celle qui est la plus adéquate est la posture dite «du lotus» (padmasana); elle établit l'équilibre du corps, le calme des sens et la tranquillité d'esprit par la rectitude de la colonne vertébrale, qui met le corps en harmonie avec l'axe du monde. Dans les monastères chrétiens, les moines méditent dans leur cellule ou dans une chapelle. Dans les monastères zen, il y a une salle de méditation qui est entourée d'une estrade sur laquelle des tatami (nattes de paille de riz) délimitent la place accordée à chaque moine (qui y médite les jambes repliées dans une attitude hiératique); il y reste pour dormir quand le maître de la méditation permet un instant de sommeil.

mégalithe (gr. *mega*, grand et *lithos*, pierre), monument préhistorique formé d'un ou plusieurs blocs de pierre.

Il existe dans toutes les parties du monde d'énormes monolithes dressés ou placés horizontalement à la manière d'un plateau de table. On leur donne généralement leur nom breton; les premiers sont les *menhirs*, les seconds, couvrant des chambres sépulcrales, sont des *dolmens*.

On sait peu de choses sur les populations qui ont élevé ces lourdes pierres; elles correspondent généralement à la fin du néolithique, à l'âge du cuivre et à l'âge du bronze, ancien et moyen. Les plus anciens mégalithes semblent être ceux de l'Orient méditerranéen. Avaient-ils tous une signification funéraire ou religieuse? En Bretagne, les cromlechs forment un demi-cercle, les alignements de menhirs évoquent parfois les colonnades dont l'ensemble paraît orienté ce qui a fait penser à une sorte de sanctuaire pour un culte solaire. Ces monuments d'un autre âge ont été réutilisés aux époques celtiques par les druides et ils sont au centre de tout un folklore. Les cercles de pierre sont surtout nombreux dans les îles Britanniques (Stonchenge), les alignements en Armorique (Carnac) et aussi en Bulgarie.

La civilisation mégalithique est encore enveloppée d'un mystère épais. Elle atteste cependant un culte des morts très précis, avec un rituel dont témoigne le mobilier sépulcral.

Les dalles gravées, les reliefs stylisés de figures ou de «paires de seins» indiquent des représentations schématiques de la «déesse mère» dans des populations où l'agriculture, la fertilité jouaient un grand rôle.

mekhitharistes, religieux catholiques de rite arménien. On les désigne couramment sous le nom de «Bénédictins de l'Orient» en raison de leurs travaux sur les manuscrits arméniens.

MELANCHTHON (Ph. Schwarzerd), réformateur et humaniste allemand (Bretten 1497 - Wittenberg 1560). Il fut professeur à Wittenberg, s'attacha à Luther et le défendit contre la Sorbonne (*Apologie de Luther*). Il le soutint à la Diète de Spire (1529), rédigea le premier exposé systématique du protestantisme et, en 1530, la *Confession d'Augsbourg*, première charte du luthéranisme. Après la mort de Luther, devenu le chef des protestants d'Allemagne, il essaya de faire l'unité des branches déjà divergentes et se rapprocha même du catholicisme.

melchites, nom donné aux chrétiens d'Orient qui, à la suite du concile de Chalcédoine (451), ont pris le parti de l'empereur (*melek*). Les gréco-melchites actuels sont des uniates*.

MENCIUS, nom latinisé de *Meng Tseu*, un des grands philosophes chinois, écrivain confucéen (Tsou, Chang-tong, v. 372 - 289 av. J.-C.). Il crut à la bonté originelle de la nature humaine et prôna les vertus d'équité et d'humanité; c'est pourquoi il attacha une grande importance à l'éducation du peuple par de sages ministres pour assurer l'ordre social. Il se préoccupa aussi des questions économiques et préconisa l'assouplissement des préceptes confucéens, affirmant que l'esprit religieux importe plus que le rite formaliste. Il fixa l'idéal et les devoirs du lettré vertueux. Son œuvre, le *Meng-tseu*, est celle d'un sage et un des classiques de l'humanisme chinois.

mennonites, membre d'une secte protestante très austère fondée au XVIe s. en Suisse. — Les mennonites prirent leur nom en Hollande à la suite de *Menno Simmonz* (1496-1560), qui fut leur ardent missionnaire. Farouchement indépendants, objecteurs de conscience, ils furent persécutés dans toute l'Europe germanique, où ils ne cessèrent cependant de faire des adeptes. Ils admettent les vérités fondamentales du christianisme et reconnaissent le baptême. Un grand nombre d'entre eux purent s'établir en Amérique, où ils vivent depuis lors en petites communautés, très farouchement fidèles à leurs coutumes originales (vestimentaires et alimentaires) et à leur austérité.

menorah, chandelier d'or à sept branches qui se dressait devant le tabernacle du Temple de Jérusalem. Il représentait Dieu, les sept flammes symbolisant soit les sept jours de la Création, soit les sept planètes. Il est devenu le symbole du Temple disparu, c'est pourquoi il ne peut être allumé ni dans une synagogue, ni même dans une famille. Seule la représentation peinte ou brodée est permise.

Mère. Celle qui donne la vie a toujours été un symbole majeur de fécondité, exprimé par la grande déesse mère : Gaïa, Rhea, Déméter chez les Grecs, Isis*, Ishtar*, Astarbé*, Kali* (en Inde celle-ci est la réalité du principe féminin, la mère divine et la force vitale).

La *magna Mater*, mère des dieux, est venue de Phrygie dans le monde gréco-romain sous le nom de Cybèle ; son culte sera associé à celui d'Attis* par des rites sanglants (taurobole, castration), elle restera la grande Mère gallo-romaine, assimilée à la déesse de la Terre souvent représentée par une femme allaitant un enfant.

Dans le monde celtique, elle est la seule divinité féminine aux aspects différents. Le christianisme sublimera ces anciennes notions en nommant la Vierge Marie* *Theotokos* ou Mère de Dieu à qui elle donne la nature humaine.

Meru, montagne mythique de l'Inde, considérée comme le centre du monde.

Mésopotamie. Dans cette riche région du Moyen-Orient, entre le Tigre et l'Euphrate, ont fleuri les plus anciennes civilisations connues. De multiples royaumes et empires se sont succédé, nous laissant des témoignages de mythes et de croyances dont l'histoire a évolué au long des millénaires avant l'ère chrétienne (Sumer, Akkad, Elam, Assyrie, Chaldée, Babylone, etc.).

Des stèles, cylindres, tablettes, nous informent sur les religions de caractère polythéiste anthropomorphique et les écritures cunéiformes livrent peu à peu leurs secrets : chaque ville avait ses divinités que l'empire babylonien a enveloppées dans un vaste syncrétisme. *Le Code d'Hammourabi* (1675 av. J.-C.) et de nombreux Kudurru*, précieux documents, nous donnent la liste et la généalogie des dieux : *Anu, père et roi des dieux; Enlil* ou *Bel**, grand dieu de Surma ; *Enki; Ea; Mardouk**, grand dieu de Babylone qui devient très puissant après avoir vaincu le chaos primordial représenté par Apsu et Tiamat* ; *Sin,* le dieu lune qui, avec sa parèdre* Ningol, donne naissance à *Ishtar**, divinité astrale aux différents aspects qui deviendra la grande déesse du panthéon mésopotamien et à *Shamash*, dieu solaire.

Les populations de cette région ont toujours été profondément religieuses, comme en témoignent les objets votifs, les représentations d'orants et de processions, l'épopée de Gilgamesh*, l'épigraphie, les descriptions de sacrifices, les rituels, les prières de pénitence, les incantations, etc., retrouvés en très grand nombre.

Nous savons qu'il y avait un clergé important et que les fêtes du nouvel an avaient un caractère sacré et cosmique où se manifestait la lutte contre les puissances maléfiques.

Le culte était assuré dans des temples et dans des chapelles placées au sommet des *zigurat** dont il reste d'intéressants vestiges.

messe (lat. *missa*), office principal de la liturgie catholique, sacrifice du corps et du sang de Jésus-Christ, sous les espèces du pain et du vin rappelant symboliquement le sacrifice de la Croix. C'est l'eucharistie et son mystère de la présence réelle de Jésus-Christ immolé sur l'autel. Les chrétiens orientaux l'appellent la «divine liturgie».

La messe a été simplifiée par le concile Vatican II qui a remplacé le latin par des langues vernaculaires. Appelée désormais l'*Eucharistie**, elle reste divisée en deux parties : la *liturgie de la parole* faite de prières, d'invocations, de chants et de lectures ou sermons, sert d'introduction et rappelle la Messe des catéchumènes de l'Église primitive. Le sacrifice eucharistique proprement dit comprend l'*offertoire*, la *consécration* et la *communion*.

L'eucharistie peut être célébrée en différents rites approuvés par l'Église. Elle doit être accomplie par un prêtre ordonné sur un autel consacré.

MESSIE (de l'araméen *meschîkhâ*, l'oint, sacré par le Seigneur, traduit en grec par *khristos*, sauveur, envoyé par Dieu), envoyé divin chargé d'établir sur la terre le royaume de Dieu, selon les prophéties, et reconnu par les chrétiens en la personne de Jésus. Chez les Hébreux, un courant d'idées dans la tradition hébraïque du Messie, depuis la chute d'Adam, donnait au peuple de Dieu un espoir de salut par l'avènement du royaume de Dieu et la venue sur terre d'un Messie. Celui-ci devait être descendant du roi David et son message était interprété différemment au VIIIe s. av. J.-C. à l'ère chrétienne. Le messianisme était souvent annoncé d'une manière allégorique, mais le peuple qui espérait voir Jérusalem triompher grâce à un roi puissant ne reconnut pas Jésus* pour le Messie dans son humilité. Le courant messianique a continué à travers la diaspora à unir le peuple juif dans l'espérance. Quelques rabbins illuminés à diverses époques se proclamèrent Messie. Certains ont vu dans le sionisme une manifestation messianique, mais cette certitude n'est plus maintenant que celle des vieux croyants restés très attachés à la Tradition.

Dans d'autres religions, on a donné ce nom de *messianisme* à l'attente d'un sauveur qui viendra rétablir la paix et la justice. Dans l'islam chiite, c'est le mahdi*, et, dans certaines sectes, quelques illuminés se proclament parfois le Messie.

métempsychose, v. *réincarnation.*

méthodistes, protestants appartenant à des sectes issues de l'enseignement de John Wesley* au XVIIIe s. Celui-ci, ainsi que son frère Charles et leur ami George Whitefield, pasteurs anglicans, tentaient un réveil religieux dans l'université d'Oxford en prêchant une «méthode» de vie spirituelle en un temps de relâchement au sein de l'Église anglicane. Ils formèrent un petit groupe très actif qui fut traité par dérision de «méthodiste», mais qui ne cessa de se développer. Bien qu'appartenant à l'Église d'Angleterre, les frères Wesley furent refoulés des lieux ordinaires de culte à cause de leur enthousiasme jugé excessif; ils prêchèrent alors en plein air. Des prédicants laïcs admettant même les femmes les aidèrent et c'est ainsi qu'avec le méthodisme commença un certain séparatisme qui s'accentua après la mort de John Wesley.

En Amérique fut constitué un méthodisme épiscopal, tandis qu'en Angleterre plusieurs sociétés méthodistes se différenciaient les unes des autres, allant de divisions en subdivisions. Une première union fut faite en 1917, donnant naissance en 1932 à l'Église méthodiste britannique.

Il existe d'autres groupements plus ou moins séparatistes comme les méthodistes gallois (ceux-ci sont de tendance plus calviniste et se réclament plutôt de George Whitefield), les méthodistes indépendants, etc.

La plupart admettent la doctrine de John Wesley, dont les traits essentiels sont la charité évangélique et le zèle apostolique, mais ils ne reconnaissent pas la prédestination calviniste.

Mexique. L'ancienne religion du Mexique qui nous a laissé le plus de témoignages est celle des Aztèques, qui au moment de la conquête du Mexique par les Espagnols étaient les maîtres du pays, dominant une confédération de villes et de tribus. Leur religion semble être un syncrétisme des croyances des peuples soumis et d'occupants bien antérieurs (Olmèques, Toltèques, civilisation de Teotihucan...). Le panthéon aztèque comprenait une série de dieux, sans doute d'origine tribale. Parmi ceux-ci : *Tezcatlipoca*, dieu du Ciel, venait du pays mixtèque et régnait sur les quatre directions, que quatre couleurs caractérisaient.

Huitzilopochtli, divinité principale était l'ancien dieu de la tribu aztèque, dieu de la Guerre et de la Chasse, et devenu plus tard le Dieu du Sud associé au Soleil; sa couleur était le bleu. Son temple principal était à Mexico (Tenochtitlan), où on lui sacrifiait lors du solstice d'hiver, un grand nombre de captifs au cours d'une grande fête, où ces derniers se livraient à un combat symbolique.

Quetzalcòatl, le Kukulkan des Mayas*, le serpent à plumes, devint le grand dieu civilisateur, inventeur du calendrier, dieu de la Vie, de l'Artisanat, dieu de l'Orient. Il était représenté barbu, à la peau blanche. Disparu à l'Ouest, il devait revenir un jour à l'Est; c'est pourquoi les Espagnols, sous la conduite de Cortès, bénéficièrent de cette description et de la prédiction, et purent facilement conquérir le pays, car le peuple aztèque, guerrier, fut soudain saisi d'une terreur religieuse.

Mictlantecuhtli, dieu de la Mort, et son épouse Mictecacuatl, «dame du séjour des morts», de couleur noire, sont les dieux du Nord.

Xipe-Totec, «notre seigneur l'écorché», est le dieu de l'Ouest; sa couleur est le rouge. Il est le dieu du Renouveau et de la Végétation : les victimes qu'on lui offrait étaient écorchées.

Tlaloc, dieu tribal des Toltèques, particulièrement vénéré, est le dieu de la Pluie, de la Foudre; c'est le Chac-Mool des Mayas. Il est représenté avec des yeux cerclés de lunettes et des crocs sortant de la bouche.

Cette religion, dirigée par une théocratie militaire, avait son collège de prêtres sacrificateurs ainsi que ses prêtresses. Elle régnait par la tyrannie et la terreur sur les peuples voisins, nécessitant des guerres continuelles pour offrir d'innombrables victimes aux dieux, ou organisant des jeux agonistiques où les vaincus étaient sacrifiés dans une soumission mystique sans révolte.

Le calendrier liturgique établissait de nombreuses fêtes. Dans la société aztèque, certains genres de mort donnaient accès au paradis; les sacrifices humains étaient souvent acceptés par les victimes en raison de la croyance à leur futur participation à la divinité; les morts naturelles entraînaient un séjour éternel dans un monde souterrain.

Les religions mexicaines ont laissé les témoignages d'un art remarquable, une architecture imposante de temples, les *teocalli,* ou maisons de dieu, et de grandes pyramides. Les fresques, la sculpture réaliste, les décors stylisés, la céramique, les pierres dures taillées, l'orfèvrerie, les hiéroglyphes, les enluminures, etc., restent des vestiges extrêmement intéressants de cet art éminemment religieux.

Mezuza, petit parchemin manuscrit contenant la prière du Chema d'Israël, se fixant à toutes les portes d'une maison que l'on baise en entrant et en sortant. C'est depuis l'époque des dix plaies d'Égypte le signe distinctif d'une habitation juive.

MILAREPA («vêtu de coton»), saint ermite et poète tibétain (1040-1123). Il eut une enfance très triste et malheureuse; sa mère, l'ayant poussé à tirer vengeance de sa famille qui l'avait ruinée, l'envoya étudier la magie. Devenu très habile dans l'art de la sorcellerie, il put alors par sortilèges punir cruellement la famille de son oncle, cause de ses malheurs; pris de remords, il chercha un maître de sagesse et le trouva en la personne du sage bouddhiste *Marpa*, dont il fut l'élève avec tant de ferveur qu'il voulut devenir un saint aspirant à la bouddhéité. Il supporta avec une grande patience les multiples épreuves imposées par ce maître exigeant, puis reçut enfin l'initiation. Il se fit alors ermite et vécut d'orties; vêtu de haillons de coton qui bientôt l'abandonnèrent, il supporta la nudité dans les solitudes glacées, car il possédait le secret de la méthode du souffle produisant une chaleur intérieure. Acceptant parfois des aumônes, faisant de nombreuses conversions, il composa des poèmes, des hymnes, des chansons et, pour ses disciples, le récit de sa vie, qui fut longue et entourée de faits merveilleux (lévitation, ubiquité, double vue, etc.). Il mourut à quatre-vingt-quatre ans empoisonné par un lama jaloux à qui il pardonna son forfait. Il atteignit alors le nirvana.

Milarepa, considéré comme un grand saint bouddhiste (secte des Saskyasy), est le plus populaire des écrivains mystiques tibétains.

millénaristes (bas lat. *millenium*, période de mille ans), membres hérétiques d'une secte du Ier s. qui attendait la seconde venue du Christ, prenant à la lettre la vision de l'Apocalypse de la fin du monde annonçant la parousie* : «l'Ange... prit le dragon, l'antique serpent, qui est le diable et Satan, et l'enchaîna pour mille ans. Et, l'ayant jeté dans l'abîme, il le ferma sur lui et le scella... jusqu'à ce que ces mille ans soient accomplis; après quoi, il doit être délié pour peu de temps...». Cette hérésie fut condamnée, mais l'espoir d'un monde meilleur a aidé beaucoup de chrétiens du haut Moyen Age à vaincre les terreurs de l'an mille. Cette date fatidique passée, le millénarisme, ou chiliasme, disparaissait pour renaître dans la période troublée de la Réforme. Divers groupements d'exaltés de tendance millénaristes revinrent au jour, mais c'est surtout aux XIXe et XXe s. que de nouvelles sectes de ce genre apparurent, mues par un extraordinaire zèle missionnaire. Tels sont les adventistes*, les témoins de Jéhovah*, les mormons*, ou «saints des derniers jours».

minimes, religieux d'un ordre fondé par saint François de Paule en Calabre en 1435. Ils prirent ce nom par humilité (les «moindres»), se voulant ainsi au-dessous des «frères mineurs». Leur règle était très sévère. Le jeûne était perpétuel. Cet ordre se répandit dans toute l'Europe. En France, il y eut plusieurs maisons. Actuellement, il n'y en a plus qu'en Italie et en Pologne; c'est surtout leur couvent du Marais à Paris qui fut célèbre au XVIIe s. en raison du rôle scientifique que jouèrent plusieurs de ses membres recevant de nombreux savants étrangers et correspondant avec eux.

Il y eut aussi un ordre équivalent de femmes, les «Minimesses».

miracle (du lat. *miraculum*, événement merveilleux), violation des lois de la nature, prodige d'intervention divine. C'est tout ce qui est extraordinaire, échappant à la raison humaine, mais, d'après les théologiens catholiques, le miracle a une fin spirituelle; il est une question de foi. Les évangélistes racontent les miracles du Christ qu'ils ont constatés. Les vies de saints affirment des miracles qui, d'ailleurs, sont nécessaires lors des procès de canonisation. Les premiers disciples du Christ considéraient le miracle comme un charisme* qui pouvait leur être accordé. Les guérisons miraculeuses ont toujours été recherchées auprès des reliques de saints pieusement conservées.

Dès l'Antiquité, les sources et les fontaines dites «miraculeuses» attiraient les malades et nombreux sont les lieux de pèlerinage où les foules attendent des miracles.

missions, organisations confessionnelles visant à la propagation de leurs croyances dans le monde. Du XVIe au XIXe s. c'est l'Église catholique romaine qui eut le quasi-monopole de ces missions avec de nombreux ordres et congrégations missionnaires (franciscains, jésuites, oblats de Marie-Immaculée, etc.). La Société des missions étrangères fondée en 1658 pour la formation des futurs missionnaires et supprimée en 1791, fut rétablie de 1805 à 1809 et définitivement restaurée en 1815. Longtemps marquée par l'esprit colonial, les missions catholiques, surtout depuis le concile Vatican II (1965), ont beaucoup évolué. Elles ne cherchent plus à convertir, mais à donner un exemple de vie spirituelle et sont de plus en plus constituées par des membres du clergé autochtone. A partir du XIXe s., les protestants ont multiplié à leur tour les missions et on assiste actuellement à une floraison de mouvements missionnaires marqués de prosélytisme, notamment dans l'islam et dans le bouddhisme. De nombreuses sectes (mormons, témoins de Jéhovah, adventistes du septième jour, mouvement Hare Krishna, enfants de Dieu, etc.) ont également une importante activité missionnaire.

MITHRA, grande divinité des Perses, primitivement un des génies d'Ormuzd, identique au Soleil, déité archaïque des Indo-Européens, dieu des Serments et des Pactes, qui devint le dieu de Vérité, l'intercesseur, le guide après la mort. Des influences venues d'Assyrie exaltèrent Mithra aux dépens d'Ormuzd; il se chargea d'éléments phrygiens, hindous et autres lorsqu'il parvint dans les contrées conquises par Rome. Son culte devint alors une religion composite; ses apôtres furent des soldats. Ils exaltaient la force de Mithra taurochtone (tueur de taureau) et s'initiaient aux mystères qui accompagnaient ce culte. Mithra était représenté coiffé du bonnet phrygien, sacrifiant un taureau.

Plus tard, Mithra deviendra le dieu-soleil, le «Sol Invictus» dont Constantin ornera ses monnaies et qui retint un temps le monarque dans son choix de la religion du christ.

L'initiation au *mithraïsme,* comportait sept degrés et conférait des signes secrets de reconnaissance. Les cérémonies comportaient des banquets pour les membres des grades supérieurs. Ceux-ci passaient pour être le résultat d'épreuves très dures. Cette religion était une religion de soldats. Elle a favorisé les tendances monothéistes et sotériologiques qui se manifestaient à Rome au début de l'ère chrétienne.

A la fin du IIIe s., les mystères de Mithra fusionnèrent avec ceux d'Isis. L'empereur Julien l'Apostat, rassemblant les dernières forces du paganisme, réintroduisit le culte de Mithra qui bientôt disparut.

MITRA, divinité de l'Inde ancienne, dieu justicier, héritier de Mithra*.

modernisme, ensemble des doctrines et des tendances ayant pour objet commun de renouveler la théologie, l'exégèse, la doctrine sociale et le gouvernement de l'Église, pour les mettre en accord avec ce qu'on croit être les nécessités de l'époque où l'on vit.

Depuis la Renaissance, les esprits curieux de grandes découvertes se sont opposés aux tenants de la Tradition, ce qui amena la crise religieuse de la Réforme*. Le XIXe s., avec ses sciences nouvelles, réclama par la voix de certains philosophes et théologiens la révision des doctrines chrétiennes à la lumière de l'exégèse et de la critique scientifique. A la fin du XIXe s. et au début du XXe s., cette crise religieuse et philosophique prit le nom de *modernisme*, donnant des aspects différents du problème suivant les théoriciens qui les exposaient. Ce furent en France Laberthonnière, Édouard Le Roy, l'abbé Loisy et en Angleterre le père Tyrell, jésuite irlandais. Toutes leurs théories furent condamnées par l'Église sous le pontificat de Pie X.

Dans un sens plus général, le mot *modernisme* est encore employé par opposition à *intégrisme* dans les discussions que provoquent certaines mises au point du concile Vatican II.

moine (lat. *monachus*, dérivé du grec *monos*, seul), religieux qui a consacré sa vie à Dieu. Jadis solitaire anachorète, puis cénobite, il vit, depuis la création des grands ordres, dans un couvent enfermé dans la «clôture» (v. *monastère*).

Les religieuses vivant cloîtrées sont appelées *moniales*.

Le moine mène une vie austère et régulière qui peut paraître monotone, mais son cœur et sa pensée sont axés sur Dieu et les réalités éternelles. La clôture le protège des bruits du monde. Les moines chantent ou psalmodient leurs offices et se réunissent pour les «heures canoniques», qui divisent la journée en huit services religieux : les matines et les laudes, prime, tierce, sixte, nones, vêpres et complies.

MOÏSE, v. *judaïsme*.

MOLINA (Luis), théologien jésuite espagnol (Cuenca 1535 - Madrid 1601). Il enseigna à Evora, puis se retira à Cuenca, où il publia ses cours. Son principal ouvrage, l'*Accord du libre arbitre avec les dons de la grâce, la prescience divine, la Providence, la prédestination et la réprobation,* provoqua des controverses qui eurent un grand retentissement. Sa doctrine, le *molinisme*, affirme que la grâce doit être efficace et que, si l'homme n'en fait pas toujours un bon usage, Dieu sait de toute éternité ce qu'il en adviendra : l'homme reste libre. Les dominicains espagnols et surtout les jansénistes (ceux-ci avec violence) s'opposèrent à cette doctrine, tandis que les jésuites étaient pour la plupart molinistes.

MOLINOS (Miguel de), théologien espagnol (Muniesa, Teruel, 1628 - Rome 1696). Il se fixa à Rome où il publia un *Petit Traité sur la communion quotidienne* et surtout un *Guide spirituel* proposant comme voie de salut la contemplation, rendant inutile toute autre pratique de dévotion : ce fut l'origine du quiétisme*, qui fut attaqué violemment par les jésuites. Molinos fut incarcéré et dut se rétracter publiquement ; ses doctrines furent condamnées et il fut enfermé dans un couvent où il mourut. Les partisans de son système eurent une grande influence en France au XVIIe s. (V. *Fénelon, Guyon, quiétisme.*)

monachisme (du lat. *monachus,* moine), en général organisation de la vie religieuse suivant des règles plus ou moins sévères d'ascétisme, des pratiques de dévotion et la recherche d'une plus grande spiritualité par la séparation du monde.

Cette institution est très ancienne, puisqu'elle existait déjà sous une forme sommaire dans l'Égypte hellénistique et chez les juifs avec les *esséniens*, et antérieurement dans l'Inde ; elle prit un développement considérable avec le bouddhisme, mais c'est surtout avec le christianisme qu'elle prendra des formes variées.

Le monachisme est issu de la vie érémitique que menaient des anachorètes dans le désert, vivant seuls dans des grottes ou des cabanes. Saint Antoine*, grand patron des ermites, qui vécut absolument seul au bord du Nil pendant vingt ans, devint le chef spirituel d'anachorètes dispersés dans des grottes voisines. Ceux-ci se réunissaient pour la célébration du culte. Saint Antoine vécut ainsi dans le désert jusqu'à cent cinq ans, et son fidèle disciple saint Pacôme organisa la vie cénobitique en établissant une discipline et une défense contre les dangers de toutes sortes qui guettent le solitaire. C'est au village de « Tabennisi », près de Thèbes, en Haute-Égypte, que s'installa la première *thébaïde*, où se groupèrent les cabanes des ascètes. Puis vinrent de toutes parts d'autres disciples plus jeunes, plus disposés à se plier à une règle. Plusieurs petits monastères furent ainsi fondés, comprenant des cellules groupées autour d'une église, le tout entouré d'un mur d'enceinte. Malgré l'individualisme et parfois l'hostilité, la règle cénobitique triompha, assurant un horaire fixe pour la prière, la méditation, le travail et le repos. L'épreuve de la vie en commun était fortifiée par les vœux de pauvreté, de chasteté et d'obéissance au supérieur, ainsi que par le port d'un vêtement grossier uniforme. Cependant, des anachorètes continuèrent à mener la vie érémitique, surtout en Orient.

Le premier ordre monastique fut celui de saint Basile, de Césarée, dont les règles sont toujours en vigueur dans les églises orientales et ont été introduites en Occident par saint Athanase au IVe s. Ce dernier avait visité la plupart des institutions pacômiennes qui s'étaient disséminées dans toute l'Égypte et au-delà ; il comprit le rôle que pouvaient jouer des communautés intermédiaires entre les vastes agglomérations monastiques et les hameaux de cellules dispersées où le supérieur jouerait le rôle d'un «Père» et serait très proche de chacun des moines. Cette forme de vie cénobitique prévalut en Orient. Dès le début du Ve s., saint Jérôme publiait en latin les premières règles des moines d'Égypte, et, malgré les épreuves infligées par les invasions barbares, des monastères étaient fondés en Italie et en France par des évêques : tels ceux de Marmoutier, de Ligugé, de Rouen, d'Arles et de Lérins. A Rome, la vie monastique s'implantait autour des basiliques, et, en Irlande, de très nombreux moines se groupaient, particulièrement à Bangor.

Les moines ont joué un grand rôle dans la civilisation occidentale, assurant la défense des villages dans les moments de trouble, créant des foires, installant des marchés, réparant des routes, tenant des hôtelleries, fondant des ateliers, des industries, des hospices et surtout des écoles. Les moines vivant dans d'immenses monastères eurent pour tâche non seulement de défricher des forêts, de cultiver les champs et les vignes, mais aussi et surtout de copier les Livres saints, de faire de patientes recherches historiques et des travaux d'érudition (d'où l'expression «travaux de bénédictins»). Les premiers ordres religieux de femmes observèrent la règle de saint Benoît. A peu près à la même époque naissaient les monastères irlandais observant la règle de saint Colomban.

Mais, dès le XIe s., les chanoines réguliers de saint Augustin apportaient une aide au clergé séculier. D'autres ordres plus ou moins contemplatifs comme celui des Chartreux au XIe s., la fondation de Fontevrault par Robert d'Arbrissel en 1101, les Prémontrés, reprenant la règle de saint Augustin, donnèrent une nouvelle vigueur au monachisme. Les croisades suscitèrent la création d'un monachisme de forme militaire, avec l'ordre des Templiers, des Hospitaliers de Saint-Jean de Jérusalem, des chevaliers Teutoniques dans une pensée purement religieuse au début, mais qui changea avec les vicissitudes de l'Histoire.

A une société nouvelle correspond un monachisme nouveau : les ordres mendiants ne cessèrent de se développer dans des branches différentes pendant tout le XIIIe s. Ce sont des ordres de prédication et d'exemple, montrant une pauvreté évangélique authentique, un véritable esprit de mission : tels sont l'*ordre des Franciscains**, dit «des Frères mineurs», qui se répandit rapidement dans toute l'Europe, et l'*ordre des Dominicains**, fondé par saint Dominique, qui désirait lutter contre l'hérésie albigeoise par une prédication efficace. Le moine devient aussi apôtre. Ces ordres nouveaux vont jouer un très grand rôle dans l'enseignement de la théologie et le *studium generale* sera à Paris, où, pour les Franciscains, le couvent des Cordeliers deviendra le centre intellectuel et où les Dominicains (couvent de Saint-Jacques) formeront les grands docteurs.

Jusque-là les femmes n'avaient pas pu facilement joindre la vie active à la vie religieuse dans les couvents; de nouveaux ordres sont créés particulièrement pour assurer les soins des malades.

La grande crise du monachisme, commencée au XIVe s., s'affirme au XVe s.; elle porte sur les mœurs, le relâchement d'autorité, les déviations de la foi et marque la perte indéniable de prestige qui rendra les protestants si hostiles aux moines de toutes sortes. La Réforme supprima les couvents dans la plupart des pays qu'atteignait le protestantisme. Ce n'est que de nos jours qu'une tentative monastique a été faite avec les Frères de Taizé. De nouveaux ordres, des essais de retour aux anciennes observances (Capucins, Carmes), des congrégations plus strictes, des compagnies de clercs réguliers comme les barnabites, les théatins, les jésuites au XVIIe s. donnèrent une vie nouvelle au monachisme.

Récemment (1976), une nouvelle forme de monachisme dite «au cœur des villes» a vu le jour : la *Fraternité monastique de Jérusalem* («patronne des villes») exerçant des responsabilités paroissiales (église Saint-Gervais, à Paris).

Chez les orthodoxes, les nombreux monastères adoptèrent la règle de saint Basile, à laquelle ils resteront toujours fidèles. (V. *Athos, laures,* et *Russes.)*

monachisme bouddhique, v. *bouddhisme.*

monastère (lat. *monasterium*, gr. *monasterion*), ensemble des bâtiments habités par des moines. (V. *abbaye, couvent, laures, monachisme.)*

Ce mot ne s'emploie pas uniquement pour le christianisme. Il caractérise les résidences des moines bouddhistes qui, dans l'Inde, se nommaient *vihara* et qui étaient souvent groupées autour d'un temple ou d'un *stupa**, dont l'ensemble forme le *sangharama.* Au Tibet, les monastères se nomment des *gumpa.* Il existe aussi des monastères jaïns et hindous, les *math.*

Dès le début du monachisme, en Orient, la vie monastique s'est présentée sous deux formes différentes : celle des *laures*, faites de cabanes séparées et d'une chapelle et celle des monastères (*cœnobium*, du gr. *koinobion,* «vie en commun») regroupant des cénobites, moines acceptant de se soumettre à une règle faite pour la vie commune.

Si, en Occident, les termes d'*abbaye,* de *couvent* ont prévalu, celui de *monastère*, attribué surtout aux bâtiments bénédictins, est cependant la dénomination commune des grands centres d'Orient comme les monastères orthodoxes du mont Athos et ceux du Sinaï, qui forment une unité autocéphale, tel le grand monastère de Sainte-Catherine, administré par un archimandrite.

Les religieux ou religieuses contemplatifs sont enfermés dans leur monastère par la loi de *clôture*, qui interdit à toute personne de sexe opposé de pénétrer à l'intérieur des bâtiments dits «claustraux». Mais il existe aussi une semi-clôture.

monophysites (gr. *monos,* seul, et *phusis*, nature), hérétiques du Ve au VIIe s., qui n'admettaient dans le Christ qu'une seule nature. — Cette doctrine fut condamnée au concile de Chalcédoine (451) après une lutte acharnée en 449 appelée le «brigandage d'Éphèse». Sous une forme plus compliquée, le *monophysisme* persista en prenant souvent un caractère politique d'opposition à Byzance.

monothéisme (gr. *monos,* seul, et *theos*, dieu), croyance en un Dieu unique. — Elle est attestée dans l'Antiquité seulement chez les Hébreux et par leur livre saint, la Bible, d'où sont sorties les grandes religions du christianisme et de l'islam. Cependant, l'Égypte ancienne a connu le monothéisme avec l'atonisme* de certains théologiens et d'Aménophis IV. En Inde, malgré un polythéisme apparent, l'idée d'absolu, de transcendance des philosophes peut être assimilée à une manière de monothéisme.

monothélisme, hérésie christologique du VIIe s. — Dans le souci de ramener les monophysites à l'orthodoxie chrétienne, un patriarche de Constantinople, au VIIe s., proposa un système admettant une seule énergie, une seule volonté du Christ, mais cette hérésie fut condamnée à Rome en 649, puis au concile de Constantinople en 681.

montanistes, partisans des doctrines de Montanus, Phrygien du IIe s. qui donnait une large place au prophétisme, aux visions et aux révélations. — Prophète lui-même, Montanus annonçait la Jérusalem céleste, la parousie*, exigeait une grande austérité, une continence absolue et la soif du martyre. La secte se répandit en Orient et même en Occident, où elle subit de violentes persécutions. Tertullien en fit partie, puis l'abandonna. Elle disparut au Ve s.

mormons, adeptes de l'«Église des saints des derniers jours», établie par Joseph Smith* en 1830 dans l'État de New York.

Leur nom vient du *Livre de Mormon*, qui est considéré comme la parole de Dieu à l'égal de la Bible et serait une révélation faite au fondateur de l'existence de plaques d'or gravées jadis par d'anciens prophètes, *Mormon* et *Moroni*, expliquant le peuplement de l'Amérique par de très anciennes tribus juives. Ces textes mystérieusement déchiffrés ont servi de base à l'organisation biblique de l'Église, d'une forme patriarcale antique. Les mormons pratiquaient la polygamie aux États-Unis, où ils étaient chassés de pays en pays, allant vers l'Ouest à la découverte de terres nouvelles. Joseph Smith fut incarcéré ainsi que quelques disciples que la foule alla lyncher dans leur prison. Le fondateur de la religion est considéré comme martyr. Son successeur Brigham Young, au nom du Conseil des Douze Apôtres, conduisit les mormons jusqu'en Utah, où ils construisirent Salt Lake City au bord du Grand Lac Salé. Ce pays devint vite prospère et attira les émigrants ; il fut rattaché au gouvernement fédéral après la guerre de Sécession. Les mormons sont très puissants dans leur État, et leur capitale offre un immense temple mormon où est pratiqué un culte simple pour certains et secret pour les membres plus élevés de la hiérarchie apostolique de l'organisation ecclésiastique.

La doctrine admet pour le croyant la possibilité de progresser dans la sainteté et même d'accéder à la divinité ; elle pratique la guérison spirituelle et le prophétisme... La polygamie a été supprimée en 1895. Une dissidence s'est formée en 1860, se rapprochant davantage des sectes chrétiennes. Les mormons sont animés d'un ardent zèle missionnaire qui s'exerce dans le monde entier.

morts. La mort, aspect négatif de la vie, a toujours beaucoup frappé les hommes. Le *culte des morts* est une des premières manifestations religieuses de l'homme. On le trouve partout depuis la plus lointaine préhistoire, où la disposition et, parfois, l'ornement du squelette montrent un respect, une vénération ou, simplement, une crainte de l'esprit du défunt. Le plus souvent le crâne seul est soigneusement conservé. Ce culte est encore attesté en Afrique et surtout en Océanie. Les rites funéraires varient : les secondes sépultures, les deuils prolongés et leurs interdits, la momification attestent le culte des morts qui deviendra celui des ancêtres. La plupart des peuples ont cru en une vie d'outre-tombe sinon éternelle, du moins posthume jusqu'à une prochaine réincarnation. Au Mexique la *fête des morts*, qui avait une importance particulière avant la conquête espagnole, s'est perpétuée dans le christianisme où elle se confond avec la fête de la Toussaint et le jour des morts, le 2 novembre, où l'Église célèbre des offices pour toutes les âmes des défunts.

L'ensevelissement des morts était et est encore dans certains pays accompli par des gens de basse caste qui doivent ensuite subir des rites de purification pour effacer la souillure de leur contact avec un cadavre.

Par un souci de pénitence et de piété, certaines confréries* se vouaient à une aide efficace lors des funérailles d'un membre de la communauté, ainsi les «charitables» de Béthune, les «charitons» de Normandie, etc., qui disposaient de costumes, de voiles, de poêles brodés, de bâtons, de lanternes, etc.

Livre des morts. — Dans l'Égypte ancienne, à partir du Nouvel Empire, on plaçait, dans les sarcophages des morts «de qualité», un livre fait de feuillets de papyrus ou de parchemin contenant des formules, des hymnes, des incantations, des conseils au défunt. On en a trouvé un grand nombre dans les tombes écrits en hiéroglyphes, hiératiques ou démotiques, et ornés de figures. Ils ont été étudiés et réunis au XIXe s. Certains ont pour but de présenter à Osiris une «confession négative» des actions du mort, qui doivent le conduire au séjour bienheureux ; sinon, au pied de la balance attend la «Dévorante», être terrifiant. Thot l'écrivain note le verdict.

Le Bardo Thodol, Livre des morts tibétain ou plus conformément au titre tibétain : *Livre de la délivrance,* remonterait au VIIe s. C'est une sorte de guide de l'esprit entre la mort réelle et la renaissance dans le cycle du *Samsara**.

mosquée, dans l'islam, lieu de prière. Ce n'est pas vraiment la maison de Dieu (lequel n'y est pas représenté autrement que par des inscriptions célébrant sa louange); mais une certaine obscurité en fait un lieu de recueillement. Le plus souvent, la mosquée est un édifice quadrangulaire surmonté d'une ou plusieurs coupoles d'influence byzantine et flanqué d'un ou de plusieurs minarets (tours étroites où monte le «muezzin» pour l'appel à la prière cinq fois par jour). Les grandes mosquées forment tout un ensemble de bâtiments comprenant les salles destinées aux ablutions et les quatre portiques entourant une cour plus ou moins grande. La mosquée proprement dite, ou salle de prières, est généralement richement décorée; des tapis souvent somptueux couvrent le sol. Son seul mobilier consiste en un *minbar*, ou chaire à prêcher, du haut duquel l'imam dirige la prière du vendredi. Il est généralement placé près du *mihrab* (sorte de niche vide qui indique la *qibla*, ou direction de La Mecque). Des lustres ou des lampes d'un bel effet, complètent l'ornementation.

Il existe depuis le VIIe s. de belles et grandes mosquées de styles et de décorations différents dans le monde musulman; mais, dans tous les quartiers des villes et dans les plus petits villages, il y a des petites mosquées. Certaines, notamment au Proche-Orient, ont été installées dans des églises et ont gardé soit la forme de croix grecque, soit la forme basilicale, et parfois, dans les anciennes absides orientées vers Jérusalem, on a rectifié la qibla pour indiquer La Mecque en y creusant un mihrab comme à Sainte-Sophie de Constantinople. Parfois, elles consistent seulement en une cour dont un des murs possède un mihrab autour duquel se groupent les fidèles.

Les mosquées comprennent souvent une école coranique (*Madrassa* ou *Medersa*), parfois une université comme Al-Azhar, au Caire, et, à Paris, l'Institut musulman. Elles ne sont généralement ouvertes qu'aux hommes, et lorsque les femmes y sont admises, un endroit précis leur est réservé.

MO-TSEU ou **MO-TI,** philosophe chinois dans la tradition humaniste (Ve s. av. J.-C.). Dans les prédications populaires, il enseignait l'amour universel, la soumission à la volonté du ciel, souverain d'en haut. Il souhaitait que les hommes s'aiment et s'entraident.

Son œuvre, le *Mo-tseu,* est une collection de ses sermons.

MOUT, déesse mère égyptienne dans la mythologie thébaine, épouse d'Amon. Elle personnifiait le Nil dans ses inondations enrichissantes de terres riveraines.

mudra (mot sanskrit signifiant «sceau»), geste des mains et des doigts dont les positions déterminées constituent un langage symbolique dans les religions et les danses sacrées de l'Inde.

L'inconographie bouddhique et jaïne en a fixé les principales expressions :

— *abaya mudra,* «absence de crainte», main levée, paume à l'extérieur;

— *dyana mudra,* geste de la méditation;

— *bhumiçparça mudra,* «prise de la terre à témoin», allusion à la tentation de Mara;

— *dharmaçakra mudra,* «roue de la loi», geste de l'enseignement;

— *varada mudra,* geste de l'argumentation;

— *dana mudra,* geste du don, charité;

— *anjali hasta,* geste d'adoration, salutation de *hasta* : main, geste cultuel brahmanique, mais qui constitue aussi un très ancien vocabulaire muet.

muezzin, celui qui appelle à la prière du haut du minaret en récitant l'*Asam* : « Allah est grand. J'atteste qu'il n'y a pas d'autre Dieu qu'Allah. J'atteste que Muhammad est l'envoyé d'Allah. Venez à la prière. Venez au salut. »

musulman (de l'arabe *muslim*, qui se confie à Dieu), fidèle de la religion musulmane (v. *islam*). Ce qui est relatif à la civilisation islamique.

On parle surtout du droit *musulman*, parce qu'il fait partie d'une législation révélée établie par le Coran et complétée par la *sunna*, puis par des théologiens et des juristes qui ont essayé avec plus ou moins d'esprit conservateur de faire cadrer ce droit primitif avec des lois de pays différents et les problèmes nouveaux apportés par la cvilisation moderne : de là plusieurs écoles et divers rites orthodoxes ou non. On parle aussi de l'*art musulman,* qui a un caractère religieux de ce fait que Mahomet, par crainte d'idolâtrie, a interdit la reproduction peinte, gravée ou sculptée de la figure humaine et même animale, reportant ainsi le génie artistique arabe vers la décoration et les arts mineurs, surtout la calligraphie de textes sacrés accompagnés d'*enluminures*. Les mosquées et les tombeaux prirent leur point de départ dans l'art byzantin et s'appropriant particulièrement les symboles célestes que sont la coupole et la mosaïque à fond d'or.

mystère (lat. *mysterium*; gr. *mustês,* initié), en théologie, vérité inaccessible à la raison, mais révélée par Dieu et qui est par conséquent article de foi.

Tels sont les trois grands mystères de la doctrine chrétienne : la Trinité, l'Incarnation et la Rédemption. S'ils dépassent l'entendement humain, le chrétien doit cependant les admettre, puisqu'ils font partie du mystère de Dieu.

Dans la liturgie catholique, les cérémonies du culte, spécialement l'eucharistie, sont appelées *mystères sacrés.*

Les mystères sont généralement un ensemble de doctrines ou pratiques religieuses cachées aux non-initiés. L'homme s'étonne devant ce qu'il ne comprend pas et en cherche une explication; c'est pourquoi les *mystères primitifs* expriment depuis le passé le plus lointain l'angoisse de l'homme devant la mort, l'obscurité, la force des éléments. Ils sont à l'origine de certaines « sociétés secrètes », de certaines organisations sociales groupant ceux qui ont été initiés, et même de certaines religions. Les « maisons des hommes », dans les sociétés primitives, sont les sanctuaires fermés aux profanes, où s'accomplissent des cultes, des rites, des cérémonies et des jugements sans appel d'un tribunal de chefs.

Les sociétés secrètes se rattachant au monde des esprits sont nombreuses encore en Afrique, en Océanie, en Inde et en Amérique. Toutes exigent des épreuves, plus ou moins cruelles, d'initiation et font entendre le bruit mystérieux du rhombe (cet objet sacré provoquant effroi et vénération).

Dans l'Antiquité, les *mystères*, ou cultes secrets, ont joué un très grand rôle dans les civilisations méditerranéennes. Presque partout ils étaient associés aux rites magiques de fécondité et exaltaient les forces de la végétation.

En Chaldée, ce sont les *mystères de Tammouz* et leur participation aux fêtes du nouvel an babylonien, cependant dirigées par des sages initiés à une vieille magie.

En Égypte, les *mystères d'Osiris* (dieu de la Végétation, première momie et dieu funèbre) font participer les défunts aux secrets de la résurrection. Le culte quotidien offert au dieu, les grandes fêtes données en son honneur représentent sa mort et sa résurrection comme une condition nécessaire de la victoire de la vie sur la mort. Hérodote les a connus et a signalé leur devise : «Pas de vie sans mort, par de mort sans vie.»

Il y aura fusion à l'époque hellénistique avec les *mystères d'Isis* et de *Sérapis*, qui se développeront dans tout l'Empire romain. Ils rejoindront plus tard ceux d'*Attis* et de *Mithra*, témoignant d'une recherche de salut individuel allant jusqu'à la croyance en l'immortalité.

En Grèce, les *mystères d'Éleusis* organisaient leurs rites, leurs degrés d'initiation, leurs associations cultuelles et leurs cérémonies conduites par des *mystes*.

L'*orphisme*, ou culte d'Orphée (voyageur de l'au-delà, guide vers la connaissance), devenait peu à peu une religion. Tout le monde méditerranéen, influencé par les cultes syriens et phrygiens de la «Grande Mère», exaltait les dieux de la Vie et de la Fertilité, plus proches des hommes que ceux de l'Olympe. Tous ces cultes à mystères se rejoignaient dans leur crainte révérencielle du dieu et dans le désir de libération à l'égard de la mort. Ils affirmaient la nécessité de la purification, de la pénitence, de l'abstinence, de rites initiatiques, d'un enseignement ésotérique, des fêtes, des repas fraternels, d'une foi mystique et d'une certaine confusion des classes sociales. Mais, peu à peu, les cultes d'Attis et de Cybèle, apportés à Rome, amenèrent une exaltation extatique avec des processions, des bacchanales, des danses orgiaques et, parfois, des manifestations d'hypnose. D'Orient aussi vinrent les cultes à mystères d'*Ishtar*, d'*Artémis* (d'Éphèse), d'*Astarté*, de la *Bonne Déesse* et de *Dionysos*, renouvelant des rites d'une magie archaïque pour célébrer des mythes barbares et sanglants du sacrifice de l'énergie vitale.

Certains mystères s'exaltaient dans des drames liturgiques dont quelques-uns sont à l'origine de la tragédie. Ces «cultes à mystères» tombèrent dans de tels excès que les empereurs eux-mêmes les condamnèrent. Le christianisme les fit disparaître, mais certaines sociétés secrètes, depuis les premiers temps de notre ère, ont subsisté (prétendant conserver le sens caché des vieux mystères).

Les «mystères», ou «mistères», étaient des drames religieux appelés aussi «jeux» ou «miracles», joués sur le parvis des églises à partir du XVe s. D'abord, de simples tableaux vivants des scènes de la vie du Christ, donnés devant les décors évoquant le ciel, la terre et l'enfer, ils s'agrémentèrent ensuite de chants et de récits. Ils étaient joués par des confréries allant de ville en ville; la première troupe permanente fut à Paris celle des «confrères de la Passion», qui interprétaient surtout le mystère le plus connu et le plus long : le *Mystère de la Passion,* d'Arnould Gréban. Des intermèdes bouffons furent ajoutés, ce qui, au XVIe s., fit perdre leur caractère purement religieux à ces mystères. Ceux-ci disparurent avec le drame classique inspiré de l'Antiquité, mais retrouvent parfois de nos jours un succès spectaculaire.

mysticisme, tendance à l'union spirituelle, intime et de caractère intuitif, avec la divinité, laquelle est recherchée dans l'ascèse, la prière, la méditation, l'oraison et une certaine passivité conduisant à la contemplation et à l'extase.

De tous temps, les religions ont fait une large place au mysticisme. Depuis les saints de l'Ancien Testament et les néo-platoniciens, les chrétiens orientaux et les occidentaux, très nombreux ont été les mystiques. Plusieurs ont décrit leur expérience et la joie ineffable qu'il ont éprouvée dans leur rencontre avec l'absolu. Sainte Catherine de Sienne*, sainte Thérèse d'Avila*, saint Jean de la Croix* ont montré dans leurs ouvrages les difficultés qui assaillent le mystique dans son ascension vers la lumière. Mme Guyon* et les quiétistes* se contentaient d'une sereine attente; les Allemands, avec Maître Eckart*, les Flamands avec Ruysbroeck* ont exprimé aussi leur expérience mystique. De nos jours, malgré les analyses sévères qu'ont faites du mysticisme les psychologues et même les psychiatres, celui-ci est fréquent. On le retrouve dans des sectes protestantes comme celle des quakers et dans de nombreux groupements dits «spiritualistes». Certains mystiques modernes, transcendant les religions établies, recherchent par des méthodes syncrétiques, orientales et occidentales, cette union avec le divin.

L'Inde semble être le pays d'élection du mysticisme, depuis le lointain védisme, l'époque bouddhiste et l'hindouisme médiéval jusqu'à nos jours (v. *Ramakrishna*), utilisant le yoga dans ses différentes formes et sa discipline graduelle, le plus souvent sous la direction d'un guru*.

Le soufisme* est la forme mystique de l'islam. Il existe un faux mysticisme qui peut être considéré soit comme issu d'une influence diabolique, soit comme une exaltation maladive. Il peut être aussi une transe extatique provoquée artificiellement.

mythe (gr *muthos,* fable), récit fictif de formes très diverses qui apporte une explication du monde, de son origine, de celle de l'homme et aussi de ce qui l'entoure dans la nature et sert à sa subsistance.

Le mythe est surtout le fait de sociétés archaïques dont il est parfois la base, donnant par des archétypes l'origine même de leur existence et de leur émotion religieuse. Le mythe se différencie de la légende, qui a souvent un substrat historique. Quelle est l'authenticité lointaine d'un héros mythique dit aussi «civilisateur» (car il enseignait au peuple sa manière de vivre)? Généralement, il a fait connaître à l'homme le feu, l'agriculture, ou bien il a organisé la société (comme Manu dans l'Inde), et, d'ordinaire, il est assimilé à un demi-dieu.

Les mythes ont leur vie, ils naissent on ne sait quand, évoluent, changent et souvent meurent et disparaissent, ou restent sous l'aspect de survivances de cultes disparus et de superstitions.

Le mythe évoque toujours des âges fabuleux, des actions héroïques, des temps heureux, soit dans un lointain passé, soit dans un avenir plus ou moins proche (le mythe de l'âge d'or ou du Paradis perdu). Il est souvent une histoire merveilleuse.

Lorsqu'il organise le monde des dieux ou des familles de dieux, l'ensemble devient une *mythologie* qui célèbre aussi par divers récits et légendes les actions plus ou moins héroïques des divinités et des héros. Les plus variées sont les mythologies grecque et hindoue, mais la plupart des religions antiques avaient leurs mythes, dont l'origine remontait, suivant l'expression commune, «à la nuit des temps». Plusieurs de ces mythes ont été gardés et expliqués sous l'aspect de l'allégorie, ce qui ne nécessitait pas la croyance. Une explication scientifique des mythes a été donnée au IVe s. av. J.-C.

par le philosophe Évhémère, qui voyait dans les mythes des récits imagés d'événements réels et dans les dieux des personnages historiques (rois ou héros) qui auraient été divinisés. Cette théorie de l'*évhémérisme* fut adoptée par l'Église chrétienne pour démythiser les cultes païens. Depuis la Renaissance, la connaissance de nouveaux peuples, de leurs civilisations, de leurs mythes a donné un nouveau départ à la science des religions. Après les théories de Dupuis ramenant tout au mythe solaire, de Max Muller sur les religions comparées, des linguistes, des orientalistes, des philosophes, des ethnologues conjuguent leurs études pour expliquer la naissance des mythes.

N

NAGA, v. *serpent.*

NAGARJUNA, philosophe bouddhiste indien (probablement du IIe s. apr. J.-C.). On sait peu de choses sur sa vie, mais la tradition affirme qu'il appartenait à une famille de brahmanes du Berar. On lui attribue de nombreux textes qui auraient été traduits en chinois. Il est considéré comme un des plus grands maîtres, sinon comme le fondateur du bouddhisme mahayana, qui aurait inspiré l'école *madhyamika* (doctrine moyenne), dont la théorie relativiste de la vacuité (celle-ci ne se confondant pas avec le néant), rejoignait l'esprit du Tao : d'où son retentissement en Extrême-Orient.

NANAK fondateur de la religion des *sikhs* (1469 - 1538). Il naquit à Talvandï, près de Lahore, dans une famille d'assez haute caste bien que pauvre, dans un milieu hindou ; mais il eut un maître musulman. Très charitable, marié et père de deux enfants, il voyagea avec un noble musulman et alla peut-être jusqu'à La Mecque. Il eut un jour une vision qui lui enjoignit de fonder une nouvelle religion monothéiste, empreinte d'éléments hindous. Il exposa sa doctrine dans son livre l'*Adi-Granth*, qui est devenu le livre saint des sikhs, ses sectateurs. Il a dû connaître Kabir, dont il s'est inspiré, formant une religion syncrétique de l'hindouisme et de l'islam. Ses fidèles sont surtout connus pour leurs éminentes qualités militaires, auxquelles se sont souvent heurtés les ennemis de l'Inde. A cause de leur réputation d'hommes intègres, justes et forts, les Anglais les ont beaucoup employés comme policiers. Leur ville sainte est *Amritsar* dont le temple d'or contient le livre vénéré comme symbole de Dieu, le *Granth.*

nazaréens, le mot prête à confusion, car il signifie d'une part les disciples de Jésus à Nazareth, d'autre part les premiers baptistes*, adeptes de saint Jean-Baptiste et de l'évangile des nazaréens, conduisant vers Jésus, considéré comme le prophète annoncé par Moïse (v. *mandéens*).

Ce nom a été aussi celui des chrétiens judaïsants de diverses sectes transjordaniennes, dont certaines eurent des tendances gnostiques et devinrent hétérodoxes vers le IVe s.

naziréat (hébreu *nazir*, séparé, consacré), vœu d'abstinence temporaire ou perpétuel dans la tradition judaïque.

néophyte, nouvel adepte d'une religion ou d'une secte. — Dans l'Église chrétienne primitive, on appelait ainsi celui qui venait de recevoir le baptême; il devait pendant huit jours porter une robe blanche.

NERGAL, dieu babylonien des enfers, de la peste et de la guerre.

nestorianisme, doctrine de Nestorius, hérésiarque, patriarche de Constantinople au Ve s., qui lutta d'abord contre les ariens, puis créa sa propre école christologique. Refusant avec l'école d'Antioche le terme de *Théotokos* (mère de Dieu) exprimant la maternité divine de la Vierge Marie, il préféra celui de *Kristokos*, mère du Christ, expliquant la *nature humaine* plus que la *nature divine* de Jésus-Christ, celui-ci étant appelé *Théophore* (porte-Dieu). L'école d'Alexandrie exaltait au contraire la divinité du Christ; son patriarche, saint Cyrille d'Alexandrie, s'opposa avec violence aux doctrines de Nestorius et les fit condamner au concile d'Éphèse (431). L'hérésie ne disparut pas, mais gagna l'école d'Édesse, puis la Perse, l'Asie centrale et même l'Inde. Nestorius, qui avait refusé de comparaître au concile, fut déposé par l'empereur et exilé en Égypte, où il mourut. Cependant, les nestoriens étaient toujours nombreux; ils se constituèrent en une Église nestorienne (hors de l'Empire romain) qui eut son clergé et ses monastères. A la suite de l'expansion arabe, celle-ci fut refoulée jusqu'en Chine, mais la seconde vague d'invasion des Timurides au XIVe s. marqua le déclin de cette église.

Le christianisme nestorien, qu'aurait connu Mahomet par l'intermédiaire d'un de ses moines, aurait fortement influencé le fondateur de l'islam.

NEWMAN (John Henry), théologien anglais (Londres 1801 - Edgbaston 1890). Fils de banquiers londoniens, étudiant à Oxford, il devint vicaire de l'Église anglicane et fut mêlé au «mouvement d'Oxford» dit «tractarien» à cause des *Tracts for the Times* qu'il publia, désirant un réveil religieux de l'Angleterre et surtout une union avec les catholiques, ce qui fut à l'origine de la «High Church» (v. *anglicanisme*). De nombreuses polémiques s'ensuivirent. Newman vint à Rome où il fut ordonné prêtre catholique. Il fut recteur de l'université catholique de Dublin, fonda en Angleterre une branche de l'Oratoire de saint Philippe Néri et fut élevé à la pourpre cardinalice en 1879. Ses ouvrages eurent une grande influence sur la vie spirituelle de l'Angleterre.

Nicée, ville de Bithynie, qui fut en 325 le siège de deux conciles. Le premier concile œcuménique, réuni par Constantin sous le pontificat de Sylvestre Ier, eut pour but de définir le dogme chrétien en face des hérésies christologiques, réunissant plusieurs tendances théologiques. Arius y défendit personnellement sa doctrine, refusant le mot *consubstantiel* dans le *Credo* élaboré au concile. Il fut excommunié. Le concile formula ensuite des canons de moindre importance. Il y eut en 787, à Nicée, un autre concile œcuménique (le septième) qui régla la question du culte des images.

Nichiren, secte bouddhique japonaise signifiant «le lotus du Soleil», fondée par un moine du même nom au XIIIe s. Celui-ci, fanatique et nationaliste, fit de violentes campagnes contre toutes les autres formes de bouddhisme pratiquées au Japon, particulièrement le Jodo, ou amidaïsme, qu'il traitait d'hérésie. Quoique ancien fidèle du Shingon, il renia cette «secte de traîtres» et appliqua son intolérance au zen*.

S'appuyant sur le sutra du *Lotus de la Bonne Loi*, Nichiren adjoignait à un enseignement ésotérique des mandala*, des formules sacrées et un désir d'établir un bouddhisme purifié qui serait la religion nationale du Japon devenu le centre mondial du bouddhisme. Cette secte d'une intolérance rare existe toujours au Japon et se répand en Occident.

nicolaïtes, membres d'une secte de caractère gnostique (Ier s.) taxée d'immoralité. Ce nom fut donné plus tard à certains clercs débauchés.

NIMBARKA (XIIIe s., Inde), grand commentateur des Brahmanasutra s'appuyant sur la notion d'abandon à Dieu.

nimbe (du lat. *nimbus*, nuage), dans l'art sacré, cercle lumineux placé autour de la tête des divinités et indiquant leur rayonnement surnaturel. — Employé déjà par les Égyptiens, il le fut aussi par les Grecs, les Étrusques et les Romains, qui l'appliquèrent surtout aux empereurs déifiés. Les chrétiens l'adoptèrent d'abord uniquement pour la figure du Christ, puis pour la Vierge, les anges et les saints. Jusqu'au XVe s. le nimbe du Christ est toujours *crucifère*. Il est à peu près synonyme d'«auréole». Il est employé aussi dans certaines écoles de l'art bouddhique représentant alors un rayonnement spirituel intense, une sorte d'aura.

nirvana. Cette notion spécialement bouddhique est difficile à définir. Pour le hynayana c'est la fin du devenir, la complète extinction de la vieillesse et de la mort, la vérité sainte de la cessation de la souffrance. Cependant, le nirvana est non seulement la non-existence, mais aussi la réalisation suprême. On parle de détachement, d'extinction des passions. Dans le mahayana, c'est non pas l'anéantissement, mais un état de paix, de plénitude, une évasion de soi dans une charité universelle conduisant à une félicité subtile qui est l'accomplissement de la sagesse.

NIVEDITA (Sister) (Dunganon 1867-Calcutta 1911), nom signifiant «la consacrée» et donné à une Anglaise, Margaret Noble, qui, sous l'influence de Vivekananda, se convertit à l'hindouisme védantin. Elle s'établit à Calcutta, vivant à l'indienne, se consacrant à l'étude et aux œuvres de charité et d'éducation. Elle écrivit de nombreux ouvrages sur l'hindouisme moderne, dont le plus connu est le *Maître tel que je l'ai vu.*

Noël, fête de la commémoration de la naissance de Jésus-Christ, fixée au 25 décembre depuis le début du IVe s. pour l'Église d'Occident, tandis que les Églises orientales la célèbrent un peu plus tard. Cette date étant celle du solstice d'hiver, évoque l'espérance de la lumière; elle est donc un symbole chrétien fixé sur d'anciennes célébrations des cultes solaires tels qu'ils étaient pratiqués sous diverses formes par tous les peuples de l'Antiquité. A Rome, les saturnales duraient du 21 au 31 décembre et les fêtes de Mithra (Sol invictus) se situaient à cette date. Chez les Celtes, les druides allumaient sur des lieux élevés des feux de joie; les Germains fêtaient gaiement cette fin des jours sombres.

La fête chrétienne est célébrée par une liturgie solennelle à minuit depuis les premiers siècles.

En France, c'est une fête d'obligation. Elle est devenue la fête des enfants et de la famille et tend à se séculariser de plus en plus par un folklore de père Noël, de sapins et de bûches de Noël. Cependant, les chants appelés «noëls» restent religieux et racontent d'une façon généralement poétique et naïve la naissance du Christ, dans une atmosphère de merveilleux.

nonne, nonnain (du bas lat. *nonna*, équivalent de «mère»), nom ancien donné aux religieuses, plus généralement appelées *moniales.* — Elles peuvent être *contemplatives* lorsqu'elles sont cloîtrées dans un couvent ou *actives* quand elles peuvent sortir pour soigner les malades ou aider les pauvres gens. Dans les ordres enseignants, certaines religieuses sont à demi cloîtrées. Il existe aussi des nonnes dans le bouddhisme, elles ont le crâne rasé.

NORBERT (saint), fondateur de l'ordre des Prémontrés (Gennep, Xanten, v. 1080-Magdeburg 1134). Après une vie assez dissipée, il devint chanoine. Il eut une vision de la Vierge, lui ordonnant de fonder un monastère près de Laon, qui fut la maison mère de l'ordre des Prémontrés*. Il fut archevêque de Magdeburg et eut à subir l'hostilité d'un clergé à qui il reprochait son relâchement.

NOTRE-DAME, nom donné à la Vierge Marie au Moyen Age en signe de respect. Ce terme précède souvent un qualificatif soit local, soit tiré des litanies (N.-D. de Grâce, N.-D. de Pitié, N.-D. de la Paix, N.-D. de la Mer, N.-D. des Pins, etc.). C'est aussi le nom donné aux chapelles, églises ou cathédrales dédiées à la Vierge (N.-D. de Paris, N.-D. de Chartres, N.-D. de Lourdes, N.-D. de la Salette, etc.).

NOUT, déesse égyptienne du Ciel, sœur et épouse de Geb, la Terre. Elle personnifie la *voûte céleste*, l'iconographie la représente souvent sous l'aspect d'une femme très allongée, courbée et dont les bras touchent le sol, parfois aussi sous la forme d'une vache placée au-dessus de la terre.

A Héliopolis, elle était considérée comme étant la mère d'Osiris, d'Isis, de Nephtis et de Seth.

novatiens, disciples de novatiens, disciples de *Novatien* (IIIe s.), prêtre hérésiarque qui fut condamné pour sa sévérité à l'égard des *lapsi* après la terrible persécution de Decius. Ceux-ci étaient des chrétiens qui avaient été forcés d'apostasier, étant menacés non seulement dans leurs biens, mais aussi dans leurs familles. Il y eut alors de vives polémiques et la majorité du clergé opta pour l'indulgence ; elle désigna Cornélius, ancien *lapsus*, comme évêque de Rome en 1251. Mais les partisans de Novatien ripostèrent en élisant leur chef et la nouvelle communauté se développa ; elle devint l'« Église novatienne » qui fut assez peu connue dans ses dogmes, mais fut condamnée au synode de 260. Elle s'implanta en Italie, en Espagne et en Gaule et ne disparut qu'aux environs du VIIe s.

novice (lat. *novicius*), celui qui accomplit le noviciat, la période préparatoire à la vie religieuse. — D'après le droit canon, cette période doit être d'un an au moins et exige l'âge de quinze ans révolus. Le noviciat dure deux ans dans de nombreuses congrégations. Le petit noviciat préparant au noviciat est parfois appelé *alumnat.*

On nomme aussi novices les jeunes gens qui, dans les sociétés primitives, se préparent à recevoir l'initiation. (V. *circoncision, initiation.)*

O

oblat (du lat. *oblatus*, offert), dans un sens général, personne laïque vivant dans un monastère sans prononcer de vœux. — Jadis, certains enfants étaient voués au service de Dieu dès leur naissance. Chaque abbaye bénédictine recevait plusieurs oblats. J.K. Huysmans, après sa conversion, vécut ainsi à l'abbaye de Ligugé, faisant connaître cet état semi-monastique, plus religieux encore qu'un tiers ordre, dans son livre *l'Oblat*.

On appelle *oblats* les matières servant au sacrifice de l'Eucharistie (pain, vin).

OCCAM (Guillaume d'), franciscain anglais (Ockham, Surrey, entre 1295 et 1300 - Munich 1349 ou 1350). Il fut élève de Duns Scot* à Paris où il enseigna, mais il prit parti pour Philippe le Bel dans la querelle qui l'opposait aux papes Boniface VIII et Jean XXII. Il attaqua particulièrement ce dernier sur la question de la pauvreté franciscaine. Il fut alors banni, puis chassé de l'ordre et condamné à la prison, mais il put s'enfuir en Bavière où il trouva asile auprès du duc Louis.

Philosophe éminent, il écrivit de nombreux ouvrages et se fit le principal théoricien du *nominalisme*, d'où son surnom de «Princeps nominalium» (v. *scolastique*). Il fut le précurseur des empiristes anglais et contribua à séparer la philosophie de la théologie. Il fut appelé *Doctor invicibilis et singularis*.

ODIN, le plus grand des dieux de la mythologie nord-européenne, régnant sur les Ases, souverain du Ciel, de la Terre, de l'Agriculture, mais aussi de la Guerre, de la Sagesse et de la Poésie. Il juge les morts et les reçoit dans son paradis, le «Walhalla», où, conduits par les Walkyries, ils prennent part à un banquet sans fin. Plusieurs légendes expliquent l'origine de ses dons de sagesse et de magie par ses boissons au chaudron magique de son oncle *Mimir*, par l'hydromel et par ses corbeaux familiers (symbolisant la pensée et la mémoire). Les

Germains l'appelaient «Wotan», les Saxons «Woden»; Odin était l'époux de Frigga et le père de Balder. D'autre part, un vieux rite agraire anglais appelé la *passion d'Odin* semble attaché à sa légende.

œcuménisme (du gr. *oikoumenos*, universel), mouvement récent rendant à l'union de toutes les églises chrétiennes. — Il a commencé en 1910 à la conférence d'Édimbourg par la prise de conscience de la nécessité d'union des différentes sectes chrétiennes pour coordonner leurs activités missionnaires. Les conférences de Stockholm en 1925, de Lausanne en 1927, d'Oxford en 1937, puis la création du Conseil mondial des Églises en 1948 à Amsterdam réunirent un grand nombre de confessions protestantes auxquelles se joignirent en 1954 la plupart des Églises orthodoxes (les Russes en 1961). L'Église catholique, d'abord réticente avec Pie XII, souffrant cependant de la division des chrétiens, a créé la semaine de prières et d'échanges de vue pour l'unité des Églises chrétiennes. Le concile de 1963 montre la grande préoccupation de l'Église pour ce problème.

OLCOOT (Henry), théosophe américain (1830-1907). Passionné de sciences occultes et de philosophies orientales, il fonda avec Mme Blavatzki la Société de théosophie.

OLIER (Jean-Jacques) (Paris 1608-1657), fondateur de la «Compagnie des Prêtres de Saint-Sulpice» (1641). Il eut une très grande influence dans la Réforme catholique du XVIIe s. par ses ouvrages, ses prédications, son souci d'une meilleure formation du clergé et ses fondations de séminaires en France et jusqu'au Canada.

olivétains, membres de l'ordre du Mont-Olivet, rameau de l'ordre des Bénédictins, fondé par saint Bernardo Tolomei, noble siennois qui installa son premier monastère dans sa propriété de Monteoliveto au XIVe s. La congrégation se développa surtout en Italie; elle accusait un retour à une plus grande simplicité. Il y eut quelques couvents de femmes et d'hommes en France, qui furent supprimés à la Révolution. Actuellement, quelques abbayes se sont reconstituées, dont la plus importante est celle du Bec-Hellouin. Les religieux, vêtus de blanc, se consacrent à l'apostolat, aux retraites et à l'union des Églises. Les olivétains ont aussi des maisons d'éducation.

om ou aum, syllabe sacrée formée de la contraction des phonèmes *a, u, m,* qui est dans l'Inde le mantra* suprême, principe divin, objet de méditation reconnu de toutes les religions issues du védisme. — Symbole trinitaire du brahmanisme*, ce mot déifié représente l'absolu, Brahma lui-même; d'après les *Upanishad**, il est tantôt le passé, le présent, l'avenir, tantôt les trois états de conscience : veille, rêve, sommeil, et il est la synthèse de l'univers. Cette invocation joue un rôle mystique considérable; elle est au commencement de tous les ouvrages religieux et de toutes les prières; elle donne une force incantatoire à la formule rituelle bouddhique souvent déroulée dans les moulins à prières (v. *lamaïsme*), «Om mani padme hum», pour obtenir l'illumination, c'est-à-dire la victoire sur les passions et la connaissance au sein même du monde. Dans le soufisme, on retrouve la syllabe *aum*, dotée du même pouvoir.

onction, action d'oindre, c'est-à-dire d'appliquer un peu d'huile consacrée sur une personne pour lui conférer une bénédiction, une grâce ou un sacrement. Cet usage était répandu chez les Hébreux, les Grecs et d'autres peuples, surtout pour la consécration des autels, des prêtres et des rois. Ces rites passèrent dans le christianisme où ils sont associés aux cérémonies du baptême, de la confirmation, de l'ordre et de l'extrême-onction. Pour la consécration d'objets liturgiques, trois sortes d'huiles saintes sont en usage : le saint chrême, les huiles des catéchumènes et des malades suivant les circonstances. Le sacre des rois chrétiens utilise les saintes huiles; jadis, en France, elles étaient conservées dans la sainte ampoule, flacon reliquaire très précieux du trésor de Reims.

ophites (gr. *ophitês*;de *ophis*, serpent), membres d'une secte gnostique d'Égypte au IIe s. — Ils vouaient un culte spécial au serpent de la Genèse qui avait tenté Adam et Eve. Ils le considéraient comme celui qui avait transmis à l'humanité le principe du Bien et du Mal et la «Connaissance» (si recherchée par les gnostiques). Cette secte (qui eut de très nombreux adeptes jusqu'au IVe s.), imprégnée de la philosophie grecque et des religions à mystères, semble être une des formes les plus anciennes du gnosticisme*. Elle nous est surtout connue par Origène et saint Irénée.

oraison (lat. *oratio*, prière), courte prière liturgique. — Faire oraison, c'est s'abandonner à Dieu, dans une prière mentale où le cœur a plus de part que l'esprit. Il s'agit d'un état de réceptivité sereine à la grâce, d'une aspiration de l'être vers l'universel ou l'absolu pour obtenir une illumination intérieure, tandis que la méditation est moins passive et plus intellectuelle. On appelle *oraison du cœur* un monologue intérieur avec Dieu.

Dans la liturgie catholique, la messe comporte plusieurs oraisons, ou courtes prières : la collecte, la secrète et la postcommunion, ainsi que des oraisons facultatives dites «de dévotion».

orant (lat. *orans*, priant), personnage représenté en attitude de prière soit en joignant les mains sur la poitrine, soit en présentant les mains ouvertes en un geste d'offrande et d'humilité.

oratoire, lieu de prière, petite chapelle, généralement dans une demeure privée. La *Société de l'Oratoire*, fondée par saint Philippe Néri à Rome, est formée de prêtres séculiers. Les règles imposent non pas des vœux, mais une vie en commun de travail, de piété, de prédication et d'enseignement. L'oratoire a été introduit en Angleterre par Newman.

L'*Oratoire de France* est une congrégation fondée par le cardinal de Bérulle en 1611 dans l'esprit de la Contre-Réforme et un souci de perfection du clergé. Comme les oratoriens italiens, les prêtres ne font pas de vœux et se livrent aux mêmes tâches. Ils ont encore d'excellents collèges qui ont donné des philosophes et des prédicateurs fameux. La congrégation de l'Oratoire, supprimée à la Révolution, s'est réformée en 1852. Dispersée en 1905, elle s'est reconstituée en 1920. Le nom est resté attaché à l'Église édifiée par les prêtres de l'Oratoire dans leur maison de la rue Saint-Honoré et devenue temple protestant de l'«Oratoire» par don de Napoléon Ier en 1811.

ordre, l'un des sept sacrements du catholicisme, institué par Jésus-Christ, et qui confère les fonctions ecclésiastiques de la prêtrise.

Ce sacrement est ineffaçable et ne se reçoit qu'une fois. Il est donné aux clercs après une longue préparation où les différentes étapes sont appelées «ordres» ou «degrés de la hiérarchie ecclésiastique». Il y a *quatre ordres mineurs* (portier, lecteur, exorciste, acolyte) et *trois ordres majeurs* (sous-diaconat, diaconat, sacerdoce).

Dans la terminologie catholique, les vœux solennels de pauvreté, de chasteté et d'obéissance caractérisaient les *ordres religieux*, à la différence des congrégations où l'on n'exige que des vœux simples. Les grands *ordres monastiques* et les *ordres mendiants* jalonnent toute l'histoire de l'Église; ils ont joué un très grand rôle dans les diverses civilisations chrétiennes (v. *monachisme).*

Les ordres de chevalerie du Moyen Age avaient tous

un but religieux.

orient. Tous les peuples primitifs ont toujours été impressionnés par la disparition quotidienne de l'astre du jour ; aussi attendaient-ils avec anxiété le retour du soleil à l'horizon à l'est, ou orient. D'où les cultes solaires et leurs rites face à l'orient qu'on trouve encore chez les hindous actuels. Cette coutume de prier dans la direction de l'orient de Bethléem, où était né le Christ Jésus, lumière du monde, fut adoptée par les premiers chrétiens. Ainsi les églises furent «orientées» pour que les fidèles puissent être placés face à l'autel.

L'*Église* dite *d'Orient* ou grecque, s'opposant à l'*Église d'Occident,* a suivi le partage de l'Empire romain ; donnant la suprématie au patriarcat de Constantinople (v. *orthodoxie*), elle s'étendit dans les pays slaves, accentuant les différences cultuelles, rituelles et historiques jusqu'à la scission, dite «schisme d'Orient», en 1054. Le retour à l'unité est fortement souhaité, surtout du côté occidental et c'est à quoi s'emploie l'*œuvre d'Orient.*

Les mosquées sont aussi «orientées» vers La Mecque ; cette direction est donnée par la «qibla», indiquée par le «mihrab» (v. *mosquée*).

Dans le sens d'*Orient,* symbole de lumière, certaines loges maçonniques françaises se nomment *Orient.* Leur fédération est le «Grand Orient de France».

ORIGENE, théologien et Père de l'Église (Alexandrie v. 183 - 186 - Tyr v. 252 - 254). Son père mourut martyr. Il étudia la philosophie grecque et les saintes Écritures dans un lieu et à une époque où les hérésies florissaient. Il enseigna pendant vingt-huit ans à Alexandrie, où il forma de nombreux disciples, puis il alla fonder une école à Césarée, après avoir été ordonné presbytre. Il fit de nombreux voyages en Orient et en Méditerranée et alla jusqu'à Rome. Il dut supporter la jalousie de l'évêque d'Alexandrie Démétrius, qui le fit déposer et priver de la prêtrise par un synode*. Il fut arrêté, mourut à Tyr des suites des tortures qu'il subit lors des persécutions de Decius.

Origène, surnommé en son temps «l'Homme d'airain», écrivit un nombre considérable d'ouvrages. On lui en a attribué six mille. Saint Gérôme en reconnaît deux mille. Il fit une recension de la Bible. On peut se faire une idée de ses œuvres par la *Philocalie**, sorte d'anthologie établie par Basile le Grand et Grégoire de Nazianze, ainsi que par l'*Apologie de Pamphile.* Ses travaux d'apologétique, d'exégèse, de dogmatique, de théologie et d'ascétisme, ses lettres recueillies par

Eusèbe, les huit livres de la *Réfutation de Celse* attestent une fécondité littéraire extraordinaire. Les doctrines d'Origène, imprégnées de néo-platonisme, font partie de ce courant gnostique qui a été un phénomène historique et humain des premiers siècles de notre ère; elles ont inquiété l'orthodoxie, sans aller jusqu'à l'excommunication, mais, reprises et amplifiées par ses disciples sous le nom d'*origénisme,* elles furent condamnées au concile de Constantinople (553). On a pu parler avec Origène de gnose chrétienne, mais ses disciples, qui se divisèrent en plusieurs catégories, firent condamner par des synodes l'origénisme pour ses théories trinitaire et christologique.

En 1941, la découverte à Toura, près du Caire, d'inédits en grec d'Origène et de son disciple, Didyme l'Aveugle, donna une idée intéressante de l'activité polémique des écoles d'Alexandrie et fournit un exemple d'une gnose chrétienne orthodoxe.

Ormuzd ou **Ormazd,** v. *mazdéisme.*

orphisme, v. *mystère.*

orthodoxie (gr. *orthos,* droit, juste, et *doxa,* opinion), une des grandes divisions du christianisme, dont les fidèles se situent plus particulièrement dans le Proche-Orient et en Europe orientale.

Ceux-ci se disent orthodoxes (étymologiquement dans la ligne droite du dogme et de la tradition chrétienne) suivant la doctrine directement héritée des apôtres et des premiers Pères de l'Église. L'Église orthodoxe est dite aussi grecque en opposition à l'Église latine, catholique et romaine. Cette division est surtout un fait historique et linguistique plus qu'une différence dogmatique. Pour bien comprendre le fossé qui s'est lentement creusé entre les chrétiens orientaux et occidentaux, il faut remonter aux temps de la mission apostolique des disciples du Christ. Les premières communautés chrétiennes naquirent en Orient, et ainsi furent créés les patriarcats d'Antioche, de Jérusalem, d'Alexandrie, de Constantinople, etc.

Le siège de l'évêque de Rome ne parut pas alors plus important que les autres, surtout lorsque l'empereur quitta Rome pour Constantinople, la nouvelle Rome en 330. La notion de chef suprême de la chrétienté ne s'était pas encore réellement affirmée, bien que saint Pierre fût mort à Rome. Le *schisme* s'affirma par cette reconnaissance d'universalité. Le caractère communautaire, cher aux Orientaux, préférait la notion plus familiale de patriarcat. La lutte contre les nombreuses hérésies, les ouvrages dogmatiques des premiers Pères de l'Église tentèrent d'unir tous les chrétiens, dont le nombre grandissait après la fin des persécutions, non seulement dans le monde romain, mais aussi chez tous les peuples environnants considérés encore comme barbares. En Occident, le latin se substituait au grec ; les Pères de l'Église latine et les conciles, fixant la théologie, donnèrent une unité apparente au christianisme ; mais la coupure de l'Empire romain en deux parties donna l'impression qu'un patriarcat nouveau s'établissait à l'instar de ceux d'Orient, sans prépondérance sur les autres : le fossé s'accentuait.

Après le concile de Chalcédoinc (451), il y eut des divergences entre les Églises d'Orient et d'Occident, et, après le concile de Nicée de 787, les Orientaux ne reconnurent plus l'œcuménisme des conciles. Ils refusèrent alors l'adjonction du *filioque** dans le *Credo* et n'acceptèrent pas le célibat pour les prêtres. Le conflit ne cessa de s'aggraver, malgré les nombreuses tentatives d'union, et la rupture fut définitive avec la bulle d'excommunication de 1054. Elle fut encore accentuée lorsque les croisés s'emparèrent de Constantinople, pillant les trésors de Byzance et donnant une image bien barbare des chrétiens d'Occident.

Peu à peu en Orient se constituaient des Églises « autocéphales » ; des controverses théologiques, des discussions politiques et des tentatives d'union des chrétiens devant l'islam conquérant marquent les derniers siècles du Moyen Age. Enfin, le concile de Florence (1439) rallia de nombreuses Églises orientales à l'Église catholique (v. *uniates*). Mais la prise de Constantinople en 1453 par les Turcs accrut les rancunes de l'Église grecque. Celle-ci, malgré le joug musulman, se maintint dans tous les pays balkaniques et au Proche-Orient jusqu'à nos jours, où, en de nombreux points, elle résiste, comme en Union soviétique, au fort courant antireligieux faisant figure de doctrine d'État.

La doctrine de l'Église orthodoxe s'appuie sur la Bible et plus particulièrement sur les livres du Nouveau Testament, sur les sept premiers conciles et sur les ouvrages patristiques de saint Basile, de saint Grégoire de Nysse, de saint Grégoire de Nazianze et de saint Jean-Chrysostome. Les divergences avec l'Église catholique sont d'ordre liturgique : la messe y est toujours solennelle et moins fréquente, comporte l'épiclèse*, et les Églises ont des dispositions différentes pour le culte. (V. *Église, iconostase* et *liturgie*.)

La décoration sculptée est interdite, laissant une grande place à la peinture et à la mosaïque ; les instruments de musique sont prohibés, mais le chant joue un rôle important dans la participation des fidèles au culte. Ces divergences sont, pour la plupart, les mêmes que celles des uniates.

L'aspect schismatique des Églises orthodoxes est surtout le refus de l'autorité du pape ; elles forment une fédération d'Églises autocéphales où chacune garde sa propre langue et ses coutumes particulières. Suivant une ancienne tradition remontant à l'Empire romain d'Orient, le patriarche de Constantinople porte le titre honorifique de patriarche œcuménique. C'est lui qui, actuellement, reste le chef lointain des communautés orthodoxes d'Amérique.

Il y a en France une Église orthodoxe indépendante, née en 1937, qui a une paroisse à Paris, dédiée à saint Irénée, et un Institut Saint-Denys, qui est un centre de diffusion et d'études. La divine liturgie est dite suivant le rite de saint Germain des Gaules. Il existe des paroisses dans la plupart des grandes villes de France.

OSIRIS, un des grands dieux les plus connus de l'Égypte. A l'origine, il a dû être un dieu de la Végétation, personnifiant la richesse du delta, en opposition à son frère Seth qui représentait l'aridité du désert. Peu à peu, ce dieu prit de l'importance et fut un héros civilisateur. Peut-être a-t-il eu une véritable existence humaine ? Les légendes à son sujet diffèrent. Dans la théologie héliopolitaine, il devint un astre de la nuit, une sorte de soleil nocturne. La mythologie populaire préférait la légende de la mise à mort du dieu par son frère Seth, son démembrement en quatorze morceaux (ce qui donnait des reliques à quatorze régions d'Égypte). En utilisant des moyens magiques donnés par les dieux Thot* et Anubis*, Osiris ressuscita, et Isis conçut de lui son fils Horus.*

Le drame osirien était représenté annuellement lors des fêtes d'Abydos et accompagné de processions et de mimes : c'était l'aspect populaire, tandis qu'à l'intérieur des temples se célébraient les vrais mystères osiriens, ceux de la Végétation, après le retrait du Nil, exprimant la résurrection du dieu. On honorait des petites figures de terre humide dites « osiris végétants », sur lesquelles germaient les grains de blé qu'on y avait semés quelques jours auparavant. Osiris était aussi, par sa légende, le dieu de l'Au-delà, celui qui a donné aux hommes le moyen de revivre après la mort ; grâce aux rites funéraires d'Anubis, il fut la première momie. D'après le *Livre des morts,* il était le juge des morts, assisté de Thot, et, après la pesée des âmes, si les méchants allaient dans l'« Amenti », les justes le retrouvaient dans le paradis osirien (les champs d'« Ialou »), où ils goûtaient un bonheur perpétuel.

Oumma, communauté des croyants de l'islam dont la cohésion est surtout ressentie à La Mecque*. (V. *Islam.*)

P

PACOME (saint), fondateur du cénobitisme (en Haute-Égypte v. 290 - *id.* 346). Converti au christianisme, il se retira dans un temple abandonné, puis sur une île en Thébaïde, à Tabennisi, où il établit les règles d'un monastère (v. *monachisme*).

PADMA-SAMBHAVA, missionnaire bouddhiste du nord de l'Inde, qui vint au Tibet en 749. Il y introduisit la forme tantrique du bouddhisme, qui, par son ésotérisme et ses aspects magiques, convenait à ce pays, déjà fortement imprégné de magie (v. *lamaïsme, bon-po*). Il fonda près de Lhassa un monastère où les moines portaient le bonnet rouge carré. La secte existe encore aujourd'hui, teintée de la religion autochtone des bon-po, que Padma-Sambhava eut constamment comme adversaires et dont, par des concessions successives, il dut adopter certaines divinités autochtones et certains rites. On appelle ces religieux «les vieux croyants» ou «bonnets rouges». Cependant, devenu figure légendaire, Padma-Sambhava est considéré comme le maître par excellence et le fondateur du bouddhisme tibétain.

paganisme (du lat. *paganus,* paysan), nom donné par les premiers chrétiens au polythéisme, auquel les habitants des campagnes restèrent longtemps fidèles. — Plus tard, on appela *païens* ceux qui pratiquaient tout culte de dieux étrangers ou faux dieux. Mais le terme de *paganisme* est plutôt rattaché aux croyances gréco-romaines. On étend aussi parfois ce terme à l'indifférence en matière de religion, à la libre pensée ou à l'idôlatrie chez les peuples primitifs.

pagode (du portugais *pagoda,* emprunté au persan, «maison d'idole»), nom donné aux temples bouddhistes d'Asie par les Européens, indifféremment à des stupa* ou aux édifices renfermant des statues, des autels et des images peintes appartenant généralement à l'aire cultuelle chinoise.

paix, v. *baiser.*

Pančaraksha (sanskrit), cinq déesses tutélaires personnifiant les cinq dharani (formules prophylactiques).

Pančatantra (sanskrit, les cinq livres) compilation par le brahmane *Vishnusarman* sous la forme d'apologues de fables et récits très anciens de l'Inde qui, par leurs innombrables traductions depuis les Perses et les Arabes se sont répandus dans le monde entier, inspirant à la fois Hésiode et, bien plus tard, par son intermédiaire, La Fontaine.

panchen-lama ou **tashi-lama,** abbé du grand monastère tibétain de *Tashi Lum Po,* à Shigaste, construit au XVe s. par un disciple de Tsong Kapa. — C'est le deuxième grand pontife du lamaïsme; il est considéré comme une incarnation du dyani-bouddha Amitabha* ou du boddhisattva Avalokiteçvara*.

pandit (sanskrit *pandita,* savant), dans l'Inde, titre honorifique donné aux brahmanes versés dans les sciences traditionnelles de la religion et de la littérature sanskrites.

panthéisme (du gr. *pan,* tout, et *theos,* dieu), doctrine selon laquelle Dieu est immanent au monde et existe dans tout. Cette forme est religieuse dans l'Inde et plus philosophique chez les stoïciens et chez Plotin. Spinoza en a fait une théorie logique qui aboutit à une impersonnalité de Dieu (dont tous les êtres dérivent) et à un déterminisme universel.

pape, chef suprême de la religion catholique, appelé aussi *souverain pontife, Saint-Père.*

Successeur de saint Pierre, il réside au Vatican*, et est élu dans un conclave* par le collège des cardinaux. Son pouvoir spirituel est immense; jadis, la *papauté* exerçait aussi une souveraineté temporelle, mais, depuis les accords de Latran (1929), l'État du Vatican est considérablement réduit. Le pape fait connaître sa pensée aux catholiques par des encycliques et des bulles. Il est déclaré infaillible, depuis le concile de Vatican I, en 1871, lorsqu'il parle «ex cathedra» au sujet du dogme.

Jean-Paul II est le 266e pape.

pâque (de l'hébreu *pesach,* passage), fête importante des juifs commémorant la sortie d'Égypte, sous la conduite de Moïse.

Pâques, la plus grande fête chrétienne, célébrée en mémoire de la Résurrection du Christ. Pour l'Église orientale, c'est la fête des fêtes que toute l'année liturgique prépare. Elle annonce la seconde venue du Christ.

La fixation de la date de Pâques a été un long sujet de controverses. Au début du christianisme, elle coïncidait avec la pâque juive, l'immolation de l'agneau pascal symbolisant le sacrifice de Jésus. En 325, le concile de Nicée la fixa un dimanche, et la date d'observance varia avec les Églises. Au VIe s., Denys* le Petit détermina le comput ecclésiastique, soit le dernier dimanche suivant la première pleine lune après l'équinoxe de printemps. De la date de Pâques découlent celles de l'Ascension et de la Pentecôte. Dans l'Église orthodoxe, restée fidèle au calendrier julien, la fête de Pâques est placée treize jours plus tard que dans l'Église latine.

parabole (gr. *parabolê*, comparaison), allégorie servant à un enseignement moral, utilisée dans la Bible (Proverbes) et par le Christ pour expliquer sa doctrine par le moyen d'apologues. — Les plus célèbres paraboles des Évangiles sont celles du bon pasteur, du grain de senevé, du bon Samaritain, etc. Les Évangiles en relatent vingt-cinq.

Paraclet (gr. *paraklêtos*, invoqué), consolateur, défenseur, intercesseur, nom du Saint-Esprit donné par saint Jean.

L'ancienne et célèbre abbaye portant le nom du *Paraclet* avait été fondée en 1129 par Abélard dans la commune de Saint-Aubin (Aube). Héloïse en fut la première abbesse.

paradis (gr. *paradeisos*, jardin; emprunt à l'iranien ancien *paradaeza*, enclos, parc, dans le sens «séjour des bienheureux»). Dans la Bible, le *Paradis terrestre* est le jardin d'«Eden». Dans le christianisme, le paradis est le séjour des âmes des justes après la mort, la récompense suprême, le ciel avec la vision de Dieu.

Dans l'islam, le paradis (*al Janna*) est un lieu de délices, un jardin plein de fleurs où l'eau ruisselle et où tous les plaisirs sont offerts au croyant.

Dans le bouddhisme mahayana, le paradis d'Amitabha*, ou «paradis de la Terre pure», est aussi le séjour heureux, d'un accès facile, qui attend les fidèles fervents. Une notion commune à beaucoup de religions est celle du Paradis perdu (Eden, mythe de l'âge d'or), situé dans un très lointain passé.

parèdre (gr. *para*, auprès; *edra*, siège), divinité se tenant près d'un grand dieu. C'est la Çatki dans l'hindouisme.

parousie (gr. *parousia*, arrivée), terme eschatologique, exprimant la seconde venue du Christ dans toute sa gloire à la fin des temps, pour l'accomplissement de Dieu sur le monde.

Saint Paul parle aussi de parousie dans le sens de «présence» du Christ.

La parousie présentée dans les visions de l'Apocalypse de saint Jean a donné lieu à des représentations iconographiques médiévales du «Christ en gloire», ou «Pantocrator» des Églises grecques, mais dans l'art byzantin on voit souvent un trône vide attendant la seconde venue du Christ : c'est ce que l'on appelle l'*hétimasie.*

parsis (religion des), v. *mazdéisme, Zarathoustra.*

PARVATI, déesse himalayenne, épouse de Çiva.

PATANJALI, sage hindou, fondateur du système de philosophie «yoga», qui fait rechercher la suprême sagesse et la délivrance de la transmigration par l'union de l'individu avec l'absolu au moyen de la méthode du yoga, laquelle est exprimée dans les *Yoga sutra* (v. *hindouisme*), qui dateraient du IIIe ou du IVe s. de notre ère.

patarins (ital. *patarino,* de *Pattaria*, quartier pauvre de Milan). Ce nom fut celui de clercs du XIe s. qui s'étaient réunis pour la réforme du clergé au temps de Grégoire VII (celui-ci les soutint contre le haut clergé). Ce mouvement disparut au XIIe s. Mais, un peu plus tard, il fut repris par des hérétiques italiens néo-manichéens liés aux bogomiles* et aux cathares*, qui se posèrent en réformateurs du clergé.

Le mot *patarin* devint alors synonyme d'*hérétique* et prit un sens méprisant. Le centre principal des patarins était Milan. La secte se divisait en dualistes absolus, qui s'opposaient au mariage, et en dualstes mitigés. Certains albigeois, quittant la France, se réfugièrent auprès d'eux. Ils furent pourchassés et beaucoup furent brûlés vifs à Milan.

patriarche, nom donné aux plus anciens chefs de famille de l'Ancien Testament. Titre des titulaires des sièges de *Patriarcat* chrétien, d'abord au nombre de cinq : Rome, Antioche, Alexandrie, Constantinople et Jérusalem qui se multiplièrent dans les églises orthodoxes. Le siège archiépiscopal de Venise est également un patriarcat.

PATRICK (saint), apôtre de l'Irlande (dans le nord-ouest de la Grande-Bretagne v. 390 - dans le Glamorganshire v. 461), premier héros national de la nation irlandaise, son évangélisateur et saint patron. Né d'un père chrétien, décurion de l'administration, et d'une mère bretonne, il étudiait le latin et vivait avec sa famille à l'embouchure de la Severn, lorsqu'une invasion de pirates irlandais arriva dans le pays, pillant, saccageant et brûlant tout sur son passage. Le jeune Patrick fut séparé des siens, emmené en Irlande ; vendu à un druide, il devint berger, gardant les moutons en chantant des complaintes, méditant et priant son Dieu. A vingt-deux ans, il s'échappa et s'embarqua avec un marchand de chiens. Il alla ainsi jusqu'à Bordeaux, puis, à travers des campagnes désolées par les invasions Vandales, jusqu'à Lérins, où saint Honorat venait de fonder une des premières abbayes ; il y resta six ans et retourna dans son pays, où il retrouva ses parents ; ensuite, il vint à Auxerre se préparer au sacerdoce et, après quatorze ans, il partit évangéliser l'Irlande dont la barbarie l'obsédait. Là, il fit des conversions très nombreuses et des miracles, échappa à plusieurs assassinats, fonda des monastères et des évêchés. Il écrivit sa *Confession*, expliquant sa mission divine et mourut vers 461, devenu très vite héros national et apôtre bien-aimé de l'Irlande.

PAUL (saint), surnommé **l'Apôtre des gentils** (c'est-à-dire des païens) (Tarse, Cilicie, entre 5 et 15 apr. J.-C. - Rome 67). Saul, né dans une famille juive orthodoxe et ayant acquis la citoyenneté romaine, étudia la Bible et devint disciple de Gamaliel, savant rabbin enseignant à Jérusalem. Il fit partie de la secte des pharisiens, dont il devint un des docteurs. Il n'était pas à Jérusalem lors de la crucifixion du Christ. Persécuteur des chrétiens, il fut un des accusateurs de saint Étienne et responsable de son martyre. C'est alors que, se rendant à Damas pour diriger une persécution, il fut renversé de son cheval et eut une vision du Christ qui bouleversa complètement sa vie. Il se retira dans le désert, se fit chrétien et prit le nom de Paul. Il devint le plus zélé missionnaire du christianisme naissant, entreprit de grands voyages pendant quatorze ans (les premiers avec Barnabé), sillonnant l'Asie Mineure, naviguant en Méditerranée, allant jusqu'en Grèce et à Rome, fondant des Églises, organisant des communautés, écrivant ses Épîtres. Il eut des discussions avec saint Pierre au sujet des judéo-chrétiens, à qui il refusait une place privilégiée. Il revint à Jérusalem, où, maltraité par les juifs fanatiques, il fut emprisonné par les Romains et traduit devant plusieurs juges. Après deux ans de prison, ayant fait appel à César, il fut emmené à Rome, mais il fit naufrage à Malte, où il resta quelque temps, et put reprendre ses missions. Arrêté à Éphèse, il fut renvoyé à Rome où il fut décapité pendant la persécution de Néron. Ses Épîtres, au nombre de quatorze, contiennent un enseignement chrétien très dense et forment un des livres du Nouveau Testament.

Le nom de *paulinisme* a été donné, d'une part, au XIXe s. par des théologiens aux développements de points de doctrine de saint Paul et, d'autre part, par des rationalistes au fait que saint Paul, rompant avec les juifs, fut le vrai fondateur du christianisme dont il fit une religion universelle.

Saint Paul l'ermite (vers 228 - 341), né et mort en Thébaïde, vécut quatre-vingt-sept ans dans le désert où il reçut la visite de saint Antoine.

pauliciens, hérétiques ayant adopté le dualisme manichéen, nommés ainsi sans doute à cause d'un fondateur présumé nommé *Paul*, ou pour leur goût particulier pour les Épîtres de saint Paul.

Ils prétendaient revenir à la simplicité évangélique primitive. Ils refusaient les sacrements et le clergé. Ils n'acceptaient pas la nature humaine du Christ, celui-ci n'ayant pu être enfermé dans un corps matériel, la matière étant essentiellement mauvaise.

Les pauliciens, qui formèrent une importante communauté en Syrie, furent persécutés. Au VIIIe s., très réduits, ils furent déportés en Bulgarie où ils influencèrent les bogomiles. Certains acceptèrent l'islam, d'autres se convertirent au catholicisme, mais la secte persista en Thrace jusqu'au XIIIe s.

péché (lat. *peccare*), transgression volontaire de la loi divine, notion de faute, avec responsabilité personnelle. — Cette notion existe dans la plupart des religions, mais c'est surtout le christianisme qui l'a développée.

On appelle *péché originel* la faute que tout homme porte en naissant depuis la chute d'Adam; le baptême l'efface et donne la grâce. Le *péché actuel* est une faute consciente, plus ou moins grave suivant l'importance de la loi violée. L'Église distingue le *péché mortel*, faute grave entraînant la privation de la vie divine de la grâce, et le *péché véniel.*

Les théologiens distinguent les *sept péchés capitaux,* qui sont plutôt des vices entraînant à toutes sortes d'intempérances, des sources de péché. La liste en a été dressée par saint Grégoire le Grand. Ce sont l'orgueil, l'avarice, la luxure, l'envie, la gourmandise, la colère et la paresse.

Pour l'Église catholique et l'Église orthodoxe, le péché véniel ou mortel peut être effacé par la confession sincère accompagnée de la contrition. Le protestantisme pense que la foi profonde, le repentir et la demande faite à Dieu suffisent.

Cependant, l'Évangile parle souvent d'un *péché contre l'esprit,* qui est difficile à identifier; il est en fait un refus délibéré d'accepter Dieu, refus qui est en même temps l'orgueil, le mépris de la vie et le désespoir. Celui-là, le Christ dit qu'il ne sera pas pardonné.

La notion de péché existe dans toutes les religions et même dans la morale naturelle. Chez les primitifs, elle est liée à celle de tabou et à celle d'expiation (ordalie, cérémonie de purification, épreuves). Celle-ci est soit une punition corporelle infligée au pécheur (sous les formes les plus diverses allant jusqu'à la mort), soit une exclusion pure et simple du clan (jadis, chez les peuples nordiques, l'abandon sur un frêle esquif sans gréement du transgresseur de la loi équivalait à la mort).

Dans l'Inde, l'exclusion de la caste est une mort civile. Il existe cependant depuis les temps védiques un code de pratiques expiatoires qui ne sont pas toujours en rapport avec la gravité de la faute. Parmi les diverses formes d'expiation il y a les jeûnes, les mortifications, les confiscations et les fondations pieuses.

Une pratique encore courante chez certains peuples est celle du «bouc émissaire», victime expiatoire, en usage jadis chez les Hébreux. Celui-ci était solennellement chassé en emportant tous les péchés d'Israël. Au Tibet et ailleurs, des cérémonies purificatrices ont lieu annuellement, comportant des rites analogues.

pélagiens, hérétiques, disciples de Pélage, moine né en Grande-Bretagne (v. 360 - v. 422) et qui se fixa à Rome vers 400, après le pillage de la ville par Alaric.

Avec son fidèle disciple Celestius, Pélage alla à Carthage en 410, puis à Jérusalem où il rencontra saint Jérôme, à qui il exposa sa doctrine, et revint à Rome; il serait mort en Égypte, après avoir été condamné au concile de Carthage, où saint Augustin fut son pire adversaire en 416. Cependant, le pélagianisme ne disparut pas, et d'autres conciles le condamnèrent solennellement, comme le concile d'Éphèse en 431, après toutes sortes de controverses avec saint Augustin, querelles portant sur la grâce, auxquelles le XVIIe s. se reportera (v. *quiétisme*).

La doctrine est liée à la négation du péché originel : selon les pélagiens, la faute d'Adam n'aurait pas entraîné de punition pour l'humanité entière et le baptême permettrait à l'enfant innocent d'accéder à la vie du Christ. Elle niait la grâce sanctifiante et affirmait que l'homme est en parfaite possession de sa volonté : ayant la liberté de faire le bien, il peut vivre saintement en méditant l'exemple de Jésus.

pèlerinage, voyage accompli vers un lieu saint pour obligation religieuse ou pour obtenir un miracle, le plus souvent une guérison.

En tous temps et en tous pays, on a trouvé la trace de ces déplacements vers un lieu vénéré. Dans l'Égypte ancienne, les navigations des dieux et les panégyries attiraient des foules nombreuses au tombeau d'Osiris à Abydos. Les pèlerins suivaient les voyages des dieux locaux d'un sanctuaire à l'autre. En Inde, les hauts lieux de l'Himalaya, les rives du Gange, de la Jumna, Brindaban, et surtout Bénarès avec ses deux mille sanctuaires, attirent des foules considérables. Les bouddhistes ont toujours fidèlement rendu visite aux lieux de souvenir du Bouddha et aux reliques des saints. Le centre principal en est Bodh Gaya.

La Mecque*, en Arabie, est le plus important point de concentration mondial, à une date déterminée, de pieux pèlerins accomplissant une des grandes prescriptions de l'islam (v. *hajj*).

En Irak, le tombeau d'Husayn* est l'objet d'un culte qui attire chaque année les fidèles chiites* de l'Iran et de l'Inde.

En Chine, les montagnes saintes, en particulier celles de T'ai-chan, restent des hauts lieux vénérés.

Au Japon, le shintoïsme déifiant les montagnes et les sources, très nombreux sont les lieux de pèlerinage, tels les volcans et le fameux Fuji-Yama.

Mais c'est surtout le christianisme qui, réveillant un vieil instinct de nomadisme, a drainé les pèlerins vers des centres de vénération : Jérusalem* avec le Saint-Sépulcre et les lieux où vécut Jésus, puis Rome, centre de la chrétienté. Depuis le haut Moyen Age, suivant le proverbe, «Tous les chemins mènent à Rome», on venait dans cette ville de toutes parts en accomplissant certains rites d'après un vieux «guide de pèlerinage». Au retour, une grande considération entourait les «Romées», ou «Romeux». Les tombeaux des saints, les précieuses reliques attiraient les foules à Saint-Denis, à Saint-Martin de Tours, à Saint-Sernin de Toulouse, à Sainte-Foy de Conques, etc. Le grand pèlerinage de Saint-Jacques-de-Compostelle peuplait à la belle saison toutes les routes convergentes vers la Galice d'innombrables voyageurs. Des confréries de saint-jacquaires organisaient la protection des pèlerins, les soins et relais dans les hospices et hostelleries.

De nos jours, les centres chrétiens ont changé, bien que de très nombreuses chapelles de campagne dédiées à Notre-Dame ou à un saint, dans toutes les régions de France, aient leur pèlerinage annuel depuis fort longtemps.

Les apparitions de la Vierge, au XIXe s., sont à l'origine de la Salette, de Pontmain, de Fatima et surtout de Lourdes, d'une renommée mondiale. Chartres, Le Puy, Rocamadour ont retrouvé leur attrait de jadis.

Les protestants, qui refusaient tous les cultes de la Vierge et des saints, font actuellement des pèlerinages annuels dans les Cévennes ; les néocathares vont à Montségur ; les jansénistes de Hollande viennent à Port-Royal.

En Russie, les pèlerinages aux icônes miraculeuses étaient très nombreux, de même que ceux qui se sont développés au XIXe s. pour visiter les ermitages des staretz*. Les *Récits d'un pèlerin russe,* d'un auteur inconnu, nous donnent un intéressant témoignage de cette piété itinérante.

Le pèlerinage dans son essence manifeste l'ardent désir de changement inhérent à l'espèce humaine. Les lieux de pèlerinage ont joué et jouent encore un très grand rôle dans l'histoire des civilisations.

Accompli comme acte religieux, le pèlerinage a presque toujours un caractère méritoire ; il est un moyen de salut, exigeant le plus souvent des rites de purification, un rituel d'attitudes et de prières, un emploi du temps conventionnel (prosternations, sacrifices, offrandes), ou des psalmodies collectives. Le pèlerinage est en tout lieu un moment privilégié de la vie de l'homme où il peut, de sa propre volonté, approcher, voire s'identifier au divin.

Le pèlerin exprime souvent sa reconnaissance par des ex-voto ou des donations, ou simplement des graffitis.

Pénates, divinités protectrices du foyer chez les Romains et les Étrusques.

pénitence (lat. *paenitere,* se repentir). Ce mot a plusieurs sens. C'est d'abord une souffrance volontairement imposée par expiation, désir de perfection, ascétisme, désir commun à plusieurs religions : telle est la vertu de pénitence. Le christianisme a établi des canons pénitentiels, un rituel de pénitence lié à la notion de péché et de réparation, et, dans le calendrier liturgique, des temps de pénitence et de purification comme le carême et les quatre-temps, périodes de jeûne et d'abstinence bien adoucis de nos jours. Les sept *Psaumes de la pénitence* expriment la misère de l'homme et son repentir ; ils sont chantés souvent chez les israélites comme chez les chrétiens, chez les catholiques particulièrement à l'office du mercredi des Cendres (ouverture du Carême).

La pénitence est aussi un des sept sacrements du catholicisme et de l'orthodoxie, destiné à remettre les fautes des pécheurs repentants par le moyen de la confession*. Le sacrement est complété par l'absolution et la « pénitence », prière ou action imposée par le confesseur pour le rachat de la peine due au péché. L'Église primitive avait institué la «pénitence publique» pour les pécheurs notoires, qui étaient divisés en quatre catégories : les pleurants, les écoutants, les prosternés et les consistants, qui, suivant le degré de leurs fautes pouvaient participer aux offices de plus en plus près des fidèles.

Certaines sectes, en particulier l'Armée du salut, pratiquent parfois la confession publique des péchés au *banc de la pénitence*.

Toutes les religions, même les plus primitives, ont plus ou moins leur temps de pénitence, soit comme un palier dans les rites de passage, soit pour une purification du corps dans un but spirituel (v. *Yom kippour, ramadan, Pratimoksha*).

Plusieurs tiers ordres portent le nom de *Frères* ou *Sœurs de la Pénitence*. Il existe aussi de nombreuses confréries de laïcs qui imposent à leurs membres les signes extérieurs de la pénitence (comme la cagoule) ainsi que des actes pénibles d'expiation. On les nomme *pénitents* (blancs, bleus, gris, noirs).

La *Sacrée Pénitencerie* est un tribunal du Saint-Siège dirigé par le grand pénitencier, chargé d'étudier les fautes spécialement graves et de donner l'absolution pour les fautes exceptionnelles. Celui-ci donne l'absolution au pontife mourant.

PENN (William), quaker anglais (Londres 1644 - Field Ruscombe, près de Londres, 1718). Fuyant les persécutions anglaises, il obtint la concession d'un territoire devenu la Pennsylvanie, pour ses coreligionnaires pourchassés, et fut le véritable organisateur du quakérisme*.

Pentecôte (du gr. *pentêkostê,* cinquantième [jour]), chez les juifs, fête qui commémore la remise à Moïse des tables de la Loi sur le mont Sinaï (quarante-neuf jours après la pâque) et également, chez les Chrétiens, fête du Saint-Esprit, instituée en mémoire de la descente du Saint-Esprit sur les apôtres sous la forme de langues de feu dix jours après l'Ascension. (Cette fête est très solennelle.)

pentecôtistes, nom donné aux membres de plusieurs sectes chrétiennes qui, d'origine américaine, se sont répandues un peu partout dans le monde. — Les pentecôtistes sont souvent «inspirés» dans leurs réunions, ils entrent en transe et prophétisent, prétendant avoir reçu le don des langues, le pouvoir de guérir et toutes sortes de bénédictions divines. (V. *sectes charismatiques*.)

Pères de l'Église, nom donné aux éminents théologiens du début du christianisme qui ont laissé de nombreux ouvrages connus sous le nom général d'«Œuvres patristiques».

Les Pères de l'Église d'Orient, les plus anciens, écrivaient en grec; ceux de l'Église latine vont de saint Augustin au Moyen Age.

La connaissance de leurs œuvres est appelée **patrologie.**

Les Pères du Désert sont à l'origine du monachisme*.

Peri (du zend *païrika*), fées, génies femelles dans la mythologie iranienne. Plutôt bienfaisants, ces êtres beaux, se plaisant parmi les fleurs et s'unissant parfois aux humains, ont beaucoup inspiré les poètes arabes.

persécution (lat. *persecutus,* poursuite), manifestation d'intolérance religieuse allant jusqu'à la mise à mort de ceux qui ne pensent pas comme les persécuteurs.

Généralement, ce terme s'applique aux violences exercées contre les premiers chrétiens par les empereurs romains en plusieurs vagues plus ou moins localisées, sous Néron et ses successeurs, jusqu'à Constantin, qui mit fin aux persécutions avec l'édit de Milan. La grande cause des persécutions romaines était surtout le refus par les chrétiens d'adorer les empereurs divinisés. Certains chrétiens parurent composer avec le paganisme, feignant d'obtenir un «certificat de sacrifice».

Plus tard, l'Église pourchassa les hérétiques, livrant des cathares, des hussites et des protestants au bûcher ou à la potence, sans toutefois parler de persécution.

Petite Église, secte catholique, schismatique française (v. *Église*).

phallique (culte), adoration de l'organe mâle de la génération. Ce symbole de fécondité et de fertilité se retrouve partout depuis les mégalithes et les civilisations antiques, surtout dans les grandes fêtes et processions de l'Égypte, de la Grèce et de Rome, jusqu'au linga* de Çiva vénéré par les Hindous en passant par les cultes attestés au Mexique, en Polynésie et autres lieux, ainsi que certains rites restés populaires dans le monde rural.

pharisiens, membres d'une secte juive affectant une application très formaliste de la Loi et des traditions. Bien que messianistes ardents, ils refusèrent de reconnaître le Christ.

Phéniciens. Leur religion était influencée par celles de la Mésopotamie et reposait sur le principe féminin de la fécondité *Ashtart, Astarté* et celui de la fertilité *Atarga,* mais aussi sur un principe masculin, le jeune et bel *Adonis,* lié à de nombreux dieux appelés généralement *Baal,* portant des noms topiques de divers sommets ou localités. Les sacrifices humains, surtout ceux des premiers nés, faisaient partie du culte ainsi que la prostitution sacrée en l'honneur d'Astarté.

philocalie (étym. amour de la beauté), vaste compilation d'écrits de mystiques grecs convergeant vers la *prière* du cœur* (ou *prière de Jésus*) : invocation continue du nom de Jésus. Une petite anthologie parue au XVIIIe s. a servi de guide spirituel dans le monde orthodoxe, spécialement en Russie.

phylactère (du gr. *phulaktêrion,* ce qui sert à protéger), petit rouleau de parchemin sur lequel est inscrit un paragraphe de la Bible proclamant l'unité de Dieu, que les juifs portaient jadis au bras et au front d'une manière permanente.

Aujourd'hui, les sentinelles de l'invisible, les *Teffilin,* accompagnent encore les prières du matin des juifs pieux; ils se fixent par des lanières de cuir sur le front et le bras. Quelques-uns des premiers chrétiens en portèrent, mais, par crainte de la superstition des talismans, cet usage fut interdit.

Certains musulmans portent aussi de petits rouleaux enfermés dans des cylindres de métal et sur lesquels sont inscrits des versets du Coran en guise d'amulette.

D'autre part, les phylactères déroulés ont été reproduits dans l'art chrétien médiéval (fresques ou tapisseries), pour exprimer les paroles que prononcent les personnages : dialogues de la Salutation angélique, prophéties, paroles de l'Évangile, etc.

On donne aussi le nom de *phylactères* à certains reliquaires du Moyen Age.

PIERRE (saint), apôtre et martyr chrétien (Bethsaïde, Galilée - Rome 64 apr. J.-C.). Son vrai nom était *Simon.* Il était pêcheur et fut un des premiers disciples de Jésus avec son frère André. Il fut le témoin de la Transfiguration et des principaux miracles du Christ. Lors du procès et de la condamnation de Jésus, il renia son maître trois fois, et cependant celui-ci lui confia la charge de pasteur de l'Église, changeant son nom en *Cephas* («pierre», «rocher»), en lui disant : «Tu est Pierre, et sur cette pierre je bâtirai mon Église...»

Après la Pentecôte, il fit des conversions et organisa les premières communautés chrétiennes. Fuyant les persécutions de Jérusalem, il alla à Antioche, puis à Rome où il devint le premier pontife, mais sous Néron il fut emprisonné à la prison

Mamertine et condamné à mort; il demanda à être crucifié la tête en bas. Son tombeau est, d'après la tradition, situé au-dessous du Vatican, d'où le nom de *Saint-Pierre* donné à la plus importante basilique de la chrétienté.

Deux Épîtres de saint Pierre font partie des livres du Nouveau Testament.

PIERRE le Vénérable (Cluny* 1092-1156), abbé de la célèbre abbaye qui y rétablit la ferveur et l'austérité de la règle de saint Benoît*. Il fit traduire le Coran en latin et en donna une «Réfutation».

pietà, nom italien donné au groupe de la Vierge portant le Christ mort après sa descente de croix, au Golgotha.

Ce terme équivaut en France à celui de «pytié» du Moyen Age, dont l'iconographie est multiforme : la Vierge tient le Christ sur ses genoux, seule ou entourée de saint Jean et de Madeleine, d'anges, de saints et de donateurs. Il est admis maintenant que la *Vierge de pitié* procède de la Vierge en majesté par la substitution du Christ mort à l'enfant. Parfois, au début du XVe s., elle porte les sept glaives au cœur de *Notre-Dame des Sept-Douleurs,* qui sont, d'après l'énumération de Ph. de Maizières : l'épée de Longin, la Fuite en Égypte, le Recouvrement de Jésus au Temple, la rencontre de Jésus et de Marie au Calvaire, la mort de Jésus sur la croix, la descente de la croix (pietà), la mise au tombeau du Christ.

Ce thème poignant, venu du Proche-Orient, a suscité, tant en peinture qu'en sculpture, d'émouvantes œuvres dans le monde occidental, œuvres populaires ou exécutées par les plus grands artistes.

Pir, équivalent du **Guru*** dans l'islam indien et pakistanais.

pontife (du lat. *pontifex,* faiseur de ponts, parce qu'à Rome les pontifes étaient les gardiens de la religion, la construction des ponts étant liée à des cérémonies religieuses), dignitaire religieux, ayant juridiction et autorité. — Le collège des pontifes était très important; le chef était le *pontifex maximus* (grand pontife qui nommait les Flamines et les Vestales, et contrôlait toutes les activités religieuses, depuis le droit religieux jusqu'au calendrier). C'est le titre latin que prirent les papes à partir du VIe s. et qui fut traduit par «souverain pontife». (V. *pape.*)

Port-Royal, v. *jansénisme.*

positivisme, ou **religion de l'humanité,** doctrine développée dans le *Cours de philosophie positive* d'Auguste Comte et exposée dans son *Cours de politique positive.*

Comte y propose sa sociologie avec la loi des trois états de l'évolution de l'homme : 1) l'état *théologique*; 2) l'état *métaphysique*; 3) l'état *positif* ou *scientifique.* L'analyse de l'histoire amène la nécessité présente de l'état métaphysique à l'état positif. L'humanité est l'objet unique du culte, elle est le «Grand Etre». Cette philosophie changea lorsque Auguste Comte connut Clotilde de Vaux; il eut pour elle une grande passion et discerna le rôle que jouait la femme dans l'humanité. A sa mort, cette philosophie devint une religion : le Grand Etre fut transformé en notion abstraite et devint l'humanité au sens cosmique; le principe directeur en est la morale de l'altruisme, seule capable de maintenir une organisation sociale. Il est la base du dogme. Auguste Comte organisa le culte *privé,* qui comprend neuf sacrements suivant les âges de la vie, et le culte *public,* avec temples, cérémonies, rites et clergé.

Auguste Comte a créé un panthéon positiviste composé de grands hommes des différentes phases historiques : Antiquité, Moyen Age, Temps modernes. Il élabora un calendrier perpétuel de treize mois égaux commémorant chaque jour une personnalité célèbre (les jours complémentaires étant dédiés aux morts). Ce culte de l'humanité se résume en idéalisation du Grand Etre, qui a l'amour pour principe, l'ordre pour base, le progrès pour but. Le culte de la femme était symbolisé par Clotilde de Vaux, dont l'image était vénérée. Après la mort d'Auguste Comte, la religion positiviste se répandit dans différents pays, où elle se sépara plus ou moins de la philosophie positiviste, ne gardant une fidèle orthodoxie qu'au Brésil.

Pradakshina, v. *stupa.*

Prajapati (mot sanskrit signifiant «Maître des créatures», «Seigneur»), personnification du créateur de l'univers d'après les *Brahmana**. Plus tard, il est assimilé au brahman*.

PRAJNAPARAMITA, déesse du Mahayana, personnification du traité de «Perfection de Sagesse», le *Prajnaparamita Sutra.*

Pratimoksha (sanskrit; *Patimokkha,* en pali). Dans le monachisme* bouddhique, confession mutuelle, jeûne solennel.

prédestination, v. *calvinisme, grâce, jansénisme.*

prémontrés, religieux d'un ordre de chanoines réguliers fondé par *saint Norbert* à Prémontré près de Laon (Aisne) en 1120.

Le saint aurait eu une vision du site près de la forêt de Coucy où un pré lui aurait été «montré» par la Vierge; il devait y bâtir un couvent. Les pères prononcent des vœux solennels; ils sont entièrement vêtus de blanc. Leur spiritualité est de tendance érémitique. La branche féminine des *Prémontrées contemplatives* fut aussi fondée en 1120, ainsi qu'un tiers ordre des *Norbertines*.

presbytériens, protestants de sytème calviniste gouvernés par un *presbyterium,* au conseil de «presbytres» (anciens), refusant l'épicospat. — Ceux-ci pouvaient être choisis soit parmi les pasteurs, soit parmi les anciens, ou laïcs. Cette forme d'administration ecclésiastique fut adoptée par J. Knox* en Écosse et en Amérique. En Angleterre, elle fut souvent persécutée. Ses fondements doctrinaux sont exprimés dans la Confession de foi de Westminster (1643). Il y a des divergences dogmatiques dans les Églises presbytériennes, mais elles ont toutes les mêmes rites simplifiés : temples très dépouillés, chants bibliques, austérité de vie presque puritaine et repos dominical de caractère sacré.

prêtre (lat. *presbyter,* presbytre, ancien), dans la plupart des religions, chef des croyants d'une communauté, celui qui offre les sacrifices, qui a reçu un sacerdoce, en fait l'intermédiaire entre la divinité et les simples fidèles.

L'islam et le bouddhisme n'ont pas de prêtres.

Dans l'Antiquité, il existait des prêtres en Babylonie, en Égypte, en Grèce, à Rome, chez les Aztèques, etc.

Chez les Hébreux, le grand prêtre était un chef religieux. Dans le christianisme, les prêtres étaient appelés d'abord «presbytres». A la suite d'un long séjour préparatoire dans les séminaires et après avoir reçu le sacrement de l'ordre, la *prêtrise,* ils célèbrent la messe, dispensent la doctrine par la prédication et distribuent les sacrements. Pour officier, ils revêtent des costumes spéciaux dits «sacerdotaux». Les prêtres catholiques latins sont astreints au célibat, tandis que les prêtres orthodoxes peuvent être mariés (une seule fois), de même que les anglicans.

Les protestants ont non pas des prêtres, mais des pasteurs.

prière (lat. *precari*), élévation de l'âme vers Dieu pour lui rendre hommage. — Elle peut exprimer la louange, l'adoration, la supplication ou la reconnaissance.

La prière existe dans toutes les religions sous forme d'invocations, de paroles, de musique, de gestes rituels, de phylactères*, etc. Elle peut être *vocale* ou *mentale,* sous forme de récitation, de méditation ou d'oraison, individuelle, collective ou communautaire. Les *prières liturgiques* sont dites par les prêtres avec réponse des fidèles. Elles peuvent être des mantra*, formules incantatoires prononcées ou écrites. Au Tibet, l'*Om mani padme hum* est inscrit sur un feuillet enroulé dans un moulin à prières ou déployé sur des drapeaux. Des versets du Coran deviennent décoratifs dans les mosquées et, de même que la *chahada* écrite en caractères koufiques, restent une prière. La prière musulmane est accompagnée de postures et de gestes (agenouillement, prosternations, mains jointes ou croisées ou en geste d'orant).

Une forme curieuse de prière est celle qui est appelée en Orient la *prière de Jésus,* qui est à la fois une prière ininterrompue et une méthode d'oraison; elle consiste en une seule invocation, mais qui vient du cœur, d'où son nom de *garde du cœur.* Subordonnée à une préparation ascétique, elle a été pratiquée surtout par les hésychastes*, chez qui elle apportait la sérénité, le détachement et la paix (v. *philocalie*).

prieur (lat. *prior,* premier), supérieur de certains monastères appelés *prieurés.*

Parfois le prieuré dépend d'une grande abbaye; en ce cas, le *grand prieur,* sous l'autorité de l'abbé gouverne les religieux.

primitifs. La religion des peuples dits «archaïques» ou «primitifs actuels» est celle qui est commune à tous ceux qui, répandus encore sur tous les continents, ont une manière de vivre et de considérer le monde qui les entoure en rapport avec le milieu géographique; ces peuples semblent évoluer comme ceux de la Préhistoire, dont seuls quelques vestiges culturels peuvent nous donner une idée.

C'est donc par l'étude des mythes et de l'organisation tribale de ces populations, vivant au stade de la cueillette, de la chasse ou de l'agriculture superficielle, que nous pouvons connaître ou imaginer les faits religieux des hommes du paléolitique ou du néolithique. Les ethnologues et les sociologues étudiant ces populations et celles qui ont été décrites à la suite des grandes découvertes ainsi que le folklore des peuples plus civilisés ont pu établir des croyances communes à toutes les races humaines et parler ainsi d'une *religion primitive.*

Les philosophes et historiens des religions ont établi des classifications, des étapes ou la loi des trois états comme Auguste Comte (v. *positivisme*). Le mythe de l'âge d'or, celui du bon sauvage, celui du grand Dieu ou Etre suprême, ont eu leur temps d'enthousiasme.

Les uns ont voulu voir un polythéisme primordial, les

autres un monothéisme qui, peu à peu, se serait dégradé pour retrouver parfois une notion plus abstraite de Dieu organisateur du monde. Cependant, en dehors des grandes théories, on peut constater par les peintures ou gravures pariétales des cavernes préhistoriques l'existence de sanctuaires d'un accès difficile qui ont dû servir à des rassemblements pour des cérémonies magiques d'envoûtement ou d'initiation, ce qui impliquerait des rites de chasse et des rites de passage analogues à ceux que l'on constate chez les primitifs actuels. Les rares figures de sorciers et même de masques nous confirment cet *animisme** des peuples chasseurs, honorant l'esprit de l'animal tué et lui rendant un culte de la fécondité pour assurer la reproduction du troupeau. Magie, incantations, rites seront aussi les moyens employés dans les cultes de fertilité des agriculteurs dès le néolithique.

Le culte des esprits ira jusqu'au *fétichisme** et au culte de la nature pour aboutir à celui des ancêtres et à différentes formes de totémisme qui seront souvent à la base de l'organisation sociale. Cependant la magie sera toujours sous-jacente à la religion primitive. Les notions de mana*, de tabou*, d'interdits* expliqueront le sacré ; peu à peu naîtra celle de divin et apparaîtront les mythologies et les cosmogonies. La crainte, le respect, la vénération, la dévotion, la croyance et la participation entoureront les rites qui se diversifieront, conduisant l'« homo sapiens » à devenir l'« homo religiosus ».

priscillianistes, hérétiques, disciples de *Priscillien,* moine égyptien qui propagea ses doctrines en Espagne du Sud. — Condamné par le concile de Saragosse en 380, il se rendit en Gaule et en Italie. Il fut condamné à mort par l'empereur Maxime. La secte, imprégnée d'idées gnostiques et manichéennes, survécut en Espagne, mais fut rejetée définitivement au concile de Braga en 563. Elle disparut peu après.

prophète (gr. *pro,* avant ; *phemi,* je dis), homme qui fait des prédictions (voyant, inspiré).

La Bible a eu de nombreux prophètes. Les grands et les petits, chargés par Dieu de rappeler les Israélites à l'Observance de la Loi, d'annoncer le Messie et de prédire l'avenir.

Dans la plupart des religions, il y eut ou il y a des prophètes.

Chez les Réformateurs et dans les sectes, certains êtres inspirés prophétisent dans un délire extatique.

Dans l'islam, si les prophètes de la Bible sont admis, le dernier étant Jésus, ce titre est par excellence celui de Mahomet* exprimé dans la *chahada** : « Il n'y a pas d'autre dieu qu'Allah, et Mahomet est son prophète.»

prosélyte (gr. *prosélutos*, qui est venu récemment dans un pays), nouveau converti à une religion, à une secte ou à une doctrine.

Chez les Hébreux, les prosélytes étaient les nouveaux convertis parmi les étrangers. On distinguait les «prosélytes de la porte», ou «craignant Dieu», qui se conformaient à la morale judaïque, mais refusaient la circoncision, assistaient aux offices dans le parvis des «gentils», et les «prosélytes de l'Alliance», ou «de la justice», qui acceptaient toutes les observances mosaïques.

prosternation, fait de se courber jusqu'à terre en la touchant du front en signe d'adoration. Ce rite est celui de la prière musulmane et, sous forme d'allongement de tout le corps, celui de certains Tibétains.

protestantisme. L'histoire du protestantisme se confond avec celle de la Réforme*. Ce terme vient de la «protestation», ou révolte, qui souleva un certain nombre de chrétiens partisans de Marthin Luther* contre les abus du clergé au XVIe s. Elle entraîna ces chrétiens à se séparer du pouvoir de Rome et de sa langue liturgique, le latin. Les disciples de Luther avaient «protesté» en 1529 contre un décret voté par la Diète de Spire, proscrivant tout changement religieux dans les États allemands. Généralement, le terme de *protestantisme* englobe toutes les sectes nées à la suite de ce mouvement. Bien qu'issu du même désir de réforme de l'Église, le protestantisme prit vite des aspects différents, suivant les formes de pensée, les coutumes et la nature des pays où il s'établissait.

Il n'y a donc pas une grande unité de doctrine. Les sectes se multiplièrent et devinrent de plus en plus anticonformistes. Toutes se réclament de la Bible, surtout du Nouveau Testament, avec un désir de retour au christianisme primitif et un grand souci de simplicité dans le culte et le décor. La Bible est leur seul lien, du fait qu'elle est considérée comme inspirée par le Saint-Esprit. Aucune autorité suprême ne sanctionnant les croyances, ce qui aurait été en d'autres temps une hérésie ne faisait que donner naissance à une nouvelle secte. Ces sécessions successives sont surtout visibles en Amérique, pays neuf et tolérant qui reçut les émigrants d'Europe, chassés bien souvent par l'intolérance ; c'est pourquoi les sectes y sont si nombreuses et variées. Cependant, toutes ont une doctrine de salut par la grâce de Dieu révélée par le Christ. Elles admettent la primauté de la Tradition sur les commentaires théologiques des Pères de l'Église.

Les principaux types de protestantisme sont le *luthéranisme, le calvinisme, l'anglicanisme, et le méthodisme.* Pour la plupart, ils admettent les dogmes généraux du christianisme : la Création, la Rédemption, la Trinité, le jugement des âmes, la profession de foi par le symbole des Apôtres, ou *credo*.

Les Églises issues de la Réforme ont toutes pour doctrine de base le salut par la grâce que saisit la foi. C'est le don de Dieu d'après saint Paul, le grand maître de l'enseignement chrétien, ce qui entraîne les croyances en la prédestination surtout chez les calvinistes. Les œuvres, cependant, sont nécessaires, elles doivent être au service des hommes, frères dans le Christ.

Tel est le fond du dogme reconnu par les «fondamentalistes», qui s'opposent aux «libéraux». Les théologiens, depuis la fin du XIXe s., ont exprimé un désir de «retour aux Sources» et aussi d'union des Églises, ceci se manifestant par la «Convention» de 1938, unissant toutes les dénominations qui se réclament de la Bible.

Bien que l'unité de ces Églises soit difficile à obtenir du fait du principe même de la liberté de conscience si chère aux protestants, un grand mouvement d'union essaie d'y parvenir par des congrès, des assemblées de prières et des efforts de compréhension mutuelle. (V. *œcuménisme*.)

En France, où le protestantisme amena les guerres de religion du XVIe s., celui-ci n'eut droit de cité qu'avec l'édit de Nantes (1598), promulgué par Henri IV, mais dont la révocation en 1685 amena une telle inquiétude chez les protestants que, préférant l'exil aux galères, ceux-ci quittèrent la France en grand nombre.

Dans les Cévennes, l'Église du désert organisa un culte clandestin (v. *camisards*). Le XVIIIe s. fut plus libéral et aboutit à l'édit de Tolérance de 1787, puis au concordat de 1802, reconnaissant les cultes réformés, à qui il accordait des chapelles désaffectées.

La loi de 1905 sépara les Églises de l'État.

providence (lat. *providentia*, action de prévoir, de voir d'avance), acte par lequel Dieu mène les créatures vers la fin qui leur est destinée, protection divine accordée aux hommes. Cette question de prescience divine laissant toutefois la liberté aux hommes a été discutée par les théologiens. Cependant, le Christ prêche la confiance en la providence qui est le fait des cœurs purs et sincères, particulièrement dans la parabole des lis des champs parés par la nature sans se donner de souci; pareillement l'homme n'a pas besoin de montrer tant d'inquiétude et d'agitation : Dieu pourvoira à ses besoins et le protégera.

De nombreux ordres religieux placés sous ce vocable expriment ainsi leur confiance en Dieu : telles les *Filles* ou *Sœurs de la Providence.*

PTAH, dieu égyptien de Memphis, figuré sous forme humaine, le corps serré au-dessous de la poitrine comme une momie. Considéré comme le créateur du monde, il est le «potier divin», le dispensateur de la vie, l'inventeur des techniques. Il constitue une triade avec Sekhmet* et Nefertoum, le «Lotus parfumé».

puja, dans l'hindouisme, ensemble de rites du culte célébré quotidiennement soit au foyer par des laïcs, soit dans des temples par des «prêtres-brahmanes». Ces rites consistent en ablutions, prières, prosternations, libations (de lait, thé ou eau lustrale), offrandes, lumières, accomplis devant les images divines.

purgatoire (lat. *purgare*, purger, nettoyer), dans l'Église catholique, lieu où les âmes expient les péchés véniels et la peine due aux péchés mortels pardonnés. La nature des peines et la durée ne sont pas expliquées. Ce châtiment temporaire serait celui du feu avant l'accès au bonheur du ciel.

Les orthodoxes sont partagés sur la notion de purgatoire, qui s'appuie sur l'Écriture sainte et l'autorité des Pères de l'Église. Elle a été confirmée par le concile de Trente. L'Église enseigne que, par leurs prières, les vivants peuvent intercéder pour les morts ; des messes sont dites pour les âmes du purgatoire et les cérémonies du «jour des morts», au lendemain de la Toussaint, font participer les défunts à la «communion des saints».

Il existe des associations et des confréries consacrées au soulagement des âmes du purgatoire. Un ordre religieux féminin, celui des «Auxiliatrices du purgatoire», fondé en 1856 par Eugénie Smet, bienheureuse mère Marie de la Providence, se consacre à ces prières d'intercession, tout en s'occupant d'œuvres sociales et missionnaires.

Puhorita, chapelain du roi à l'époque védique.

puritains (anglais *puritans*), membres d'une secte de presbytériens du XVIIe s. qui refusait la forme épiscopale et les rites de l'anglicanisme. — D'une grande austérité, lisant et relisant la Bible, admettant la prédestination, les puritains jouèrent un grand rôle dès la fin du XVIe s. Ils furent persécutés et émigrèrent en Hollande, puis aux États-Unis. Ils furent les fameux «Pilgrim Fathers» qui franchirent l'océan sur le *May-*

flower. Très fervents, ils devinrent des bourgeois influents qui préparèrent les esprits à l'indépendance américaine. L'austérité des puritains est passée dans le vocabulaire comme synonyme de «sévérité» en matière de morale et de religion. S'y rattache l'observance du repos dominical strictement respectée en Angleterre pendant plus de trois siècles.

Purusha, dans les Veda, le géant, l'Homme cosmique, dont le démembrement forme l'univers.

Peu à peu cette notion a été assimilée à celle du brahman.

pyxide (gr. *puxis*, boîte), boîte en métal plus ou moins précieux destinée à conserver les espèces eucharistiques. — C'est l'origine du ciboire. La pyxide reste cependant un petit vase couvert utilisé pour porter la communion aux malades.

Q

qarmates, membres d'une secte chiite extrémiste, pratiquant le serment, la communauté des biens et des femmes, la croyance en la divinité des imams et du mahdi. Farouches guerriers, ils s'emparèrent de la Kaaba en 930 et se confondirent plus tard avec les assassins*.

Qadriya, v. *confréries.*

quakers, membres d'une secte fondée par George Fox* au XVIIe s. Condamné pour ses idées, celui-ci avait été convié devant le juge et exhorté à trembler devant la parole de Dieu, d'où le surnom de «trembleurs» ou «quakers» qui fut donné aux membres de la société qu'il avait instituée. Les quakers subirent de nombreuses persécutions, furent incarcérés comme fous. Ils faisaient preuve d'une grande indépendance, ne saluant personne, tutoyant tout le monde, n'acceptant aucun intermédiaire entre Dieu et eux; d'où leur refus de tout rite et de toute cérémonie.

S'ils ont quitté leurs chapeaux et leurs costumes sévères du XVIIe s., leur probité, la pureté de leurs mœurs, leur charité et leur austérité n'ont pas changé. N'admettant sous aucun prétexte de tuer, ils sont objecteurs de conscience et ne veulent pas prêter serment. En 1684, conduits par William Penn, ils obtinrent un vaste territoire, devenu la Pennsylvanie, et se répandirent dans le nord-est des États-Unis où ils sont encore nombreux. Antiesclavagistes, ils ne chassaient pas les Indiens, mais traitaient avec eux; ils furent à l'origine de la sécession du Nord et du Sud. La *Société des Amis de la vérité,* ou simplement *Société des Amis*, est avant tout de caractère philanthropique. Pendant les guerres, elle a toujours contribué à ravitailler les victimes innocentes de ces fléaux. N'acceptant ni culte ni rites, les quakers croient en la lumière intérieure qui illumine tout fidèle sincère. Ils se réunissent dans de simples salles austères et prient dans le recueillement.

De temps en temps, certain personnage, «mû par l'Esprit-Saint», sort du silence et communique à l'assemblée les paroles de paix et d'amour qui l'inspirent. Il n'y a pas de chants, pas de musique, seulement quelques lectures. Les quakers sont groupés en assemblées d'hommes et de femmes égaux, sans pasteurs, mais élisant quelques anciens qui administrent les communautés.

Il y eut des divergences doctrinales au début du XIXe s. à la suite d'Elias Hicks, qui nia la divinité du Christ. Ce schisme sépara en Amérique les orthodoxes des «hickistes», de tendance unitarienne.

Quetzalcòatl, v. *Mexique*.

quiétisme (lat. *quietus*, calme, paisible), doctrine mystique d'union de l'âme à Dieu sans tenir compte des nécessités extérieures ni même des devoirs humains. (C'est en un sens ce que les stoïciens appelaient l'«apathie».)

Quelques docteurs de l'Église primitive, dont Clément d'Alexandrie, prêchèrent cette doctrine. Elle fut reprise au XIIIe et au XIVe s. chez les hésychastes grecs, dans les Flandres et en Allemagne, ainsi que chez les bégards*.

Au XVIIe s., ce mouvement mystique prit une forme systématique en Espagne avec le jésuite *Molinos**; celui-ci préconisait une attitude de passivité totale dans les exercices de dévotion et affirmait que l'âme, ayant atteint par l'union mystique avec Dieu un état de perfection, ne pouvait plus commettre de péché. Dans son *Guide spirituel*, publié en 1675, il exprimait cette *doctrine du pur amour*, ou quiétisme, c'est-à-dire de l'inaction absolue devant Dieu, de l'absence de toute crainte du mal et de ses conséquences, et de l'indifférence dans la pratique des sacrements. Cette doctrine fut condamnée par le pape Innocent XI en 1691, mais inspira Mme Guyon*, qui inquiéta les autorités ecclésiastiques françaises. Cependant, le quiétisme influença fortement Fénelon*, qui fut pris à partie par Bossuet. Les ouvrages de Fénelon furent examinés de très près et furent en partie condamnés par le pape en 1699. Fénelon se soumit aussitôt. Ce mouvement de mysticisme facile, qui dédaignait l'ascèse et la lutte contre les passions, ne disparut pas totalement; on le retrouve parfois au XVIIIe s. non seulement chez les catholiques, mais dans quelques sectes protestantes comme les quakers* ou certaines religions orientales, où il devient plutôt une attitude de passivité et de tranquille attente de la connaissance de Dieu.

R

Râ ou **Rê**, le dieu du Soleil dans l'Égypte ancienne. Il est la réalité visible et le rayonnement physique de l'astre du jour. Le culte solaire est le plus ancien et le plus important de l'Égypte. Il existait bien avant l'époque pharaonique. La cosmogonie établit le rôle et décrit les voyages du soleil. Naissant à l'horizon de l'Orient, accueilli par les cynocéphales, naviguant sur la barque du jour jusqu'au soir, ou changeant d'esquif, il restera dans les mondes inférieurs pour reparaître à l'aube. De nombreux mythes et d'innombrables images racontent ce cycle solaire. Râ est le grand maître du monde et reste tout-puissant malgré le triomphe des dieux thébains. Associé au culte funéraire des grandes pyramides, devenu le père des pharaons, il fut considéré comme un des aspects du grand dieu Amon, qui devint Amon-Râ comme plus tard Khnoum*, Montou* et Sobek*. Le culte d'Aton* ne l'éclipsa pas et, malgré la montée du culte d'Osiris*, le culte solaire prendra un aspect complémentaire des rites funéraires.
rabbin (de l'hébreu *rabbi*, maître), chef spirituel d'un groupement israélite. — Ce titre fut d'abord celui des docteurs de la Loi juive au moment du *rabbinisme* dans la première communauté de la diaspora*. C'est l'époque de l'élaboration du Talmud (v. *judaïsme*). Il y eut en Europe plusieurs foyers où se formaient les rabbins qui avaient une autorité juridique et religieuse tandis que, de nos jours, ceux-ci n'ont qu'un rôle religieux, présidant aux cérémonies du culte du sabbat à la synagogue, prêchant, instruisant les jeunes, bénissant les mariages, célébrant les obsèques. Les rabbins ne sont pas «ordonnés», mais font des études spéciales. La France possède un séminaire israélite important. Le grand rabbin est assisté d'un consistoire. Lorsqu'ils officient dans la synagogue, les rabbins revêtent une large robe noire et une toque ; ils sont assistés d'officiants qui font la lecture des Livres saints.
RACHI, v. *Talmud*.

Rākshasa, démons des ténèbres dans le brahmanisme.

RĀMA dans l'hindouisme, héros du *Ramayana**, avatar de Vishnu, type idéal du jeune hindou pratiquant la piété filiale, mari modèle, le meilleur tireur à l'arc de son temps, époux de la belle Sita, dont l'enlèvement fait l'objet du récit de l'épopée. Après toutes sortes de péripéties et d'épreuves, ayant retouvé son épouse qui lui donna deux fils, il vécut heureux, mais, lorsque Sita mourut, il ne put lui survivre. Rama, en tant qu'avatar de Vishnu, est l'objet d'un culte très répandu, dont le beau temple de Rameswaram, dans le sud de l'Inde, est le centre principal.

ramadan. Dans l'islam*, jeûne* du neuvième mois de l'année lunaire qui est aussi un temps de recueillement, de pureté et de méditation. C'est l'un des cinq piliers de l'islam et un important facteur d'unité. A l'époque moderne surtout, il doit faire comprendre le problème de la faim et la dureté des privations pour ceux qui s'épuisent dans le travail.

RAMAKRISHNA, saint hindou (Karmapukar 1834 - près de Calcutta 1886). Fils d'un pauvre brahmane du Bengale, il devint prêtre de Kali* et, par sa faculté extatique, fut un grand mystique ; il voulut transcender ses images divines dans une sorte de syncrétisme, étudiant plusieurs des grandes religions non d'une manière intellectuelle, mais en une expérience intime, spécialement le christianisme et l'islam. Il aboutit à la conclusion que Dieu est un, mais qu'il y a différents moyens d'aller à lui. Il affirme cependant que l'hindouisme convient mieux à l'Indien et que le yoga*, la méditation, la bhakti* sont les meilleures voies de contemplation divine.

Bien que vishnuiste et vouant un culte particulier à l'image de Kali, la déesse mère, il admet toutes les formes de pensée religieuse de l'Inde, marquant sa préférence pour la philosophie du vedanta* de Çankara*.

Prêchant une doctrine de tolérance (chacun doit suivre la voie de sa propre religion) et de bienfaisance universelles, il réunit quelques disciples et exerça une grande influence sur la pensée indienne moderne. Mais c'est surtout son disciple Vivekananda* qui établit les principes de « l'ordre de Ramakrishna » (ordre monastique envoyant ses « swamis » — maîtres — dans le monde entier) et la Ramakrishna Mission, mouvement philanthropique et culturel dont le centre est à Belûr, sur les rives du Gange, près de Calcutta.

RAMANA MAHARSHI, appelé aussi ***le grand ermite,*** éminente personnalité de l'Inde (1879 - 1940) il fut le mystique de *Tirouvannamalai,* près de Madras.

Il fit l'expérience religieuse de l'ascèse dans le vedanta* et chercha particulièrement l'effet du silence autour de sa personne ; alors qu'on venait le voir de toutes parts, il n'accordait que de rares et brefs entretiens à ses disciples. Il écrivit fort peu, mais son exemple encourageait ses visiteurs à la connaissance du «Soi» absolu par celle de soi-même et la recherche de la perfection.

RAMANUJA, philosophe indien (mort v. 1137). Il est dans la tradition de ces poètes populaires et mystiques tamouls, les *Alvars,* qui ont fourni de nombreux hymnes à Vishnu* et à sa parèdre Çri (ou Lakshmi) : c'est le mouvement *Çrivaishnava,* auquel Ramanuja se consacra après avoir étudié la philosophie çivaïte. Théoricien de l'amour-foi (*bhakti**), il s'oppose à Çankara, expose son idée du brahman* «qualifié», ou dieu personnel et crée la notion de «prapatti», ou abandon à la grâce divine. Son système établit l'unité de la substance et la multiplicité des aspects.

Il voyagea dans toute l'Inde, fonda des monastères et se retira à Çrirangam, près de Trichinopoly où l'on vénère encore son tombeau.

Ramayana, une des deux épopées de l'Inde remontant à quelques siècles av. J.-C., écrite par un sage inspiré, Valmiki, réunissant des thèmes mythologiques, des légendes, des souvenirs historiques et racontant les aventures du héros Rama*, incarnation de Vishnu*, dont l'épouse Sita, enlevée par Ravana, roi des rakshasa (démons), a été emportée à Lanka (Ceylan). Avec l'aide d'Hanumant, Sita est délivrée, mais devra subir des épreuves de purification. Elle est considérée comme le modèle des épouses.

Cette geste de Rama, indéfiniment répétée en récits, chants, drames pour le théâtre et les marionnettes, même hors de l'Inde, a popularisé une sorte de culte de Rama, soit comme héros, fils de roi, parangon de la piété filiale et aussi du respect du devoir strict et même exagéré, soit comme divinité (avatar de Vishnu).

RAM MOHN ROY, philosophe hindou (Rhadhanagara, district de Burdwan, Bengale, 1774 - Bristol 1833), fondateur de la *Brahmo Samaj* et un des premiers réformateurs du néo-hindouisme.

Né au Bengale d'une famille de brahmanes aisés, il appartenait à la classe montante de la bourgeoisie commerçante, ce qui lui donna une indépendance financière et lui permit de faire de nombreux voyages. Il étudia l'anglais, le latin, le grec, l'hébreu, se pénétra non seulement des textes anciens de l'Inde, mais aussi du bouddhisme, de l'islam et du christianisme. Luttant contre l'idolâtrie et le sati (sacrifice des veuves), il fonda à Calcutta une Église hindoue unitaire (où, dans des réunions hebdomadaires, des croyants de différentes religions de tendance théiste se réunissaient pour prier en commun) qui devint plus tard la *Brahmo Samaj,* ou communauté de Brahma. Ram Mohan Roy eut à lutter contre les missionnaires chrétiens et les hindous qu'il scandalisait. Il mourut en Angleterre, et son œuvre lui survécut, donnant un aspect nouveau à l'hindouisme, qui se perpétuera dans l'Aryo* Samaj de Sarasvati.

RASHI, sunom de **Rabbi Salomon ben Isaac de Troyes** (1040-1105) qui a exercé une très profonde influence sur le judaïsme médiéval. Son *Commentaire du Talmud* devint très tôt l'expression de la pensée juive. Ses descendants et disciples formèrent une véritable école française qui rayonna dans toute l'Europe occidentale.

raskolnik (ou «vieux croyant»), dans un sens général, dissident ou schismatique. — Dans l'histoire religieuse de la Russie, ce nom fut donné à ceux qui ne voulurent pas admettre les réformes nécessaires du patriarche Nikon et préférèrent subir la persécution.

A la suite du patriarche Avvakoum, plusieurs raskolniks exilés en Sibérie devinrent colons quand ils purent survivre aux mauvais traitements qu'ils durent subir. Ils se divisèrent en plusieurs sectes. (V. *Russie.*)

Réarmement moral, mouvement chrétien fondé en 1921, au sein du groupe d'Oxford, par le révérend Frank Buchman, qui en devint le missionnaire au cours de voyages dans le monde entier. Ce mouvement philanthropique, répandu dans de nombreux pays, même au Japon, est surtout anglo-américain. Ce n'est pas une religion, le fond du dogme étant tiré de la Bible ; il met l'accent dans la vie quoditienne spécialement sur l'honnêteté, la pureté, la générosité et l'amour du prochain. La réforme du monde doit et peut être faite par la «réforme de la vie personnelle». Les réunions ne comportent aucune cérémonie : elles consistent en prières confiantes en la volonté divine et en une confession publique des péchés (l'endossement).

récollets, religieux réformés dans l'ordre de saint Augustin en Espagne (XVIe s.) - Les Récollets franciscains sont une branche réformée des Frères mineurs qui, en Espagne au XVIe s., s'étaient installés dans une maison de récollection (c'est-à-dire de retraites de courte durée) ; ils devinrent très nombreux (v. *franciscains*). Il y eut des *Récollettes* et un tiers ordre de *Pénitentes récollectines* qui existe encore, particulièrement en Hollande.

Rédemption (lat. *redemptio,* rachat), un des grands mystères de la foi chrétienne : le rachat des fautes des hommes par le Christ rédempteur pour les amener à l'union à Dieu dans la vie éternelle. C'est le mérite de la passion du Christ.

Pour Israël, le Messie doit être le rédempteur de l'humanité pour arracher celle-ci à l'empire du péché.

La congrégation du Très-Saint-Rédempteur, fondée à Naples en 1731 par saint Alphonse de Liguori pour une action missionnaire, a plutôt un caractère paroissial dans les campagnes, les villes et les pays étrangers. Les prêtres et frères de cette congrégation sont nommés *rédemptoristes.*

La branche féminine est celle des *rédemptoristines.*

Réforme, mouvement de la première moitié du XVIe s. qui divisa l'Occident chrétien en deux parties.

Ce mouvement aboutit à un véritable schisme séparant des catholiques ceux qui protestèrent contre certains abus et qui, de ce fait, furent nommés «protestants». (V. *protestantisme.*)

La Réforme, contemporaine d'un autre mouvement de la pensée du XVIe s., la Renaissance, si elle s'est appuyée sur cette vague d'émancipation et d'indépendance intellectuelle, a pris ses racines chez certains penseurs du XIIIe s. et même, d'après certains historiens, dans les braises mal éteintes des bûchers d'hérétiques. On se mit à critiquer les hautes classes du clergé plus ou moins ouvertement, à s'insurger contre les impôts ecclésiastiques (denier de Saint-Pierre) et peu à peu à rejeter la suprématie du pape. L'autorité papale avait été fort ébranlée par le schisme du XIVe s., où un antipape s'opposait à un pape, où la dignité pontificale était parfois mal représentée. Dans plusieurs pays, l'orage grondait, que contenaient mal les tribunaux, ecclésiastiques. Au XIVe s., *Wyclif**, en Angleterre, *Jan Hus*,* en Bohême, quelques années plus tard, annoncèrent la Réforme par leur dénonciation des abus de certains membres du clergé. Le concile de Constance ayant condamné ces deux réformateurs, près d'un siècle plus tard éclata l'orage d'abord avec Lefèvre d'Étaples (1450-1537) qui traduisit en Français le Nouveau Testament et trouva refuge auprès de Marguerite de Navarre à la cour de Nérac, puis avec Martin Luther* en Allemagne. Tandis que les humanistes comme Érasme, Thomas Morus, restaient fidèles au catholicisme, d'autres protestaient et se ralliaient à ce moine augustin, Luther, qui, ayant attaqué les indulgences, brûla publiquement la bulle papale qui l'excommuniait. En 1520, il y eut de nombreuses divergences d'idées parmi les protestataires et des tentatives d'union qui furent proposées par Melanchthon à Marbourg en 1527 (où se trouve la première université protestante).

En 1530 fut promulguée la fameuse *Confession d'Augsbourg,* et ce fut là le début historique du protestantisme.

D'autres pays eurent leurs réformateurs : *Zwingli**, en Suisse, qui fut un organisateur, étudia la Réforme dans tous les domaines, tandis que *Calvin**, en France, fut plutôt juriste. Ce dernier acheva à Genève l'œuvre de Zwingli. Leurs sectateurs s'appelleront les *Réformés.* En Angleterre, où les esprits étaient préparés au refus de l'autorité romaine, le geste d'Henri VIII, désirant l'annulation de son mariage, ne fut qu'un prétexte. L'Église d'Angleterre changera peu de choses dans le dogme chrétien, mais prendra peu à peu sa forme indépendante et définitive avec Elisabeth Ire, après le règne de Charles II. Là, comme dans d'autres pays, les croyances s'affirmèrent dans le sang avec les réactions sévères des deux sœurs qui se succédèrent sur le trône, mais la révolution de Cromwell ramena un protestantisme plus radical et tolérant pour les différentes sectes qui vont se multiplier et qui, souvent, pour s'exprimer plus librement, iront se fixer dans le Nouveau Monde. George Fox* emmènera ses «amis», les quakers*, en Nouvelle-Angleterre. C'est plus tard, au XVIIIe s., le réveil religieux avec les frères Wesley*, fondateurs du méthodisme, qui se développa en Amérique, donnant ainsi un aspect bigarré (qui ne cessera encore de se diviser) au protestantisme anglo-américain. En Europe, la Réforme fut presque partout accompagnée de guerres de religion. En France, les huguenots et les catholiques se livrèrent à d'affreux massacres, tandis qu'aux Pays-Bas les protestants révoltés incendiaient les églises; Philippe II d'Espagne luttait contre le protestantisme par le fer et par le feu. Mais la plus longue, la plus ruineuse et la dernière des guerres de religion fut la guerre de Trente Ans, qui ravagea toute l'Europe. Les princes allemands du nord de l'Allemagne et les royaumes scandinaves restèrent protestants (v. *protestantisme*).

En France, si l'édit de Nantes avait apporté la paix religieuse, sa révocation fit renaître l'hostilité, les condamnations et l'exil.

régulier, qualificatif donné au clergé soumis à une *règle monacale* l'obligeant à des vœux et à la vie dans un monastère, par opposition au *clergé séculier*, formé par les prêtres des paroisses vivant dans le monde.

réincarnation, croyance selon laquelle l'âme humaine après la mort passe dans un autre corps. — Elle a un sens religieux, car elle implique l'idée de renaissance à des fins morales. Elle correspond à une migration de l'âme dans une même espèce. Si la *transmigration* peut comporter le passage de l'âme dans un corps humain, animal ou même végétal ou démoniaque, la *métempsychose,* qui signifie «changement de l'âme», est une notion exprimée par les Grecs qui l'appliquaient surtout à la religion égyptienne. La réincarnation est admise par de nombreuses religions et sectes orientales, depuis l'Égypte ancienne avec les orphites, les pythagoriciens et les manichéens, en passant par les gnostiques et certains néo-platoniciens. En Asie, elle est le fond commun de la pensée indienne, inhérente à l'hindouisme, dont elle justifie les castes, et au bouddhisme, où la voie de sagesse est donnée pour échapper au fleuve des existences (le *Samsara*), vouées à un nombre considérable de réincarnations.

religion (du lat. *religare,* lier et *religio* soin, culte), culte rendu à la divinité. La religion implique d'une part une recherche de la vérité sur l'origine du monde et sa finalité, sur l'origine de l'homme et ses rapports avec la divinité, d'autre part un ensemble de croyances, un besoin d'amour et d'émotion, un rapport harmonieux du microcosme au macrocosme; elle est l'expression du sacré* et l'organisation institutionnelle de rites* individuels et sociaux. On dit quelquefois *religion naturelle,* dans le sens d'une vague «religiosité», inhérente à la nature du cœur humain et impliquant une morale naturelle. Mais on parle plus souvent des *religions* qui sont aussi diverses que le sont dans le temps et dans l'espace les différents peuples de la terre; le plus souvent, elles se situent dans un cadre social historique et géographique et gardent ainsi leurs aspects particuliers même si elles tendent vers une unité dogmatique.

L'*histoire des religions* essaie de dégager l'origine du comportement de l'homme devant la notion de sacré.

Que sait-on des religions archaïques? Ce qu'on peut inférer de la connaissance des mythes* et institutions des peuples primitifs* actuels. La religion primitive, appuyée sur la magie, avec ses notions de mana*, de tabou*, de totem, a donné lieu à diverses théories et hypothèses. La sociologie a fait connaître ses rapports avec la vie des différents peuples (chasseurs, pasteurs ou agriculteurs) : cultes divers de fécondité, rites de chasse, culte solaire, zoolâtrie, etc. Les *mythologies* en forment un développement normal et prennent des aspects locaux. De grands organisateurs et théoriciens dogmatisent les croyances et deviennent des fondateurs de religion : tels Zoroastre, Mani, Mahomet. D'autres religions sont l'effet d'une lente évolution : tels l'hindouisme et le bouddhisme mahayana.

Une place spéciale doit être faite aux religions bibliques dites «religions du Livre» qui ont pour base une révélation faite par Dieu lui-même. La *science des religions,* qui peut remonter à Hérodote, est une étude des divers comportements religieux, œuvres d'ethnologues, de sociologues, de philosophes, d'archéologues et de théologiens. Si beaucoup de savants sont partis d'idées préconçues, d'autres ont tenté d'être objectifs, Les travaux de Frazer, de Max Muller, de P. Schmidt, de Durkheim ont fait autorité au début du XXe s. : l'histoire des religions est devenue une science et, de ce fait, elle en a adopté les méthodes.

Si les discussions religieuses ont fait couler beaucoup d'encre, les guerres de Religion ont fait couler beaucoup de sang. Les temps actuels semblent animés par un souci de paix et d'unité ; c'est pourquoi on observe des tendances à l'œcuménisme chez les chrétiens, et une recherche de syncrétisme ou de religion universelle chez certains philosophes et historiens. Il y a malgré tout des divisions dans les Églises et les sectes ne cessent de proliférer.

reliques (lat. *reliquiae,* reste), nom donné aux vestiges d'un saint personnage, généralement ossements, fragments de vêtements ou instruments de supplice des martyrs.

Le culte des reliques existe depuis les débuts du christianisme, où les plus vénérables d'entre elles ont été les dépouilles du Christ, les instruments de la Passion, les fragments de la vraie Croix et les épines de la Couronne. L'Église imposa la célébration de la messe au-dessus des reliques d'un saint et tout autel consacré doit nécessairement en contenir. Le Moyen Age a fait un abus de la vénération des reliques, allant jusqu'à l'enlèvement clandestin des corps ou parties du corps de certains saints. L'authentification n'est pas toujours facile ; aussi y a-t-il eu des trafics que l'Église a toujours punis. La présentation des reliques a donné aux artistes l'occasion de fabriquer des *reliquaires* ou même des reliquaires médaillons souvent ornés de pierreries. La vénération des reliques donne lieu à des expositions, des processions et des pèlerinages. L'Église, qui admet ce culte, met en garde les fidèles contre la superstition ; les protestants le proscrivent sévèrement.

Le culte des reliques a été très important à la suite de la

mort du Bouddha. Il survit surtout dans les pays du Petit Véhicule (v. *Açoka, stupa, Kandi*), mais aussi dans la vénération des grands maîtres tibétains. Le culte des crânes en Mélanésie n'est-il pas celui d'une relique, objet d'un culte funéraire (ancêtre tutélaire ou ennemi vaincu)?

Résurrection (du lat. *resurrectio,* retour à la vie), un des plus importants mystères chrétiens, exprimant la survie du Christ trois jours après sa mort. Tous les évangélistes ont témoigné de ce retour de Jésus-Chrsit parmi eux après qu'il eut séjourné trois jours dans le tombeau. Il vécut encore auprès de ses disciples quarante jours, jusqu'à l'Ascension*. Les apôtres diffusèrent cette affirmation. Saint Paul écrivit : «Si le Christ n'est pas ressuscité, notre prédication est vaine et vaine est notre foi.» Ce point du dogme, souvent discuté, est jugé, surtout par les orthodoxes, comme étant le plus important du christianisme. Sa célébration est la grande fête de Pâques*.

Jésus avait, au cours de sa vie publique, ressuscité le fils de la veuve, la fille de Jaïre et de Lazare.

La résurrection générale à la fin des temps est un dogme de la foi chrétienne. Elle était déjà admise par les pharisiens au temps du Christ (v. *jugement dernier).* Les corps reprendront non leur forme, mais celle de corps glorieux désormais immortels. Les religions de la Perse avaient établi cette notion de corps lumineux ou corps de résurrection.

Les mythes d'Attis et d'Adonis symbolisent la résurrection du Dieu en accord avec le rythme de la nature et de la végétation.

Rishi, sages mythiques de l'Inde qui transmirent la révélation des Veda.

rite (lat. *ritus*), ensemble des règles et des cérémonies concernant la pratique d'une religion suivant une liturgie établie. Dans les sociétés primitives, on appelle *rites de passage* ceux qui accompagnent l'initiation* : ils comprennent la séparation du groupe, l'attente et l'intégration à une nouvelle classe d'âge ou à un nouvel état. Comme dans la magie, les rites des religions primitives sont efficaces, donc indispensables. Telle était la croyance ferme dans les *rites du sacrifice* exprimée dans les *Veda.*

La notion de rite, très importante, est celle d'une force cosmique qui crée l'ordre rituel et moral. La force des rites est un phénomène religieux qu'on retrouve dans certains gestes (bénédiction, prosternation, génuflexion, etc.). L'accomplissement mécanique des rites conduit souvent au formalisme et à la froideur. Ce fut le cas particulièrement pour la religion romaine et le confucianisme* : jadis, dans la Chine impériale, il existait un ministère des rites (Li Pou), qui s'occupait du cérémonial, de l'ordre et de l'ensemble des rites. On a appelé «querelle des rites chinois» le refus par les dominicains, puis par le pape, de l'adoption pour le christianisme en Chine de certains rites confucéens proposés par les jésuites au XVIIe s., en particulier par le père Matteo Ricci.

Dans le catholicisme, toutes les cérémonies, tous les sacrements sont accompagnés de rites liturgiques qui peuvent présenter quelques légères différences suivant les rites (romain, oriental, melchite, ambrosien, etc.). La *congrégation des Rites*, au Vatican, instituée par Sixte Quint, réformée en 1908 par Pie X, s'occupe de la liturgie, des détails des cérémonies, des canonisations, etc.

Dans les sociétés secrètes, les rites jouent un grand rôle ; ils accompagnent le cérémonial et les passages aux différents degrés d'initiation.

L'ensemble des rites est souvent contenu dans un *livre* ou *rituel* traitant de l'ordre et des formes des cérémonies ainsi que des prières qui les accompagnent. En Égypte, le *Livre des morts* était un rituel contenant des indications et des invocations pour le passage dans l'autre monde.

Il existe dans toutes les religions de très nombreux rites spéciaux : rites propitiatoires, expiatoires, de pèlerinage, d'hospitalité, de consécration, de purification, de désacralisation, d'exorcisme, rites domestiques, saisonniers, agraires, de pluie, d'effusion de sang, etc.

rituel, recueil de prières, incantations et gestes établissant l'ordre des cérémonies religieuses.

rosaire, comme le chapelet*, série de grains fixés régulièrement pour la récitation des prières. — Dans le catholicisme les *Ave Maria* formaient ainsi une couronne symbolique de «roses mystiques». Le rosaire est trois fois plus grand que le chapelet ; il est divisé en plusieurs dizaines (quinze), incitant à la méditation des mystères de la vie de la Vierge, qui sont les mystères joyeux, les mystères douloureux et les mystères glorieux. La dévotion au rosaire remonte au XIIe s. ; elle a été popularisée surtout par les dominicains. Il existe des «confréries du rosaire» (octobre).

On appelle aussi *rosaire, (tasvir),* par analogie, le chapelet sans divisions qu'égrènent les musulmans et les bouddhistes (chapelet à 108 grains).

ROSCELIN, théologien français (Compiègne v. 1050 - abbaye Saint-Martin de Tours (?) v. 1120), le plus ancien scolastique, fondateur du nominalisme. Sa doctrine sur la Trinité fut condamnée au concile de Soissons en 1092. Menacé de lynchage, Roscelin dut se soumettre, s'exila en Angleterre et se réconcilia avec Rome. Il revint en France, fut chanoine à Besançon, puis il enseigna en Touraine et en Bretagne où il eut pour élève Abélard.

Rose-Croix, nom donné à une confrérie d'illuminés qui existent en Allemagne au XVIIe s.

Ce vocable couvre plusieurs sortes de sociétés plus ou moins secrètes, plus ou moins sectaires, à tendances religieuses ou philosophiques, se disant héritières d'une antique sagesse, formant une fraternité secrète et enseignant un ésotérisme par initiation. Leurs enseignements sont une combinaison d'hermétisme égyptien, de gnosticisme, d'ésotérisme chrétien, de kabbale, de pratiques occultes et d'alchimie, dont les aspects modernes sont seulement symboliques. S'il n'y a pas de recherche de transmutation de métaux, il y a celle des vérités profondes mettant en harmonie le microcosme et le macrocosme et la quête de la «connaissance», ou «omniscience».

Mais qu'est-ce que le vrai **rosicrucianisme**? Il est impossible de trouver des documents sûrs avant le XVIIe s. Le seul est *Fama fraternitatis,* publié en 1614 en Allemagne (mais circulant sans doute déjà en manuscrit). Sept éditons en trois ans racontent les voyages du prétendu fondateur du mouvement, *Christian Rosenkreutz,* en Syrie, en Égypte, en Arabie, à Fès, où il recueillit des secrets de sagesse, puis son retour en Allemagne, où il organisa son ordre des «Frères illuminés de la Rose-Croix» avec trois sages choisis par lui, puis huit, qui se dispersèrent. La fraternité devait rester secrète pendant cent ans. Cent vingt ans plus tard, le corps du fondateur fut retrouvé dans une sépulture secrète, dans un parfait état de conservation, à côté de certains documents importants. Le caveau fut fermé. Les membres de l'ordre se dispersèrent.

D'après la *Confession des frères de la Rose-Croix*, qui parut à la même époque, Christian Rosenkreutz serait né en 1378, aurait vécu cent six ans, et sa tombe aurait été cachée cent vingt ans. Très généralement, on admet que ce personnage a eu une existence mythique de caractère seulement symbolique, tandis qu'on pense que le fondateur réel de l'ordre n'est autre que Paracelse. Suivant certains, le rosicrucianisme serait bien antérieur et remonterait à Akhenaton en passant par les grands sages du judaïsme, du néo-platonisme et du gnosticisme. Il serait l'héritier d'une longue tradition ésotérique, transmise diversement et secrètement par une filiation initiatique. L'ordre se répandit en Europe occidentale; il fut introduit en Angleterre par Robert Fludd (1574-1637), théosophe émanationiste, ayant étudié les œuvres de Paracelse. Il est difficile de prouver l'existence de l'ordre dans les différents pays. Les rosicruciens croient que l'ordre peut être en sommeil pendant une certaine période : un rythme cyclique de cent huit ans d'activité suivi de cent huit ans de silence est admis par certains. De nouveaux chefs reprennent alors le flambeau. C'est ainsi qu'on trouve au XIXe s. : l'«ordre kabbalistique de la Rose-Croix» de Stanislas de Gaïta, le «lectorium Rosicrucianum» de Haarlem, etc. Mais, en 1915, un nouveau cycle apparut en Amérique avec l'ordre initiatique A.M.O.R.C. (Ancient Mystical Order Rosae Crucis) [réorganisé par Spencer Lewis] qui a son siège en Californie et s'est répandu aussi en Europe. La «Fraternitas Rosae Crucis» est elle aussi née aux États-Unis.

De nombreuses explications ont été données sur le symbole de la Rose-Croix. L'ésotérisme rosicrucien a exercé une grande influence sur la franc-maçonnerie, où, dans le rite écossais, le dix-huitième degré est nommé «Rose-Croix». Au XVIIIe s., le comte de Saint-Germain, Cagliostro, Martinez de Pasqualis, Claude de Saint-Martin se disaient de grands initiés des Rose-Croix.

Roue de la Vie. Dans le bouddhisme tibétain, représentation figurée de la série des existences. Au centre du cercle sont placés trois animaux, les péchés capitaux :
— le coq rouge : la passion concupiscente;
— le serpent vert : la haine;
— le porc noir : la convoitise, l'ignorance.

Tout autour, les six mondes de renaissance, chacun présidé par un bouddha, vers lesquels s'acheminent les êtres suivant leur karma*. A droite, le ciel, séjour des divinités, puis celui des Preta (esprits affamés) et, à gauche, les enfers.

Dans un cercle inférieur sont représentés les douze causes de l'enchaînement des renaissances (*Pratitya Samutpada).*

Russie. L'Église orthodoxe russe a pris très vite une personnalité due à la race, aux coutumes et à la langue du pays. Évangélisée, d'après une vieille tradition, par l'apôtre saint André, se dirigeant chez les Scythes, la Russie, se targuant d'être une des plus anciennes nations chrétiennes, a en réalité connu le christianisme par les voies du Nord (Normands) et du Sud (Slaves occidentaux à la suite de l'évangélisation de saints Cyrille et Méthode, et de celle de missionnaires byzantins).

Lorsque la veuve du prince Igor, Olga (devenue plus tard

sainte Olga), se convertit, il y avait de nombreux chrétiens dans la région de Kiev, mais c'est avec son petit-fils, saint Vladimir, que fut rétabli le culte officiel par le baptême solennel de la ville de Kiev en 988. Nous n'avons pas à analyser ici ce que valait ce christianisme encore imprégné du culte de la Terre Mère, la «Bogoroditza», que l'influence de Byzance transformera peu à peu. Sous Iaroslav le Sage et ses successeurs, Kiev devient un centre de diffusion du christianisme dans tout le pays, mais la destruction de la ville par les Mongols en 1240 marque un temps d'arrêt.

Le monachisme va jouer un très grand rôle religieux à partir du XIVe s. avec les laures* de Kiev. La Russie est en lutte contre des ennemis à l'Est et à l'Ouest, et affirme son idéal national avec saint Alexandre Nevski. Devenue autocéphale en 1448, elle tend de plus en plus à se séparer de Constantinople, et la prise de la ville par les Turcs portera le métropolite de Moscou à se considérer désormais comme le dépositaire de l'héritage byzantin. Lorsque est créé le patriarcat de Moscou en 1589, le premier patriarche étant Philarète, le père du premier tsar de la dynastie des Romanov, l'attitude filiale des premiers tsars conduira au *césaropapisme.* C'est l'époque de la *Sainte Russie*, où la spiritualité est grande : les églises sont magnifiques, les décorations somptueuses, les offices longs et beaux, ponctués de chants. La vie dévote du peuple se manifeste dans une liturgie grandiose et un art religieux de plus en plus exaltant.

Avec le patriarche Nikon se produisit la querelle de la révision des Livres saints (écrits en slavon, mais recopiés, après les incendies des Tatars, sur de simples fragments). Ce retour aux sources grecques ainsi que des réformes portant sur des usages d'importance minime, mais appliquées durement, divisèrent le clergé pendant des siècles : les «vieux croyants», appelés «raskolniki», s'insurgeaient contre les réformateurs, allant jusqu'au martyre pour défendre leurs vieilles traditions. Les récits de l'archiprêtre Avvakoum, déporté en Sibérie, en sont un curieux témoignage. Ils considérèrent Pierre le Grand comme un antéchrist quand celui-ci laïcisa le pouvoir spirituel, achevant ainsi la rupture avec le passé. Au siècle des lumières et des despotes éclairés, dans l'Église russe synodale, les sectes refleurirent, mais la spiritualité se réfugia dans les couvents. Après un retour du césaropapisme avec la Sainte-Alliance, le XIXe s., de plus en plus tolérant pour les sectes, et l'influence du positivisme révolutionnaire aboutirent d'une part au rétablissement du patriarcat de Moscou en 1917 et d'autre part à ces courants athées qui ont pour but d'extirper tout sentiment religieux de la société issue de la révolution soviétique. Cependant, depuis la guerre de 1939-1945, un nouveau courant idéologique et culturel a fait resurgir la vieille piété russe, en dépit de la propagande antireligieuse organisée par l'administration soviétique. Cette piété continue d'ailleurs à s'épanouir dans l'émigration, particulièrement en France et en Amérique.

Il existe aussi quelques groupes uniates*.

RUYSBROECK (Jan Van) dit **l'Admirable,** mystique chrétien flamand (Ruisbroek, Brabant ?, 1293 — abbaye de Groenendaal, Brabant, 1381). Il fut curé de Sainte-Gudule à Bruxelles. A l'âge de soixante ans, il se retira près de Waterloo, dans un monastère dont il devint prieur. Il fit partie de ce courant mystique du nord de l'Europe qui fleurit au XIVe s. avec les associations de béguines, les « amis de Dieu », les « frères de la Vie commune », etc. Ruysbroeck écrivit de nombreux ouvrages mystiques, dans lesquels il propose une méthode pour trouver Dieu. Il note trois étapes de cette ascension spirituelle : la vie active, la vie intérieure et la vie contemplative.

ryobu-shinto, v. *shinto.*

S

sabbat (hébreu *shabbat*, repos), le septième jour de la semaine, celui où Dieu est proclamé créateur de l'univers.

Suivant le précepte du Décalogue, les juifs doivent s'abstenir de tout travail et participer au culte divin ; le sabbat est un jour de prière et de repos qui, malgré des essais d'adaptation à la vie moderne, a survécu. Il reste le centre de la vie religieuse. Commençant le vendredi après le coucher du soleil, il est célébré en famille (on allume les bougies en disant : « Sois béni, ô Seigneur... ». Le chef de famille bénit Dieu : « Louons Dieu... ») et à la synagogue où ont lieu les services. Le sabbat se termine le samedi au crépuscule.

sabéens, v. *mandéens.*

sabelliens, sectateurs de l'hérésiarque *Sabellius*, vivant au IIIe s. à Rome, sans doute d'origine libyenne. — Celui-ci niait la réalité des trois personnes distinctes de la Sainte Trinité, assurant qu'il n'y avait qu'une seule personne sous trois aspects successifs : Père, Fils, Saint-Esprit.

Il fut exilé, mais ses doctrines furent reprises à différentes époques : par Abélard, par Michel Servet et, plus tard, par Swedenborg.

sacerdoce (lat. *sacerdotium* ; de *sacerdos*, prêtre), dignité de prêtre, fonction de caractère sacré, synonyme de *prêtrise.*

Autorité ecclésiastique et ensemble des prêtres qui forment parfois une caste sacerdotale.

sacre, cérémonie religieuse conférant des pouvoirs au roi ou à un grand personnage religieux. On parle aussi du sacre d'un évêque.

sacré (du lat. *sacer*), notion qui s'oppose à celle de *profane*, valeur de ce qui dépasse l'homme, l'incite au respect, à la crainte révérencielle, à la ferveur.

Le sacré est un étonnement devant le mystère de l'inconnaissable et de l'incommensurable. Il est aussi la notion fondamentale de toute religion.

L'école sociologique donne une force, une énergie particulière au sacré qui peut dominer toute la vie chez les peuples primitifs (v. *mana, tabou*). La notion de sacré s'exprime dans le temps et dans l'espace pour la plupart des religions qui ont donné ce caractère à leurs dieux, souvent à leurs rois divinisés, leurs prêtres et leurs lieux saints (temples, sanctuaires, tombeaux) et aussi aux fêtes instituant une sacralisation de certains jours de l'année.

On peut rendre sacré un objet par des rites appropriés ou sacralisation, de même qu'en certaines circontances on peut le désacraliser (c'est le cas de certaines statues bouddhiques venues d'Extrême-Orient en Europe qui ont dû être désacralisées pour le voyage, puis resacralisées par une cérémonie dite «de l'ouverture des yeux»). Sacré est souvent synonyme de *saint* comme pour les «Livres sacrés», les guerres sacrées qui eurent lieu, par exemple, en Grèce pour la défense du sanctuaire de Delphes.

On parle aussi d'*art sacré*, mais il s'agit d'une notion occidentale et relativement récente, car, jadis, toute manifestation artistique était religieuse. Le *Sacré Collège* est l'assemblée des cardinaux.

Le catholicisme adore le Christ sous l'aspect du *Sacré-Cœur*; son apparition à sainte Marguerite-Marie Alacoque à Paray-le-Monial, au XVIIe s., a donné une forme à ce culte dont on célèbre la fête au mois de juin.

La basilique du Sacré-Cœur de Montmartre, à Paris, en est une manifestation. Certains ordres portent ce nom : «Religieuses du Sacré-Cœur» fondé par Sophie Barat* pour l'enseignement des jeunes filles, «Pères» et «Frères du Sacré-Cœur» (ordre missionnaire).

sacrement (lat. *sacramentum*, chose sacrée). Chez les chrétiens, signe sensible institué par Jésus-Christ pour la sanctification des fidèles.

Rite sacré (forme visible d'une grâce invisible, dit saint Augustin) qui est le signe extérieur d'une grâce intérieure.

Les sacrements placent les principales étapes de la vie sous le signe du salut et de la grâce. L'Église catholique admet sept sacrements qui, normalement, s'étagent sur la vie de l'homme : baptême, confirmation, eucharistie, pénitence, ordre, mariage, extrême-onction ou sacrement des malades (avec quelques rites différents chez les orthodoxes). Les protestants n'acceptent généralement que le baptême et l'eucharistie; les quakers et les unitariens les rejettent tous car ils ne reconnaissent rien entre Dieu et l'homme. Dès le début du christianisme, le sacrement est apparu comme une manifestation du Saint-Esprit.

Plusieurs ordres portent le nom du *Saint-Sacrement,* dont celui des *Prêtres du Saint-Sacrement* fondé par saint Pierre Julien Eymard (1856).

L'hindouisme a aussi des sacrements (*samskara*) qui jalonnent la vie du brahmane.

sacrifice, offrande à une divinité, accompagnée de certains rites et faite le plus souvent sur un autel. — Il s'agit généralement d'une immolation rituelle d'une victime, être animé ou inanimé.

Les religions dites «païennes» de l'Antiquité, de même que les grandes religions amérindiennes, offraient beaucoup de sacrifices sanglants, dont des sacrifices humains. Dans l'Inde, le sacrifice est l'essence même du culte et incarne par lui-même le sacré; sa valeur est magique. Dans le Védisme, principalement, le sacrifice du *soma** est le soutien du monde, il est créateur lorsqu'il est accompli suivant les rites. C'est une oblation faite au feu, qui ne peut être accomplie que par un brahmane. L'hindouisme a gardé le sacrifice, mais, d'une manière plus simple, c'est surtout le culte de Kali qui réclame des sacrifices sanglants.

Dans les religions archaïques, les sacrifices humains étaient fréquents; ils consistaient plutôt en un meurtre rituel accompagné de cérémonies. Les victimes étaient presque toujours choisies parmi les prisonniers.

Dans la Loi de Moïse, les holocaustes ne laissaient rien subsister après l'incinération. On distinguait les sacrifices d'«oblation», d'«action de grâces» et d'«expiation».

L'islam orthodoxe n'emploie le sacrifice que lors du pèlerinage à La Mecque. Chez les primitifs, le sacrifice porte sur des êtres vivants, animaux ou humains, et il est accompagné d'un rituel rigoureux; le sang répandu joue un grand rôle; la victime, scrupuleusement choisie pour ses qualités, est offerte à la divinité et souvent partagée en un repas commun dans un clan donné; le but est de s'incorporer les vertus ou le mana de l'être sacrifié. Le sacrifice est un fait social en même temps que religieux. Il est source de vie, et c'est pourquoi il est souvent associé aux cultes de fertilité. Le *sacrifice-don* montre une plus grande générosité; l'être sacrifié, entièrement offert à la divinité, est parfois jeté dans les eaux, mais le plus souvent brûlé en «holocauste», et ainsi la fumée monte vers le ciel (demeure des dieux).

Le rituel comprend toujours un lieu consacré, un officiant et des instruments ; dans le temps, toute cérémonie comporte des rites d'entrée, d'action avec consécration et de sortie.

Le sacrifice expiatoire est très fréquent, surtout en Afrique (bouc émissaire).

Le sacrifice peut être volontaire pour apaiser la colère des dieux : ainsi la mort par inanition chez les cathares, les jaïns, le sati* des veuves dans l'Inde.

Les sacrifices non sanglants consistaient en oblations, libations, offrandes de produits végétaux.

Dans le christianisme (orthodoxie et catholicisme), l'eucharistie est le sacrifice par excellence, transcendé par la victime qui est le Christ lui-même, renouvelant le sacrifice de la Croix. (V. *transsubstantiation.*)

sacrilège (lat. *sacrilegium* ; de *sacer,* sacré, et *legere,* recueillir), profanation d'un objet sacré, ou personne (*sacrilegus*) qui a commis cet acte.

Pour les primitifs, il est une insulte à l'ordre du monde. Le sacrilège existe dans toutes les religions ; il est de tous les temps, mais il est puni avec plus ou moins de sévérité. Dans l'Antiquité, ceux qui pénétraient dans le saint des saints du temple, ceux qui courtisaient des vestales, ceux qui enfreignaient des tabous étaient sacrilèges.

Le christianisme distingue plusieurs sortes de sacrilèges : ceux qui sont commis contre des personnes consacrées à Dieu, ceux qui le sont contre des objets sacrés ou liturgiques, et ceux qui consistent en profanation de lieux consacrés. La punition est généralement l'excommunication.

Jusqu'en 1830 en France (sauf pendant la période révolutionnaire), des peines civiles bien établies accompagnaient ces forfaits, allant de l'amende honorable et du poing coupé aux galères ou à la mort.

sadhu, moine hindou, véritable ascète, mais d'une catégorie inférieure au samnyasin*, ascète qui pratique le renoncement.

saducéens, membres d'une secte juive adversaires des pharisiens, acceptant l'occupation étrangère et hostiles à Jésus.

saint (lat. *sanctus,* pur, parfait). Ce mot donne un caractère sacré à un objet, à un lieu, à une personne qu'il qualifie ; par exemple, on parle d'un saint lieu, d'un saint ciboire, d'un saint mystère, d'une vie sainte, d'un saint ermite, des saintes huiles, du Saint-Sépulcre, etc. Il y a dans toutes les religions des *lieux saints* (v. *pèlerinage*). Dans la plupart des temples, le lieu le plus sacré est le *saint des saints* (chez les juifs il renfermait le tabernacle) où était placée l'arche d'alliance.

Le christianisme a consacré ce vocable placé devant un nom propre pour les personnes qui ont été canonisées à la suite d'une vie « sainte », exemplaire par ses vertus chrétiennes et par l'affirmation de sa foi en toute occasion, allant bien souvent jusqu'au martyre (v. *bollandistes, culte*).

La *semaine sainte* est celle qui précède la fête de Pâques; elle commence le dimanche des Rameaux et comprend des offices particuliers, chaque jour saint, pour s'achever le samedi saint, après la grande commémoration de la mort du Christ le vendredi saint. Le *Saint-Siège* est le siège de la papauté au Vatican, à Rome; il est la résidence du souverain pontife (appelé aussi le *Saint-Père*). Dans un sens large, la communion des saints est un échange de mérites et de grâces des saints, qui ont une certaine classification, au sommet de laquelle se trouve la Sainte Vierge, recevant un culte spécial (v. *Marie*); viennent ensuite les apôtres, les évangélistes, les martyrs, les confesseurs, les pontifes et les autres saints ou saintes. Les saints sont généralement fêtés le jour anniversaire de leur mort, mais la fête de tous les saints a pour date le 1er novembre : c'est la Toussaint. Les églises, les villes, les villages et les pays étaient jadis tous voués à des saints et leurs noms étaient donnés aux enfants au baptême; ils étaient les saints patrons dont la fête était célébrée dans les cités (fêtes patronales) et dans les familles.

En se référant au milieu religieux où certains personnages sont vénérés, on parle de saints bouddhistes (arhat*, du bouddhisme du Petit Véhicule), musulmans (marabouts), etc.

SAINT-ESPRIT, dans le dogme chrétien, troisième personne de la Sainte-Trinité. D'après les théologiens, elle exprime un courant d'amour qui va du Père au Fils. Le *Credo* dit que l'Esprit-saint procède « du Père et du Fils » (*filioque**), tandis que les orthodoxes disent « du Père par le Fils »; c'est là un des grands sujets de querelle de la séparation des Églises. Le Saint-Esprit est mentionné dans les Évangiles tout au long du récit de la vie du Christ. La Vierge Marie conçut Jésus par l'« opération du Saint-Esprit »; celui-ci présidait au baptême du Christ sous la forme d'une colombe, de même qu'à la Transfiguration.

Il est appelé le *Paraclet* (le Consolateur), lorsqu'il est annoncé pour inspirer et guider les disciples dans leur tâche d'évangélisation : « Allez, enseignez toutes les nations et baptisez-les au nom du Père, du Fils et du Saint-Esprit... » Le jour de la Pentecôte — sa fête est spécialement célébrée ce jour-là — il descendit sous la forme de langues de feu sur les apôtres, réunis au cénacle avant de se séparer.

Les apôtres recevaient ainsi les dons spirituels, ou charismes ainsi que les «sept dons du Saint-Esprit», qui sont des grâces spéciales, et qui sont conférés tout particulièrement par le sacrement de confirmation ou chrismation. Ces dons sont la sagesse, l'intelligence, la science, le conseil, la force, la piété et la crainte de Dieu.

Plusieurs congrégations portent ce nom, dont les *Pères du Saint-Esprit* (missionnaires) sont les plus connus. Un ordre de chevalerie du Saint-Esprit fondé par Henri III en 1578 ne devait être conféré qu'à des nobles catholiques.

Le Saint-Esprit orne la croix huguenote sous la forme d'une colombe.

SAINT-MARTIN (Louis Claude de), philosophe français (Amboise 1743 — Aulnay, près de Paris, 1803). Traducteur en français des œuvres de Jacob Böhme*, il adopta ses doctrines, qu'il appliqua dans son système de théosophie* chrétienne. Il subit l'influence du visionnaire juif Martinez de Pasquali. Versé dans l'occultisme et dans la franc-maçonnerie, il jeta les bases d'une société que ses disciples, après sa mort, appelèrent **martinisme,** ordre à trois degrés d'initiation.

Saint-Office, congrégation fondée en 1542 (ayant son siège au Vatican), qui est chargée de veiller à la pureté de la foi catholique. — Souvent confondue avec l'Inquisition, elle en a été la continuation, atténuant toutefois ses rigueurs. Elle est appelée, depuis Vatican II, **Congrégation pour la Doctrine de la Foi** (v. *congrégation*).

salésiens, prêtres de la Société de Saint-François-de-Sales, congrégation fondée en 1859 à Turin par saint Jean Bosco pour la formation des jeunes gens. — Cette société, composée de clercs et de laïcs, est très dynamique et s'est très vite répandue dans le monde entier. Les salésiens réunissent sous cette appellation plusieurs congrégations religieuses féminines.

salut (lat. *salus*), félicité éternelle donnée à l'âme, qui, après la mort, aura été sauvée de l'état de péché et de souffrance lié à l'existence terrestre.

Dans la liturgie chrétienne, c'est une cérémonie d'hommage au saint sacrement (v. *eucharistie*) par l'élévation de l'hostie contenue dans un *ostensoir* (jadis une *monstrance*).

Elle est accompagnée de prières, d'hymnes et de mouvements d'encensoir.

salutistes, v. *armée du Salut.*

samadhi (mot sanskrit signifiant «extase»), réalisation de la dernière étape recherchée par les méthodes du yoga* indien pour l'union du sujet et de l'objet, effet mystique marquant une suspension du cours normal de l'existence, compréhension de la réalité ultime, communion avec la «Mère universelle».

Dans le bouddhisme, c'est le prélude à l'illumination: cette discipline permet d'effacer la douleur et d'atteindre à l'état d'arhat*, sinon au nirvana*.

Pour les Japonais zen, c'est le *satori,* qu'on appelle aussi «ouverture du troisième œil».

Samaritains. Habitants de la Samarie, survivants actuels en petit nombre d'un ancien royaume hébreu qui dut lutter constamment contre l'envahisseur. Gardant leurs particularismes, ils s'opposèrent peu à peu aux juifs restés de race plus pure qui les méprisaient.

Les Samaritains ont construit près de Naplouse (Sichem), qui reste encore leur capitale, un temple sur le mont Garizim devenu leur lieu saint. Ils n'admettent que le Pentateuque et refusent le Talmud. Ils sont considérés comme hérétiques.

A l'époque du Christ, ils vivaient totalement séparés et le mot de *samaritain* était une injure. L'apôtre Philippe en convertit quelques-uns, mais ceux-ci restant fidèles à leurs traditions ont gardé jusqu'à nos jours leur farouche individualisme.

samkhya ou **sankhya** (mot sanskrit signifiant «énumération» ou «analyse»), l'un des Darçana hindous, opposé au vedanta, de caractère dualiste, séparant nettement la matière de l'esprit.

Ce système dualiste aurait été fondé par un sage nommé Kapila à une époque mythique, mais il aurait été élaboré vers le IVe s. apr. J.-C. et fixé bien plus tard. Il affirme la précellence de l'esprit. Il analyse ce qui compose le monde : la nature (prakriti) est la matière primitive, qui est composée de trois *guna,* ou qualités (substances), qui sont : *sattva* (pureté, principe lumineux et bon), *raja* (force active, énergie, mouvement, principe impur), *tama* (force d'inertie, principe ténébreux). Ce sont les différents dosages de ces gunas qui ordonnent tout ce qui existe dans l'univers; celui-ci se reforme constamment après de longues périodes de temps appelées *kalpa*, car la matière est éternelle, indestructible et formée d'éléments grossiers et subtils.

En face de ce monde de la matière est celui des esprits inactifs, ou *purusha*. Le samkhya cherche à retrouver la réalité ontologique et à apporter une méthode de salut. Tout est dynamisme dans la nature, où l'ordre du monde se fait par le karman* et la transmigration, ce qui rend un dieu inutile. C'est ce qui explique l'athéisme du samkhya et la suprême indifférence de la « délivrance ».

samnyasin (mot sanskrit signifiant « celui qui renonce »), dans l'hindouisme, état d'ascète qui constitue le quatrième et dernier stade de la vie religieuse d'un brahmane. — Généralement, celui-ci quitte sa famille, revêt la robe safran des moines mendiants, ou ermites, et consacre le reste de sa vie à la méditation.

samsara (mot sanskrit signifiant « écoulement »), le « fleuve des existences », la transmigration réglée par le déterminisme de la loi du karma*.

sanctuaire (lat. *sanctuarium* ; de *sanctus*, saint), lieu sacré, lieu saint, le plus souvent fermé au profane, où sont abrités les images et objets symboliques de la divinité, les vases sacrés ou les livres saints.

Le sanctuaire peut être dans un temple ou le temple lui-même. C'est un petit édifice ou une partie rétrécie d'un grand. Dans une église, le sanctuaire proprement dit est la partie qui entoure l'autel, généralement fermée par une balustrade, grille ou iconostase.

Dans le Temple de Jérusalem, le sancutaire était le « saint des saints », où était placée l'arche d'alliance. C'était la partie la plus secrète du Temple.

On donnait aussi jadis le nom de *sanctuaire* à un reliquaire en forme d'édicule ouvragé ainsi qu'à des tissus qui avaient touché le tombeau d'un saint.

SARASVATI, ancien affluent de l'Indus, rivière mythique. Déesse de la Science, de l'Éloquence, des Arts et de la Musique.

sarvastivadins, disciples d'une école bouddhique fondée par *Vasaboudu** sur les abidharma (commentaires en pali et en sanskrit des plus anciens textes bouddhiques).

SATAN, chef des anges rebelles de la Genèse devenus des démons. Ce nom apparaît souvent dans la Bible ; Satan est le tentateur sous forme de serpent auprès d'Eve ; il tente même le Christ dans le désert. Adversaire de Dieu et de l'Église, il est honoré par la sorcellerie ou le **satanisme.** Principe du Mal, il est appelé aussi le «prince de ce monde», le «prince des ténèbres», «Beelzébuth», «Belial», le «mauvais», le «tentateur», le «chef des démons», le «monstre cherchant qui dévorer», «Méphisto», le «roi de l'enfer». (V. *démon, diable, Lucifer.*)

Dans l'islam, Iblis est l'équivalent de Satan. Chassé du paradis, il doit errer jusqu'au jugement dernier.

sati, nom donné dans le brahmanisme au sacrifice de la veuve sur le bûcher funéraire de son mari. Cet autodafé était entouré de cérémonies nuptiales. La coutume n'était pas aussi fréquente qu'on a pu le dire; souvent la cérémonie funèbre marquait un simulacre de fidélité totale, mais n'allait pas jusqu'à la mort.

Cet usage se maintint dans l'hindouisme jusqu'en 1825, date à laquelle les Anglais l'interdirent; il persista cependant dans certaines régions.

SAVITAR, «l'incitateur», dieu solaire des Hymnes védiques.

SAVITRI, l'«incitatrice», divinité solaire, nom de la prière communiquée lors de l'initiation.

Scandinavie. Pour l'ensemble des peuples nordiques, on parle surtout de mythologie dans les livres des «Edda» qui nous donnent les généalogies des dieux et leurs combats contre les géants pour sortir du chaos.

Odin ou *Wotan,* le grand dieu victorieux d'*Ymer,* avec d'autres divinités, organise le monde, créant l'Homme et la Femme à partir d'un frêne et d'un orme.

Les forces de la nature sont divinisées d'une manière dualiste : les *Ases* (élément solide et masculin) et les *Vans* (élément liquide et féminin).

Comme chez les Germains les Walkyries accueillent les héros dans le Walhalla, les autres vont dans la demeure souterraine de Hel, déesse de la Mort.

Odin et ses fils, ses émanations, inspirent les «Saga» dont Brage est le poète.

Thor, dieu de la foudre, châtie les géants et les trolls, mais envoie la pluie bienfaisante. Son fils *Magne* est honoré surtout en Norvège et en Islande.

Balder et *Holder* représentent les lumières et les ténèbres.

Henndal est l'arc-en-ciel.

Tyr, le dieu de la guerre.

Balder, le dieu bon, fils d'*Odin* et de *Frigg,* mis à mort par *Loque,* le principe mauvais.

Il y a bien d'autres divinités aux attributions différenciées. *Njord* calme les vents, aidé par son épouse *Skade*; leur fils, *Frey,* dispense les biens, leur fille *Freya* est la déesse de l'Amour.

A ces divinités bienveillantes s'opposent celles du mal dont le maître est *Loke.*

Ces luttes se terminent par le Crépuscule des dieux et un nouveau monde doit commencer.

Science chrétienne, secte fondée par Mrs. Eddy en 1878, dont la doctrine, expliquant et démontrant le principe divin et la règle de l'harmonie universelle, est définie comme loi de Dieu. Cette religion s'appuie sur la Bible dont elle essaie de redécouvrir le sens primitif et profond, mais aussi allégorique, qui est à la base du christianisme. Le livre *Science et santé avec la Clé des Écritures,* de Mrs Eddy, expose cette doctrine. La *Christian Science* affirme la transcendance divine, la grandeur et l'infinie bonté de Dieu, mais elle nie le mal, celui-ci n'étant qu'apparent et la sagesse consistant à le refuser. Il en est de même pour la maladie que la peur aggrave. La connaissance de Dieu, l'intuition de la vérité divine et de l'harmonie universelle donnent des forces nouvelles à la personnalité, forces qui se traduisent par la clarté de l'intelligence et d'autres facultés de l'esprit, la santé et même la beauté du corps. Cette harmonie est obtenue par une vie simple et honnête et par la méditation et la lecture de la Bible à la lumière de la science chrétienne.

Cette connaissance est donnée par des lectures qui sont faites, les dimanches et mercredis, dans les églises ou salles réunissant les fidèles, par des spécialistes qui ne forment pas un clergé, mais qui peuvent diriger un «service». Très répandue aux États-Unis, cette secte possède à Boston une immense Église. La première *Église du Christ scientiste* a des maisons d'édition, des revues et des journaux dont *The Christian Science Monitor,* qui est le plus ancien et un des plus grands journaux américains. Elle s'est répandue surtout dans les pays anglo-saxons, mais aussi en France.

scolastique, nom donné au Moyen Age au professeur dans les écoles épiscopales et les universités, où toutes les sciences enseignées dépendaient de la théologie. — Par extension, la scolastique est un enseignement philosophique, un mouvement de pensée né vers le Xe s., qui a fortement marqué la théologie catholique.

Jusqu'au XIIe s., Scot Érigène*, saint Anselme* et Roscelin* discutent de la valeur des «universaux», c'est-à-dire des idées générales comprenant les espèces et les genres. Ces noms ont-ils une valeur de réalité ou ne désignent-ils que des abstractions? Tel est l'objet de la querelle où s'affrontent les «nominalistes» comme Roscelin et les réalistes comme saint Anselme. Guillaume de Champeaux (1070-1122) fut le principal théoricien du réalisme. Abélard*, élève des deux partis, tenta un compromis avec le conceptualisme, auquel répondit Pierre Lombard* dans un livre de sentences.

Abélard présentait dans son système les idées générales comme une manifestation de certaines expériences, ce qui peut être considéré comme une synthèse de l'empirisme et du rationalisme.

Une phase nouvelle commença au XIIIe s. avec l'introduction, par les commentateurs arabes, de la philosophie d'Aristote, assez peu connue jusqu'alors. Tous les théologiens se mirent à étudier les œuvres de morale, de métaphysique et de sciences naturelles d'Aristote. Les uns montrèrent un tel enthousiasme qu'ils frisèrent l'hérésie. Les autres, avec un grand souci, d'orthodoxie, se consacrèrent à l'intégration à la théologie chrétienne de la doctrine aristotélicienne propagée par Avicenne. Ces derniers furent les grands docteurs du Moyen Age, comme saint Albert le Grand*, saint Thomas d'Aquin (v. *thomisme*).

Mais une nouvelle querelle éclatait avec Duns Scot* et les franciscains, qui soutinrent les commentaires d'Averroès et le réalisme, tandis que, même parmi les franciscains, le dernier des grands scolastiques, Guillaume d'Occam*, du côté nominaliste, cherchait à séparer Aristote de ses commentateurs et aussi de la théologie. Il ouvrait la voie à l'expérimentation scientifique.

La philosophie scolastique continua d'être enseignée, mais elle se perdit dans la dialectique et la logique formelle avec Raymond Lulle* et Buridan.

Cependant, sous la forme du thomisme, elle est encore la base de la théologie catholique.

SEBEK, OU SOBEK, dans l'Égypte ancienne, dieu-crocodile, principe aquatique chthonien et même solaire. Sebek était redouté. Il eut partout des adorateurs et son lieu de culte le plus important était au Fayoum le lac Qaroum et ses rives, où s'élevaient tant de temples en son honneur que les Grecs appelèrent ce lieu «Crocodilopolis». Les animaux étaient nourris et même parés de bijoux; les prêtres leur chantaient des hymnes; on leur faisait des offrandes et, après leur mort, ils étaient momifiés et ensevelis dans des cercueils sacrés conservés dans des temples.

secte (lat. *secta*; de *sequi*, suivre), groupement de personnes qui professent la même doctrine philosophique ou religieuse.

Il existe des sectes séparées dans toutes les religions. Pour le catholicisme, elles sont généralement hérétiques. Chez les protestants, elles sont nombreuses et de doctrines très variées. Chez les juifs, au temps du Christ, les pharisiens, les saducéens, les esséniens restaient cependant fidèles à une même confession. Dans l'islam, elles se sont formées à partir du chiisme, et dans le bouddhisme à partir du mahayana.

Il est impossible de citer toutes les sectes qui, de tout temps, ont proliféré à côté des grandes religions, acceptant ou refusant certains dogmes, en ayant le plus souvent un caractère ésotérique.

Très nombreuses ont été et sont encore les sociétés secrètes d'origine religieuse, mais dont le but est une action politique.

A notre époque les sectes sont innombrables et se multiplient surtout en Amérique. Elles se définissent tantôt par une base de christianisme, tantôt par des éléments de philosophies ou de religions orientales (spécialement Inde, Japon).

Fondées par des maîtres inspirés, gurus ou prophètes, elles donnent à leurs adeptes un élan missionnaire qui les répand en Europe. Citons *Kari Krishna, Maharishi Manesh* et sa méditation transcendantale, *Maharaj Ji* et sa lumière infinie, la célèbre secte *Moon* venue de Corée, la *scientologie*, etc.

En Afrique, se développent certaines formes syncrétiques du christianisme et de l'animisme.

sefardim (hébr. *Safarad*, Espagne), nom donné aux juifs de la péninsule Ibérique, très nombreux et influents au Moyen Age. — Après la reconquête de l'Espagne, ils furent chassés ou durent se convertir (v. *marranes*). Cette nouvelle diaspora les amena sur le pourtour de la Méditerranée ou dans le sud-ouest de la France. Les sefardim ont gardé quelques particularismes sociaux et des rites un peu différents de ceux des *ashkenazim** venus d'Allemagne.

SEKHMET, déesse égyptienne à tête de lionne. Son nom signifie « la Puissante », car elle est considérée comme l'œil de Rê, qui peut détruire tous les ennemis. Douée d'un pouvoir magique exceptionnel, cette déesse sanguinaire pouvait envoyer aux hommes toutes sortes de fléaux, ainsi que des messages de mort, mais ses prêtres, par un rituel approprié, savaient l'apaiser et même ils lui demandaient le don de guérison; ils en firent une déesse de la Médecine.

Sekhmet était considérée comme étant l'épouse de Ptah et la mère de Nefertoum, le dieu-lotus. Son culte, répandu dans toute l'Égypte, mais surtout dans la région de Memphis, multiplia ses images. Aménophis III fit placer des statues de la déesse dans son tombeau et dans le temple de Mout, à Karnak, où, dans une chapelle intacte, elle est encore à sa place initiale, recevant aux périodes de pleine lune sur sa face étrange les rayons diaphanes de l'astre nocturne, ce qui lui donne un aspect fascinant.

Serapeum. Temple consacré à Serapis, dieu guérisseur. Le plus merveilleux était à Alexandrie, mais celui qui nous a laissé le plus de vestiges intéressants est à Memphis où l'on voit dans les galeries souterraines d'énormes sarcophages de taureaux. Le temple possédait des salles pour les malades et un personnel de reclus volontaires (les catoques).

SÉRAPIS, dieu de type hellénistique introduit en Égypte par les Lagides et confondu très tôt avec Apis* dont le cadavre devenait un Osiris Osorapis.

serpent. Le culte du serpent (*ophiolâtrie*) est, depuis les temps les plus anciens, extrêmement répandu. Il est également sous-jacent à de nombreuses croyances. Etre rampant, le serpent est l'animal du monde souterrain inférieur (enfer). Il est conçu comme symbole du Mal, souvent confondu avec le dragon ou autres animaux fantastiques. Dans la Genèse, il est identifié à Satan; tantôt divinité protectrice, tantôt dieu du Mal en Égypte, il est Ahriman en Perse, et nous le voyons partout vaincu, mis à mort par des dieux, des héros ou des saints (Krishna*, Horus*, Apollon, Jupiter, Siegfried, saint Michel, saint Georges, etc.).

Il est un des plus fréquents tabous des religions primitives et souvent associé aux différents cultes magiques (tel le serpent familier de certains forgerons).

Cependant, le serpent est souvent adoré pour les vertus guérisseuses qu'on lui attribue (serpent d'airain de Moïse); c'est ainsi qu'il était compagnon d'Esculape dans la Grèce antique. La secte gnostique des *ophites** adorait dans le serpent le maître de la «connaissance».

Dans l'Inde, l'ancien culte des naga est très important. Serpent gardien de trésors ou cobra sacré, son capuchon protecteur abrite les divinités, particulièrement Vishnu et Bouddha. Il est parfois dans une forme humaine ou demi-humaine. En Amérique précolombienne, le serpent à sonnettes était honoré sous l'aspect du «serpent à plumes» (Quetzalcòatl).

Le culte du serpent se célèbre encore en Afrique sous différentes formes, associé à des rites agraires.

servites ou **serviteurs de la Vierge,** membres d'une congrégation religieuse honorant spécialement les sept douleurs de la Vierge (v. *pietà*). — Leur ordre a été fondé au XIIIe s., en Italie. Les servites mènent une vie ascétique et se consacrent à la prédication.

SHAMASH, dieu du Soleil en Mésopotamie, représenté avec des rayons enflammés sur les épaules.

Shingon, secte bouddhiste japonaise fondée par *Kobo Daishi* (774-835) qui, identifiant le culte solaire au jina Vairocana, devenu en Chine la principale divinité de l'école mystique, contribua à la recherche syncrétique du *ryobu-shinto.*

shinto, mot japonais signifiant «la voie des kami*» ou «voie des dieux». C'est la religion nationale du Japon où toutes les forces naturelles — astres, montagnes, animaux, plantes — sont personnifiées et déifiées. Des chroniques très anciennes (*Kojiki*) établissent le lien de filiation du pays avec le ciel et la terre (Izanagi, Izanami) et surtout le soleil (Amaterasu-Omikami). La cosmogonie typiquement japonaise, expliquant la création du monde et l'origine divine de la dynastie impériale, crée dans le *shintoïsme* un sentiment filial qui donne à cette religion un caractère familial.

Le bouddhisme, ayant pénétré au Japon au VIe s., fut accepté sans pour cela impliquer un renoncement aux croyances indigènes. Il y eut un syncrétisme sous la forme du *ryobu-shinto*. Les innombrables kami sont devenus des dieux locaux, des Villages, des Métiers et des Morts. Certains dieux familiers comme les «Kojin», ou dieux des Fours, ont leur place dans chaque cuisine; d'autres, les «Tenjin», président à la calligraphie. Il y a eu, au cours des âges, des interprétations sur la nature des kami. Quelques «théologiens», cherchant un ésotérisme, y ont vu les aspects divers d'un seul dieu. Plusieurs sectes ont été créées aux XVIIe et XVIIIe s.; aux XIXe et XXe s., des recherches sur le folklore et les légendes, l'archéologie et le culte primitif ont redonné un intérêt au shintoïsme, qui est devenu, avec l'ère Meiji, la religion nationale; ce mouvement plus politique que religieux imposait un *shinto* d'État patriotique avec un culte plutôt civique, fait de prières rituelles dans les sanctuaires, de fêtes, de processions avec musique et danses (de prêtres et de jeunes filles prêtresses), de pèlerinages à divers lieux sacrés, en particulier au Fuji-Yama et à Ise*, et comportant surtout l'hommage à l'empereur.

La religion officielle, appuyée sur le culte des ancêtres, des héros mythiques, des guerriers, des militaires tués en combattant, fait partie de la civilisation et du comportement des Japonais, mais il existe treize sectes shintoïstes assez différentes les unes des autres et même du shinto initial, les plus récentes étant du XIXe s. : le *Tenrikyo* et le *Fusokyo*.

Le shintoïsme n'est pas une religion intellectuelle ; il ne se préoccupe pas du salut, ni de la vie d'outre-tombe. Mais cette religion est si exclusivement japonaise qu'elle est difficile à pénétrer pour des étrangers. Elle traduit l'âme traditionnelle du Japon, dont les sanctuaires font corps avec le paysage, exprimant la beauté de la nature et des jardins. Les temples, très simples, sont précédés de portiques «aériens», les *torii*, de séries d'enceintes impliquant des notions de purification, de chemins aboutissant à un sanctuaire sans image avec un petit bassin destiné aux ablutions, car la pureté physique compte autant que la pureté morale. Ils contiennent un miroir et une guirlande de papier, le *gohié*, souvent aussi un sabre, symboles du sacré et de la pureté. Chaque village a son dieu tutélaire et son temple entretenu par sa confrérie de paroissiens. Les cérémonies n'ont lieu qu'à certaines occasions.

Shri, ou **Sri,** v. *Lakshmi.*

siddha, sages tibétains, mystiques ayant acquis des pouvoirs merveilleux : *siddhi.*

SIDDHARTHA, en sanskrit «celui qui a atteint son but», «qui a accompli sa tâche», «efficace». L'un des noms de Gautama Sakya-Mouni, le Bouddha*, fondateur du bouddhisme. Le *Siddhartha* de Hermann Hesse est un jeune Indien de haute caste, en quête d'absolu. On peut l'imaginer contemporain du Bouddha. Cette errance à la recherche de la réalisation de soi a fait de ce livre l'un des plus lus des dernières générations, en particulier dans son édition américaine. Le film du cinéaste Conrad Rook a contribué à renforcer cette popularité qui fait de ce *Siddhartha* une sorte d'archétype de l'errance hippie.

sikhs (sanskrit, *çishya,* disciples), adeptes d'une secte de l'Inde. — Ils forment une large communauté réformée au sein de l'hindouisme, fondée par Nanak au début du XVIe s. dans le Pendjab, le **sikhisme.**

Le *Granth**, leur livre saint, exprime leur doctrine, se rapprochant en plusieurs points du vedanta, c'est-à-dire qu'il garde de l'hindouisme les notions de karma*, de maya*, de réincarnation et le culte du guru* poussé au plus haut point. La religion des sikhs a subi l'influence de Kabir et des musulmans. Elle exprime l'unité de Dieu, mais celui-ci est immanent à toute manifestation de la création, ce qui donne une certaine forme de panthéisme.

Les sikhs s'insurgèrent contre les castes hindoues, mais arrivèrent à créer au XVIIe s. une caste dirigeante théocratique et militaire, une sorte de confrérie guerrière, les «purs», la *khalsa*, qui finit par prêcher la guerre sainte et par instaurer une sorte de baptême initiatique dit «baptême de l'épée».

Le culte est simple. Le grand temple d'Amritsar, construit sous l'empereur mogol très tolérant qu'était Akbar, contient seulement l'*Adi-Granth* et une épée, seuls symboles des sikhs.

Ils s'abstiennent d'alcool et de tabac, mais méprisent généralement l'ascétisme. Ils portent les cheveux longs roulés en chignon, retenus par un peigne sous le turban, et la barbe enroulée autour du maxillaire.

Après la mort du dixième et dernier guru Govind Singh (1675-1708), il y eut une scission en différentes sectes qui se rapprochèrent plus ou moins de l'hindouisme. L'une d'elles, particulièrement, cultiva le courage militaire qui fit apprécier les sikhs déjà réputés pour leur bravoure.

Les sikhs formèrent un État indépendant jusqu'à ce que celui-ci fît partie de l'Inde anglaise. La religion sikh est toujours florissante au Pendjab, mais après les émeutes de 1947 et la division de la communauté, 6 millions de sikhs sont restés en Inde et près de 1 million se sont dispersés dans les anciennes colonies anglaises.

SIMON. On distingue plusieurs Simon :

Simon Pierre, apôtre de Jésus, dont le nom fut changé en *Cephas* («pierre»);

Simon le Pharisien, qui reçut le Christ chez lui (épisode de l'Évangile où saint Luc raconte comment Madeleine vint répandre des parfums sur les pieds de Jésus et les essuya de ses cheveux);

Simon le Cyrénéen, qui aida Jésus à porter sa croix dans la montée du calvaire;

Simon le Magicien, signalé dans les Actes des Apôtres, qui vivait en Samarie; il se disait messie et était connu pour ses sortilèges. Il reçut le baptême, mais, plus tard, il proposa à saint Pierre de lui vendre son pouvoir et ses dons du Saint-Esprit (d'où le nom de *simonie* donné au trafic de biens spirituels). De nombreuses légendes et des écrits apocryphes racontent les exploits de Simon le Magicien, qui serait allé jusqu'à Rome les faire admirer. Certains en font le fondateur d'une secte gnostique des «simoniens»;

saint Simon, apôtre et martyr du Ier s., qui prêcha en

Égypte et en Perse, et mourut crucifié.

SIMON STOCK (saint), carme anglais (Aylesford, Kent, v. 1165-1185? - Bordeaux 1265). Il eut des visions de la Vierge et créa la dévotion au scapulaire (image pieuse en étoffe qu'on porte sur soi). Il est très vénéré en Angleterre.

sionisme, mouvement né au sein du judaïsme à la fin du XIXe s., plus politique que religieux, mais s'inspirant de la promesse de Dieu à Abraham de faire du pays de Canaan (la Palestine) le pays de ses descendants. — Theodor Herzl, d'origine hongroise, se dévoua particulièrement à cette tâche. Il réunit un congrès universel en 1897 et secoua l'opinion mondiale. Il mourut en 1904 et ne vit pas le résultat de ses prédications et de ses démarches : la création de l'*État d'Israël* en 1945-1948.

SMITH (Joseph), fondateur et premier président des *mormons** (Sharon, Vermont, 1805 - Carthage, Illinois, 1844). Il fut une nuit inspiré par un ange qui lui indiqua un arbre où était caché un livre secret racontant l'histoire des premiers Américains. L'ange lui donnait le moyen de traduire ce livre fantastique, que Joseph Smith dicta aussitôt à son secrétaire. Tel fut le *Livre de Mormon*. Il jeta les bases de l'organisation de son Église et, avec ses adeptes, bâtit des villes et des temples dans l'Ohio, le Missouri, puis l'Illinois, d'où ils furent chassés. Il fut alors emprisonné avec son frère pour avoir proclamé la polygamie, et la foule vint lyncher les deux prophètes considérés comme «illuminés».

Sokagakai (Association pour la création des valeurs). Mouvement des laïcs du Nichiren Shoshi* (vrai bouddhisme), fondé en 1936 par Makiguchi (mort en 1944). Très bien organisé, il compte, en 1967, près de 10 millions d'adeptes. Son temple principal est situé au pied du Fuji-Yama et reçoit de très nombreux pèlerins.

soleil. L'astre du jour, par son rayonnement, sa lumière et sa chaleur, a toujours été considéré comme une source de vie et la personnification de tous les bienfaits. — Ainsi les cultes solaires sont parmi les plus anciens ou associés à de nombreuses croyances. Quelques historiens ont même cru trouver là l'origine de toutes les religions.

Le soleil était le grand dieu aux diverses appellations : Amon, Rê, Aton en Égypte ; Surya ou Savitri dans l'Inde védique ; Apollon en Grèce. Au Japon, pays du soleil levant, Amaterasu*, ancêtre de la dynastie régnante, en est la grande déesse. Dans le culte de Mithra, il était l'ancêtre même des dynasties régnantes. Les cultes des mégalithes sont-ils d'anciens cultes solaires? Leur orientation semble le démontrer, mais les plus grandes manifestations données au soleil sont prouvées par les pyramides du Mexique et la religion solaire des Incas. Le culte universel est presque instinctif à l'homme qui a peur des ténèbres, surtout dans les pays froids ou tempérés, et qui, de ce fait, est prédisposé à adresser des «hymnes» au soleil. On apprécie les rayons bienfaisants de cet astre, et son symbole de lumière fait partie du domaine iconographique universel, souvent associé à celui d'Apollon.

soma, liqueur d'immortalité du védisme. Soma était en même temps, dieu de la Lune et des Étoiles, répandant une pluie fécondante. Le sacrifice du soma était accompli par les brahmanes avec un rituel compliqué; il était l'essence même du sacrifice. Cette boisson enivrante était tirée d'une plante qui n'a pu être identifiée; peut-être s'agissait-il du chanvre indien. Elle avait des propriétés extatiques et devait donner l'immortalité. Oblation par excellence, le soma était l'offrande principale faite dans les rites du culte du feu et était absorbé par les officiants.

sorcellerie, une des branches de la magie qui a plus particulièrement pour but de faire le mal.

La sorcellerie peut être conçue comme l'équivalent de la *magie noire* qui met en œuvre des puissances surnaturelles et emploie toutes sortes de procédés dits «diaboliques» : pacte avec Satan, invocations, envoûtements, commerce avec le diable, messes noires, sortilèges, mauvais œil, philtres, sorts, etc.

Elle est aussi ancienne que la magie. On la trouve exprimée sur les peintures pariétales des grottes préhistoriques. Elle se confond souvent avec le fétichisme dans les sociétés primitives; le sorcier est tantôt une sorte de médecin, tantôt un prêtre du démon puissamment redouté; c'est pourquoi il est souvent hors caste, extérieur à la communauté.

Dans l'Antiquité orientale, chez les Hébreux et dans l'Antiquité gréco-latine, les sorcières étaient nombreuses et considérées comme des êtres démoniaques. Au Moyen Age naquit la *démonologie* avec le culte des sorcières et les grands sabbats dans les clairières autour de Satan. Les légendes amplifiaient toutes les horreurs de ces cérémonies où l'on parodiait souvent le culte religieux (les nuits de Walpurgis dans le folklore allemand évoquent ces fêtes orgiaques, rappelant des vieux cultes de fécondité). Jusqu'en 1782, on brûla les sorcières. Les papes furent très sévères, lançant des excommunications, érigeant des bûchers; les procès ecclésiastiques, puis les procès civils eurent à connaître des faits de sorcellerie même dans des couvents (ursulines de Loudun, religieuses de Louviers). Ces faits étaient plutôt des cas de possession (on appelait ainsi le fait pour une personne d'être habitée par le démon). Jésus n'avait-il pas chassé des démons? L'exorcisme est encore le remède efficace (cependant très rarement exercé) dans ce genre de cas. En Asie, en Amérique, en Océanie et en Afrique, la sorcellerie a joué un très grand rôle. Elle continue bien souvent d'exercer ses forces malfaisantes encore de nos jours dans les jungles et même jusque dans les campagnes comme en bas Berry ou en Normandie. Les calamités, les mauvais sorts ne relèvent pas toujours de la légende; les figurines d'envoûtement, les paroles dites «kabbalistiques», les macumbas, etc., exploitant un facteur émotionnel, continuent encore à terroriser les âmes faibles.

sotériologie (gr. *soter,* Sauveur), doctrine relative au salut.

soufisme (de l'arabe *souf,* froc de laine, vêtement que portaient les premiers soufis par ascétisme), nom donné dans l'islam à un courant mystique qui s'opposa au rationalisme et au formalisme juridique de certains docteurs. — Ce n'est pas une secte puisqu'on trouve cette religion du cœur non seulement chez les chiites, mais aussi chez les sunnites; cependant le soufisme est né en Perse, où il a subi les influences de toutes les philosophies et religions qui, pendant des siècles avant l'islam, s'y étaient confrontées, tels le néo-platonisme, le bouddhisme, l'hindouisme, le christianisme et le manichéisme. Cette voie d'initiation spirituelle cherche l'amour de Dieu et la contemplation qui vont jusqu'à l'extase en partant de la méditation, de la pureté et de l'ascèse. L'originalité de ce mouvement se traduisit souvent dans la poésie et l'imagerie, mais son aspect ésotérique le fit regarder comme suspect à certaines époques, et il eut ses martyrs. Al Ghazali essaya de l'incorporer à la théologie coranique sans aucun trouble pour la foi. Il n'a cessé de se développer et s'est répandu jusqu'en Occident.

SRI (splendeur), déesse de la Beauté et du Bonheur, épouse de Vishnu.

starezt (vieillard), nom donné en Russie tantôt à de pieux ermites, tantôt à des prophètes thaumaturges et guérisseurs.

STEINER (Rudolph), philosophe autrichien (Kraljevic, 1861 - Dornach, près de Bâle, 1925), fondateur de l'anthroposophie. Né en Hongrie, très attiré par l'ésotérisme, il étudia toutes les sciences occultes, fit partie de la Société de théosophie, mais s'en sépara en raison de ses préférences pour les traditions chrétiennes. Il fonda alors l'*anthroposophie**, recherchant l'ésotérisme chrétien plus que celui de l'Orient, assez peu accessible aux Occidentaux. Il dirigea plusieurs cercles, où l'on applique encore ses méthodes. Le centre de cette secte est en Suisse le *Goetheanum* de Dornach. Pédagogue, il fonda un institut où l'eurythmie accompagnait des méthodes curatives et devait amener naturellement le malade ou l'adepte sain vers une vision surnaturelle du monde. Cette tendance vers une harmonie universelle devrait faire prévaloir le Bien sur le Mal. Ses ouvrages, *Théosophie, l'Initiation, la Science occulte,* précisent sa doctrine.

stigmates, nom donné aux marques correspondant aux cinq plaies du Christ crucifié imprimées mystérieusement sur le corps de ceux qu'on appelle ainsi des *stigmatisés.*

Ces plaies sont généralement saignantes, mais ne s'infectent pas. Saint François d'Assise fut le premier stigmatisé après une vision extraordinaire (en 1224) sur le mont Alverne où, étant en extase, il s'aperçut qu'il portait désormais la trace des cinq plaies du Christ.

De grands mystiques ont ainsi reçu les stigmates, telles sainte Catherine de Sienne*, Catherine Emmerich, etc. L'Église est très prudente pour la constatation de ces faits, que certains ont considérés comme hystériques, mais lorsqu'ils se produisent sur des sujets d'une grande piété et d'une grande humilité, ces phénomènes, accompagnés généralement d'extases mystiques, semblent relever du surnaturel. Plus près de nous, le cas de Thérèse Neumann a fait couler beaucoup d'encre, et celui de quelques rares grands mystiques stigmatisés actuels intéresse l'Église et la Science : ils apportent autour d'eux un grand rayonnement spirituel.

stupa, monument spécifiquement bouddhique, de forme hémisphérique posé sur un soubassement et surmonté d'un parasol, dont l'évolution architecturale a donné des aspects variés aux différentes parties qui le composent, les lignes courbes de la calotte, souvent d'allure campaniforme, étant plus ou moins étirées.

Cet édifice (appelé *dagoba* à Ceylan, *chorten* au Népal et au Tibet) est très complexe. Généralement, on le considère comme un reliquaire. Il s'agit en effet d'une masse énorme de maçonnerie ne contenant qu'un dépôt de fondation. Primitivement, il aurait abrité les cendres du

Bouddha (divisées en huit parts). Son origine est-elle l'antique tumulus ? D'après la légende, le Bouddha en aurait indiqué lui-même la forme en plaçant son bol à aumônes renversé sur sa robe régulièrement pliée.

Le monde bouddhique multiplia les stupa : votifs, commémoratifs, en plein air ou monolithes à l'intérieur d'une caverne. Les plus anciens étaient entourés d'une balustrade ornée de bas-reliefs et permettant le rite de la *pradakshina*, ou circumambulation lente et méditative dans le sens solaire (vestige d'un ancien culte du soleil ? sûrement d'un symbolisme cosmique), alors qu'en sens contraire il est un rite funéraire, ce qui a fait supposer que le stupa était plutôt un symbole de vie, peut-être le Bouddha lui-même dans la béatitude du nirvana*. Des portes (*torana*) ou parfois des autels ou statues, indiquaient les points cardinaux, jalonnant ainsi la commémoration des étapes de la vie spirituelle du Bouddha en rapport avec la position du soleil : naissance à l'est, illumination au sud, rayonnement de la Loi à l'ouest, retraite mystique au nord et enseignement au zénith. Le stupa est donc un monument cosmique ; son plan général, celui d'un mandala*, l'indique aussi. Il est le symbole de l'espace et du temps, du monde des hommes et de celui des dieux comme à Borobudur, où des étages successifs en forme de temple-montagne en une sorte de pyramide à degrés permettent l'ascension mystique. D'innombrables statues de bouddha dans des niches et des bas-reliefs narratifs incitent à la méditation.

Les stupa, monuments bouddhiques par excellence, se sont multipliés particulièrement dans les pays du Petit Véhicule, souvent de forme très effilée (parfois recouverts d'or comme au Siam) ; dédiés souvent à de pieux personnages, ils restent un des témoignages les plus curieux et les plus symboliques de l'art extrême-oriental. Les chortens tibétains ont des formes plus complexes, symboles des cinq jina. (V. *bouddhisme.)*

stylites (gr. *stulos,* colonne), solitaires qui avaient installé leur cellule au-dessus de portiques, de colonnades, de tours en ruine ou même au-dessus d'une colonne isolée pour se livrer à la pénitence et à la méditation. — Ils étaient très vénérés et recevaient leur nourriture frugale au moyen d'un petit panier et de cordes. Le premier ascète qui imagina cette cellule originale fut *Siméon le Stylite,* au IVe s., qui vécut pendant trente ans près d'Antioche sur une colonne de vingt mètres de haut. Les fidèles venaient de loin entendre ses sermons. Il y eut de nombreux stylites en Orient jusqu'au XIIe s. Un seul est connu en Occident, près de Trèves.

sulpiciens, membres de la congrégation de Saint-Sulpice, fondée en 1645 par l'abbé Olier* pour la préparation au sacerdoce et la direction des séminaires. — Le grand séminiare fut installé près de l'église de Saint-Sulpice, à Paris, qui lui donna son nom, les sulpiciens acceptant la charge de la cure de cette paroisse. D'autres séminaires s'installèrent dans l'esprit de la Contre-Réforme en France et à l'étranger. A la Révolution, leurs prêtres refusèrent de prêter serment à la Constitution civile du clergé.

Les sulpiciens ont joué et jouent encore un grand rôle dans la formation des clercs.

sunnites (de l'arabe *sunna*, voie, mode de vie du Prophète), dans l'islam, ensemble des musulmans orthodoxes parce qu'ils admettent que la «sunna» a une valeur égale à celle du Coran. Ils sont fidèles aux premiers compagnons du Prophète et considèrent que l'élection des premiers khalifes dans l'entourage dévoué de Mahomet était justifiée, ce qui les oppose aux «Àlides», partisans d'Àli*, gendre et cousin de Mahomet, qui deviendront plus tard des chiites* (second volet de la grande division musulmane). Les sunnites se divisent en quatre rites ou méthodes qui ne portent que sur des détails et sur la jurisprudence. Ils sont dispersés dans tout le monde oriental musulman.

superstition (lat. *superstitio*, croyance), ensemble de croyances qui semblent être une déviation du sentiment religieux, mais qui sont souvent un reliquat de vieux rites dont la réputation d'efficacité aurait traversé différentes civilisations.

Voltaire disait que la superstition est à la religion ce que l'astrologie est à l'astronomie, qu'elle est la fille très folle d'une mère très sage. Ces survivances magico-religieuses d'une mentalité primitive (comme les présages sinistres venant de la gauche) font souvent partie du folklore, des dictons et des proverbes.

La superstition est naturelle à l'homme; elle fait souvent partie de son comportement, de ses préjugés; elle prête un caractère sacré à certaines circonstances, à l'irrationnel ou à une pseudo-science (astrologie) : les mascottes, les gris-gris, les dictons-présages, les porte-bonheur, etc., témoignent encore de sa réalité.

Surya, le soleil à l'époque Védique, en relation avec Vishnu, il reçoit un culte particulier dans l'hindouisme qui lui donne différentes représentations soit debout tenant des lotus, soit conduisant un char attelé de quatre ou sept chevaux.

svastika (mot sanskrit signifiant «salut», «bon augure»), symbole antique en forme de croix gammée que l'on trouve dans tous les pays et depuis les temps protohistoriques. Quand ses branches sont tournées vers la droite, c'est le sens normal, symbole du feu bénéfique. Le sens contraire est le *sauvastika* («mauvais augure»).

Cet emblème a certainement eu jadis une signification solaire ou cosmique, indiquant un mouvement de rotation autour d'un axe immuable. Il peut être à l'origine de la croix basque. On le trouve partout, sauf chez les juifs et les musulmans; c'est pourquoi il avait été choisi au XIXe s. en Allemagne par un groupe antisémite, puis par Hitler, comme symbole d'aryanisme.

SWEDENBORG (Emanuel), savant suédois, visionnaire et théosophe (Stockholm 1688 - Londres 1772). Fils d'un évêque luthérien de Stockholm, il étudia les lettres et les mathématiques. Devenu docteur en philosophie, il voyagea à travers l'Europe et enseigna au collège de Nîmes tout en dirigeant d'importants travaux de construction. Mais en 1738, au cours d'un voyage à Londres, il eut une première vision qui le mit en contact avec le monde spirituel. Tout le reste de son existence fut désormais consacré à ses voyages à travers l'invisible, qu'il devait raconter et commenter dans de nombreux ouvrages; parmi ses quarante volumes, sa *Nouvelle Jérusalem* et sa *Doctrine céleste* donnent une idée de cette «nouvelle Église» née avec ses propres révélations relatant le triomphe de la lumière sur les ténèbres par le Christ. Dans *l'Apocalypse révélée,* il annonce une ère chrétienne nouvelle dont il est le précurseur. Le monde spirituel, avec ses anges et ses démons, enveloppe tous les êtres. Le ciel, l'enfer sont minutieusement décrits. Swedenborg trouve un sens ésotérique aux Écritures. C'est dans le monde spirituel que vivent les hommes après leur mort; Swedenborg fut en contact avec lui jusqu'à la fin de ses jours et put organiser avec ses disciples pleins de zèle missionnaire sa nouvelle Église de Jérusalem, formée de sociétés swedenborgiennes, qui se sont multipliées dans les pays anglo-saxons et où la doctrine de base est donnée par les théories émanationistes, théosophiques et spirites du fondateur. Il n'a jamais cherché à fonder une secte; il pensait que tous pouvaient adopter son système théosophique présenté dans *Amour divin et sagesse.* La «Swendenborg Society» a ses principaux centres à Londres et à New York. En 1910, les cendres du visionnaire suédois furent transférées dans la cathédrale d'Upsal.

symbole, tout ce qui est ou peut être considéré comme le signe figuratif d'une chose qui ne tombe pas sous les sens, ou évoquant une association d'idées.

Le **symbolisme** est le système qui se sert d'un signe pour exprimer des faits et des croyances. On le rencontre dans toutes les religions, des plus primitives aux plus spéculatives : symboles magiques des rites de chasse, de pluie, de fertilité et de fécondité, symboles des pouvoirs, etc. En Égypte, il s'agit plutôt de magie pragmatique que de **symbolique,** sauf dans l'hermétisme*. Cependant, les symboles, que seuls les initiés peuvent comprendre, sont très importants dans les sociétés à mystères.

Les premiers chrétiens cachaient leur foi sous des symboles sacrés, signes ou figures. Le symbolisme eut son apogée à l'époque romane, ajoutant de nombreux emblèmes iconographiques dans l'art médiéval. Les symboles des idées, des faits, des mystères, des vertus devinrent, à la Renaissance, des allégories et s'inspirèrent souvent de l'*Iconologie* de César Ripa où resurgissaient les symboles des païens.

Les symboles sacrés du pain et du vin (blé et vigne) sont par excellence ceux de l'eucharistie, même pour qui ne croit pas à la transsubstantiation. La croix reste le symbole du Christ comme la colombe celui du Saint-Esprit, mais aussi l'agneau, le poisson, le pélican ; le *symbolisme chrétien* est extrêmement riche, employant des figures géométriques, des lettres, des nombres, des végétaux, des animaux, etc.

Beaucoup de symboles appartiennent au symbolisme universel, comme le cercle (soleil, univers, absolu, etc.). On les retrouve dans toutes les religions d'Asie où ils servent de base à la méditation (v. *mandala*). Toutes les sociétés secrètes les ont multipliés, s'associant à un hermétisme qui plonge ses racines dans la plus haute Antiquité.

Symbole a aussi le sens de « confession de foi » (v. *Credo*).

synagogue (gr. *sunagein,* réunir), lieu de réunion des fidèles du judaïsme*.

L'origine en remonte à l'exil des juifs à Babylone, où Esdras réunit des assemblées pour conserver les traditions, maintenir le sentiment religieux et observer la Loi. Après le retour en Palestine, on construisit des salles pour les réunions, la plus ancienne étant celle de Jérusalem. Ces salles devinrent les centres du culte, surtout après la destruction du Temple.

La synagogue comprend : un tabernacle, souvenir de l'arche sainte, protégé par des rideaux brodés, renfermant les rouleaux de la Loi devant lequel brûle une veilleuse, une tribune et un pupitre pour la lecture. En ce lieu, les hommes doivent toujours avoir la tête couverte ; les femmes, qui, jadis, se tenaient à l'extérieur ou dans les bas-côtés, se placent actuellement dans les galeries ou sur les côtés.

Le culte synagogal a été peu à peu organisé par les rabbins (v. *judaïsme)* ; suivant les préceptes de la Loi, interdisant les images, les synagogues n'ont aucun décor figuratif ; cependant, aux IIIe et IVe s., la grande synagogue d'Alexandrie et celle de Doura-Europos étaient décorées de fresques à personnages racontant des événements bibliques.

La synagogue désignait au Moyen Age le judaïsme ; elle était le symbole de l'Ancien Testament et, dans l'iconographie médiévale chrétienne, elle était représentée par une femme aux yeux bandés tenant une lance brisée, tandis que, dans le Nouveau Testament, l'Église triomphante avait l'aspect d'une femme levant sa tête couronnée et tenant un sceptre.

syncrétisme, tendance philosophico-religieuse cherchant à concilier plusieurs doctrines. Dans un esprit de tolérance, plusieurs tentatives ont été faites pour unifier les religions. Ce fut le cas pour les cultes gréco-romains et orientaux, dont la théorie du syncrétisme fut exprimée par les néo-platoniciens.

Le syncrétisme est aussi un mouvement vers le monothéisme, une croyance en un Dieu suprême observé dans plusieurs aspects. En Inde, le syncrétisme fut le souci, au XXe s. de Ramakrishna* cherchant la transcendance des religions.

synode (gr. *sunodos*), assemblée ecclésiastique réunie pour discuter de points intéressant la doctrine ou la communauté. — Dans le judaïsme, c'est un conseil de rabbins et de laïcs. Le *saint-synode,* dans l'Église russe, fut créé par Pierre le Grand pour remplacer le patriarcat. Certaines réunions d'évêques, moins importantes que les conciles, sont appelées *synodes.* C'est dans ce sens que le pape Paul VI a créé en 1965 le *synode papal.*

Les protestants tiennent des synodes.

T

Taazieh (lamentations), théâtre religieux chiite, sorte de «mystère» célébrant le martyre (passion) d'Hossein* qui représente la lutte du Bien contre le Mal.

tabernacle (lat. *tabernaculum,* tente), chez les anciens Hébreux, sanctuaire portatif dans lequel était enfermée l'arche d'alliance qui, plus tard, devint le «saint des saints» dans le Temple de Jérusalem. Le christianisme conserve les hosties consacrées dans un tabernacle qui fut jadis une «colombe eucharistique», d'abord suspendue au-dessus de l'autel ou à côté, puis fixée à une hampe métallique en forme de crosse vers le XIe s. ; vers le XIIIe s., le réceptacle de la réserve eucharistique prit la forme d'une petite armoire placée soit dans le mur, soit sur un pilier, soit sur l'autel. C'est le vrai sanctuaire destiné à enfermer les «saintes espèces» : ses parois intérieures sont recouvertes d'or et bien souvent de soie blanche ; parfois l'une d'elles est décorée de l'image du Christ. Pour indiquer la présence divine, une veilleuse doit toujours être placée à proximité.

Dans les synagogues*, le tabernacle, ou «arche sainte», est la maison de Yahvé ; il renferme les rouleaux de la Torah.

La *fête des Tabernacles (souccoth)* est une des grandes fêtes* du judaïsme.

tabou (du polynésien *tapu*, l'ordre), caractère d'un objet, d'un être ou d'un acte dont il faut se détourner en raison de sa nature sacrée et exprimant une notion d'interdit, de péché ou de terreur dans les religions primitives. Le tabou est le corollaire du totémisme* et des différentes structures de parenté des sociétés tribales. Bien souvent d'origine alimentaire, il peut concerner un animal ou une plante, parfois une source, un lac, un territoire, un objet ou, dans un sens plus abstrait, une action, un état. Enfreindre un tabou, c'est troubler l'ordre et s'exposer aux pires châtiments.

Ce terme a été occidentalisé et généralisé, de telle sorte qu'il est presque toujours appliqué à tout ce dont il faut se détourner, sous peine de faute grave.

TAGORE, nom d'une famille de princes du Bengale qui ont affirmé au cours du XIXe s. un souci de rénovation religieuse en Inde, et dont les plus connus sont Debendranath (1817-1905) et surtout Rabindranath (1861-1941), poète et philosophe qui cherche «l'unité de l'amour conduisant à la communion avec la nature révélatrice de Dieu»; musicien, poète, très versé dans les lettres anglaises, prix Nobel, il fonda près de Calcutta l'école de Shantiniketan, ou «maison de la paix», devenue une université d'un genre nouveau où l'on enseigne la poésie, le théâtre, la danse, la philosophie, etc., dans un esprit de religion universelle.

Taizé, village près de Cluny (Saône-et-Loire). Communauté protestante fondée en 1940 par le frère Roger Schultz.

talisman (arabe *telesman,* figures magiques; gr. *telesma*, rite), objet considéré comme ayant un pouvoir surnaturel de protection, une force magique bénéfique.

Le talisman est l'image d'un signe efficace, en général d'origine kabbalistique, dont le rôle est actif, tandis que celui des amulettes est plutôt passif. (V. *kabbale, magie, superstition.)*

Talmud (mot hébreu signifiant «étude»), dans le judaïsme, vaste ouvrage, complément de la Bible, adaptation de la Loi de Moïse à des temps nouveaux. Cette compilation a été élaborée peu à peu dans les écoles de Babylone et de Jérusalem, sa rédaction, avec tous ses commentaires, a duré plus de sept cents ans. Les sages commencèrent à se livrer à l'interprétation de la Torah*; ils étaient les hommes de la grande synagogue, héritiers des prophètes; puis ce furent les «Pères» et enfin les rabbins* (maîtres) qui enseignèrent le Talmud. Celui-ci comprend deux parties distinctes : la *Mishna* (enseignement oral), écrite en hébreu et codifiée par Judas Hanassi (IIIe s.), et se divisant en soixante-trois traités et cinq cent vingt-quatre chapitres exposant tous les sujets : l'agriculture, les fêtes, le droit, le culte, les métiers, etc.; la *Gemârâ*, vaste commentaire de la Mishna, plus tardive, adaptant le Talmud aux nouvelles conditions de vie. Il existe deux versions de la Gemârâ, toutes deux écrites en araméen, l'une dite «de Jérusalem», l'autre «de Babylone».

On inclut également dans la littérature talmudique le *Midrash,* plus tardif, qui est une compilation de récits de folklore et de commentaires moraux.

La *Gemârâ* a aussi deux aspects très différents : l'un, la *Halachah*, traite du droit, des coutumes et de la morale; l'autre, la *Haggadah*, forme la partie narrative du Talmud.

Longtemps enseigné oralement ou écrit par fragments, le Talmud a été fixé au XIIe s. par Maïmonide*, qui en a fait aussi un abrégé. Un des grands commentateurs est Rachi — initiales de Rabbi Salomon Itzhaki (Troyes 1040 - 1105) — grand docteur de la loi judaïque qui sut le vulgariser.

TAMMOUZ, dieu babylonien de la Végétation, l'Adonis des Grecs. Son culte était associé à celui d'Ishtar. Chaque année, la fête du printemps reproduisait le drame de la mort du dieu, causée par un sanglier, et sa recherche par Ishtar aux enfers, pour le ramener à la lumière.

TANIT, grande déesse de Carthage, l'Ashtart punique, appelée aussi *Nutrix*, déesse de la Fécondité et de la Fertilité, d'un symbolisme lunaire. Elle eut son temple à Rome.

tantra (mot sanskrit signifiant «trame», «usage»), livres de doctrine dans l'Inde, formés de recueils très variés de spéculations, de croyances, de rites, de symboles d'enseignement secrets, de pratiques magiques, etc. Ils sont très nombreux et ont été élaborés depuis le VIIe s., mais rédigés bien plus tardivement (jusqu'au XVe s.) (V. *tantrisme*.)

tantrisme, forme religieuse syncrétique, issue d'un ensemble de doctrines tirées des *tantra**, de spéculations tardives, à caractère ésotérique, sur l'hindouisme et sur le bouddhisme, ainsi que de cultes populaires. La magie y joue un très grand rôle; on la retrouve dans l'efficacité accordée aux mantra*, aux yantra* et aux mandala*, faisant partie du rituel. La symbolique, l'occultisme, l'iconolâtrie et le yoga tantrique en sont les grandes caractéristiques.

Il y a un *tantrisme çivaïte* qui se confond quelque peu avec le *çaktisme*;* il donne une grande importance à l'énergie féminine, active, d'une portée cosmique. L'union sexuelle est transcendée dans le tantrisme dit «de la main droite» (école de secrets, recherche d'ascèse), tandis que le tantrisme dit «de la main gauche» sombre parfois dans l'érotisme et la sorcellerie.

Le *tantrisme bouddhique,* élaboré sur les confins de l'Himalaya, est souvent appelé «Troisième Véhicule», ou Véhicule tantrique. Il fait une large part à la magie et au culte féminin des Tara; sa forme principale est le lamaïsme*.

taoïsme, système philosophique et religieux des Chinois.

Ce nom vient de *Tao*, qui signifie «Voie». C'est la notion fondamentale préexistante à la divinité organisatrice de la matière (l'Être issu du non-Être), grand principe de l'ordre universel, synthèse du *yin* et du *yang*, les deux catégories opposées, complémentaires, essentielles de la pensée chinoise, qui forment l'alternance constatée partout dans la nature : le féminin et le masculin, le froid et le chaud, l'ombre et la lumière, le négatif et le positif, le mauvais et le bon.

La sagesse consiste à rechercher la «voie», qui est la réalité suprême mettant en accord les contradictions apparentes. Le mystique y accède par la méditation, la contemplation et l'extase, mais aussi par une discipline physique et morale développant les facultés de l'homme (exercices respiratoires, gymnastique rappelant le yoga). Il doit se soumettre à la puissance du Tao, entendu comme l'harmonie des forces cosmiques retrouvées dans la profondeur de l'«Etre». Il cherche à atteindre sinon l'immortalité, du moins une grande longévité et l'accès au paradis taoïste.

La fondation du taoïsme philosophique est attribuée à Lao-Tseu* (VIe s. av. J.-C.), personnage légendaire, auteur présumé du livre fondamental *Tao tö king**, livre de la «voie» et de la «vertu», qui en exprime les doctrines et les conseils de sagesse pour faire régner l'ordre (ce qui est le rôle des rois et des chefs).

Le *Tchouang-tseu,* écrit par Tchouang-tseu au IVe s. av. J.-C., exprime par des paradoxes l'unité de l'univers, traduisant sans doute la pensée de plusieurs sophistes. C'est un ouvrage fondamental de la philosophie du Tao, de même que le *Lie-tseu*, compilation du IIIe s.

Sous la dynastie des Han, le taoïsme prit une forme religieuse. Les croyances se précisèrent : Chang Tao Ling fut considéré comme le premier pape taoïste avec sa secte des «Maîtres célestes» (IIe s. av. J.-C.). Un panthéon taoïste se dessina : Lao-tseu fut divinisé. Les saints taoïstes, pratiquaient la méditation, l'ascèse, une technique du souffle dite «respiration embryonnaire» et communiaient avec la nature; ils fabriquaient l'«élixir de longue vie» pour atteindre l'immortalité. Pour cela, différentes méthodes étaient préconisées, touchant à la physiologie, à la médecine, à la diététique et à l'alchimie. Les prêtres de cette religion taoïste s'adonnaient spécialement aux pratiques occultes. Dans les différentes périodes de l'histoire chinoise, le taoïsme-religion fut remplacé souvent officiellement par le confucianisme*, mais ne disparut jamais.

La tradition des philosophes s'est perpétuée dans ce qu'on a appelé le **néotaoïsme,** exaltant le «wou wei», ou absence d'action, «non-agir», ataraxie efficace qui porte à la connaissance intuitive. Le taoïsme philosophique a beaucoup influencé le zen dans sa recherche d'une visualisation de la lumière au cours d'une méditation non intellectuelle.

Taô-tö king (*le Livre de la Voie et de la Vertu)*, ouvrage chinois qui, d'après la tradition, aurait été écrit au VIe s. av. J.-C. par *Lao-tseu*. Toutefois les sinologues modernes, qui en ont donné plusieurs traductions (parfois assez différentes les unes des autres), pensent que ce livre exprime plutôt la pensée chinoise du IIIe s. av. J.-C., tout en réemployant de très anciens adages. Il exprime la doctrine mystique du Tao, fondement de la sagesse chinoise.

TARA, déesse du bouddhisme tantrique. Au Tibet, les Tara sont des divinités ambivalentes, tantôt terribles et cruelles (de couleur jaune ou bleue), tantôt douces et compatissantes (de couleur verte ou blanche). Dans ce dernier cas, elles sont considérées comme étant des incarnations d'Avalokiteçvara et elles représentent les deux épouses chinoise et népalaise du roi Srong Tsa Gam Po, qui fut converti par elles au bouddhisme (v. *lamaïsme).*

Tariqa, voie, itinéraire dans la mystique musulmane, objet d'initiation chez les Qarmates*, méthode de contemplation chez les soufis*.

TAULER (Jean) mystique alsacien (Strasboug 1300 -id 1361). Il fit ses études à Cologne et semble avoir été à l'université de Paris. Il entra chez les dominicains, se rendit à Bâle et revint à Strasbourg. Il fut un prédicateur et un directeur de conscience renommé. On lui attribue de très nombreux ouvrages, mais seuls quatre-vingt-quatre sermons ou fragments sont sûrement de lui.

Tauler fut un grand mystique. Disciple de Maître Eckart, il ne fut jamais taxé d'hérésie. A Bâle, il fit partie de la confrérie des «Amis de Dieu».

taureau, un des animaux les plus sacrés dans la plupart des religions antiques : bisons de la Préhistoire et des Amérindiens, Enlil babylonien, dieu El, nombreuses divinités du Proche- et du Moyen-Orient.

Par son symbolisme de force créatrice, le taureau védique est *Rudra* fécondant la terre, puis il est assimilé à *Indra* répandant la pluie fertilisante et, enfin, il est *Nandin*; monture de

Çiva, toujours placé devant le sanctuaire du dieu, il symbolise la force, la justice, le dharma ou l'ordre cosmique.

En Égypte, le taureau *Apis** est lié à Osiris, son culte est célébré à Memphis. Chez les Hébreux, c'est le «Veau d'Or» dont le culte est proscrit par Moïse. Cependant douze taureaux de bronze supportent la «mer d'airain» dans le temple de Salomon.

En Mésopotamie, le taureau est très vénéré et bien souvent représenté. Cependant sa force est surtout exprimée dans les figures composites ailées et androcéphales que sont les chérubins gardiens de seuil.

Dans la Perse achéménide, d'énormes têtes de taureaux servent de chapiteaux.

En Crète, le mythe du minotaure et les taureaux de Cnossos sont des témoins de ce culte qui passera en Grèce et dans tout le monde méditerranéen. Nous le retrouvons avec le culte de Cybèle* qui, associé à celui de Mithra*, donnera au néophyte la force et la vie spirituelle dans le sacrifice purificatoire du taurobole.

Chez les Celtes, c'est un animal primordial et royal plus ou moins divinisé, dont parlent les légendes.

Dans presque toute l'Asie, le taureau noir est rattaché à la mort, jusqu'à Bali où cette forme est donnée au cercueil lors des grandes crémations.

taurobole. Dans le culte de Mithra* (emprunté au culte de Cybèle et d'Adonis), l''égorgement du taureau était un rite baptismal purificatoire accompli sur un plancher à claire-voie d'où le sang ruisselait dans une fosse au milieu de laquelle se tenait le néophyte, vêtu de blanc et la tête couverte de bandelettes. Celui-ci recevait ce sang avec joie et en buvait. Il sortait de cette cérémonie purifié, et les assistants l'honoraient comme un personnage lavé de tous ses péchés, et divinisé par ce puissant rite initiatique.

teffilim, v. *phylactère.*

TEILHARD DE CHARDIN (Pierre), savant préhistorien, philosophe français (Sarcenat, commune d'Orcines, près de Clermont-Ferrand, 1881 - New York 1955). Il fit ses études chez les jésuites de Mongré et fut ordonné prêtre en 1911. Il enseigna la paléontologie à l'Institut catholique de Paris, fit la guerre de 1914-1918, séjourna en Chine, aux États-Unis, en Éthiopie et parcourut l'Inde, la Birmanie et Java. Il prit part à la «croisière jaune» en 1931, dirigea longtemps les fouilles de Chou-kou-tien près de Pékin, où fut découvert le «sinanthrope». Il revint en Europe et fut attaché à la Werner-

Gren Foundation, à New York, qui le chargea de recherches anthropologiques en Afrique du Sud.

Ce savant jésuite exposa ses théories dans des articles de revues, des essais, des lettres, des cours et conférences, écrits très nombreux et divers qui ne furent publiés en ouvrages qu'après sa mort (*le Phénomène humain, l'Apparition de l'homme, la Vision du passé, l'Avenir de l'homme, l'Énergie humaine, l'Activation de l'énergie, Science et Christ, les Écrits du temps de la guerre, Place de l'homme dans la nature).* Ce sont des ouvrages scientifiques, où s'exprime peu à peu la vision synthétique d'une grande cosmologie : après une étude de la «cosmogenèse», avec l'«anthropogenèse», l'auteur aborde l'hominisation, ce «phénomène humain», et c'est l'avènement de la «noosphère» (zone de l'esprit, de la vie réfléchie), qui couronne la biosphère. Il étudie la place de l'homme dans l'univers, au sommet de l'évolution du cosmos par sa conscience réfléchie, sa liberté et sa responsabilié : caractères qui le font tendre vers l'ultra-humain par la socialisation progressive, la connaissance et l'amour. Ces vues de «prospective» ne sont pas le fait d'un optimisme facile, car ce grand chrétien reconnaît le mal physique et moral, mais il propose l'espérance qui conduit l'homme dans une évolution irréversible vers un point de convergence de la noosphère, qu'il nomme «omega» et qui n'est autre que l'accomplissement divin, le Christ moteur de l'évolution, le plérôme dont parle saint Paul. S'appuyant sur l'observation de l'univers, le père Teilhard de Chardin affirme une évolution, un progrès qui conduiront l'humanité vers une issue radieuse avec l'aide de la grâce et de la collaboration fidèle de l'homme dans cette montée conquérante. L'idée d'ascension inéluctable et de convergence («Tout ce qui monte converge») est la base de cette pensée eschatologique, marquant une victoire de la foi sur l'angoisse.

Son triptyque mystique — *la Messe sur le monde, le Milieu divin, le Christique* — est une œuvre de haute spiritualité, exprimant dans une langue magnifique l'enthousiasme de la foi pour le Christ, Fils de Dieu, principe d'unité, centre et fin de l'univers, dont l'incarnation se place dans un axe historique, s'unissant à l'homme par l'eucharistie pour le faire participer à sa divinité. Ces doctrines, comme celles de tous les précurseurs, ont d'abord déconcerté, d'où la mise en attente par la Compagnie de Jésus de la publication de ces vues prophétiques provoquant des suspicions. Elles sont encore controversées, bien que les attaques virulentes du début, s'atténuent au fur et à mesure que d'éminents théologiens les replacent dans la ligne de saint Paul, de saint Jean et du cardinal de Bérulle plus que dans celle de saint Thomas. Elles ont dans le monde entier un grand retentissement, et leur ouverture au monde moderne a largement influencé les travaux du concile Vatican II.

Témoins du Christ, sectateurs de l'«Église chrétienne universelle» fondée par Georges Roux, dit *le Christ de Montfavet* (Vaucluse), après une révélation que cet ancien postier provençal guérisseur aurait eue et suivant laquelle il était le Christ réincarné. Ses fidèles le considèrent comme tel. Ils refusent aux malades d'autres soins que ceux de la guérison spirituelle et pratiquent le baptême par immersion.

Témoins de Jéhovah, secte chrétienne fondée par Ch. Taze Russell aux États-Unis en 1874. Ce pasteur avait créé un mouvement appelé «Association internationale des étudiants de la Bible» et fondé un journal, *The Watchtower* (*La Tour de garde*). Il annonçait le commencement des temps messianiques, après un jugement dernier où finalement Jéhovah vaincra Satan.

Cette secte millénariste fut organisée par le successeur du «pasteur» Russell, le «juge» Rutherford. Celui-ci lançait ce slogan : «Des millions d'hommes vivant aujourd'hui ne mourront jamais.»

Les témoins de Jéhovah sont des fervents de la Bible. Ils pratiquent le baptême par immersion et sont tous objecteurs de conscience. Ils n'ont pas de clergé; mais tous les fidèles zélés sont d'ardents missionnaires. Ils se sont répandus non seulement dans les pays anglo-saxons, mais aussi en Afrique, particulièrement à Madagascar. Ils font aussi une intense propagande en France.

temple (lat. *templum,* lieu consacré), édifice érigé pour honorer une divinité. A Rome les augures en indiquaient la place et les limites.

En Inde, le temple est la demeure des dieux à qui on rend un culte.

Les Égyptiens, les Babyloniens, les Grecs ont construit des temples remarquables comprenant plusieurs salles ainsi que des cours et des portiques. Mais, pour les peuples de la Bible, le Temple unique est celui de Jérusalem, construit par Salomon, détruit et reconstruit, mais resté spirituellement le cœur du monde juif.

C'est d'ailleurs en son honneur que fut fondé l'*ordre du Temple* (v. *templier*); on appelait ainsi l'ensemble des «commanderies». A Paris, le quartier du Temple, les rues du

Temple, Vieille-du-Temple et jadis la fameuse tour en ont gardé le souvenir.

On nomme ainsi le lieu de réunion et de prières dans le culte protestant, de même que la maison ou la salle de réunion des francs-maçons.

templiers. L'*ordre des Chevaliers du Temple,* ou ordre des «Pauvres Chevaliers du Christ» fut fondé par Hugues de Payns et Godefroy de Saint-Omer en 1119, à Jérusalem, pour la défense des Lieux saints et des pèlerins. Le roi de Jérusalem Baudouin II lui donna un terrain dans son palais situé sur l'emplacement du Temple de Salomon (d'où son nom). L'ordre était à la fois militaire et religieux. Il comprenait des chevaliers (nobles), des écuyers, des frères lais, des chapelains et des prêtres. La règle de saint Benoît lui fut appliquée, exigeant les trois vœux. Le maître de l'ordre, appelé «grand maître» avait le rang de prince. Les templiers portaient les uns le costume militaire, les autres la robe monacale et, par-dessus, la grande cape blanche ornée de la croix rouge. Vivant pauvrement et sur pied de guerre, il furent admirés par saint Bernard, mais leur activité changea lorsqu'ils durent quitter la Palestine et se réfugier à Chypre. Ils avaient reçu beaucoup de donations, jouaient le rôle de banquiers auprès des pèlerins et avaient fondé des établissements dans toute l'Europe. La fin des croisades ne justifiait plus au même titre leur rôle. Devenus grands propriétaires, très riches, ils eurent beaucoup d'envieux et d'ennemis. Ils étaient bien souvent les banquiers des rois et des princes qu'ils «protégeaient». Leur zèle religieux ayant diminué, certains chevaliers ont entretenu de bonnes relations avec les musulmans. Leurs ennemis et leurs débiteurs colportèrent toutes sortes d'accusations dont prirent prétexte Philippe le Bel et Guillaume de Nogaret pour leur faire un procès. Cette entreprise, qui devait avoir l'appui de Clément V, dura de 1307 à 1314, se termina par les tortures et finalement le bûcher pour cinquante-quatre d'entre eux, dont le grand maître Jacques de Molay. Après la suppression de l'ordre en 1312, et la confiscation de ses biens en France, les immeubles furent transférés aux Hospitaliers et le roi Philippe le Bel s'empara des richesses mobilières.

Dans d'autres pays, on s'inquiéta, et bien qu'après enquête le concile de Vienne (1311) ne reconnût pas la culpabilité, Clément V, en 1312, prononça la suppression de l'ordre.

La calomnie s'était exercée contre les templiers, mais il y avait certainement aussi un relâchement dans l'ordre. On accusait les templiers d'orgueil, d'avidité, d'impiété, d'ignorance, de sodomie, de pratiquer l'alchimie, ainsi que des rites initiatiques sacrilèges, et de rendre un culte à une idole appelée «Baphomet». Si quelques templiers ont avoué sous la torture, la plupart se sont rétractés, plus tard, et c'est comme relaps qu'ils ont été condamnés à mort.

Ce procès n'a pas encore fini de diviser l'opinion sur la culpabilité des templiers. Avec le recul du temps, le développement de l'orientalisme et l'imagination, toutes sortes d'hypothèses ont été formulées. Les uns ont vu chez les templiers des gnostiques (ophites ou autres), les autres des membres de confréries musulmanes ismaéliennes, d'autres encore les vrais ancêtres de la franc-maçonnerie. Le dossier n'est pas clos.

Tendai, secte bouddhiste d'origine chinoise introduite au Japon par *Dengyô Daishi* (787-822).

Tenrikio, religion japonaise du bonheur issue de la secte bouddhiste jodo et du shintoïsme, dont le centre actif est *Tenri*. Sa doctrine proposant la «sagesse divine» ou «voie du salut» est exposée dans le *Livre de la révélation des chants sacrés* et dans les *Protections divines* de la fondatrice *Miki Nakayama*, qui mourut en 1887 à 90 ans. Un esprit prophétique se serait incarné en elle, lui donnant un pouvoir guérisseur transmissible aux adeptes.

teocalli, v. *Aztèques, Mexique.*

tertiaire, membre d'un tiers ordre (intermédiaire entre la vie monastique et la vie laïque). Parfois ce tiers ordre est une congrégation religieuse affiliée à un grand ordre, mais avec des règles moins sévères et permettant la vie dans le monde. (V. *carmes, dominicains, franciscains, monachisme.)*

TERTULLIEN, apologiste et théologien (Carthage v. 155 - id. v. 220). Il étudia le grec et le droit. D'après Eusèbe, il fut un éminent juriste. Il devint chrétien et même prêtre. Il eut pour maître d'apologétique Justin et voyagea en Grèce, à Rome et en Asie Mineure. Il se maria et se rallia à la secte des Montanistes*, dont il devint un des chefs. Très absolu et rigoriste, il écrivit de nombreux ouvrages en grec et en latin contre les païens et les gnostiques, réfutant les hérésies, spécialement celle des marcionistes. Ses écrits sont des ouvrages apologétiques contre le paganisme et les juifs; l'*Apologeticum*, l'un de ses chefs-d'œuvre, a été écrit contre les gouverneurs persécuteurs. Tertullien exigeait une discipline sévère de la part des prêtres. Il fut en opposition avec Calixte, évêque de Rome. Très discuté, il est cependant considéré comme le créateur de la littérature chrétienne latine.

Il prêcha une morale austère, proscrivant les secondes noces, les spectacles, les parures des femmes, etc. Son époque est celle où s'organisa la prêtrise.

tétramorphe, v. *Évangiles.*

TEZCATLIPOCA, dieu suprême de l'ancien Mexique à qui on offrait d'innombrables cœurs humains et, chaque année, celui d'un beau jeune homme le personnifiant.

théatins, membres d'une congrégation de clercs réguliers fondée par Jean-Pierre Carafa, futur pape *Paul IV*, évêque de Thieti (en latin *Teate*, d'où leur nom), dans l'intention de réformer le clergé.
D'une grande piété, confiants dans la providence, ils attendaient sans mendier la charité des fidèles. Ils se répandirent dans le monde chrétien. En France, il n'y eut qu'une maison installée par Anne d'Autriche à Paris. Le cœur de Mazarin fut enfermé dans leur chapelle et le couvent disparut à la Révolution.
Il y eut deux ordres de *Théatines* en Italie.

théisme (gr. *Theos*, Dieu), croyance en Dieu, mais en un dieu personnel qui se manifeste sur le monde créé, par opposition au *déisme**, qui nie son action, et à l'*athéisme** qui nie son existence même.

théogonie (gr. *Theos,* Dieu, et *gonos*, génération), récit de la naissance des dieux, dans les cultes polythéistes, dont un des exemples les plus connus est pour la Grèce la *Théogonie* d'Hésiode. La théogonie rejoint généralement la mythologie et la cosmogonie.

théologie (gr. *Theos*, Dieu et *logos*, discours), science des choses divines, des rapports de Dieu avec l'univers. Elle comprend la **théologie naturelle,** étudiée à la seule lumière de la raison, et la **théologie révélée** (v. *christianisme, islam, judaïsme*). La **théologie chrétienne** est celle qui revêt le plus le caractère d'une science ; elle a été élaborée par les Pères de l'Église, puis par les docteurs, dont saint Augustin ; les scolastiques et saint Thomas d'Aquin lui ont donné un développement si important qu'elle n'a pratiquement pas changé chez les catholiques.
La théologie comprend plusieurs branches qui étudient le dogme, la vie morale et mystique, les écrits et les discussions des différents philosophes, théologiens et conciles. Elle étudie aussi les lois et usages de l'Église, le droit canon, l'apologétique et la prédication.

théophanie (gr. *Theos*, Dieu et *phainein*, apparaître), manifestation apparente d'un dieu sur la terre. L'Égypte et la Grèce ancienne en mentionnent souvent, de même que les religions orientales. Dans la Bible, Jéhovah se montre à Moïse. Dans le christianisme, l'Épiphanie et la Transfiguration sont des théophanies. Les grands mystiques ont relaté des apparitions divines qui peuvent aussi répondre à cette définition.

théophilanthropie, mouvement déiste, fondé sur l'amour de Dieu et des hommes, qui eut quelque succès entre 1797 et 1801. En 1797, les révolutionnaires, qui avaient supprimé le christianisme en France, créèrent une religion des « amis de Dieu et des hommes », où un certain déisme était associé à une morale sévère. Leurs cérémonies faisant suite au culte de l'Etre suprême, inspiré par Voltaire et Rousseau, les théophilanthropes obtinrent les églises désaffectées pour leurs réunions, où l'on ne célébrait pas de culte, mais où l'on chantait les louanges de Dieu et où l'on faisait des lectures choisies. Cependant, quelques rites simples avaient été conservés, comme le baptême, la confirmation et le mariage ; la secte disparut à la suite du Concordat, redonnant les église au culte catholique.

théosophie, (gr. *Theos*, Dieu et *sophia*, sagesse), système religieux fondé sur le désir de connaissance divine, l'illumination du sujet « qui se souvient des cieux » et tend à remonter à son intuition spéciale de la divinité qui lui fait rechercher l'ésotérisme et la pénétration des mystères ; il se rapproche de la gnose et utilise souvent les sciences occultes. Parmi les théosophes connus, on peut citer Paracelse, Jacob Böhme*, Swedenborg* et Saint-Martin*. Mais la « théosophie » fondée par Mme Blavatski*, dont la doctrine de la « Sagesse divine » exprime une transcendance de toutes les religions, établissait, en remontant à l'Antiquité, une série de réincarnations de grands initiés quittant leur corps astral pour faire connaître aux hommes la sagesse universelle. Mme Blavatski prétendait avoir rencontré dans leurs solitudes himalayennes les mahatma de la « Grande Loge blanche », qui seraient en fait les grands maîtres des théosophes.

Les théosophes admettent certaines croyances des religions de l'Inde, comme la réincarnation et le karma* ; ils enseignent une théologie des trois corps de l'homme ; un corps astral pour aimer et sentir, un corps mental pour penser et un corps physique pour éprouver des sensations. Ils font une large place aux sciences occultes et à l'ésotérisme.

Leur siège central est l'*Adyar*, près de Madras, mais ils ont des maisons aux États-Unis et en Europe. Une scission a formé la «Loge unie des théosophes», qui cherche plus à développer la fraternité universelle. Les fondateurs, Mme Blavatski, le colonel Olcott, Annie Besant, ainsi que Leadbeater, Arundale et autres, ont écrit un nombre considérable d'ouvrages axés sur l'étude des pouvoirs latents de l'homme et la connaissance des mystères de la nature.

Theotokos, dans l'Église grecque, terme employé pour désigner la Vierge Marie comme Mère de Dieu.

thérapeutes, ascètes du judéo-christianisme primitif qui vivaient près d'Alexandrie, se consacrant à l'étude et à la prière. Ils sont signalés par Eusèbe au IVe s. On les soupçonnait d'hérésie. Ils vivaient toute la semaine reclus dans des cellules, mais se réunissaient pour le culte le jour du sabbat. Peut-être étaient-ils rattachés aux esséniens.

THÉRÈSE ou **THÉRÈSE d'Avila (sainte)** *(Teresa de Cepeda)*, grande mystique espagnole réformatrice du Carmel (Avila 1515 - Alba de Tormes 1582). Issue d'une famille noble, douée d'une intelligence remarquable, d'un caractère chevaleresque, d'une énergie indomptable et d'une foi ardente, elle comprit vite la vanité des choses du monde et entra au Carmel. Choquée par le relâchement qui y régnait, elle entreprit de le réformer pour le ramener à plus d'austérité et consacra toute sa vie à créer de nouveaux monastères et à réformer les autres. Elle fut aidée dans cette tâche par saint Jean de la Croix*. Elle atteignit les grands sommets du mysticisme chrétien, connut l'extase, la «transverbération» au cours d'une oraison, mais elle craignait ces manifestations et menait une vie active, mettant son corps à rude épreuve : longues marches sous les climats les plus rigoureux, jeûnes sévères et autres austérités. D'un caractère enjoué cependant, elle avait le sens de l'humour et s'occupait de tous les détails pratiques des couvents qu'elle visitait. Elle a écrit des ouvrages qui comptent parmi les plus beaux de la littérature mystique (*le Chemin de la perfection, le Château de l'âme* et *les Pensées sur l'amour de Dieu*), des œuvres poétiques, autobiographiques et de très nombreuses lettres.

THÉRÈSE de l'Enfant Jésus (sainte), religieuse française (Alençon 1873 - Lisieux 1897). Carmélite comme sainte Thérèse d'Avila, on l'appelle parfois pour la distinguer d'elle la «Petite Sœur Thérèse», évoquant ainsi l'humilité qui la caractérisait. Née dans une famille très pieuse, elle entra au

Carmel à quinze ans. Son *Histoire d'une âme* est une autobiographie expliquant le chemin de la sainteté par la «voie d'enfance». Cette sainteté, malgré sa simplicité, fut si apparente qu'elle fut canonisée dès 1925.

thériolâtrie, culte des animaux, appelé aussi *zoolâtrie*. On rencontre ce culte dans plusieurs religions primitives, ainsi que dans l'Égypte ancienne

THOMAS (saint), un des apôtres du Christ, celui qui refusa de croire à la Résurrection avant d'avoir «touché du doigt» les plaies du Crucifié. D'après la tradition, il aurait évangélisé les Indes, où il serait mort martyr, et il aurait fondé la petite communauté qui se réclame de lui, les «Chrétiens de saint Thomas».

THOMAS A KEMPIS, v. *Kempis*.

THOMAS d'Aquin (saint), théologien italien (Roccasecca, près d'Aquino, royaume de Naples, 1225-Fossa Nova 1274). Fils du comte d'Aquino, il entra à cinq ans à l'abbaye du Mont-Cassin, puis alla au couvent des dominicains de Naples où il commença à étudier la théologie, les lettres et les sciences naturelles; il vint ensuite à Paris où l'enseignement d'Albert le Grand opérait une sorte de révolution. Il fut son élève et le suivit à Cologne, enseigna plus tard à Paris, puis en Italie (Anagni, Orvieto, Rome, Viterbe); il revint à Paris où il prit part aux querelles des averroïstes, et mourut au retour d'un séjour en Italie, alors qu'il était en route pour le concile de Lyon.

Son œuvre est extrêmement importante. Elle a fixé pour des siècles la théologie catholique. Elle comprend des commentaires philosophiques sur Aristote, sur la Bible, ainsi que de très nombreux ouvrages d'apologétique et de dogmatique (v. *thomisme*).

thomisme, doctrine de saint Thomas d'Aquin qui enseigna ce système philosophique et théologique à l'université de Paris, puis à Naples au XIIIe s.

Cette doctrine, exposée dans l'œuvre du «Docteur angélique», spécialement dans la *Somme théologique*, est une adaptation de la philosophie scolastique enseignée jusqu'alors, et essentiellement fondée sur les écrits de saint Augustin et sur ses commentaires de la philosophie de Platon, à la philosophie d'Aristote, récemment redécouverte en Occident grâce aux travaux des commentateurs arabes Avicenne* et Averroes* et grâce aux traductions grecques de Guillaume de Morbrecke. Cette étude, inaugurée par Albert le Grand, véritable révolution marquant un tournant dans la pensée médiévale, tend à concilier la théologie chrétienne — connaissance de Dieu par la Révélation — et la science profane, qui ne sauraient se contredire.

Le thomisme cherche donc avant tout l'accord de la foi et de la raison, c'est-à-dire de ces deux domaines distincts : les dogmes enseignés par les Écritures saintes et la philosophie. Saint Thomas apportait une méthode de raisonnement pour saisir les vérités de la foi, méthode progressiste, expérimentale, et rationnelle, analytique et synthétique, qui s'élève des effets aux causes. Il établit une théologie de la connaissance de Dieu, des anges et de l'Église qui, par ses institutions et ses sacrements, permet aux hommes d'accéder à la vie future. La *Somme théologique* expose toute la doctrine chrétienne, reprenant les thèses augustiniennes de la connaissance de Dieu et de la Création, ainsi que de la liberté de l'homme et des dons de la grâce, mais elle étudie aussi l'homme dans sa nature suivant la conception aristotélicienne.

Parmi les doctrines principales du thomisme, on signale : les notions d'essence et d'existence chez l'homme, qui trouvent leur identification absolue seulement en Dieu ; l'incarnation du Christ, dont l'aboutissement est la Rédemption ; la liberté humaine et la nécessité de la grâce efficiente augmentée par les sacrements.

Largement diffusé, enseigné pendant des siècles dans les séminaires, le thomisme a subi des confrontations, des discussions avec les franciscains, s'est défendu contre les molinistes, s'est précisé au cours de longues controverses et a été officialisé sous les pontificats de Pie IX et Léon XIII. Dégagé d'une physique maintenant dépassée, il est redevenu vivant et générateur de vie spirituelle. Il est encore de nos jours la doctrine orthodoxe de l'Église catholique et, sous le nom de *néo-thomisme*, rajeuni par Mgr Mercier et l'école de Louvain, il est commenté et confronté aux sciences modernes par des philosophes comme Étienne Gilson et Jacques Maritain.

THOR, dieu de la triade scandinave, fils d'Odin ; dieu du Tonnerre et des Éclairs, il poursuit les géants et les trolls ; dieu des Eaux bienfaisantes, de l'Orage, des Pluies et des Sources, il fend les montagnes. D'après les légendes nordiques et les chants de l'*Edda*, sa masse lui ayant été prise pendant son sommeil, il la retrouvera après beaucoup d'aventures.

Thora, v. *Torah.*

THOT, dieu égyptien lunaire, à tête d'ibis. Il remplaça vraisemblablement plusieurs dieux animaux et devint le grand dieu de la Sagesse, le démiurge créant et organisant le monde par son verbe. Il est l'inventeur de l'écriture, donc le patron des scribes. Sa maîtrise des hiéroglyphes et des paroles divines fait de lui un redoutable magicien. Il est le régent du calendrier, connaît les formules magiques de médecine, enfin il est le greffier dans la psychostasie ou «pèsement des âmes». Son sanctuaire principal était en Moyenne-Égypte, à Hermopolis. Il fut identifié à Hermès par les Grecs (Hermès Trismégiste) (v. *hermétisme*).

thugs, membres d'une secte de farouches adorateurs de Kali* qui offraient à leur déesse des sacrifices humains opérés par strangulation.

TIAMÂT, déesse babylonienne. Du chaos primordial émergent deux principes, Tiamât étant le principe mauvais, le démiurge créant des monstres. Le poème de la Création (composé à l'époque d'Hammourabi) raconte comment Tiamât a été vaincue par Mardouk, dieu de Babylone : le monde fut alors fait avec le corps de la déesse, dont les deux moitiés formèrent le ciel et la terre.

TIKI, divinité polynésienne de la Virilité et de la Fécondité. Elle est représentée sous une forme humaine très ramassée de dimension tantôt monumentale, tantôt réduite.

tirthankara, nom donné, dans la religion jaïna, aux prophètes ou patriarches qui, s'incarnant, guident les hommes vers le salut.

TLALOC, dieu de la Pluie chez les Aztèques, le Chac des Mayas. (V. *Mexique.)*

tonsure (lat. *tondere*, raser), usage consistant à raser la totalité ou une partie du crâne en vue de la consécration religieuse. C'est la coutume des moines bouddhistes, de nombreux ascètes hindous, comme c'était jadis celle des prêtres égyptiens et aztèques. Dans l'Église catholique, la tonsure est un des premiers stades de l'état ecclésiastique; elle est appelée «romaine» (simple petit cercle), «grecque» (s'étendant sur toute la tête), «celtique» (seulement sur l'avant du crâne), «en couronne» (jadis chez les «mendiants» par humilité : les franciscains la portent encore ainsi). Cet usage se raréfie. Les moines bouddhistes, de même que de nombreux ascètes de l'hindouisme et du soufisme, ont la tête entièrement rasée.

Torah (mot hébreu signifiant «Loi»), nom donné par les juifs à la Loi mosaïque et au Pentateuque qui la contient. La **Sefer-Torah** comprend les cinq livres de Moïse : *la Genèse, l'Exode, le Lévitique, les Nombres, le Deutéronome.* C'est un rouleau de parchemin copié à la main avec un très grand soin. On le garde dans la synagogue* et on le lit le jour du sabbat*.

Les rouleaux de la Loi, enveloppés de velours brodé, sont enfermés dans le tabernacle (v. *judaïsme*).

totémisme, système de caractère religieux commun à de nombreuses sociétés primitives d'Océanie, d'Afrique et d'Amérique, organisant la tribu en clans dotés chacun d'un **totem.**

Ce totem, le plus souvent animal, parfois végétal, est considéré comme l'ancêtre du clan auquel il donne son nom; c'est un «dieu-ancêtre» et protecteur. Les conséquences de cette union intime du totem aux membres du clan entraînent de nombreux interdits, ou *tabous,* dont l'endogamie (interdiction du mariage intraclanique) et l'interdiction de consommer le totem sont les plus importants. Cependant, dans certaines occasions très solennelles, on peut consommer le totem au cours d'un repas rituel.

Le totem est sacré; il est chargé de mana*, ce qui provoque crainte et danger pour le profane, d'où les nombreux tabous qui l'entourent. Enfin, il est l'objet d'un culte magico-religieux.

D'après certains, le totémisme a vraisemblablement été à l'origine de toutes les formes religieuses des sociétés primitives — sans doute même de celles des peuples préhistoriques. L'Égypte ancienne proto-historique, avec sa division en «nomes» ayant chacun ses animaux divinisés, pouvait être une organisation totémique. En Océanie et en Amérique, les *poteaux totémiques* placés à l'entrée des villages figurent, dans leurs sculptures superposées, la succession des ancêtres du clan.

Le totémisme apparaît actuellement comme une tentative d'explication des phénomènes religieux encadrant une société primitive, mais ceux-ci sont empruntés à tant d'institutions différentes qu'il y aurait une quantité innombrable de formes de totémisme; toute théorie d'ensemble ne pourrait être en conséquence que limitée.

Transfiguration (lat. *trans,* au-delà, et *figura,* figure), changement de forme, état glorieux dans lequel Jésus-Christ se montra à trois de ses disciples sur le mont Thabor.

Les Évangiles synoptiques ont raconté cette scène étonnante où, enveloppé dans une nuée lumineuse, le Christ se montra dans toute sa gloire, tandis qu'Élie et Moïse, apparaissant, s'entretenaient avec lui. Cette lumière incréée, ineffable de la beauté divine est le modèle idéal de l'expression (ou support matériel) de l'icône*.

transmigration, v. *réincarnation.*

transsubstantiation, changement de la substance du pain et du vin en la substance du corps et du sang de Jésus-Christ, dans l'eucharistie. C'est un article de la foi catholique. Cette doctrine est aussi celle des orthodoxes ; elle s'oppose à celle de la *consubstantiation,* ou *impanation,* c'est-à-dire de la coexistence du pain et du corps du Christ, qu'admettent les luthériens.

trappistes, moines cisterciens installés dans l'abbaye de *Notre-Dame de la Trappe,* en Normandie, dès 1140.

Après un relâchement qui s'était accentué avec la commende, l'abbé de Rancé y rétablit la règle primitive au XVIIe s. en renforçant l'austérité.

Les moines observent le silence même dans la vie totalement communautaire (dortoirs, réfectoires, travaux) ; ils ont un office à deux heures du matin, un régime alimentaire très sévère et de très longues périodes de jeûne. Ils sont vêtus de vêtements blancs et noirs. Ils sont enterrés sans cercueil. C'est l'ordre religieux le plus dur.

En 1892, les Trappistes furent réunis aux Cisterciens de la stricte observance tout en conservant leur propre règle.

Il existe aussi des monastères de **trappistines.**

triade, groupement trinitaire de divinités dans de nombreuses religions anciennes. Les triades existaient particulièrement en Orient, où l'Égypte adoptait le schéma Père, Mère, Fils (Amon, Mout, Konsou ou Osiris, Isis, Horus). En Syrie, la triade Hadad, Atagartis, Simos sera hellénisée, puis romanisée. Les Sémites avaient des triades astrales : Lune, Soleil, Étoile du matin ; les Palmyréniens vénéraient Iarhibol, Aglibol et Malagbel.

Les Scandinaves possédaient Odin, Freyja et Thor. Chez les hindous, la *Trimurti* Brahma, Vishnu, Çiva n'est qu'une triade apparente, car Brahma n'a pas l'importance des deux autres dieux.

Trinité, dans le christianisme, mystère de Dieu en trois personnes distinctes, mais consubstantielles en une seule nature. Le *Père* est considéré comme le Père éternel, créateur de tout ce qui est visible et invisible. Le *Fils,* engendré de toute éternité, s'est fait homme (Jésus-Christ). Il est le Verbe : la Parole. Le *Saint-Esprit* est l'amour du Père et du Fils.

De nombreuses hérésies ont porté sur la Trinité, particulièrement le sabellianisme et l'arianisme.

L'iconographie a représenté le plus souvent la Trinité sous l'aspect du triangle mystique, ou delta mystique, mais jusqu'au XVIIe s. on voyait souvent un groupe représentant le Père sous l'aspect d'un vieillard mitré sur un trône de gloire, le Fils sous celui d'un jeune homme, parfois d'un crucifié, et le Saint-Esprit sous la forme d'une colombe. Sur certains chapiteaux romans, on voit un Dieu tricéphale, symbole de la Trinité. La fête de la Sainte-Trinité fait partie du calendrier liturgique.

Des congrégations ont pris ce nom, notamment les *ordres trinitaires* créés pour le rachat des captifs au XIIe s. Une réforme du XVIe s. les a transformés en *Trinitaires déchaussés*.

Il existe des religieuses trinitaires contemplatives, enseignantes et hospitalières.

«Confrères de la Trinité», tel est un autre nom donné aux «Confrères de la Passion», congrégation fondée dans l'Église de la Trinité à Paris (v. *mystères*).

Il y a aussi une archiconfrérie de la Sainte-Trinité des pèlerins fondée par saint Philippe Néri en 1548 pour l'assistance aux pèlerins pauvres et malades.

troll, chez les Germains et les Scandinaves, petit démon de la terre, gnome.

TSONG KAPA, réformateur du bouddhisme tibétain (1355-1417). Il était renommé pour sa piété, son érudition et ses pouvoirs surnaturels; il réorganisa la hiérarchie et la discipline monastiques, luttant contre les prêtres de la religion autochtone des bon po*, qui désiraient extirper le bouddhisme du Tibet. Il est vénéré comme un des grands lama et considéré comme l'incarnation d'Avalokiteçvara; il fonda la secte des Gelugpa (les vertueux), dite des «bonnets jaunes» (pointus avec de longs pans sur les oreilles), en opposition avec celle des Nyngma Pa (les anciens), dite des «bonnets rouges». (V. *lamaïsme*.)

tulasi, en Inde, plante sacrée pour les vishnuistes, qui reçoit elle-même un culte, car elle guérit les maladies et efface les péchés. Pour cette raison, on la place parfois sur la poitrine des mourants. Dans certaines régions elle est déesse, et on célèbre solennellement chaque année son union avec la Pierre noire, «calagrama», qui est aussi vénérée par les vishnuistes.

turlupins, hérétiques apparentés aux bégards qui s'étaient groupés sous le nom de «Fraternité des Pauvres» et affectaient la sainteté tout en menant une vie désordonnée. Au XIVe s., ils se répandirent en Savoie, en Dauphiné et aux environs de Paris. Condamnés en 1372, on brûla leurs livres et leurs vêtements.

TYNDALE (William), réformateur gallois (Pays de Galles v. 1494 Vilvorde 1536). Très intéressé par la protestation de Luther, il alla à Wittenberg puis à Hambourg, traduisit en anglais le Nouveau Testament dont il fit plusieurs éditions ce qui le rendit suspect. Il habitait les Flandres lorsqu'il fut dénoncé. Arrêté en 1535, il fut enfermé dans la prison d'État des Pays-Bas, puis condamné pour hérésie à la dégradation et à la mort. Il fut étranglé et brûlé.

TYR, dieu de la Guerre dans la mythologie scandinave.

U

uléma, nom donné aux docteurs de la Loi et théologiens musulmans. Les uléma formaient jusqu'en 1924 un corps inviolable dans les États du Sultan et jouissaient d'une grande influence. De nos jours, ce terme désigne une hiérarchie de théologiens d'esprit conservateur, professeurs dans les medersa (écoles), tandis que les «mufti» sont des docteurs en droit canonique et les «cadi» des magistrats ordinaires.

ultramontanisme, système qui, en France, admet l'autorité souveraine des papes en matière religieuse, par opposition aux doctrines du gallicanisme, qui prônent la supériorité des conciles œcuméniques.

Si le gallicanisme* avait semblé triompher jusqu'à la Restauration, le XIXe s. a vu s'épanouir l'ultramontanisme avec le concile Vatican I et les divers mouvements français défendant l'unité de la doctrine. La prédominance de Rome a fait à peu près disparaître ce vocable.

uniates, chrétiens généralement orientaux qui s'étaient séparés de l'Église catholique et ont reconnu la souveraineté du pape, les uns étant nestoriens, ou monophysites, les autres orthodoxes. La plupart se sont «unis à Rome» à la suite du concile de Florence en 1439. Ils ont pu garder tous leurs particularismes nationaux, leurs langues et leurs rites dits «orientaux». Les principaux sont les Ruthènes (en Pologne), les Roumains byzantins, les gréco-melchites (répandus dans plusieurs pays), les catholiques syriens et arméniens, les Chaldéens (rite syro-malabre), les Russes du groupement français «Istina» et ceux d'Ukraine. Beaucoup d'uniates sont installés en Amérique et ont leurs évêques particuliers.

Paris possède plusieurs petites Églises uniates de différents rites.

unitairiens ou **unitariens,** fidèles de différentes sectes religieuses niant la Trinité. Parmi les chrétiens, on constatait déjà depuis l'arianisme des tendances à l'antitrinitarisme. Au XVIe s., en Europe, le mouvement des «Frères polonais», dont le grand théoricien était Fauste Socin, proclama cette doctrine. Il fut condamné dans plusieurs pays, ce qui obligea ses sectateurs à émigrer, au XVIIe s. Des petits groupes se réclamant du «catéchisme de Cracovie» se constituèrent en Hollande et en Allemagne ainsi qu'en Transylvanie, sous le règne de Jean Sigismond.

Ce mouvement, se confondant avec une très large tolérance en matière religieuse, ne cessa de se développer au XVIIIe s. En Angleterre, le révérend Theophilus Lindsey le constitua en Église. Le savant Joseph Priestley en fut le chef principal, mais les membres de ces nouvelles communautés furent sévèrement punis par des peines d'exil et même de mort jusqu'en 1813. La plupart se réfugièrent en Amérique où se développa l'«American Unitarian Association», dont le centre intellectuel est à Boston. Reconstitués en Angleterre, les unitairiens forment depuis 1825 la «British and Foreign Unitarian Association». D'autres groupes existent en Europe.

Un concile international essaie régulièrement de faire le point, car les sectes diffèrent parfois dans leurs croyances, cependant réduites à un strict minimum.

S'ils rejettent avant tout le dogme trinitaire, les unitairiens n'imposent ni profession de foi, ni doctrine. Leur vague idée de Dieu les rapproche plus du théisme que du christianisme; ils croient en la vie éternelle et prêchent l'amour de Dieu et des hommes tel qu'il a été enseigné par le Christ.

Upanishad, traités de doctrine secrète, aboutissement de la littérature védique et base de l'hindouisme*. Étymologiquement, le mot signifie «enseignement confidentiel autour d'un maître». Il s'agit d'un ensemble de spéculations et de commentaires prouvant une longue maturation d'idées depuis le védisme*. Rédigés du VIIe s. av. J.-C. jusqu'à l'époque médiévale, de formes variées (prose, vers, dialogues), ces livres sacrés sont très nombreux (de 108 à 1180) et ont été souvent remaniés et commentés surtout par Çankara*.

Les *Upanishad* marquent un effort d'intériorité et de connaissance du «soi» dans son aspect individuel (atman*) et son aspect cosmique (brahman*). Elles traitent de psychologie et d'éthique ainsi que de métaphysique. Les plus importantes et les plus anciennes sont la *Brihad Aranyaka,* la *Chhandogya* et la *Mandukyopanishad.* Elles sont les premiers fondements de la philosophie hindoue, fixant définitivement la notion de karma* et ses conséquences, et établissant les rapports du microcosme et du macrocosme.

ursulines, religieuses de l'*ordre de Sainte-Ursule,* qui ont contribué à propager le culte de cette sainte, dont la légende originale a particulièrement inspiré de très grands peintres comme Memling (la châsse de sainte Ursule à Bruges), Carpaccio et Véronèse à Venise.

L'ordre fut fondé par Angèle Merici en 1535, à Brescia, pour les soins aux malades et l'éducation des jeunes filles. Il se répandit dans le monde et forma plusieurs branches — dont les *Ursulines de Jésus* (dites «de Chavagnes») en 1802, la *Compagnie de Sainte-Ursule,* fondée par Anne de Xainctonge en 1696, et les *Ursulines du Sacré-Cœur de Jésus agonisant,* ou *Ursulines grises,* érigées en congrégation autonome en 1923.

USHA, «l'aurore», fille du Ciel et du Soleil, déesse du matin dans les hymnes védiques.

V

vache, elle est vénérée dans de nombreuses religions comme symbole de fertilité, souvent associée à la «grande Mère» et liée aux civilisations agropastorales.

Dans plusieurs mythologies, notamment celle des Germains, elle est l'ancêtre de la vie ou, comme chez certains peuples africains, la vache céleste qui répand la pluie et la fécondité. En Égypte, on la retrouve dans la déesse Hathor; en Mésopotamie, c'est la déesse lunaire liée à la voie lactée; mais c'est en Inde surtout qu'elle est vénérée en tant que symbole de la terre, substance primordiale. Les veda* la considèrent comme la source de tous les biens et lui consacrent maints hymnes enthousiastes; «nourriture des dieux et des hommes... elle est Vishnu et Prajapati» d'où son rôle cosmique et divin qui justifie le culte que lui vouent encore de nos jours les hindous.

vajra (sceptre), foudre, diamant. (V. *tantrisme*.)

VALDO (Pierre), XIIe s. On ne connaît pas les dates exactes de sa naissance et de sa mort, mais on sait qu'il fut un riche marchand de Lyon qui renonça à tous ses biens et prêcha la pénitence et le retour à la pureté évangélique. La communauté qui se groupa autour de lui, formée de nombreux disciples qu'on appela «les pauvres de Lyon», fut persécutée mais donna naissance à la secte des *Vaudois**.

valentiniens, une des plus importantes sectes gnostiques fondée par Valentin d'Alexandrie au IIe s. Elle combinait les théories émanationistes et dualites. Le monde façonné par le démiurge divise les hommes en *hyliques* (matériels, grossiers), en *psychiques,* plus intellectuels, et en *pneumatiques,* ou spirituels, qui seuls peuvent atteindre à la béatitude. Les valentiniens furent énergiquement combattus par saint Irénée et Tertullien.

VARUNA, l'un des plus anciens dieux védiques de l'Inde, dieu du Ciel, dieu de l'Atmosphère, roi de tout l'univers, connaissant toutes choses, même les plus secrètes pensées des hommes. Il était l'équivalent d'Ahura-Mazda*. Peu à peu incorporé au panthéon de l'hindouisme, il est devenu une sorte de divinité des Eaux, dont le symbole est un poisson.

VASUBANDU, auteur de l'*Abidharma Coça.*

Vatican (cité du) [à Rome]. État devenu indépendant depuis les accords de Latran (1929) conclus entre l'Italie et la papauté. C'est le lieu de résidence du pape avec toute la cour pontificale et les services administratifs et judiciaires de l'organisation ecclésiastique. D'autres domaines dépendant du Saint-Siège, comme la basilique de Saint-Jean de Latran et la résidence d'été de Castel Gandolfo, font partie de l'État du Vatican.

vaudois, membres d'une secte chrétienne fondée à la fin du XIIe s. en France par Pierre Valdo*. Ils n'admettaient que la croyance en la Bible, refusant les sacrements et le culte des saints. Ils établirent leur propre clergé.

Cette secte, qui avait quelques points de ressemblance avec celle des Cathares*, telle la séparation des fidèles en pauvres («maîtres» et «apôtres»), vivant d'une manière très austère, et en *amis* (simples disciples), fut poursuivie avec acharnement en France, en Italie, où elle se réfugia dans les hautes vallées savoyardes et piémontaises, et particulièrement en Espagne, où elle disparut. Sous des formes plus ou moins différentes, elle essaima en Provence, en Suisse, en Allemagne, en Angleterre puis en Amérique (Appalaches, Uruguay). Certains de ses membres subirent de véritables persécutions, particulièrement au XVIIe s. La plupart devinrent protestants, mais certaines Églises vaudoises autonomes existent encore, formant des communautés austères et traditionalistes.

vaudou, culte animiste répandu chez les Noirs des Antilles et au Brésil. Héritage de vieilles croyances apportées par les anciens esclaves africains, il est devenu une sorte de religion pervertie pour leurs descendants, convertis au christianisme, mais chez qui la sorcellerie et la haine des Blancs, la peur, le goût du mystère, de la magie et de la danse ont provoqué des cérémonies orgiaques ou extatiques au clair de lune dans les profondes forêts antillaises. Le culte vaudou est pratiqué dans des «services» où l'on fait appel aux esprits par des sacrifices et des transes. Les prêtres (hougan) et prêtresses (mambo) subissent une longue et difficile initiation au sein de différentes confréries.

VAYU, dieu du Vent du brahmanisme, souvent considéré comme le souffle (c'est-à-dire l'âme du monde).

Veda (mot sanskrit signifiant «connaissance divine»), écriture sacrée de l'Inde apportée par les Aryens aux peuples autochtones, dont ils se sont peu à peu incorporé les croyances pour parfaire leur religion (v. *brahmanisme*). Les *Veda* sont des hymnes écrits en sanskrit archaïque du XIIe s. au Ve s. av. J.-C., mais ils étaient depuis longtemps élaborés et retenus par tradition orale chez les brahmanes, dépositaires de la science sacrée. Ils forment cinq recueils ou *Samhita,* qui auraient été révélés par Brahma aux rishi, ou sages : c'est la «çruti», ou révélation.

Le *Veda,* ou triple science, se divise en : *Rigveda,* ou *Veda* des strophes (hymnes adressés à la divinité); *Yajurveda,* ou *Veda* des formules sacrificielles, comprenant le *Yajurveda* noir et le *Yajurveda* blanc; *Samaveda,* ou *Veda* des mélodies. Le quatrième *Veda,* ou *Atharvaveda,* est composé de morceaux cosmogoniques et mystiques, ainsi que de prières magiques. Le plus important et le plus ancien est le *Rigveda.* La danse (*natya*) a été parfois considérée comme le cinquième *Veda.* La religion du *Veda,* ou *védisme,* comprend une mythologie compliquée, une cosmologie élaborée, un culte, des rites solennels, et donne une importance considérable au sacrifice. Les *Veda* ont été sans cesse commentés, expliqués et complétés par d'autres ouvrages philosophiques, comme les *Brahmana**, les *Aranyaka**, les *Upanishad**, les *Purana**, de telle sorte que l'ancienne *religion védique* deviendra peu à peu le brahmanisme, puis l'hindouisme. Le védisme, purement indien, est une des plus anciennes formes religieuses connues, dont le fonds aryen présente des notions fondamentales comparables à celles des peuples de la Perse : un certain dualisme (deva, Asura : dieux et démons, dont la nature évoluera), un culte du feu (Agni), une boisson sacrée (soma), un rituel où la magie joue un grand rôle, la force des rites du sacrifice (dont l'açvamedha, ou sacrifice du cheval, est le plus important); mais très vite, ce courant indo-iranien rencontrera un courant autochtone, principalement dravidien, qui s'affirme déjà dans les *Veda* pour former un hindouisme primitif : la religion védique, qui, par sa forme spéculative et son organisation sociale, est encore à la base de toute une civilisation.

vedanta (mot sanskrit signifiant «fin du Veda»), un des six systèmes (le plus orthodoxe) spéculatifs du brahmanisme. — Également terme générique donné à l'ensemble des théories monistes exprimées dans les *Vedanta* ou *Brahma-Sutra*, attribuées au sage Badarayana, résumant et conciliant les diverses tendances des *Veda** et des *Upanishad**.

C'est un accomplissement brahmanique destiné à lutter contre les systèmes et les hérésies qui proliféraient aux environs de l'ère chrétienne.

De nombreux penseurs s'attachèrent à l'interprétation de ces textes difficiles; le plus grand est Çankara*, qui porta à leur apogée les thèses exposées déjà dans les *Upanishad*, lesquelles affirment un non-dualisme, l'*advaîta*, où le «soi» individuel (atman) s'identifie au «soi» suprême (brahman), la maya permettant d'accepter l'apparence de la multiplicité du monde. Parmi les commentateurs, Ramanuja* adopte un monisme moins strict (monisme qualifié). Madhva (XIIIe s.) s'en écartera, reconnaissant un certain dualisme. Tous les védantins s'accordent sur le but final de l'absorption dans le brahman; ce sont encore aujourd'hui les tenants de l'orthodoxie hindouiste.

Vendidad, code sacerdotal des parsis (v. *Zend-Avesta*).

vendredi, jour de la semaine consacré à Vénus chez les Romains. Il rappelle chez les chrétiens la crucifixion du Christ. Le *vendredi saint* est par excellence le jour de la commémoration de la passion et de la mort de Jésus-Christ; c'est un jour de deuil, de jeûne et de prières; les autels sont dépouillés, les cierges sont éteints, les statues sont voilées de violet et les vêtements liturgiques sont noirs. On célèbre des offices spéciaux : messe des présanctifiés, chemin de croix.

Le vendredi est pour les juifs le jour de la préparation du sabbat* et celui du début de cette fête hebdomadaire qui commence au coucher du soleil.

Pour les musulmans, le vendredi est le jour du Seigneur, le jour de repos consacré à la prière à la mosquée, (appelée souvent la «mosquée du vendredi»). Il rappelle le souvenir d'Adam, et sera aussi le jour du jugement dernier.

VESTA, déesse romaine du foyer domestique, dont le culte était desservi par les vestales.

vestales, prêtresses consacrées au culte de Vesta. Recrutées très jeunes, elles devaient entretenir le feu sacré de Rome, qui brûlait dans le temple de Vesta, et respecter le vœu de chasteté sous peine d'être enterrées vives.

victorins, membres d'une congrégation de chanoines réguliers de Saint-Augustin, qui tiraient leur nom de l'abbaye de Saint-

Victor à Paris, fondée en 1108 par Guillaume de Champeaux. Cette abbaye, réputée, qui possédait une partie des reliques de saint Victor (officier martyr romain sur la sépulture de qui avait été élevé au Ve s. un monastère célèbre à Marseille), fut une importante école de mystique au Moyen Age. Ses plus illustres représentants furent Pierre Lombard, Richard, Adam et surtout Hugues de Saint-Victor (1096-1141), grand mystique d'origine flamande qui fut l'ami de saint Bernard; son frère Richard et lui entrèrent à l'abbaye augustine de Saint-Victor à Paris, où ils vécurent dans la dévotion et l'étude.

Hugues écrivit de nombreux ouvrages de théologie dans lesquels, se méfiant des seuls élans du cœur, il donnait à sa foi tous les appuis du raisonnement. On l'a surnommé *le Nouveau saint Augustin.*

Grâce à lui et à son frère, l'abbaye de Saint-Victor devint un important centre de la pensée chrétienne et un ardent foyer de philosophie mystique qui eut une très grande influence.

Vierge, v. *Marie.*

vieux-catholiques, nom donné aux chrétiens jansénistes de Hollande, plus particulièrement établis dans le diocèse d'Utrecht, et aux Français disciples de Jansenius qui, n'ayant pas accepté les condamnations catholiques et les persécutions, s'étaient fixés aux Pays-Bas (v. *jansénisme*).

D'autre part, on a appelé aussi «vieux-catholiques» ceux qui, sous la direction de Döllinger, théologien allemand, refusèrent de reconnaître le dogme de l'infaillibilité pontificale promulgué au concile du Vatican de 1871. Un congrès, à Cologne, en 1872, les réunit à ceux de Hollande. Il sanctionna la rupture avec l'Église catholique, en acceptant le mariage des prêtres et l'usage des langues nationales aux offices.

Un groupement analogue se forma en Suisse, celui des *catholiques-chrétiens.*

L'Église vieille-catholique, avec son clergé indépendant, comprend des communautés dispersées en Allemagne, en Autriche, en Suisse, en Yougoslavie, en Pologne et aux États-Unis.

VINCENT DE PAUL (saint), prêtre français (Pouy — aujourd'hui Saint-Vincent-de-Paul 1581 - Paris 1660). Né dans une très pauvre famille des Landes, mais remarqué pour sa vive intelligence, il put faire ses études à Dax chez les Cordeliers et devint prêtre en 1600. Au cours d'un voyage en mer entre Marseille et Narbonne, il fut pris par les pirates barbaresques et vendu comme esclave à Tunis. Il réussit à s'échapper et vint à Rome, puis à Paris où il fut aumônier de Marguerite de Valois, puis précepteur des enfants de Gondi, général des galères. Il décida alors de se consacrer aux pauvres et fonda sa première *Confrérie de charité.* Aumônier des galères, puis du couvent de la Visitation (où il s'attacha à développer l'instruction religieuse des femmes), il étendit son immense compassion à tous les déshérités qu'il pouvait soulager, multipliant les œuvres pour les malheureux, les malades, les prisonniers, les enfants trouvés, etc. Il fonda la *Société des Prêtres de la Mission* (v. *lazaristes*) et la communauté des *Filles de la Charité*, qui s'étendit vite dans le monde entier et devint particulièrement populaire.

Saint Vincent de Paul, par son zèle infatigable, son influence sur les Grands et son immense bonté, est la plus haute figure de la Réforme catholique du XVIIe s.

La « Société de Saint-Vincent de Paul » fondée en 1882 par des laïcs pour le secours des déshérités, s'est placée sous son saint patronage.

VISHNU, un des grands dieux de l'Inde — opposé à Çiva. Il est le conservateur. Entre les grandes périodes cosmiques, il gît endormi sur le serpent Ananta.

Doux et bienveillant, il répond aux prières de ses adorateurs. Il est généralement représenté sous la forme d'un jeune homme à quatre bras, dont chacun tient un emblème : la conque, le disque, la massue et le lotus. Sa monture est Garuda*.

Le dieu Vishnu a eu dix avatars, ou hypostases, ce qui a permis à la mythologie hindoue de s'incorporer de nombreux dieux inférieurs, génies locaux, héros légendaires ou peut-être même ancêtres totémiques, car certains avatars ont une forme animale. Tels sont : le poisson qui sauva Manu*, le Noé indien du déluge; la tortue sur laquelle reposait la montagne, servant au barattage de la mer de Lait (v. *hindouisme*); le sanglier vainqueur d'un terrible démon; l'homme-lion et le nain. Les plus importants sont de forme humaine : Parasurama, défenseur des brahmanes contre les kshatriya (caste des guerriers), Rama* et Krishna*. Pour certains, le neuvième aurait été le Bouddha, ce qui aurait permis à l'hindouisme d'incorporer le bouddhisme; le dixième correspond à une sorte d'apocalypse : le dieu doit venir sur un cheval blanc à la fin de l'époque cosmique actuelle.

Vishnu, par ces différents aspects, s'adresse à tous; c'est un dieu personnel pour qui ses sectateurs (les Vaishnava) ont une dévotion enthousiaste, la *bhakti**.

Visitation, fête de l'Église catholique célébrée le 2 juillet pour rappeler la visite que fit la Vierge Marie à sa cousine Élisabeth, trois mois avant la naissance de saint Jean-Baptiste.

La *Visitation Sainte-Marie*, ou ordre des *Visitandines,* est un ordre contemplatif fondé par sainte Jeanne de Chantal et saint François de Sales en 1610 à Annecy. Les veuves y sont admises.

VIVEKANANDA, le plus célèbre ascète bengali, disciple de Ramakrishna (Calcutta 1862 - *id.* 1902).

Il s'enthousiasma d'abord pour le Brahmo Samaj, puis suivit l'enseignement de Ramakrishna* qu'il sut amplifier. A la mort de son maître, il devint Samnyasin dans l'Himalaya, puis paarticipa en 1893 au Congrès des religions où il eut un très grand succès. Orateur persuasif, il fonda avec un Américain la *Vedanta Society*, à New York, et organisa avec ses «maîtres», ou *swami*, l'ordre de Ramakrishna fondé sur l'organisation monastique chrétienne, ainsi que la *Ramakrishna Mission* en Inde, d'inspiration philanthropique.

L'activité de ces organismes est très grande ; elle consiste en publications, conférences, œuvres charitables et éducatives. Leur quartier général est à *Belûr*, près de Calcutta, où Vivekananda mourut après avoir participé au Congrès des religions de 1900.

C'est sous son influence que Margaret Noble (v. *Nivedita*) se convertit à l'hindouisme.

Pénétré de culture occidentale, ce swami a su donner un visage nouveau à l'hindouisme en proposant des méthodes diverses, le yoga, la méditation, l'étude, la pure dévotion et les œuvres de charité pour la connaissance de l'omniprésence divine dans une religion universelle.

vœu, promesse faite à une divinité d'accomplir une certaine action (pèlerinage, pénitence, etc.) ou de faire une certaine offrande (ex- voto, sacrifice, etc.) si telle demande est exaucée.

Au pluriel, ce terme est employé pour les *vœux monastiques*, ou vœux de religion. On distingue les vœux solennels et les vœux simples, les vœux perpétuels et les vœux temporaires, les vœux absolus et les vœux conditionnels. Ils comprennent les trois vœux communs à tous les ordres religieux : ceux de chasteté, de pauvreté et d'obéissance, qui sont prononcés généralement à la fin du noviciat, ainsi que ceux du respect de la Règle.

Vulgate (du lat. *vulgatus,* vulgarisé, généralement répandu), nom donné à la traduction latine de la Bible faite au IVe s., en grande partie par saint Jérôme*, d'après les textes hébreux (le Nouveau Testament à partir du grec et de l'araméen), tandis que l'«ancienne Vulgate», dite «italique», est traduite à partir des textes de la version grecque des Septante. Le concile de Trente a proclamé la Vulgate comme étant la seule traduction valable pour les catholiques.

W

wahhabites, membres d'une communauté puritaine islamique fondée par Muhammad ibn Àbd al-Wahhab, au XVIIIe s., dans le Nadjd, et dont les adeptes s'appellent eux-mêmes «unitaires». Leur doctrine cherchait à restaurer une plus grande simplicité coranique, désapprouvant le culte des saints et même celui du Prophète poussé à l'excès, ainsi que tout luxe inutile dans les mosquées et dans les costumes, et proscrivant le tabac, le jeu, l'usure, l'alcool. Ce mouvement religieux devint guerrier et s'accompagna de conquêtes militaires sous la conduite de *Muhammad ibn Seoud* et de ses successeurs. Après diverses périodes de succès et de revers, la prise De Riyad, puis celle de La Mecque amenèrent au XXe s. la constitution d'un royaume du Hedjaz incorporé en 1932 à l'Arabie Séoudite.

Le *wahhabisme* a débordé l'Arabie et comprend différentes communautés au Pakistan, au Turkestan et en Afghanistan.

Walhalla, dans la mythologie scandinave, séjour éternel des guerriers morts en héros, à qui les Walkyries donnent des nourritures divines et de l'hydromel.

WESLEY (Charles), théologien protestant anglais (Epworth 1707 - Londres 1788). Disciple passionné de son frère John, il se spécialisa dans les œuvres d'enseignement et, influencé par les «frères moraves», il fut saisi d'un zèle évangélique qui lui assura un grand succès auprès des foules. Il écrivit de très nombreux volumes de doctrine et de poésie, mais surtout des milliers d'hymnes.

WESLEY (John), théologien protestant anglais (Epworth 1703 — Londres 1791), fondateur du méthodisme (v. *méthodistes*). Issu d'une famille de pasteurs, il fit ses études de théologie à Oxford où il devint prêtre. Il partit avec son frère Charles pour une mission en Géorgie et fonda le méthodisme. Son propos était de revenir aux sources de la Réforme, et sa prédication enthousiaste provoqua un réveil religieux en Angleterre. Il écrivit près de deux cents ouvrages et un nombre considérable de sermons.

WOTAN, v. *Odin.*

WYCLIF ou **WYCLIFFE (John),** théologien anglais (Hipswell, près de Richmond, Yorkshire, 1320- Lutterworth 1384). Il fit ses études à Oxford. Avocat ecclésiastique de la Couronne, il s'occupa de sauvegarder les droits du pouvoir temporel contre la curie romaine. Il se mit à critiquer hardiment les abus ecclésiastiques, la plupart des obligations catholiques et surtout l'autorité du pape. Il répandit ses idées par la prédication, envoya des groupes de «pauvres prêtres» à travers le pays et publia une Bible en anglais. Ses partisans furent appelés les *lollards,* ou chanteurs de psaumes, d'un vieux mot hollandais. Jugés comme hérétiques, beaucoup moururent sur le bûcher. Quant à Wyclif, le tribunal ecclésiastique qui s'était réuni aux Blackfriars, à Londres, se contenta de condamner sa doctrine. Il mourut deux ans plus tard en laissant de nombreux ouvrages. Mais le concile de Constance, en 1415, examinant l'hérésie de Jan Hus*, songea aussi à l'influence de Wyclif. Ce dernier fut condamné à être exhumé et brûlé, ce qui fut fait en 1428.

Y

YAJNAVALKYA, sage, un des maîtres de la pensée brahmanique. Son enseignement, dans les plus anciennes *Upanishad**, dégage les notions dualistes de Brahman-Atman*.

YAMA, dieu de la Mort dans l'Inde. C'est un des plus anciens dieux. A l'époque védique, il est le premier homme, le dieu des Morts, souverain des enfers. Dans le brahmanisme des épopées, il apparaît comme juge des morts dans un lieu provisoire, où, après une sentence consécutive à la lecture des actions humaines, les âmes vont dans la région des mânes ou dans un des vingt et un enfers; là, pendant un temps plus ou moins long, elles se purifieront avant d'être réincarnées.

Dans l'hindouisme, il est le souverain des enfers et le juge des morts, mais aussi le «régent» du Sud. Dans le lamaïsme, son caractère terrifiant en fait une divinité très redoutée. Il est représenté, souvent vêtu de rouge, chevauchant un buffle de couleur verte et accompagné de deux chiens féroces qui sont les gardiens de son palais.

YAMANTAKA, dieu farouche, vainqueur de Yama dans le bouddhisme tibétain.

yantra, diagramme magique abritant une divinité, instrument de méditation consacré par des rites spéciaux, comportant surtout des triangles, des cercles et des demi-cercles évoquant dans le bouddhisme tantrique les pétales de lotus*. Le *çri yantra*, considéré comme le plus efficace, est formé d'une série concentrique de triangles, de cercles et de carrés exprimant une représentation du cosmos à partir du point central, le «Bindu», signifiant le brahman*.

Yezd, ville sainte du mazdéisme*, un des principaux centres du culte du feu dans la Perse ancienne.

yézidis, membres d'une secte vivant en Transcaucasie, près du mont Ararat, et en Arménie. — On appelle yézidis les «adorateurs du diable». Leurs croyances sont un mélange de doctrines chrétiennes, judaïques et musulmanes. Cependant, ils s'apparentent aussi aux gnostiques; comme eux, ils admettent une divinité suprême abstraite, insaisissable, et un démiurge qui est Satan; mais celui-ci n'est pas spécialement mauvais. Ils évitent de prononcer son nom et le représentent par un paon. Ils croient au pouvoir magique de certains signes, dont le cercle. Si l'on en trace un autour d'un sectateur, celui-ci ne peut en sortir, car une force invincible le retient prisonnier. Seuls leurs prêtres peuvent dénouer ce lien magique par des incantations. Les yézidis pratiquent le baptême et la circoncision.

yggdrasil, frêne immense sous lequel se tiennent les Ases* dans la mythologie scandinave.

yidam, divinités tutélaires tibétaines.

yin et yang, v. *toaïsme.*

yoga (mot sanskrit signifiant «joug», «union»), méthode d'obtention de la maîtrise de soi par une sévère discipline du corps, en vue d'atteindre à une vision pénétrante de la réalité, qui peut être ou une connaissance du «soi» délivré des contingences ou la recherche de pouvoirs supranormaux ou celle de l'union mystique avec le divin : l'extase.

Le yoga est un des six Darçana (systèmes de l'hindouisme). Il est exprimé dans les *Yoga-sutra* de Patanjali* du IVe s., mais il est bien plus ancien et semble faire partie d'un courant mystique autochtone, inconnu du ritualisme védique. Il a été pratiqué par les jaïns et les bouddhistes; toutefois il s'est développé indépendamment des sectes et des castes sous ses diverses formes dès l'Inde épique et classique : le yoga est alors un pouvoir qui s'adjoint au savoir du *Veda.* Il est une *discipline physique* avec le *hathayoga,* qui, par une technique très étudiée du souffle (*pranayama*), par des postures (*asana*) établissant l'équilibre du corps et par des exercices progressifs, conduit à une certaine maîtrise biologique (ces pratiques peuvent être dangereuses si elles ne sont pas dirigées par un maître). Le yoga est également une *discipline intellectuelle* de concentration de pensée ou de méditation et une *discipline morale* par un effort d'ascèse et de pratique : des vertus c'est le *rajayoga,* aboutissant au *samadhi,* ou libération. Il existe aussi le *bhakti** yoga, le *jñaña* (connaissance) *yoga* et le *karma* (action) *yoga.*

Le yoga tantrique repose sur la conception de sept çakras, ou lotus (centres énergétiques de la mœlle épinière), se terminant en haut du crâne, où se trouve Brahman ; à la base, siège la *Kundalini,* serpent lové, symbole de la déesse de l'Énergie cosmique, que la technique du yoga doit éveiller et faire monter jusqu'au sommet, où a lieu l'union mystique : on l'appelle aussi le *Kundali-yoga* ou *Laya-yoga*.

On a comparé le yoga, réalisation de tout l'être, à d'autres méthodes d'extase (tao, hésychasme), mais, dans ses différentes formes, on doit reconnaître que le yoga est typiquement indien. Celui qui le pratique, le vrai *yogin*, est un ascète.

Yogacara, école du bouddhisme mahayana, fondée par Asanga et son frère Vasubandhu au Ve s.

YOGINI, dans le tantrisme, démon femelle doué de pouvoirs magiques.

Yom Kippour, le grand pardon. Fête juive de l'expiation marquée par le jeûne, la prière et un rituel de pénitence. Le «shofar» (corne de bélier) résonne pour annoncer la réconciliation du pécheur avec Dieu (v. *judaïsme)*.

Z

ZARATHOUSTRA (appelé **Zoroastre** en occident), réformateur de la religion iranienne (peut-être Ragès, en Médie, v. 700 - 630 ou 600 av. J.-C.). Les grands événements de sa vie, sa légende et sa doctrine sont exposés dans le *Zend-Avesta**. On sait peu de chose sur son enfance. Assez jeune, il eut des visions et se mit à prêcher. Il se maria et eut plusieurs enfants.

En opposition avec le clergé établi, il s'enfuit en Bactriane, où un prince le protégea, ce qui lui permit de propager son enseignement dans toute la Perse. D'après les récits plus tardifs du Shah Nameh (l'époque iranienne), il mourut assassiné par les Touraniens. Son tombeau serait à Persépolis. Il créa un collège de mages. Sa religion, profondément dualiste, dérive de vieilles croyances; elle oppose le Bien au Mal, la lumière aux ténèbres. On l'a appelée *zoroastrisme.* C'est en somme l'ancien mazdéisme exprimé sous forme de dialogue (*Ainsi parlait Zarathoustra,* a écrit Nietzsche). Les «gâthâ» de l'*Avesta* donnent ses prophéties, ses conversations avec Ahura-Mazdâ et les anges : ce sont des hymnes souvent très poétiques.

zen, une des formes les plus tardives du bouddhisme, devenue à la mode en Amérique et en Europe occidentale. C'est cependant une secte qui a trouvé son «climat» au Japon.

Le bouddhisme chinois, introduit au pays du Soleil-Levant au VIe s. par la Corée, a peu à peu fait connaître toutes ses sectes dont le *Shingon* et le *Tendaï* qui furent supplantées par le zen, ou *tch'ang* chinois, venu lui-même de l'Inde avec le Bodhidarma*. Le zen est l'école de la méditation, ou *dhyana* en sanskrit (devenu *tchana, tchang* en chinois, *zenna* ou *zen* au Japon). Cette école eut un grand succès dans la Chine des Tang depuis le VIIIe s., puis des Song du Sud (XIIe s.), à la civilisation si raffinée, où elle s'est exprimée particulièrement dans la beauté des formes, dans la poésie et dans la peinture monochrome. C'est là que les Japonais découvrirent, avec l'art du lavis et une céramique incomparable, le sens de la contemplation mêlé d'amour de la nature et de la vie ; car le zen est avant tout un mode de vie, une ascèse. On dit qu'il a forgé l'âme japonaise par sa rude discipline.

Apporté de Chine par le moine *Eisai,* au XIIe s., puis par des vagues successives, il n'est pas seulement l'apanage des moines ; beaucoup de laïcs viennent faire des séjours dans les monastères et leurs familles, formant une élite, restent imprégnées de cet état d'esprit appuyé sur les grandes théories du zen, à savoir la recherche de la sagesse et de la maîtrise de soi par la méditation, la vie simple, une discipline sévère et la pratique de toutes sortes de travaux, même les plus vulgaires, dans le but de parvenir à l'illumination ou *satori* (v. *samadhi*). Tel est le but de cette secte contemplative, où l'on admet que la bouddhéité est accessible à tous, et cela le plus souvent par la découverte intuitive de la nature de Bouddha plus que par le savoir livresque et le raisonnement philosophique. Dès le XIIe s. se forma une scission avec le *rinzai*, très austère, admettant l'illumination subite, et une autre branche préconisant un entraînement progressif, qui deviendra avec le moine Dogen en 1227 le *soto*. Dans les monastères, les moines pratiquent l'austérité, mais jouissent aussi d'une certaine liberté déroutante pour les occidentaux ; déroutantes également sont la discipline (destinée à provoquer un choc psychologique) des coups de bâton ou de la torsion du nez exercée par le maître des novices au pouvoir discrétionnaire et surtout la méthode *mondo* faite de questions et de réponses (énigmes, historiettes, rébus, apophtegmes, etc.) qui paraissent bizarres, illogiques, sinon absurdes. Tels sont les *koan*, problèmes insolubles, qui doivent prouver que le raisonnement, l'intelligence ne sont pour rien dans l'éveil de la « prajña » (sagesse) des profondeurs de la conscience où elle sommeille. Le zen préfère le concret aux concepts, d'où l'utilité des travaux manuels avec une certaine présence à soi-même qui oblige à bien faire ce qu'on fait ; ainsi continue la méditation qui laisse place à l'intuition et qui est jugée bien supérieure à la raison. Le zen vise au développement de la personnalité par la connaissance de soi (« Regarde en toi, tu es le Bouddha »). « Connais-toi toi-même et tu connaîtras l'univers et les dieux », disait déjà Socrate ; ainsi la curieuse maïeutique des koan, des paradoxes, des dialogues incongrus et des coups montre la difficulté de connaître les problèmes essentiels et la signification des choses, tandis que du fond de l'inconscient peut jaillir la forme ultime de la connaissance, celle de la communion avec la vie universelle.

Les vertus de patience et d'application, le grand souci de pureté, de dépouillement et de simplicité, et la maîtrise de soi, grandes conquêtes du zen, ont trouvé leur application dans les différents aspects de la vie et de l'esthétique de la société japonaise, allant du bushido (code de l'honneur) du tir à l'arc au théâtre (nô et kabuki) à la peinture au lavis, à la poésie et à l'art des jardins, en passant par l'art floral (ikebana) et la cérémonie du thé (tcha-do).

Zend-Avesta (*zend* est le nom donné au XIXe s. à la langue avestique après les premières traductions d'Anquetil-Duperron ; en réalité, zend signifie «commentaire», «interprétation», ce qui indique la traduction et le remaniement de l'*Avesta*, sans doute au Xe s.), livre saint du *mazdéisme, ou zoroastrisme,* qui contient plusieurs parties : le *Yasna,* ou liturgie dans lequel sont inclus les *gâthâ,* ou hymnes de Zoroastre ; le *Vispered,* ou invocation ; le *Vendidad,* qui donne des textes religieux, une cosmogonie, des prescriptions aux fidèles pour éviter le péché et particulièrement les souillures, des dialogues entre Ahura-Mazdâ et Zoroastre : c'est le code sacerdotal actuel des parsis ; le *Sirôzat,* ensemble de prières aux divinités protectrices des mois de l'année ; les *Yasht*, contenant des invocations aux divinités et aux anges ; le *khorda-Avesta* ou *Petit Avesta,* recueil d'hymnes ou de prières à l'usage des laïcs. (Tel est l'*Avesta* proprement dit, dont la plupart des chapitres ne peuvent être lus que par des prêtres). D'après la tradition. l'*Avesta* actuel ne serait qu'un fragment de l'abondante littérature zoroastrienne (Alexandre ayant brûlé beaucoup de papyrus). Remanié plusieurs fois, augmenté d'un commentaire et traduit, il est devenu le *Zend-Avesta.*

ZERVAN ou **Akrana** (le Temps infini). Dans le mazdéisme, c'est le dieu suprême et éternel qui créa Ormuzd et Ahriman. Il représente l'unité et le principe du Monde. Le *zervanisme* forma une secte dissidente sous les sassanides.

ziarat, tombeau d'un saint musulman devenu lieu de pèlerinage dans les pays de langue iranienne.

ziggourat, nom donné aux temples mésopotamiens, imposantes tours à degrés, au sommet desquelles on accédait par une série d'escaliers. Les paliers étaient généralement au nombre de sept et le sommet formait une terrasse qui servait peut-être à l'observation des astres, mais qui était avant tout un piédestal sacré permettant à la divinité de descendre du ciel et de séjourner dans le petit temple placé au sommet de la ziggourat. La tour de Babel, décrite par la Bible, était la ziggourat de Babylone ; des fouilles ont retrouvé son emplacement près du temple de Mardouk.

zikr ou **dikr**, litanies psalmodiées dans certaines sectes musulmanes.

Zohar ou ***Sepher Ha Zohar (le Livre des splendeurs)***, commentaire allégorique du Pentateuque qui forme le plus important ouvrage de la littérature kabbalistique. Écrit en araméen et en hébreu, il semble qu'il soit l'œuvre de *Moïse de Leon*, mystique juif d'Espagne qui, au XIIIe s., s'inspira de textes de Siméon bar Jochai (IIe s. apr. J.-C.), lequel aurait reçu des révélations du prophète Élie (v. *kabbale*).

Réunissant plusieurs traditions occultes, cherchant à découvrir un sens caché aux textes bibliques, le *Zohar* forme une véritable encyclopédie aboutissant à une cosmogonie dualiste où l'univers est partagé entre les empires de la lumière et ceux des ténèbres. Ce *Livre des splendeurs* a eu une influence considérable au sein du judaïsme, malgré l'opposition des rabbins.

zoolaâtrie ou **thériolâtrie**. C'est l'adoration des animaux suivant les pays et les climats ; depuis la Préhistoire, les hommes ont eu besoin de ces êtres inférieurs. Ils ont divinisé ceux qui leur paraissaient avoir soit des qualités extraordinaires, soit des possibilités d'accès dans des mondes pour eux inaccessibles : tels les oiseaux, les poissons, les reptiles. Ils en ont fait le plus souvent des symboles des éléments ou des forces de la nature.

ZOROASTRE, v. *Zarathoustra.*

ZWINGLI (Ulrich), réformateur suisse (Wildhaus, canton de Saint-Gall, 1484 - Kappel 1531). Il fut curé de Glaris, entra en relations avec Pic de la Mirandole, apprit le grec et l'hébreu. Nommé en 1516 prédicateur de l'abbaye d'Einsiedeln, il s'intéressa aux idées de Luther et prit part à des discussions sur le célibat des prêtres en insistant davantage sur l'autorité de la Bible et la justification par la foi. Il engagea la lutte contre les cantons restés catholiques, proclama la Réforme en Suisse en 1524, entraînant les Zurichois dans une guerre civile. Zwingli fut tué dans une escarmouche. — Apologiste de Luther, ce réformateur fut plus radical que lui ; il prépara la venue de Calvin.

IMPRESSION : BUSSIÈRE S.A., SAINT-AMAND (CHER). — N° 326.
D.L. MARS 1982/0099/68

ISBN 2-501-00207-5

Imprimé en France.